The Controversy Between Sir Richard Scrope And Sir Robert Grosvenor In The Court Of Chivalry, A.d. Mccclxxxv - Mcccxc: A Transcript Of The Original Roll. Vol. I Only]....

Sir Nicholas Harris Nicolas

The Controversy

BETWEEN

SIR RICHARD SCROPE

AND

SIR ROBERT GROSVENOR

IN

The Court of Chivalry

A.D.

MCCCLXXXV - MCCCXC.

A TRANSCRIPT OF THE ORIGINAL ROLL.

LONDON

PRINTED BY SAMUEL BENTLEY

1832.

This Work, Known as the Scrope and Grosvenor Roll, contains the Evidences of Upwards of 300 Noblemen and Gentlemen of the Reign of Richard the Second. They describe the Battles Sieges and Expeditions in which they had served and their depositions abound in most interesting and valuable information illustrative of the History, Manners and Customs of England in the 14th Century. The depositions of the Poet Chaucer is a new Chapter to the Life of the Poet. The Controversy between Sir Richard Scrope and Sir Robert Grosvenor lasted 5 years.

"This elegant Printed Work was executed at the press of Mr Samuel Bentley. The impression was strictly limited to 150 Copies and no copies were printed for general Sale. Sir N H Nicholas was the Editor. Two Volumes were printed of which the First is a literal Copy of the Original Roll, The Second Volume subsequently being issued with a translation. At three Auction Sales Copies sold realised as follows: Eyton £7. Pickering £7.10.0. Bright £8."

**N Dei nomine Amen.** Anno ab incarnatione Domini Miłłmo CCC^{mo} octuagesimo nono et anno regni Regis Ricardi secundi post Conquestum duodecimo indiccione duodecima pontificatus sanctissimi in Xр̄o patris & domini ñri domini Urbani divina pvidencia p̃pe sexti anno duodecimo et mensis Maij die ultima. In quadam magna camera juxta claustrū Fratrum ordinis Predicatoɋ civitatis Londoñ. In mei nōrii publici & testium subscriptoɋ p̃ncia coram nobilibʒ & potentibʒ d̃nis dominis Thoma de Holand Kancie Willīmo de Monte Acuto Saɋ Henrico de Percy Northumbr̃ comitibʒ ac nobili viro domino Ric̃o Aderbury milite et magistris Johanne Barnet officiali curie Cantuarieñ & Rob̃to Westoñ legum doctore In causa appellacionis a quadam sentencia diffinitiva in quadam causa de & sup armis de azura cum una benda de auro inter nobilem ac venerabilem virum dominum Ric̃m Lescrоp̄ militem ptem actricem ex parte una et venerabilem virum d̃m Rob̃m Grosvenoʳ militem ptem ream sive defendentem ex altera in curia militari coram d̃no constabulario Anglie nuper mota p nobilem & potentem d̃m d̃m Thomam ducem Gloucestrie constabularium Anglie ut dicitur lata ad audienciam excellentissimi in Xр̄o principis & domini ñri d̃ni Ric̃i Dei gracia Regis Anglie & Francie illustris p dictum d̃m Robertum Grosvenoʳ ut dicitʳ eciam interposite que inter dictum d̃m Rob̃tum ptem ut asseritʳ appellantem ex pte una & prefatum d̃m Ric̃um Lescrоp̄ ptem appellatam ex pte alia movetur & moveri spatur cōmissariis una cū nobili viro & d̃no domino Johanne Cobh⁴m milite mag̃ris Johanne Appulby decano Londoñ legum doctore & Nic̃ho Stoket licenciato in legibʒ collegis suis cum illa clausula vobis novem octo septem sex quinɋ quatuor tribʒ aut duobus vr̃m tenore presencium cōmittim⁹ vices ñras &c. p dc̃m d̃m nr̃m Regem sp̄alit̃ deputatis p tribunali

B

sedentibȝ prefatis ḋno Riċo Lescrop̄ & Roḃto p̄tibȝ principalibȝ psonaliter comparentibȝ exhibita fuit coram dictis ḋnis comitibȝ ac ḋno Riċo Adderbury maḡris Johanne Barnet & Roḃto Westoñ cōmissariis antedictis ibidem p tunc p̄ tribunali sedentibȝ qucdam cōmissio sive ḟra regia patens potestatem dictoᶁ cōmissarioᶁ magno sigillo dicti ḋni ñri Regis more cancellarie sue in cera glauca sigillata quam dicti domini sex cōmissarij ibidem tunc p̄ntes p me Dionisium ñorium subscriptum legi fecerunt publice coram eis. Et statim post lecturam dicte cōmissionis quidᵃm Walterus Leycestre serviens dicti domini ñri Regis ad arma comparuit psonaliter coram sex cōmissariis antedictis et exhibuit coram eis quamdam ḟram patentem dicti domini ñri Regis sigillo suo sigillatam cōmissionem sive mandatum dicti ḋni Regis ad citanḋ dictum dñm Roḃtum Grosvenoᴿ juxta formam dicti mandati sibi directi et unam aliam ḟram sive certificatorium citaċōis p eum dċo ḋno Roḃto vigore dicti mandati facte cum uno sigillo oblongo cōmissarii decani Sancti Martini magni London cum cera rubea sigillaḟ exhibuit & presentavit coram cōmissariis antedictis quibȝ quidᵐ duabȝ ḟris de mandato dictoᶁ ḋnoᶁ sex cōmissarioᶁ p me publice plectis prefatus Walterus Leycestᴿ dictos dominos cōmissarios certificavit qᑁ ip̄e prefatum dñm Roḃtum psonaliter apprehensum ad dictos diem & locum juxta formam sibi in ea p̄te cōmissam citavit qui quidᵐ ḋni cōmissarii prefatum dñm Roḃtum ibidem publice precognizari fecerunt. Idemq dñs Roḃtus psonaliter comparens copias cōmissionis citacionis & certificatorii predict' sibi decerni & li ari peciit pluries & instanter quas quidᵐ copias prefati ḋni cōmissarii p̄ti dicti ḋni Roḃti die crastina realiter liḃandas decreverunt et ulterius assignarunt p̄ti dicti domini Roḃti ad dicenḋ contᵃ cōmissionem citationem & certificatoriū p̄dicᵗ die Martis p̄x̄ post festum Sancte Trinitatis p̄x̄ futuᴿ loco supᵃnoḟato coram eisḋm aut duobȝ eoᶁ prefixerunt & assignarunt per decretum. Tenores vero dicᵗ cōmissionis citaċōis & certificatorij tales sunt.

Ricardus Dei gracia Rex Anglie & Francie & dominus Hiḃnie dilċis & fidelibȝ suis Thome de Holand Kancie Wiḣmo de Monte Acuto Saᶁ Henrico de Percy Northumbᴿ comitibȝ ac Johanni de Cobhᵃm Ricardo Adderbury militibȝ necnon magistro Johanni Appulby decano eccḣie cathedralis Sancti Pauli London magistro

Johanni Barnet magistro Roḃto Westoñ & magistro Nicĥo Stoket legum doctoribȝ salm̃. Sciatis qd̃ cum constabularius ñr Anglie in quadam causa de & sup armis de azura cũ una benda de auro inter Ricardum Lescroꝑ militem ꝑtem actricem ex una ꝑte & Roḃtum Grosvenoꝛ ꝑtem defendentem ex altera ꝑte in curia ñra militari mota & pendente ꝑcedens quand•m sententiã diffinitivam injustam ut asseritꝛ tulisset a qua quidm̃ sentencia ad ñram audienciam ꝑ ꝑtem dicti Roḃti fuisset & sit ut pretenditꝛ appellatum cujus quidem appellaꝍis ꝑsecuꝍem idem Robertus intendit ut accepimus in prejudiciũ dicti Riĉi indebite ꝓlongare et nos volentes dilacionũ materias amputare & unicuiꝗ facere quod est justum mandaverimus & fecerimus prefatum Roḃtum pemptorie citari ad comparend̃ coram nobis vel cõmissariis ñris certis loco & termino competentibȝ ad introducend̃ & ꝑsequend̃ causam appellationis predicte sub pena amissionis ejusdem ꝓut ꝑ l̃ras ñras mandatorias in hac ꝑte factas & ut dicitꝛ executas plenius poterit apparere. Jamꝗ nos de fidelitate & ꝓvida circumspecꝍe v̄ris plenius confidentes vobis octo septem sex quinꝗ quatuor tribȝ & duobȝ v̄m insolid̃ ad audiend̃ & ꝑcedend̃ cognoscend̃ sentiend̃ diffiniend̃ & exequend̃ in de & sup causa appellaꝍis predicte cum suis dependenciis pendentibȝ em̃gentibȝ & connexis cum quacumꝗ cohercione legitima & necessaria tenore presenciũ cõmittim⁹ vices ñras & plenam in hac parte potestátem. Et ideo vobis & cuil̃t v̄m mandamus qd̃ circa premissa diligen̄t intendatis & ea faĉ & exequamini in forma predicta ꝓut justum fuerit & consonum racioni. Volentes qd̃ si aliqui vel aliquis v̄m inchoaverint vł inchoaverit ꝑcedere in premissis alij vel alius v̄m libere ꝑcedere valeant & valeat in eisdem licet inchoantes absentes vel inchoans absens fuerint vel fuerit etiam nullo impedimento legitime impediti seu impeditus. Damus autem dicto constabularię ac universis & singulis officiariis ministris ligeis subditis & fidelibȝ ñris quoꝛ interest tenore presenciũ in mandatis qd̃ vobis octo septem sex quinꝗ quatuor tribȝ & duobȝ v̄m ꝓut ad iꝑos ꝑtinet intendentes sint consulentes respondentes & auxiliantes & v̄ris mandatis obedientes ꝓut decet testes autem qui se odio gracia vel timore subtraxerint compellatis ꝑhibere testiõm veritati. In cujus rei testiõm hrs l̃ras ñras fieri fecimus patentes. T. me iꝑo apud Westm̃ xvij die Maij. anno regni ñri duodecimo.

Billingfeld̃.

Excellentissimo in Xp̃o principi ac domino ñro domino Ricardo
Dei gracia Regi Anglie & Francie illustri v̈risve cōmissariis qui-
buscumq̴ ad infrascripta deputatis vel deputandis Walterus Ley-
cestre humilis serviens vester ad arma seip̃m prostratum cum oñi
subjectione tanto principi debit' cum honore mandatum sive breve
v̈re regie serenitatis excellentissime nuper recepi in hec verba.
Ricardus Dei gracia Rex Anglie & Francie & dñs Hib̃nie dilc̃is
sibi Johanni Staple & Waltero Leycestre servientib̴ suis ad arma
salt̃m. Ex pte dilc̃i & fidelis ñri Ric̃i Lescrop̃ nobis est cum
instancia supplicatum ut cum Rob̃tus Grosveno' chivaler a sen-
tencia nup in quadam causa de & sup arma de azura cum una
benda de auro pendente coram constabulario & marescall nostris
Anglie inter ip̃os Ric̃m & Robertum p eundem constabularium lata
ad ñram audienciam appellavit ip̃eq̴ Ric̃us metuat sibi ip̃m Ro-
bertum appellationem suam predictam p̃sequi non debere eid̃mq̴
Ric̃o dampnū ex hac causa multipliciter generare velimus sibi de
remedio oportuno p̃videre. Nos nolentes eidem Ricardo in hac
pte aliqualiter prejudicari vobis & alteri v̈rm precipimus distric-
tius quo possumus injungentes quatenus peremptorie citetis vel
alter vestrum citet ip̃m Rob̃tum qd̃ compareat coram nob̃ vel cō-
missariis ñris in hac pte deputatis vel deputandis die Lune ultimo
die Maij p̃x̃ futur̃ apud domū Fratrum Predicatoɋ Londoñ ad
introducend̃ & p̃sequend̃ causam appellacionis sue predicte sub
pena amissionis ejusdem/ nos sive cōmissarios ñros hujusmodi
de toto facto v̈ro in hac pte eritis certificantes vel alter vestrum
certificans erit cum hoc brevi. T. me ip̃o apud Westm̃ xv. die
Maij anno regni ñri duodecimo. Cujus quidem mandati sive br̃is
auctoritate & vigore predictum dñm Rob̃tum Grosveno' militem
in civitate London decimo sexto die dic̃t mens̃ Maij psonalit̃
apprehensum pemptorie citavi qd̃ compareat coram vestre regie
majestatis altitudinis presencia vel coram cōmissariis vestris in
hac pte deputatis vel deputandis die ultima ejusdem mens̃ Maij &
loco predic̃t in mandato sive brevi regio h̃uj⁹ contra causam appel-
lac̃õis sue h̃uj⁹ sub pena amissionis ejusd̃m coram vob̃ vel dictis
cōmissariis v̈ris introductur' & p̃secutur' ulteriusq̴ factur' auditur'
& receptur' quod tenor & effectus mandati sive br̃is v̈ri predict'
exigunt & requirunt. Et sic dic̃t mandatū sive breve p̃ut debui
in oñib̴ reveren̯ sum executus. In quoɋ oĩm testiõm quia
sigillum meum forsitan plurib̴ est incognitū sigillum reverendi

viri domini decani li𝔟e capelle regie Sancti Martini magni Londoñ
cõmissarii generalis presentib3 apponi ꝓcuravi   Et nos cõmissa-
rius dicti domini decani a𝒹 s̅p̅ialem rogatum dicti Walteri sigillum
officii ñri p̅ntib3 apposuim⁹. Da𝔱 Londoñ quoad sigilli ꝓd𝒸i
appositionem xxvij die mensis Maij predic𝔱. Anno Dñi Mi𝔩mo
CCCᵘ octuagesimo nono set anno regni Regis Ri𝒸i ꝓd𝒸i xijᵒ.

Quo die adveniente vide𝔱t decimo quinto die mensis Junii anno
Domini & loco predictis coram veñ & discretis viris ma𝑔ris
Johanne Appulby decano Londoñ Johanne Barnet & Ro𝔟to Wes-
ton legum doctorib3 cõmissariis & judicib3 anted𝒸is ꝓ tribunali
sedentib3 ꝑtib3 predictis ut prius psonaliter comparentib3 lectaꝗ
cõmissione dictoꝗ 𝒹noꝗ cõmissarioꝗ ps dicti domini Ro𝔟ti quasdam
exceptiones cont𝗮 cõmissionem antedic𝔱 & potestatem cõmissarioꝗ
𝔥uj⁹ in scriptis dedit & proposuit quib3 in ꝑte lectis ꝓdicti cõmis-
sarii copias dictaꝗ excepcionũ ꝑ ꝑtem dicti Ricardi Lescroꝓ petitas
ꝑti dicti 𝒹ni Ri𝒸i traden𝒹 decreverunt & assignarunt dictis ꝑtib3
ad facien𝒹 sup dictis excepcionib3 isto die ad octo dies viz. diem
Martis ꝓx̃ post festum Corporis Xp̃i ꝓx̃ futur̃ loco memorato.
Tenor vero dicte excepcionis talis est.

In Dei nomine Amen.   Coram vobis potentib3 venerabilib3 ᴱˣᶜᵉᵖᶜⁱᵒ·
discretis & nobilib3 viris dominis Thoma de Holand Kancie
Wi𝔩mo de Monte Acuto Saꝗ Henrico de Percy Northumb̃r co-
mitib3 ac Johanne de Cobh𝗮m Ri𝒸o Adderbury militib3 necnon
magistro Johanne Appulby decano ecc𝔩ie cat𝔥 Sancti Pauli Lon-
doñ magistro Johanne Barnet magistro Roberto Weston & magis-
tro Ni𝒸𝔥o Stoket legum doctorib3 excellentissimi & metuendissimi
in Xp̃o principis domini Ricardi Dei gracia Regis Anglie & Francie
& 𝒹ni Hib̃ñ illustris in quadam causa appellacionis a quadam sen-
tentia diffinitiva in quadam causa que de & sup portatione quoꝗ-
dam armoꝗ & iꝓoꝗ oc𝒸one inter nobilem virum Ri𝒸m Lescroꝓ mili-
tem dudum ꝑtem actricem ex ꝑte una & nobilem virum Ro𝔟tum
Grosveno𝗋 ꝑtem defendentem ex altera in curia dicti 𝒹ni ñri Regis
militari coram strenuo & potenti 𝒹no 𝒹no constabulario Anglie
diucius vertebat𝗋 ꝑ eundem dñm constabulariũ lata ad audien-
ciam dicti 𝒹ni ñri Regis interjecte cõmissarios vos pretendentib3
viz. omnib3 supᴬdictis ac octo septem sex quinꝗ· quatuor trib3
aut duob3 v𝗋m cõmissarios dicti 𝒹ni ñri Regis cõmuniter vel divi-

sim in dicta appellacionis causa vos pretendentibʒ ps dicti Roᵬti
Grosvenour in termino sibi nup assignato ad dicenđ & ꝑponenđ
contᵃ vos & vestram cõmissionem vobis ut pretenditʳ in hac pte
factam ꝑtestatʳ palam publice & expresse qđ p aliquã compara-
cionem coram vobis seu aliquibʒ vestrum factam sive faciendam
aut aliqua dicta seu dicenda p ptem ejusdem Roᵬti non intendit
neqꝫ vult ps dicti đni Roᵬti in vos seu in aliquẽ vestrum ut in
suos judices seu suum judicem in dicta appellacionis causa pre-
textu cõmissionis predicte pretense cujus tenor dicitur esse talis.
Riĉus Dei gracia Rex Anglie &c ut supᵃ. Ex pte dĉi đni Ri-
cardi Lescroꝑ ptis adverse contra ptem dĉi Roᵬti Grosvenoʳ a dĉo
đno ñro Rege impetᵃte & vobis directe aliqualiꝑ consentire nec
ṽram jurisdicĉõem pretensam quomodolibet ꝓgare hac ꝑtestaĉõe
ꝓmissa & aliis juris remediis pti ejusdem Roᵬti contᵃ dictum đ̃m
Riĉm Lescroꝑ ac vos & vestrum quemᵗt necnon cõmissionem
ꝓdĉam ꝑtensam competentibus & competituris in hac pte a quibʒ
seu eoꝝ aliquo ps dicti đni Roᵬti non intendit recedere sibi salvis
contᵃ dictum đ̃m Riĉm Lescroꝑ & contᵃ quemcumqꝫ ꝓ eodem in
judicio coram vobis novem octo septem sex quinqꝫ quatuor tribʒ
aut đuobʒ vestrum compentem ac contᵃ vos novem octo septem sex
quinqꝫ quatuor tres & duos vestrum quoscumqꝫ necnon cõmissio-
nem predictam vimqꝫ formam & effectum ejusdem pretensos decli-
natorie excipiendo dicit & in jure ꝑponit qđ dicta cõmissio fuit &
est surrepticia & obrepticia et p surrepĉõem ac obrepĉõem multis
veris tacitis & suppressis ac multis falsis suggestis & expressis
eciam fraudulenter & subdole impetrata que vera tacita & sup-
pressa si fuissent expressa & falsa expressa si fuissent tacita nulla-
tenus fuisset dicta cõmissio sic obtenta aᵗsqꝫ est dicta cõmissio inef-
ficax & invalida & talis qđ vobis nullam jurisdicĉõem tribuere
potest seu debet de jure ex causis & racionibʒ infrascriptis. In
primis ꝓ eo & ex eo qđ strenuus & nobilis vir đ̃ns Thomas quon-
dᵃm filius recolende memorie đni Edwardi Dei gracia Regis Anglie
& Fᵃncie & domini Hiᵬnie dux Gloucestrie & constabularius Ang-
lie in causa que coram eo in curia militari inter dictum đ̃m Riĉm
Lescroꝑ ptem actricem ex pte una & đ̃m Robertum Grosvenoʳ
ptem defendentem ex altera de & sup eo qđ idem đ̃ns Riĉus in
dicta curia militari imposuit dicto đno Roᵬto ac contᵃ iꝑm đ̃m
Roᵬtum ꝓposuit & dixit qđ arma sua contᵃ justiciam portavit &
sup eo eciam qđ ad ꝓposiĉõem sive petiĉõem ejusđm đni Riĉi

judicialiᵗ tunc dictus dñs Roᵬtus respondit qᵈ arma que iᵽe
gessit & gerit fuerunt & sunt arma sua & non arma dc̃i dñi Ric̃i &
dictoᵪ armoᵪ occ̃one ex ᵽte altera ᵽ ᵽtem dicti dñi Ric̃i salva sem-
per reverencia dicti dñi constabularij contᵃ dictum dñm Roᵬtum
erronee informatus ad sentencie diffinitive ᵽlacionem in eadem
causa interdictas ᵽtes ᵽcessit & eam tulit xij die mens̃ Maij nunc
ultimo preterit' sub hac seu saltem consimili forma que sequitʳ
verboᵪ videᵗ. Nous Thomas filz a Roy duk de Gloucestre & co- Sentencia.
nestable Dengleterre avoms entenduz q̃ la cause darmes move pen-
tre monſ Richard Lescroᵽ c̃hr ptie actoʳ & Roᵬt Grosvenoʳ c̃hr
ptie defendant cestassavoir dazure ove une bende dore q̃ le dit
monſ Richard ad pleynement & suffisautment prove son entent
touchant lez ditz armes ᵽ proves cronicles & altres evidences suffi-
santz et q̃ le dit ſ Roᵬt nad poynt desprove lez ᵽoves de dit
monſ Richard en nuᵗ ptie ᵽ q°i nous agardoms ᵽnũcioms & decla-
roms ᵽ ñre sentence diffinitive lez ditz armes entiers estre a dit
monſ Richard & condempnoms le dit Roᵬt en costages & des-
penses de jour q̃ excepcion estoit fait encontre lez tesmoignes de
dit monſ Richard conᷤvant taxacion dizceᵗ ᵽdevers nous. Et
ultre ceo ᵽ cause q̃ nous avoms troves ᵽ certeyns evidences ᵽoves
quells dit ſ Roᵬt admys avᵃnt touchantz lez ditz armes nous ᵽ
vertue & auctorite de ñre office ᵽ conseiᵗ de chivalrie ordinoms &
agardoms lez ditz armes a dit Roᵬt ove une pleyne bordoʳ dar-
gent. In qua quidm sentencia diffinitiva quatenus contᵃ eundem
dñm Roᵬtum lata fuerat ex ᵽte ejusdm dñi Roberti illico apud
acta coram dicto dño constabulario in curia sua militari ᵽ tribunali
sedente ad excellentissimũ principem dñm nostrum Ric̃m Regem
predictũ sub certa forma verboᵪ viva voce extiterat legitime appel-
latum. Et licet a dicta sentencia diffinitiva fuisset ᵽut est apud
acta sic ut ᵽmittitʳ appellatum fuit tamen & est prefato dño Ro-
berto a jure indultum qᵈ iᵽe potuisset dictam appellac̃oem suam
sic viva voce ut prefertʳ interᵽõitam infra decem dies a tempe
ᵽlac̃õis dicte sentencie diffinitive ut prefertʳ facte ᵽx̃ sequeñ pre-
ᷤtim in hoc casu in scriptis redigisse ac eandem reparasse et si opus
fuisset eciam renovasse qᵈq̗ licet a dicta condempnac̃õe expensaᵪ
ex ᵽte dicti domini Roᵬti non fuisset statim apud acta appellatum
potuisset nichilominus de jure ᵽs dicti dñi Roᵬti ab ħuj⁹ con-
dempnac̃õne infra decem dies tunc ᵽx̃ sequeñt ᵗime appellasse a
qua eciam infra tempus debitum ᵽs dc̃i dñi Roᵬti legitime appel-

lavit appellacionemq̃ a dicta sentencia diffinitiva sic ut p̃fert' lata
ad audienciā dicti d̃ni ñri Regis sic ut p̃mittit' interjectam infra
tempus sibi in ea pte a jure indultum correxit reparavit ꝓut de
jure sibi licuit & eciam renovavit necnon a p̃fata condempnacione
expensaꝗ tempore congruo t̃ime appellavit. Et licet eciam ps
dicti d̃ni Rot̃ti de juris b̃n̄ficio in hac pte concesso potuisset &
posset sup appellacionibӡ suis p̃d̃cis infra triginta dieꝗ spaciū a
tempore ꝓlacionis dicte diffinitive sentencie & condempnat̃ōis
sequeñ apt̃os a judice a quo fuerat & est in ea pte appellatū de jure
petivisse idemq̃ judex appellatus apt̃os t̃uj⁹ ab eodem petitos de-
buisset insup assignasse prefatus tamen d̃ns Ric̃us ps appellata ter-
minis ad repparand̄ corrigend̄ & renovand̄ dictam appellacionem a
dicta sententia diffinitiva ut prefert' interjectam ac ad appelland̄ a
condempnacione expensaꝗ memoᵃta & ad petend̄ apt̃os sup t̃uj⁹ ap-
pellöibӡ predictis tunc ibidem interpositis seu tempore debito post-
mod̄ interponend̄ dicte pti appellanti a jure indult̃ pendentibӡ &
nondum lapsis premissa om̃ia que d̃c̃e pti appellanti tunc de jure
competiverunt ac singulis sic appellantibӡ competunt toto & om̃i
tempore impetᵃtionis c̃omissionis antedicte fraudulenter & subdole
subticuit seu suppressit necnon infra decem dieꝗ spaciū ad appel-
land̄ & p̃missa cetera faciend̄ ac triginta dieꝗ spaciū ad petend̄
apt̃os a jure appellantibӡ indulta ut supius est dictum predictam
c̃omissionem ac mandatum citatoꝛ̃ ad citand̄ dictam ptem appellan-
tem ad appellacionem suam in hac pte ꝓsequend̄ sub pena amis-
sionis ejusdem ad certum terminū eciam longe infra dicta tempora
& iꝓoꝗ quodt̃ contingentem a dicto d̃no ñro Rege preprope impe-
travit iꝓamq̃ ptem appellantem aucᵃte mandati citatorij predicti ad
eundem terminū in quo vos d̃ni supᵃd̃ci vigore c̃omissionis t̃uj⁹ ad
instanciam & ꝓcurat̃ōem dicti d̃ni Ric̃i ptis ut p̃mittit' appellate
in causa appellat̃ōis predicta inter dictas ptes ꝑ tribunali judicialit̃
sedistis ꝑemptorie obtinuit sic citari/ necnon predictam ptem
appellantem in impetrat̃ōne c̃omissionis ac mandati citatorii pre-
dictoꝗ fraudulenter & subdole nimiū precucurrit jurisq̃ terminis in
hac pte plus debito sic prevenit ut iꝓam ptem appellantem in im-
petrat̃ōne judicum subdole supplantaret/ premissisq̃ & aliis juris
remediis sibi in hac pte competentibӡ nequiter defraudaret/ que-
quid̃m vera predicta ꝑ dictū d̃m̃ Ric̃m ptem appellatam suppressa
& tacita si d̃c̃o d̃no ñro Regi tempore impetracionis c̃omissionis &
mandati citatorij t̃uj⁹ expressa debite extitissent prefatus d̃ns ñr

rex cōmissionem ac mandatum citatoriũ predicta eo tempore quo
dictus dñs Ričus ps appellata ip̄a impetravit sibi nullatenus
concessisset nec de jure concedere debuisset. Item quia predictus
dñs Ričus pars appellata predicta prefatum dñm Robertum appel-
lantem in impetrando dictam cōmissionem cont⁴ justiciã prevenit
nulla negligencia dicte ptis appellantis in hac pte penitus precedente
dicto domino ñro regi falso suggerens eciam & dolose q̃d prefatus
dñs Roꝑtus intendebat ꝓsecuꝏem dicte appellacionis in prejudicium
dicti ḋni Riči indebite ꝓlongare cum revera dicto ḋno Riĉo pti
appellate de intenĉōne ꝓdicta ꝑfati ḋni Roꝑti ptis appellantis tem-
pore impetracionis cōmissionis prefate non constitit nec constare
potuit in hac pte dictusq̣ dñs Roꝑtus a tempore late dicte sentencie
diffinitive & condempnacione expensaꝗ predictaꝗ & cit⁴ continue
dictam primam appellaꝏem sic ut premittit⁴ repparatam & aliam
a condempnacione predicta p ptem ejusdem ḋni Roberti interpo-
sitam & quamȋt eaꝗ ꝓ loco & tempore oportunis & coram judicibꝫ
competentibꝫ ꝓ dictum dñm nr̄m regem in hac causa jux⁴ juris
exigenciam deputat̃ seu deputandis fuit et est in firmo ꝓp̄osito
ꝓsequend̃ ac intendebat & intendit easdem ꝓsequi effectualiter ut
tenetur que quidm falsa predicta p dictũ dñm Ričum ut ꝑmittit⁴
expressa & suggesta si tacita fuissent & suppressa idem dñs Ričus
dictam cōmissionem non obtinuisse nec eam tempe quo ip̄am sic
obtinuit de jure habere ullatenus debuisset. Iȗm quia idem dñs
Ričus suggessit dicto ḋno ñro regi falso fraudulenter & subdole q̃d
iḋm dñs Ričus timuit q̃d idem dñs Roꝑtus ps appellans appella-
cionem suam a dicta sentencia diffinitiva interp̄oȋtam ꝓsequi non
intenderet neq̣ vellet eiḋmq̣ Ricardo ex hac causa dampnum mul-
tipliciter poterit generari cum revera p non ꝓsecutionem dicte
appellacionis non potuit neq̣ poterit dicto ḋno Riĉo ꝑjudiciũ aliquod
generari eo q̃d si prefatam appellaꝏis causam prefatus dñs Roꝑtus
prosecutus debite non fuisset rata dicta diffinitiva sentencia ꝑman-
sisset in ip̄ius ḋni Riči commodũ & honorē que sic non transibit set
erit Domino annuente p ptem dicti ḋni Roꝑti debite ꝓsecuta & hoc
ps dicti Roꝑti ꝓtestat⁴ in hiis scriptis palam & expresse. Item a
premissis non recedendo set eisdem firmiter inherend̃ excipiendo
declinatorie ut sup⁴ dicit & in jure ꝓponit ps dicti ḋni Roꝑti cont⁴
vos ḋnos judices & cōmissarios pretenñ antedictos ac cōmissionem
v̄ram pretensam q̃d dicta cōmissio v̄ra pretensa si que impet⁴ta fuerit
in hac pte p dictum dñm regem fuit & est eciã reintegra ȋime

postmodū ex certa dc̄i dni n̄ri regis sciencia revocata necnon c̄omissarii alii in dicta causa t̄ime deputati novaꝗ c̄omissio c̄omissionis predicte p̄ten̄ vobis directe revocatoria a dc̄o dno rege insup̄ concessa fuerunt. Unde facta fide qua requirit̄ in hac p̄te ad quam in forma juris debita facienđ offert pars dicti dni Rob̄ti ut convenit se paratam non est p vos dnos antedictos in causa predicta inter ptes p̄fatas vigore vestre c̄omissionis p̄ten̄ an̄dicte ult̄ius ꝑcedenđ set est a ꝑcessu quot̄ ulteriōri in eadem causa p vos supsedenđ & penitus desistenđ psꝗ dicti dni Rob̄ti ab examine v̄ro in hac p̄te eciam dimittenda. Que ꝑponit & fieri petit p̄s dicti dni Rob̄ti hūilit̄ cum effectu offerens se paratam ad ꝓbanđ p̄missa quatenus in facto consistunt juxta juris exigenciā q̇ten⁹ sufficiant in hac p̄te p loco & tempore oportunis. Juris beneficio in om̄ibꝫ semp salvo.

Quo die adveniente videl̄t vicesimo secundo die men̄ Junij anno Dn̄i suṗdicto ptibꝫ ut prius psonaliter coram dictis nobilibꝫ & potentibꝫ dn̄is dn̄is Henrico Percy comite Northumbr̄ Johanne de Cobḣm militibꝫ mag̃ris Johanne de Appulby decano Londōn Johanne Barnet officiali curie Cantuar̄ & Rob̄to Westōn c̄omissariis in huj⁹ causa deputatis in domo capitulari Fratrū Predicatoꝗ Londōn ꝓ tribunali sedentibꝫ & ptibꝫ p̄dictis ut apparuit in locum huj⁹ consencientibꝫ l̄itisꝗ tunc inter ptes predictas aliqualibꝫ altercac̄oībꝫ sup excepcionibꝫ p ptem dicti dni Rob̄ti Grosveno' al̄s ꝓp̄oitis exhibitisꝗ & ostensis incontinenti postea quibusḋm l̄ris patentibꝫ dni n̄ri regis in cera alba magno sigillo suo more cancellarie sue sigillatis p̄dictis dn̄is c̄omissariis directis quaꝗ tenor inferius describet̄ ip̄isque l̄ris de mandato dictoꝗ c̄omissarioꝗ coram eis ibidem judicialiter p̄lectis nonnullisꝗ allegac̄oībꝫ hincinde ad tunc factis copiaꝗ eaꝗdem l̄raꝗ p ptem dicti dni Roberti petita p dictos c̄omissarios p̄ti dicti dni Roberti decreta venerabilis in X̄p̄o pater & dn̄s dn̄s Johannes Dei gracia H̄'eforđen̄s ep̄us incontinenti postea ibidem judicialiter comparens dixit & asseruit palam & expresse qđ ip̄e p dn̄m n̄r̄m regem Anglie ibidem adtunc missus fuerat judicibꝫ sive c̄omissariis antedictis & eisdem c̄omissariis ex pte & ꝓ pte dicti dni n̄ri regis injunxit & precepit ꝑut dictus dn̄s noster rex sibi ut dixit dederat in mandatis qđ ip̄i dni c̄omissarii salvis semp dictis ptibꝫ defensionibꝫ legitimis & eoꝗ juribꝫ in ea pte eis adtunc competentibꝫ huj⁹ negociū in statu illo in quo adtunc fuerat usꝗ in dictū diem ad octo dies ad idem continuarent &

ip̅m negocium progarent. Et statim postea prefati d̅ni c̅omissarij dictam causam seu negociū in statu illo in quo adtunc fuerat usq̅ in diem Martis px̅ tunc futur̅ viz. ad octo dies ad idem continuarunt et dictis partib3 ad comparend̅ coram eis in domo & infra clausum dicto4 Fratrū Predicato4 eodem die circa horam terciā post horam nonam dicti diei ad faciend̅ audiend̅ & recipiend̅ in causa seu negocio huj⁹ quod justum fuerit & consonū racioni assignarunt. Tenor vero dicte c̅omissionis talis est.

Ricardus Dei gracia rex Anglie & Francie & dominus Hib̅n̅ dilc̅is & fidelib3 suis Thome de Holand Kancie Willmo de Monte Acuto Sa4 & Henrico de Percy Northumbr̅ comitib3 ac Johanni de Cobh⁀m & Ric̅o Adderbury militib3 necnon magistro Johanni Appulby decano eccl̅ie cathedralis sancti Pauli Londoñ magistro Johanni Barnet magistro Rob̅to Weston & magistro Nic̅ho Stoket sal̅m. Sciatis qd̅ cum constabularius noster Anglie in quadam causa de & sup armis de azura cū una benda de auro inter Ric̅m Lescrop militem ptem actricem ex pte una & Rob̅tum Grosveno⁀ ptem defendentem ex altera pte in curia n̅ra militari mota & pendente pcedens quandam sn̅iam diffinitivam injustam ut ass̅it⁀ tulisset a qua quidem sentencia ad n̅ram audienciam p ptem dicti Rob̅ti fuisset & sit ut pretendit⁀ appellatum cujus quid̅m appellacionis psecuc̅oem idem Rob̅tus dicebat⁀ ut accepimus in prejudicium dicti Ric̅i plongare. Et nos volentes dilacionū materias amputare & unicuiq̅ facere quod est justum mandaverim⁹ & fecerim⁹ prefatum Rob̅tum pemtorie citari ad comparend̅ coram nobis vel c̅omissariis n̅ris certis loco & termino competentib3 ad introducend̅ & psequend̅ causam appellac̅ois pd̅icte sub pena amissionis ejusd̅m p̅ut p l̅ras n̅ras mandatorias in hac pte factas & ut dicebat⁀ executas plenius poterit apparere. Postmodq̅ nos de fidelitate & pvida circumspecc̅one v̅ris plenius confidentes vobis octo septem sex quinq̅ quatuor trib3 & duob3 vestrū insolid̅ ad audiend̅ pcedend̅ cognoscend̅ statuend̅ diffiniend̅ & exequend̅ in de & sup causa appellacionis predicte cum suis dependenciis incidentib3 emergentib3 & connexis cum quacumq̅ cohercione l̅ima & necc⁀ia p alias l̅ras n̅ras patentes c̅omiserimus vices n̅ras & plenam in hac pte potestatem p̅ut in l̅ris nostris patentib3 inde confectis plenius continet⁀. Jamq̅ ut dicit⁀ pars dicti Rob̅ti p quasd⁀m excepciones sive pposiciones coram vobis ut dicit⁀ in scriptis exhibitas allegaverit se

Secunda C̅omissio.

coram vobis in p̃missis respondere non velle nec debere asserendo ł̄ras ñras predictas ad falsam fraudulentam & subdolam suggestionem ip̃ius Ric̆i a nobis fuisse impetratas ac eciam nos p alias ł̄ras ñras patentes certos alios cõmissarios ñros ꝓ determinac̃õne negocii predicti constituisse & deputasse & priores ł̄ras nostras vobis in hac pte ut predictum est revocasse Unde ex pte ip̃ius Ric̆i nobis est supplicatũ ne p huj⁹ minus veras excepc̃õnes sive ꝓposic̃õnes sibi prejudicet̃r in hac pte ut de & sup p̃missis p̃hibeamus testiõm veritati, ac quod justum fuerit fieri jubere. Nos recolentes indubie ip̃m Ricardum nullam aliam suggestionem qᵃm se dubitasse prefatum Rob̃tum ꝓsecuc̃õem appellacionis sue p̃dicte in p̃judiciũ ip̃ius Ric̆i nimiũ velle ꝓlongare nobis fecisse in p̃missis. Et satis nobis constat qd̃ alique hujusmodi ł̄re revocatorie ł̄raꝫ ñraꝫ vobis ut supᵃdictũ est factaꝫ sive directaꝫ seu alique alie ł̄re ꝑ determinac̃õne predicti negocii aliis psonis qᵃm vobis a curia ñra non emanarunt nec p nos hucusꝗ concesse fuerunt et hoc vobis significamus p p̃ntes Volum⁹ insup ut ip̃m Rob̃tum seu ptem ejusdem ad celeriꞇ introducend̃ causam appellac̃õis sue p̃dc̆e coram vobis & ꝓsequend̃ eandem sub pena amissionis ejusdem pemptorie moveatis & faciatis si oporteat cum effectu ulꞇiusꝗ supplicac̃õni ip̃ius Ric̆i in hac pte quatenus justum fuerit annuentes/ exhabundãti jam de novo vobis octo septem sex quinꝗ quatuor tribꝫ & duobꝫ vestrũ insolid̃ ad audiend̃ ꝓcedend̃ cognoscend̃ statuend̃ diffiniend̃ & exequend̃ secundum legem & consuetudinem curie ñre militaris in de & sup causa appellac̃õis predicte ejusꝗ negocii principalis cum suis dependenciis incidentibꝫ emergentibꝫ & connexis universis cum quacumꝗ cohertione lĩa & necessaria õimodis frivolis dilac̃õibꝫ inoportunis & inhonestis ac curie ñre militari & consuetudini ejusd̃m obviantibꝫ postpõitis & omissis tenore p̃nciũ cõmittim⁹ vices ñras & plenam in hac pte potestatem dictis excepc̃õibꝫ sive ꝓposic̃õibꝫ sive aliis quibuscumꝗ dictas excepc̃ões sive ꝓposiciones tangentibꝫ non obstantibꝫ quovismodo. Et ideo vobis & cuiꞇ ṽrm mandamus qd̃ circa p̃missa õmia & singula diligenter intendatis & ea faciatis & exequamini in forma predicta ꝓut justum fuerit & consonũ racioni. Volentes qd̃ si aliqui vel aliquis ṽrm inchoaverint vel inchoaverit ꝓcedere in premissis alii vel alius vestrum libere ꝓcedere valeant & valeat in eisdem licet inchoantes absentes vel inchoans absens fuerint vel fuerit etiam nullo impedimento legitime impediti seu impeditus. Damus

autem dicto constabulario ac universis & singulis officiariis minis-
tris ligeis subditis & fidelibȝ ñris quoȴ interest tenore presenciũ
in mandatis qđ vobis octo septem sex quinqᷱ quatuor tribȝ &
duobȝ vestrum ꝓut ad iꝓos ꝑtinet intendentes sint consulentes
respondentes & auxiliantes & v̄ris mandatis obedientes ꝓut decet
testes autem qui se odio . . . . vel timore subtraxerint compel-
latis ꝓhibere testiõm veritati. In cujus rei testiõm has ꞇras ñras
fieri fecimus patentes. T. me iꝓo apud Westm̃ vicesimo die Junij
anno regni nostri duodecimo.

    ꝑ iꝓm Regem.   Martyn.

 Quo die adveniente videꞇt penultimo die menŝ Junii anno Domini
& in domo capitulari infra clausum Fratrum Predicatoȴ Londoñ
ꝑtibȝ predictis coram nobilibȝ & potentibȝ dominis đnis Henrico
Percy comite Northumbr̄ Johanne Cobhᵃm militibȝ & magistro
Roᵬto Weston cõmissariis in huj⁹ causa deputatis ut prefertᵣ
ibidem judicialiter ꝑ tribunali sedentibȝ ꝑsonaliter ut prius com-
parentibȝ prefati đni cõmissarii huj⁹ negociũ in statu quo tunc
fuerat usqᷱ in diem lune ꝓx̄ futuꞃ & infra clausum dictoȴ fratrũ
ad idem continuarunt.

 Quo die lune adveniente videꞇt quinto die mensis Julii anno
Dñi & loco memoratis partibȝ predictis ꝑsonaliter ut prius coram
nobilibȝ & discretis viris đnis Johanne Cobhᵃm milite magistris
Johanne de Appulby decano London et Roᵬto Weston legum
doctoribȝ cõmissariis una cum aliis in hac ꝑte deputatis in domo
capitulari Fratrũ P'dicatoȴ predictoȴ ꝑ tribunali sedentibȝ ꞇitisqᷱ
inter ꝑtes predicꞇ nonnullis altercacionibȝ sup excepcionibȝ ꝑ ꝑtem
dicti đni Roᵬti aꞇs ꝓpositis et sup ꞇris patentibȝ đni ñri regis
ultimo exhibitis. Tandem prefatis ꞇris patentibȝ domini ñri regis
de mandato dꞮoȴ đnoȴ triũ cõmissarioȴ ibidem judicialiꞇ publice
plectis ac prefatus dñs Riĉus Lescrop petiit pluries & instanter qđ
dicti đni cõmissarii prefatum dñm Roᵬtum ꝑtem appellantem ad
ꝓsequenđ & introducenđ causam appellaꞔõis sue juxta formam
dictaȴ liꞇraȴ eis directaȴ sub pena contenta in eisdem compellerent
& moverent. Et tunc ꝓposita ꝑ magistrum Johannem Dutton noïe
dicti đni ñri regis ut dixit quadam cedula in scriptis redacꞇ cujus
tenor inferius continetᵣ continente in effectu qđ ꝑs đni Roᵬti Gros-
venoᵣ non intendebat recedere ab excepꞔõibȝ aꞇs ꝑ eum contra pri-

mam cõmissionem dictoʒ d̃noʒ judicum datis aut aliquibʒ eaʒdem
Et huj⁹ protestatione premissa qd̃ petiit terminũ competentem sibi
assignari ad dicend̃ contᵃ secundam cõmissionem ultimo ꝓpõitam &
exhibitam et deinde dictis partibʒ de mandato dictoʒ dominoʒ
cõmissarioʒ ad ptem se retrahentibʒ & h̃ita delib̃acione p dictos
tres d̃nos cõmissarios sup peticõoibʒ & allegacõoibʒ pcium predictaʒ
ac tenore cõmissionis sive ĩraʒ patencium predictaʒ p̃refati d̃ni
cõmissarij ptibʒ incontinenti postea ad se revocatis & ip̃is ptibʒ
ut prius coram eis psonaliter constitutis prefati d̃ni cõmissarij
dicentes se fore in p̃missis delib̃atos quo ad acta diei huj⁹ prefixe-
runt & assignarunt dicto d̃no Rob̃to ibidem judicialiꝉ psonaliꝝ
constituto ad introducend̃ causam appellacõois sue in hac pte dictũ
diem ad octo dies viz. diem lune p̃x̃ post festum translacionis
sancti Thome p̃x̃ futuꝛ sub pena contenta & limitata in ĩris d̃ni
regis memoratis et pti dicti d̃ni Rič̃i Lescroꝓ ad interessend̃ dictis
die & loco coram eis aut aliis collegis eoʒ ad faciend̃ audiend̃ &
recipiend̃ quod justum fuerit in hac pte.   Tenor vero dicte cedule
talis est.

Prima Ꝑtes-
tacio Rob̃ti
Grosvenour.

Pars domini Roberti Grosveno⁺ ꝓtestatur qd̃ non est inten-
cionis sue recedere ab excepcionibʒ suis aꝉs coram vobis contᵃ
cõmissionem ex pte domini Rič̃i Lescroꝓ militis contᵃ dictum d̃m̃
Rob̃tum Grosveno⁺ in causa appellacionis que coram voꝑis inter
eosdem Rič̃m & Rob̃tum verti seu verti sperari pretendit⁺ a d̃no
ñro rege primo impetratam ꝓpositis nec ab aliqua eaʒdem excep-
cionũ nisi quatenus artatus fuerit a parte juris et salva ꝓtestacione
p̃missa & aliis juris remediis sibi in hac pte competentibʒ et com-
petituris ps ejusdem d̃ni Rob̃ti petit terminũ sibi competentem
assignari ad dicend̃ ante õm̃ia contᵃ secundam cõmissionem ex pte
dicti d̃ni Ricardi ultimo impetratam & offert se paratam ad
faciend̃ fidem si oporteat coram vobis qd̃ interest sua hujusmodi
terminũ habere.

Quo die adveniente videꝉt duodecimo die mensis Julii anno
Domini supᵃdicto. In quadam aula vocat' le Hosterie infra cepta
domus Fratrum Predicatoʒ Londoñ coram nobili & potenti domino
domino Wiꝛmo comite Saʒ Rič̃o Adderbury militibʒ Johanne de
Apulby decano Londoñ & Rob̃to Westoñ legum doctoribʒ cõmis-
sariis antedictis ibidem judicialiꝉ in dicta causa p tribunali

sedentib₃ comparuit psonaliſ prefatus dñs Ric̆us Lescroꝓ et petiit ptem dicti dni Roƀti tunc absentis & non comparentis preconizari quem dc̄i dni cōmissarii publice preconizari fecerunt et statim porrecta & tradita ꝑ unū famulum ex°neū quad°m ɪ̄ra dni nostri regis clausa sub privato sigillo suo sigillata & dicto dno comiti Saꝗ liƀata tandem l̆itis altercac̄oïb₃ inter consilium pcium ꝑdictaꝗ sup retroactis in causa l̆itis memorata compuit psonaliſ mag̃r Johannes Douton c̆ticus asserens se in ea pte dicti domini Roberti ut predicit' absentis ꝓcuratorem et quand°m appellac̄oem ut apparuit in scriptis redactam in manu sua tenens prefatis dnis cōmissariis tunc p̄ntib₃ noïe dicti dni Roberti ut dixit notificavit & intimavit & apłos ab eis sibi dari & fieri petiit et eandem appellac̄oem predictis dnis cōmissariis realiter liberavit, quam quiđm appellam in formam publicam & sub instrumento publico redactam ac signo noïe & subscriptione magistri Joħis de Katerynton c̆tici Wynī dioc̄ publici auc°te apłica nõrii consignaꝼ primo et deinde predicta ɪ̄ra dni regis quaꝗ tenores inferius describent' de mandato dictoꝗ dnoꝗ cōmissarioꝗ ꝑ me Dionisium de Loph°m c̆ticum & cōmune. ac inter ptes predictas actoꝗ scribam publice & judicialiſ plectis prefati dni cōmissarii ꝑdicto magistro Johanni Douton ut ꝓdicit' apłos petenti diem Mercurij ꝓx̄ futur̃ infra clausum Fratrum Pᵒᵈdicatoꝗ predictoꝗ ad recipienđ apłos ꝑ eum ut predicit' petitos prefixerunt & assignarunt quoꝗ quiđm instrumenti & ɪ̄re regie tenores seriatim seq̄unt' & sunt tales.

In Dei nomine Amen. ꝑ p̄ns publicum instrumentum cunctis. appareat evidenter qđ anno Domini Mil̃lmo CCCᵐᵒ octuagesimo nono indicc̄õne duodecima pontificatus sanctissimi in Xꝓo p̄ris & dni ñri dni Urbani divina ꝓvidencia p°pe sexti anno duodecimo et mens̃ Julii die sexto. In p̄ncia mei Johannis no°rij auc°te apłica pn°ᵗ & testium subscriptoꝗ In hospicio l̆itac̄oïs mee in pochia sancte Fidis Virginis Londoñ situat' constitutus psonaliſ nobilis vir dñs Roƀtus Grosvenoᵣ miles quand°m appellacionem in scriptis redactam palam & publice fecit & interposuit appellavitꝗ & apłos petiit sepius & instanter necnon ad sancta Dei Ev°ngelia ꝑ ip̄m tunc ibidem corporaliſ tacta juravit & ꝓtestatus fuit ꝓut in quadam cedula papiri quam in manib₃ suis tunc tenebat plenius continetur cujus quiđm cedule tenor sequit' in hec verba. In Dei nomine Amen. Coram vobis auctentica psona & testib₃ ac viris fide dignis

Prima Appellacio R. Grosvenour.

Ego Robertus Grosvenour miles dico allego & in hiis scriptis ꝓ-
pono qđ cum strenuus vir dominus Thomas quondam filius reco-
lende memorie đni Edwardi dei gracia Regis Anglie & Francie &
đni Hiᵭnie illustris dux Gloucestrie & constabularius Anglie in
quadᵃm causa que coram eo in curia sua militari inꝉ nobilem virum
dñm Riĉm Lescroꝑ militem ptem actricem ex pte una & me Ro-
bertum predictum ptem ream pretenῆ de & sup eo qđ idem dñs
Riĉus in dicta curia militari michi imposuit ac contᵃ me Roᵭtum
predictum ꝓposuit & dixit qđ arma sua contᵃ justiciam portavi et
sup eo etiam qđ ad ꝓposicõem sive petitionem ejusđm Riĉi judi-
cialiꝉ tunc respondi qđ arma que gessi & gero fuerunt & sunt arma
mea & non arma dicti đni Riĉi & dictoꝗ armoꝗ occᵒone vertebatʳ
ex altera p ptem dicti đni Riĉi salva semp reverencia predicti đni
constabularij contᵃ me erronee informatus ad sentencie diffinitive
ꝓplacionem ꝓcessisset & eam tulisset ab eadem sentencia contᵃ me
lata illico apud acta coram dicto đno constabulario in prefata curia
sua militari p tribunali sedeñ ad excellentissimū principē & dñm
nr̄m dñm Riĉm dei gracia Regem Anglie & Francie illustrem viva
voce extitit ꝉime appellatum qđꝗ subsequenꝉ ab sentencia diffini-
tiva ꝑfata & condempnacione expensaꝗ contᵃ me p eundem consta-
bularium ad instanciam sive ꝓcuracõem dĉi đni Riĉi lata & facta
tanqᵃm ab iniquis injustis invalidis sive nullis quatenus contᵃ me
facere ac in mei prejudicium in hac pte cedere dinoscuntʳ facere ac
cedere dinoscitʳ alterutra eoꝗdem ad eundem dñm nr̄m regem infra
tempus michi in ea pte a jure indultum iterum ꝉime appellavi &
apꝉos petii michi dari & fieri ꝉime & instanꝉ ꝓput in quodᵃm puᶜᵒ in-
strumento p magr̄m Pꝉm Trody cꝉicū Dublineñ dioĉ publicum
aucᶜte aꝑlica noᵃrium ꝉime confecto ad quod me refero & hic p
inᵭto haberi volo plenius continetur. Fuiꝗ & sum satis diligens ad
ꝓseq̄nđ causam appellacionis mee ꝑdicte ad audientiam prefati đni
nostri regis ut ꝑmittitʳ interposite coram eodem đno ñro rege aut
aliis cōmisariis suis indifferentibȝ & neutri parti suspectis in ea pte
p dñm nr̄m regem deputanđ prefatus tamen dñs Riĉus adversarius
meus satagens contᵃ justiciam me ad ꝓsequenđ appellaciõem meam
infra tempus michi in hac pte de jure indultum plus debito coar-
tare meꝗ in impetracione judicium nimis premature infra juris ter-
minū ꝓcurrere & contᵃ justiciā prevenire quandᵃm cōmissionem a
dicto đno rege p subrepcionem & obrepcionem multis veris tacitis
& supꝑssis & multis falsis suggestis & exꝑssis fraudulenter &

subdole certis cōmissariis quoꝝ aliqui michi ex certis causis in eventum declarandis in hoc casu merito sunt suspecti dirigendam me tempore impetracōis dicte cōmissionis absente & eidem cōmissioni nullatenus consenciente nec aliqua negligentia mei in hac pte ꝓcedente ꝓprope cont^a justiciā impetravit quib3 veris tacitis & suppressis si fuissent expressa & falsis expressis si fuissent tacita dictam cōmissionem eo tempore quo ipam sic ut ꝓmittit^r impetravit nullatenus obtinuisset. Et q^amq^am coram certis cōmissariis p ptem dicte ptis appellate in hac pte impetrat̃ certis loco & tempore competentib3 ttime comparuissem ac certas excepciones legitimas in forma juris conceptas materias subrepcionis & obrepcionis aliasq3 materias legitimas ad exclusionem sive enervacionem cōmissionis predicte ac jurisdictōis & potestatis pretens̃ dictoꝝ cōmissarioꝝ pretensoꝝ cujuscumq3 in se continentes sufficient̃ & ttime concludentes congruis loco & tempore proposuissem easq3 in forma juris admitti petivissem offerens me easdem lie ꝓbatur̃ datusq3 fuisset certus terminus p eosdem cōmissarios pti mee & eciam pti adverse ad faciend̃ sup eisdem quod justicia & racio postularent prefatus tamen dn̄s Ric̃us ps adversa termino huj^9 pendente quand^am aliam cōmissionem eciam p surrepc̃ōem & obrepc̃ōem multis veris tacitis & suppressis ac multis falsis expressis quib3 falsis suggestis & expressis si suppressa & tacita fuissent ac veris tacitis & sic. expressis si suppressa fuissent prefatus dn̄s Ric̃us dictam ultimam cōmissionem nullatenus obtinuisset fraudulent̃ & subdole impetravit. Et q^amq^am pars mei Robti Grosveno^r antedicti coram nobili viro dn̄o Johanne dn̄o de Cobeh^am milite ac ven̄ viris magistris Johe de Appulby & Robto Weston legum doctorib3 cōmissariis in utraq3 cōmissione predicta noīatis certis loco & tempore competentib3 ttime compuisset ꝓtestando palam publice & expresse se nolle recedere ab excepcionib3 predictis ats cont^a dictam primam cōmissionem ꝓpōitis petens sepius cum instancia a cōmissariis antedictis pti mee ꝓdicte certū t̃minū competentem assignari ad dicend̃ & ꝓponend̃ in forma juris cont^a cōmissionem ultimo p ptem ejusdem ptis appellate ut ꝓdicit^r surrepticie & obrepticie impetratam quaꝝ quid̃m cōmissionū predictaꝝ & excepcionum cont^a primam cōmissionem ats ut ꝓmittit^r ꝓpositaꝝ tenores si & quatenus faciunt ꝓ me & facere poterunt in hac pte fieri volo ꝓ insert̃ iidem tamen cōmissarii ꝓx̃ prenoīati pti dc̄i dn̄i Ric̄i in hac pte plus debito faventes excepciones predictas alias ut ꝓmittit^r ꝓpositas cum suis oblatis

ꝓbacionibʒ admittere aut michi seu ꝑti mee terminũ ad dicenđ
cont⁴ ultimam cõmissionem predictam assignare seu debitam justi-
ciam in hac ꝑte ꝑti mee facere non curarunt set expresse recusa-
runt seu plus debito distulerunt & differunt injuste ac ꝑti mee
ꝓdicte ad introducenđ & ꝓsequenđ coram eis causam appellaõis
mee ꝓdicte terminum nimis brevem & pemptoriũ cont⁴ justiciam
& solitum cursum curie militaris prefixerunt & statuerunt ad
instanciam & ꝓcuracionem dicti đni Riči Lescroꝑ subdolas &
injustas in mei Roꝋti predicti prejudicium non modicum & gra-
vamen Unde ego Roꝋtus Grosveno⁴ antedictus senciens me ex
ꝓmissis gravam̃ibʒ michi ꝑ ꝓdictos đm̃ Johannem đm̃ de Cobe-
h⁴m & magistros Johannem de Appulby & Roꝋtum Weston cõmis-
sarios predict⁴ illat⁴ indebite pregravari ad audienciam excellen-
tissimi in Xꝓo principis & đni đni Riči dei gracia Regis Anglie &
Francie iterũ apello & apⁱos peto primo secundo & tercio instanꝉ
instancius & instantissime michi dari & fieri cum effectu. Et juro
ad hec sancta Dei Evangelia ꝑ me corporaliꝉ tacta qđ non sunt duo
dies elapsi postq⁴m michi primo constabat de gravam̃ibʒ antedictis
ꝓpter que ultimo appellavi. Et ꝓtestor de corrigendo &c. ut est
moris Acta fuerunt hec sub anno indicⁱone pont⁴ mense die & loco
prefatis ꝑntibʒ discretis viris magistris Joꝋne Douton & Radulpho
Gardyner cꝉicis Licꝋ & Londonieñ dioč ac aⁱ testibʒ ad ꝓmissa
vocatis sꝑialiꝉ & rogatis. Subsequenter vero septimð die dicto
mensis Julii anno Domini indictione pont⁴ & loco predictis In
ꝑncia eciam mei no⁴rii & testium subscriptoꝵ constitutus ꝑsonaliꝉ
ꝓfatus đñs Roꝋtus Grosveno⁴ miles dilčos sibi in Xꝓo maꝵros
Johannem Douton rectorem libere capelle de Bargꝋ Licꝋ dioč
Roꝋtum Northlode Ričm Hatⁱon & Henricum de Mottelowe suos
veros certos & indubitatos fecit ordinavit & constituit ac facit &
ordinat ꝓcuꝵes negocioꝵ gestores & nuncios sꝑiales conjunctim &
divisim & quemⁱt iꝓoꝵ insoliđ ita qđ non sit melior condicio occu-
pantis set quod unus eoꝵ incepit alius ꝓsequi mediare valeat &
finire ad notificanđ & intimanđ sup⁴scriptam appellacionem prefa-
tis đno Johanni de Cobeh⁴m magistris Joꝋi de Appelby & Roꝋto
Westoñ cõmissariis pretenꝵ predictis cõmuniꝉ vel divisim ac ceteris
om̃ibʒ & singulis quoꝵ inⁱest seu inⁱesse poterit apⁱosqꝵ petenđ &
recipienđ ꝓvocacionũ & appellacionum causas ꝓsequenđ, Ceteraqꝵ
om̃ia & singula facienđ excercenđ & expedienđ que in ꝓmissis vel
eoꝵ aliquo necc⁴ia fuerint seu quomodoⁱt oportuna licet talia sint

que de sui natura mandatum exigant s̄piālē. Et p̄misit dictus
constituens michi no̅rio publico infrascripto vice & noīe oīm quo̧̧
interest seu interesse pot̄it in hac pte publiçe & solempniter stipu-
lanti & recipienti se ratum gratum & firmum ppetuo l̄iturum quic-
quid dicti p̄cur̄es sui seu eo̧̧ aliquis fecerint aut fecerit in p̄missis
& quot̄ p̄misso̧̧ sub ypotheca & obligacione oīm bono̧̧ suo̧̧ ac
exposuit cauciones. Act' fuerunt hec sub anno indicc̄ōne ponti-
ficatu mense die & loco ultimo predictis p̄ntib3 discretis viris
domino Thoma Palmere p̄bro Henrico Northlode & Radulpho
Gardyner no̅riis auc̄te apl̄ica publicis Welleñ Cicestreñ & Londo-
nieñ dioc̄ testib3 ad p̄missa vocatis s̄piālit̄ & rogatis. Et ego
Johannes dictus Syre de Kateryngton cl̄icus Wyntonieñ dioc̄ pub-
licus auc̄te apl̄ica no̅rius p̄missis omīb3 & singulis dum sic ut
premittitur sub anno indicc̄ōne pont' mense dieb3 & loco prefatis p
dictum d̄ñm Rob̄tum Grosveno̅r agerent̄ & fierent psonālit̄ inter-
fui una cum testib3 antedictis/ eaq̧ sic fieri vidi & audivi/ ac aliis
arduis negociis multiplicit̄ occupatus p alium scribi feci publicavi
& in hanc publicam formam redegi manu ppria me subscribendo
& signū meum consuetum hic apponendo ın testiōm premisso̧̧ p
eundem d̄ñm Rob̄tum s̄piālit̄ requisitus.

De p le Roy.

Treschiers & foialx: Porce q̃ nous avons affaire ovesq̧ ñre tres-
chier cousyn & foial le conte de Northumberland p quoy il neo
poet p nulle voie estre huy ce jour a les Freres Precheours a Londres
a trois de la clok apres noune, pur le journe de appelle pentre noz
ch̄s & foialx Richard Lescrop̄ & Rob̄t Grosveno', volons & vous
mandons q̃ vous prorogez mesme le jo'nee tanq̧ a la p̄cheyn mes-
qerdy pur lors estre tenuz apres noune a les heure & lieu avanditz.
Et ce en nulle manere ne lessez/ Don souz ñre prive seal a nostre
Chastel de Wyndesore le xij jour de Juyl.

Quo die Mercurii adveniente videt̄ decimo quarto die mensis
Julii anno Domini sup̄ºdicto prefatis dominis Riĉo Lescrop̄ & Rob̄to
Grosveno' principalib3 coram nobilib3 & potentibus d̄nis d̄nis
Will̄mo Sa̧̧ & Henrico Northumb̄r comitib3 Riĉo Adderbury
mil̄itib3 magistris Johanne Appulby decano London & Rob̄to
Weston legum doctorib3 c̄ōmissariis in huj⁹ negocio una cum
aliis collegis suis sub certa forma in c̄ōmissione d̄ni nostri regis

deputatis in causa ħuj⁹ judicialiſ ꝑ tribunali sedentibȝ psonaliſ
comparentibȝ magister Johannes Doutoñ cłicus ꝑcurator dc̄i d̄ni
Roberti & qui aɫs ultimo die Lune ꝑ eodem d̄no Rob̃to quӣd̃m
appellacionem de qua supᵃ fit mencio prefatis d̄nis Wiɫɫmo comiti
Saɫ Ric̃o Aderbury militibȝ mаꭑris Johanni Appulby & Rob̃to
Westoñ cōmissariis dicto die Lune notificavit ut prefertʳ apɫos ab
eisdem cōmissariis sibi dari peciit/ et statim prefatus magister
Johannes Appulby decanus & unus cōmissarioɫ predictoɫ vice sua
& dictoɫ dominoɫ comitum Saɫ & Northumb̃r Ric̃i de Aderbury
& mаꭑri Rob̃ti Westoñ apɫos prefato magistro Johanni Douton
eos ut ꝓdicitur petenti dedit viva voce sub hac forma eidem ma-
gistro Johanni Doutoñ dicendo⸴ Appellationi tue alias ꝑ te nobis
& aliis certis collegis ñris ut supᵃ fit mencio tunc ꝑsentibȝ noïe
dicti d̄ni Rob̃ti Grosvenoʳ domini tui notificate non deferimus set
eam refutamus et eam ex fictis frivolis & minus veris causis con-
ceptam reputamus/ et hanc responsionem vice d̄noɫ collegaɫ ñroɫ
hic ꝑncium & ñra loco apɫoɫ tibi damus. Et incontinenti postea
ps dc̄i d̄ni Ric̃i Lescroꝑ peciit instanſ a dictis dominis cōmissariis
quatinus iꝓi dictum d̄m Rob̃tum Grosvenoʳ ibidem psonaliſ con-
stitutum compellere dignarentʳ⸴ q̃d statim introduceret coram eis
causam appellacionis sue ħuj⁹ sub pena amissionis ejusdem/ et
extunc ꝓpoͥtis & exhibitis ꝑ pte dc̄i d̄ni Rob̃ti coram cōmissariis
antedictis quadam ꝓtestacione in scriptis redacta & uno instru-
mento publico suꝑ appellacōne prefati d̄ni Rob̃ti a s̄ñia diffinitiva
lata ꝑ nobilem d̄m d̄m Thomam ducem Gloucestrie & constabu-
larium Anglie in causa armoɫ inter dc̄os d̄nos Ric̃m tunc ut dice-
batʳ ptem actricem ex pte una/ & ꝑfatum d̄m Rob̃tum reum
ex alteʳa lata/ ut ps dicti d̄ni Rob̃ti as̄suit facta & interposita signo
noïe & subscripcōne magistri Pħi Trody cłici Dublineñ diōc̃ pub-
lici auc̃ te apɫica notᵃrii consignato quoɫ tenores inferius descri-
buntʳ⫽ Et subsequenter habitis inter consilium pcium ꝓdictaɫ non-
nullis disputac̄ōbȝ & altercacionibȝ suꝑ & de ɫris sive cōmissionibȝ
dicti d̄ni ñri Regis alias exhibitis in causa memorata & aliis mate-
riis ħuj⁹ cōmissiones concernentibȝ. Tandem habitis tractatu & de-
libacione inſ prefatos dominos Saɫ & Northūb̃r comites Ric̃m de
Adderbury milites mаꭑros Johannem Appulby decanū Londoñ &
Rob̃tum Westoñ cōmissarios antedictos ptibȝ predictis ad tempus
de mandato dictoɫ d̄noɫ cōmissarioɫ ad ptem se trahentibȝ suꝑ
allegacionibȝ & peticōͥbȝ pciū predictaɫ & cōmissionibȝ antedictis/

et demum ptibȝ p̄dictis coram eis revocatis & psonaliꝰ comparen-
tibȝ prefatus magister Roƀtus Westoñ vice dictoꝗ d̄noꝗ concōmis-
sarioꝗ & collegaꝗ suoꝗ & sua dixit & recitavit judicialiꝰ tunc ibi-
dem qꝺ predicti d̄ni cōmissarij tunc fuerant deliƀati inꝰ se qꝺ licet
juxᵃ formam ultime cōmissionis p d̄m̄ n̄r̄m Regem eis factˀ & con-
cesse ac retroactoꝗ in dicta causa ꜧitoꝗ possēt dictum d̄m̄ Roƀtum
compellere ad statim introducere causam appellacōis sue hujˀ sub
pena contenta in cōmissione sive ꞇris regiis antedictꝰ dicti tamen
domini cōmissarii equitatem & mansuetudinem rigori preponere
voluerunt/ et tandem prefatus magister Robertus vice & noïe ac
consensu dictoꝗ d̄noꝗ collegaꝗ suoꝗ ut dixerunt & sua, de benig-
nitate eoꝗ ptem dicti d̄ni Roƀti Grosvenoˀ ad introducend̄ causam
appellacionis sue predicte sub pena contenta & limitata in ꞇris sive
cōmissione dicti d̄ni n̄ri regis eis ut p̄fertˀ ultimo directˀ atꝗ factˀ
diem Martꝰ p̄x̄ futuꞃ infra clausum Fratrum Predicatoꝗ p̄dictoꝗ
circiꝰ horam terciam post horam nonam dicti diei juxᵃ vim formam
& effectum dicte cōmissionis monuit ac dictos diem & locum ad·
hoc eidem prefixit & assignavit judicialiꝰ p decretum/ & pti d̄c̄i d̄ni
Ric̄i ad interessend̄ dictis die & loco factuꞃ & audituꞃ quod justum
fuerit in hac pte/ tenores vero dictˀ ꝓtestacionis & instr̄i sup
appellacōe dicti d̄ni Roƀti seriatim secuntˀ & sunt tales.

 In Dei nomine. Amen. Coram vobis nobilibȝ viris dominis
Thoma de Holand Kanc̄ Wiꝲmo de Monte Acuto Saꝗ Henrico
de Percy Northumbꞃ comitibȝ Ric̄o Adderbury milite magistro
Johanne Barnet & magistro Nicꝲo Stoket legum doctoribȝ illus-
trissimi principis & domini n̄ri d̄ni Ric̄i dei gracia Regis Anglie &
Francie & d̄ni Hiƀnie in causa appellacionis seu negocio infra-
scripto & inter ptes inferius noïatas cōmissariis deputatis aut
duobȝ v̄r̄m ps dominī Roƀti Grosvenoˀ militis ꝓtestans qꝺ non est
intencionis sue recedere ab aliqua appellacione p eandem ptem
primitus interposita nec a ꝓsecucōne ejusꝺm dicit allegat & in
jure ꝓponit in hiis scriptis qꝺ strenuus vir dominus Thomas quond-
dᵃm filius recolende memorie d̄ni Edwardi dei gracia regis Anglie
& Francie ac d̄ni Hiƀnie illustris dux Gloucestrie & constabulariús
Anglie in quadam causa que coram eo in curia sua militari inter
nobilem virum d̄m̄ Ric̄m Lescroꝓ militem ptem actricem ex pte
una & dictum Roƀtum ptem ream pretenš de & sup eo qꝺ idem
d̄ns Ric̄us in d̄c̄a curia militari sibi imposuit ac contˀ ip̄m Roƀtum

Sēda Protes-
tacio R. Gros-
venour.

predictum ꝓposuit & dixit qđ idem Roƀtus arma iᵽius Riči contᵃ
justiciam portavit et suꝑ eo qđ dictus dñs Roƀtus ad ꝓposiꞔꝋem
sive peticionem ejusdem đni Riči judicialiter respondit qđ arma
que iᵽe gessit & gerit fuerunt & sunt arma sua & non arma dicti
domini Riči salva semp reverencia dicti đni constabularii contᵃ
dictum Roƀtum erronee informatus ad sententie diffinitive ᴘlacio-
nem in eadem causa inter dictas ᴘtes ᴘcessit & eam tulit ᴘtemq̠
dicti domini Roƀti in expensis ᴘ ᴘtem dicti domini Riči in ᵽfata
causa factis iᵽaꝗ taxacione reꞃvata condempnavit injuste/ a qua
quiđm sentencia diffinitiva quatenus contᵃ eundem dñm Roƀtum
lata fuerat/ illico apud acta coram dicto đno constabulario in curia
sua ᴘ tribunali sedente ad dictum dñm nᵐm Regem ex ᴘte predicti
đni Roƀti sub certa forma viva voce primo/ et deinde ab eadem
sententia diffinitiva & condempnaꞔꝋne expensaꝗ ᵽdicta tamqᵃm ab
iniquis invalidis sive nullis quatenus contᵃ ᴘtem dči domini Roƀti
facere/ ac in prejudicium ejusdem đni Roƀti in hac ᴘte cedere
dinoscuntʳ/ facere aut cedere dinoscitʳ alterutra eaꝗdem ad eundem
dominum nostrum Regem in scriptis ꞁime extitit appellatum infra
tempus eidem đno Roƀto a jure in hac ᴘte indultum & dicto
domino nostro Regi loco & tempore competentibƷ debite & ꞁime
intimata & etiam notificata. Idem tamen dñs noster Rex de dicta
secunda appellacione minime cercioratus infra decem dieꝗ spacium
a tempore ᴘlacionis dicte sententie diffinitive ᴘx̄ sequeñ infra quos
dicta secunda appellacio interposita extitit & dicto domino nostro
Regi intimata/ causam dicte prime appellacionis dumtaxat cum
suis emergeñ incidentibƷ & connexis vobis cꝋmisit fine debito ter-
minand̓ ᴘut in ꞁris regiis patentibƷ inde confectis ad quas quatenus
oportet ᴘs dicti đni Roƀti se refert & habere vult ᴘ hic insertis
ᴘlenius continetʳ et nullatenus causam appellaꞔꝋis secunde ᵽdicte
a sententia diffinitiva & condempnaꞔꝋne expensaꝗ ad audienciam
dicti đni ñri regis ut ᵽfertʳ interjecte/ quam quidem secundam
appellacionem domino ñro regi alias ut prefertʳ intimatam vobis
ᴘs dicti đni Roƀti parata est legitime intimare. Unde ᴘtestatʳ pars
dicti đni Roƀti palam & publice in hiis scriptis qđ a ᴘsecuꞔꝋne
dicte secunde appellacionis sue quam pars dicti đni Roƀti parata
est & erit facere coram dicto đno ñro Rege & suis cꝋmissariis
potestatem sufficientem in ea ᴘte habentibƷ seu habituris minime
sit exclusa/ & aliis juris remediis ᴘti ejusdem đni Roƀti in ea ᴘte
competentibƷ salvis idem Roƀtus paratus est & erit coram vobis

aut aliis judicibȝ quibuscumqȝ potestatem sufficientem in hac pte
habentibȝ & neutri pti suspectis causas appellacionū suaᵣ predictaᵣ
& utriusqȝ eaᵣ introduc̃e & ꝓsequi cum effectu et de ꝑmissis
expresse ꝓtestatʳ.

In dei nomine Amen⸴ per ꝑns publicum instrumentum cunctis
appareat evidenter qᵭ anno ᵭni Miłłmo CCCᵐᵒ octuagesimo nono
indicc̃õne duodecima pontificatus sanctissimi in Xꝓo ꝑris & domini
nostri ᵭni Urbani divina ꝑvidencia ꝑᵃpe sexti anno duodecimo⸴ et
mens̃ Maij die decimo sexto. In atrio eccłie sancti Pauli Londoñ
prope hostium australe ejusdem eccłie. In mei noᵗrii publici &
testium subscriptoᵣ ꝑncia constitutus psonaliter nobilis vir ᵭns
Roᵬtus Grosvenour miles quasdam appellacionem & apłoᵣ peti-
tionem in scriptis redactʼ palam & publice fecit & inᵗposuit⸴ appel-
lavitqȝ & apłos peciit sepius & instanter necnon juravit ad sancta
dei Evãngelia p iꝑm tunc ibidem corporalił tacta⸴ & eciam ꝓtes-
tatus fuit ꝓut in quadᵃm cedula papiri quam idem ᵭns Roᵬtus in
manibȝ suis tunc tenebat plenius continetʳ Cujus quidem cedule
tenor sequitʳ & est talis. In dei nomine Amen. Coram vobis
autentica psona & testibȝ viris fide dignis⸴ Ego Roᵬtus Grosve-
nour miles dico allego & in hiis scriptis ꝓpono qᵭ strenuus vir ᵭns
Thomas quondam filius recolende memorie domini Edwardi dei
gracia Regis Anglie & Francie ac domini Hiᵬnie illustris dux
Gloucestrie & constabularius Anglie in quadam causa que coram
eo in curia sua militari inter nobilem virum ᵭnm Ric̃m Lescroꝓ
militem ptem actricem ex pte una⸴ et me Roᵬtum predictum ptem
ream pretens̃ de & sup eo qᵭ idem ᵭns Ric̃us in dicta curia mili-
tari michi imposuit ac contᵃ me Roᵬtum ꝓdictū ꝓposuit et dixit
qᵭ arma sua contᵃ justiciam portavi & sup eo eciam qᵭ ad ꝓposi-
cionem seu petic̃õem ejusdem judicialił tunc respondi qᵭ arma que
gessi & gero fuerunt & sunt arma mea & non arma dicti ᵭni Ric̃i
& dictoᵣ armoᵣ occ̃one vertebatʳ ex altera p ptem dicti ᵭni Ric̃i
salva semp reverencia dicti ᵭni constabularii contᵃ me erronee
informatʼ ad sentencie diffinitive ꝑlac̃õem in eadem causa inter
dictas ptes ꝓcessit & eam tulit sub hac forma seu saltem consimili
forma que sequitʳ Ѵboᵣ⸴ videłt Nous Thomas filtz a Roy duk
de Gloucestre & conestable d'Engleterre &c. Et licet a sententia
diffinitiva memorata quatenus contᵃ me lata fuerat illico apud acta
coram dicto ᵭno constabulario in curia sua predicta p tribunali

Sc̃da Appella-
cio R. Grosve-
nour.

sedeñ ad excellentissimū principem & dñm nr̄m Ric̄m dei gracia
Regem Anglie & Francie illustrem ex pte mei Rob̄ti predicti sub
certa forma viva voce extiterat appellatum, a dicta tamen sententia
diffinitiva & condempnacōne expensaꝗ predicta tanqᵃm ab iniquis
injustis invalidis sive nullis quatenus contᵃ me & ptem meam
facere ac in mei p̄judiciū in hac pte cedere dinoscunt' & facere ac
cedere dinoscit' alterutra eaꝗdem ad eundem excellentissimū prin-
cipem & dñm nostrum Regem prefatum in hiis scriptis iterum
appello & apłos peto primo secundo & tercio instanł instancius &
instantissime michi fieri tradi & libᵃari cum effectu/ Et juro ad hec
sancta Dei Evᵃngelia p me corporalił tacta qᵈ die duodecima pre-
sentis mensis Maii primo michi innotuit de sentencia diffinitiva
& expenš & sumptuū condempnacione p̄dictis & non ante, Et
ₚtesto de corrigendo addendo & minuendo ut est moris. Et
incontinenti post interposicōem dicte appellacōis apłoꝗ peticōis
juramenti prestacōem & ₚtestacōem predict' dictus dñs Robᵗus
discretos viros Henr̄ de Bercles Radulphum Mauynwaryng Wiłłm
Chamblayn Petrum de Whitelesey Johannem Disworth Galfridum
Boidell Johannem Lutelore & Wiłłm Glasbrok licet absentes
tanqᵃm p̄ntes fecit tunc ibidem, ac ordinavit & constituit ac facit &
ordinat suos veros certos & indubitatos ₚcuᵃres negocioꝗ gestores
& nuncios sp̄iales conjunctim & divisim & quemłt ip̄oꝗ insolid ita
qᵈ non sit melior condicio occupantis set quod unus eoꝗ incepit
alius ₚsequi mediare valeat & finire quociens & quando dictum
constituentem abesse contigˀit vel adesseˀ deditꝗ, & concessit ac dat
& concedit eisdem ₚcuᵃribᴣ suis conjuncter & divisim & cuiłt ip̄oꝗ
ut p̄mittitˀ insolid potestatem generalem & mandatum sp̄iale noïe
dicti constituentis & p eo subscriptam appellacionem & oм̄ia &
singula supᵃdicta prefato strenuo viro dꞒno Thome constabulario
Anglie ac ceteris oм̄ibᴣ & singulis quoꝗ inłest seu interesse poᵗit
notificanᵈ & intimanᵈ apłosꝗ petenᵈ & recipienᵈ ₚvocacionū &
appellacionū causas ₚsequenᵈ/ juramentumꝗ quodcumꝗ in p̄missis
utile necessariū seu quomodołt oportunū in aïam dicti constituentł
prestanᵈ. Ceteraꝗ oм̄ia & singula facienᵈ excercenᵈ & expe-
dienᵈ que in premissis vel eoꝗ aliquo neccᵃia fuerunt seu quomo-
dołt oportuna et que idem constituens in premissis facere posset si
psonaliter interesset. Et p̄misit dictus constituens michi noᵃrio
publico infrascripto vice & noïe oı̄m quoꝗ interest seu interesse
poterit in hac pte publice & solempniter stipulanti & recipienti se

ratum gratum & firmū ppetuo ħiturum quicquid dicti ꝓcuͬes aut
eoꝗ aliquis fecerint seu fecerit in premissis & quoͭt premissoꝗ
necnon judicio sisti & judicatum solvi cum omĩbȝ suis clausulis
sub ypotheca & obligaͨone oĩm bonoꝗ suoꝗ ac exposuit cauciones.
Act' fuerunt hec sub anno indicͨone pont' menͨ die & loco pre-
dictis. Presentibȝ discretis viris domino Johanne Heyward pͫro
& Wiłłmo Adrian cłĩc Meneveñ & Londonieñ dioͨ & aliis testibȝ
ad ꝓmissa vocatis sꝓialiſ & rogatis.   Et subsequenſ die decimo
septimo dicti menͨ Maij anno Dñi indicͨone & pont' ꝓdictis in
hospicio ħitacionis venerabilis viri magistri Rogeri Page decani
de arcubȝ Londoñ in pochia Sancti Gregorii Londoñ situato.
In mei noͣrii publici & testium predictoꝗ ꝑncia psonaliſ consti-
tutus predictus Johannes Lutelore ꝓcurator et ꝓcuͣrio noͥe prefati
dñi Roͣti Grosvenoͬ juravit ad sancta dei Evͣngelia p iͣpm tunc
ibidem corporaliſ tacta qͩ nescivit neꝙ dñs suus scit ubi certitu-
dinaliter invenire prefatum dñm constabulariū ad notificanͩ &
intimanͩ sibi supͣscriptam appellacionem infra tempus ad hoc de
jure limitatū.   Act' fuerunt hec sub anno indicͨone pont' menͨ
die & loco ꝓͯ dictis Presentibȝ testibȝ supius noͥatis ad ultima
ꝓmissa vocatis sꝓialiſ & rogatis.   Et Ego Pħus Trody cłicus
Dublineñ dioͨ publicus aucͣte apłica noͣrius dicte appellacionis
interposicͨoi apłoꝗ peticioñ juramenti prestacioni & ꝓtestacͨoi ac
dictoꝗ ꝓcuͣroꝗ constitucͨoi p dictū dñm Roͣtum facte necnon
juramenti p prefatum Johannem Lutelore ꝓcuͬem ejusdem dñi
Roͣti ut prefertͬ facti ꝓtestacioni omĩbȝꝙ aliis & singulis supͣ-
dictis dum sic ut premittitͬ sub anno indicͨone pontſ menͨ
diebȝ & locis predictis agebantͬ & fiebant ꝑns psonaliſ interfui
eaꝙ sic fieri vidi & audivi scripsi & in hanc publicam formam
redegi manu ꝓpria me hic subscribendo & signum meum hic
apponendo consuetum rogatus atꝙ requisitus in fidem & testiͦm
oĩm ꝓmissoꝗ.

Dominus Roͣtus Grosvenoͬ miles coram me Dionisio noͬrio   Pcuͣrium dͧi
publico subscripto. In hospicio ħitacionis mei Dionisii noͣrii pub-   Ro: Grosvenoͬ
lici subscripti in pochia Sancti Nicħi Coldabbey civitatis London
situat' & constituit ꝓcuͣres suos ma͠ros Wiłłm Laas Roͣtum
Northlode Johannem Hornynggeseye Radulphum Gardyner Hen-
ricum Muttelowe et Ricͫm Hatton conjunctim & divisim &c cum
potestate substituenͩ &ͨ cum clausulis neccͣiis in causa memorata

&c Pūtibȝ magistris Johanne Trevor legū doctore Joħne Ducton
& Johanne Fermer publico aucᵃte apłica noᵃrio cłicis & aliis testibȝ
&c xiiij die Julij anno ðni ind' pont' ꝑdictꝭ.

Quo die adveniente viz vicesimo die menš Julii anno domini
supᵃdicto prefato ðno Ričo Lescrop psonaliꝭ ut prius prefato vero
ðno Roḃto Grosvenoʳ ꝑ magistrum Wiłłm Laas bacallarium in
decretis iꝑius ꝓcuᵃrem ut supᵃdicitʳ constitutum coram nobili ðno
ðno Henrico comite Northumbr̄ magistris Johanne de Appulby
decano Londoñ & Roḃto Westoñ legum doctoribȝ in domo ca-
pitulari Fratrum Predicatoꝝ ꝑdčoꝝ in dicta causa judicialiꝭ ꝓ
tribunali sedentibȝ comparentibȝ et actis ultimi dici in dča causa
ħitis de mandato dčoꝝ ðnoꝝ cōmissarioꝝ publice plectis ps dči ðni
Riči peciit ptem dicti ðni Roḃti causam appellacionis sue hujꝰ
introducere compelli sub pena ałs ꝑ eosdem in ea pte limitata et
deinde magister Johannes Ducton quem magister Wiłłms Laas
organū vocis sue in ea pte constituit ꝓtestabatur noïe dicti ðni
Roḃti Grosvenoʳ se velle in eventum dicere & ꝓponere contᵃ
quosdᵃm dčoꝝ ðnoꝝ judicum a quibȝ ałs fuerat ꝑ ptem dicti ðni
Roḃti appellatum in casu quo dicti judices contᵃ ptem dicti ðni
Roḃti & in ejus ꝓjudiciū contᵃ formam juris quicqᵃm fecerint in
causa memorata ac qđ in eos nisi quatenus artatus fuit a pte juris
noluit consentire ac salva ꝓtestacione sua hujꝰ prefatus magister
Wiłłms Laas ꝑcurator antedictus noïe dicti ðni Roḃti ðni sui
quandᵃm ꝓposicionem sive libellum in dicta causa appellacionis &
contᵃ ptem dči ðni Riči in scriptis dedit & ꝓposuit quo quidᵃm
libello sive ꝓposicōne de mandato dictoꝝ ðnoꝝ cōmissarioꝝ publice
plecto Tandem postea accesserunt nobilis dominus dñs Wiłłms
comes Saꝝ & magister Nicħus Stoket concōmissarii ðnoꝝ cōmissa-
rioꝝ predictoꝝ ac auditis ꝑ eosdem ðnos quinꝗ cōmissarios alterca-
cionibȝ nonnullis inꝭ ptes prenoïatas et ptibȝ predictis ad ptem
se trahentibȝ & ħita deliḃacione ꝑ dictos quinꝗ ðnos cōmissarios
de & sup factis dictis & gestis in causa memorata quo ad acta diei
hujꝰ prefati ðni quinꝗ cōmissarii ptibȝ predictis ad se revocatis eo
qđ tunc plene non fuerant deliḃati sup decreto eoꝝ in ea pte inter-
ponendo ut dixerunt in p̄ncia dictaꝝ ꝑciū dictum negocium in statu
quo tunc fuerat usꝗ in diem crastinū circiter horam terciam dicti
diei loco memorato ad idem continuarunt. Et statim postea dictis
ðnis cōmissariis adhuc judicialiꝭ ꝑ tribunali sedentibȝ prefatus dñs

Riĉus Lescrop palam & publice dixit & recitavit coram eis qd ip̃i vigore cõmissionis eoɋ eis in hac pte facte juxᵃ cõsuetudinem curie militaris in huj⁹ causa ꝓcedere deberent & tenentʳ et qd de more cursu seu de consuetudine curie milicie usitatum non extiterat aut fieri consuevit qd miles aut armiger in causa seu negocio armoɋ extra curiam et in absencia judicum in ea pte cognoscenciũ seu alioɋ in talibȝ causis deputatoɋ sive locumtenenciũ judicum principalium ꝓcur̃es seu ꝓcur̃em constituere seu facere non solebant nec deberent sicuti prefatus dñs Roɓtus in hoc casu facere non deberet et ideo prefatus dñs Riĉus Lescroꝓ palam & publice ꝓtestabatur & dixit qd si & quatenus ꝓfatus dñs Roɓtus sufficienꞇ non tunc comparuit voluit uti om̃i juris remedio racione non comparicionis dicti dñi Roɓti sibi competenti seu competituro in ea pte nec p comparicionem talis ꝓcuratoris p dictum dñm Roɓtum in domo vel in ꝑncia alicujus cl̃ici vel notarii exᵃ presenciam dñoɋ cõmissarioɋ ꝓdictoɋ judicialiꞇ p tribunali sedenciũ constituti excludi vellet a remedio in ea pte sibi adquisito tenor vero dicti libelli sequitur & est talis.

In Dei nomine Amen. Coram vobis nobilibȝ viris dominis Thoma de Holand Kanĉ Wiłłmo de Monte Acuto Saɋ Henrico de Percy Northumbr̃ comitibȝ Ricardo Adderbury milite magistro Johanne Barnet & magistro Nicĥo Stoket legum doctoribȝ ut ꝓtenditʳ illustrissimi principis & dñi nostri dñi Riĉi dei gracia regis Anglie & Francie & domini Hiɓnie in causa appellacionis seu negocio infrascripto & inter ptes inferius noĩatas cõmissariis deputatis aut duobȝ vestrum ꝑs dñi Roɓti Grosvenoʳ militis ꝓtestans qd non est intencionis sue recedere ab aliqua appellacione p eandem ptem primitus interpõita nec a ꝓsecuc̃õne ejusdem coram judicibȝ in hac pte sufficienꞇ & ꞇime p dictum dñm nostrũ regem deputatis seu deputandis decetero facienda & salva sibi ꝓtestacione ꝓmissa & eciam salvo sibi juris remedio quo ad hoc qd ad introducend̃ & ꝓsequend̃ causam seu causas appellacionis sive appellacionum de quibȝ inferius plẽnior fit mencio coram vobis nimiũ contra justiciã est artata sub pena amissionis cause appellac̃õis infrascꞏpte et ꝓtextu dĉe pene vitande & non alias nᵉ aliꞇ dicturꞃ allegaturꞃ ꝓpositurꞃ & petiturꞃ ea que inferius dicet allegabit ꝓponet & petet dicit allegat & in jure ꝓponit in hiis scriptis qd strenuus vir dñs Thomas quondam filius recolende memorie dñi Edwardi

dei gr̃a Regis Anglie & Fr⁰uncie ac d̄ni Hib̃ñ illustris Dux Gloucestr' & Constabularius Angt̃ in quadam causa que coram eo in
cur̃ sua militari int̃ nobilem virũ d̄m̃ Ric̆m Lescrop̃ militem
ptem actricem ex pte una et dc̃m Rob̃tum ptem ream p̃tenȷ de &
sup eo qd̃ idem d̄ñs Ric̆us in dc̃a cur̃ militari sibi imposuit ac
cont⁰ ip̃m Rob̃tum p̃dc̃m p̃posuit & dixit qd̃ idem Rob̃tus arma
ip̃ius Ric̆i cont⁰ justiciam portavit et sup eo qd̃ dc̃us d̄ñs Rob̃tus
ad p̃posic̃oem sive petic̃oem ejusdem d̄ni Ric̆i judic̃ respondit qd̃
arma que ip̃e gessit & gerit fuerunt & sunt arma sua & non arma
dc̃i d̄ni Ric̆i & dc̃oȷ armoȷ occ⁰one ṽtebat᷑ ex alc̃a p ptem dc̃i
d̄ni Ric̆i salva semp reṽencia dc̃i d̄ni constabularij cont⁰ dc̃m
Rob̃tum erronee informat̃ ad s̃ñie diffinit̃e plac̃oem in eadem
causa int̃ dc̃as ptes p̃cessit et eam duodecimo die mens̃ Maij nũc
ultimo p̃r̃iti tulit ptemqȷ dc̃i domini Rob̃ti ir̃ expens̃ p ptem dc̃i
d̄ni Ric̆i in p̃fata causa fac̃t̃ ip̃aȷ taxac̃õe reȿvata condempnavit
injuste a qua quidem s̃ñia diffinitiva quaten⁹ cont⁰ eundem d̄m̃
Rob̃tum lata fuȿat illico apud acta coram dc̃o d̄no constabulario
in cur̃ sua p t᷑bunali sedente ad dc̃m d̄m̃ nr̃m Regem ex pte
p̃dc̃i d̄ni Rob̃ti sub certa forma viva voce primo et deinde ab
ead̃m s̃ñia diff̃it̃a & condempnac̃õe expensaȷ p̃dict̃ tanq⁰m ab
iniquis invalidis injustis sive nullis quaten⁹ cont⁰ ptem dc̃i d̄ni
Rob̃ti fac̆e ac in p̃judiciũ ejusdem d̄ni Rob̃ti ip̃ hac pte cedere
dinoscunt᷑ fac̆e aut cedere dinoscit᷑ alterut̃ eaȷdem ad eundem
d̄m̃ nr̃m regem in sc᷑ptis decimo sexto die ejusdem mens̃ nũc
ultimo p̃r̃it̃ post occasum solis ejusd̃m diei l̄ie extitit appellatum
infra tempus eidem d̄no Rob̃to a jure in hac pte indultum & dicto
d̄no ñro regi postmod̃ loco & tempe competentibȝ debite & t̄ie
intimata & eciam notificata Idem tamen d̄ñs ñr Rex de dc̃a sc̃da
appellac̃õe m̄ie ȿcioratus infra quinqȷ dieȷ spaciũ a tempe plac̃õis
dc̃e sentencie diffinitive p̃x sequent̃ eciam anteq⁰ dc̃a sc̃da appellac̃õ
int̃p̃oita extitit & dc̃o d̄no ñro regi intimata quam quidem sc̃dam
app⁰ᵉⁿᵉᵐ· dicto d̄no ñro Regi postmod̃ loco & tempe oportunis p᷑mo
et deinde vob̃ pars dc̃i d̄ni Rob̃ti nup l̄ie intimavit dc̃m d̄m̃
Rob̃tum ad int⁰ducend̃ & ad̃ p̃sequend̃ dc̃am p᷑mam appellac̃õem
suã infra tempus eidem d̄no Rob̃to ad petend̃ & recipiend̃ ap̃tos
sup ead̃m appellac̃õe sua sibi a jure indultum citari mandavit &
fecit & infra spaciũ sex dieȷ a tempe plac̃õis dc̃e sentencie diffinitive cãm dc̃e p᷑me app⁰ᵉⁿⁱˢ· dumtaxat cum suis emergentibȝ incidentibȝ & connexis ad instanciam & p̃curac̃õem dc̃i d̄ni Ric̆i subdolas
& injustas p̃prope factas vob̃ c̄omisit fine debite ȿminand̃ p̃ut in

ɬris regiis patentibȝ inde confectſ ad quas quaten⁹ oportet pſ dc̃i
d̃ni Rob̃ti se refert & ɦere vult p̄ hic inȝtis pleni⁹ continetʳ de
causa secunde appellac̃ŏis p̃dicte a sentencia diffinitĩa & condemp-
nac̃ŏe expenſ ad audienciã dc̃i d̃ni ñri regis ut p̃fertʳ int̃jecte nul-
lam faciens mentionem. Unde ptestatʳ pſ dc̃i d̃ni Rob̃ti palam &
pubᶜᵉ in hiis scᶦptis qd̄ a ꝓsecuc̃ŏe dc̃e sc̃de appeɬɬonis sue quã pſ
dc̃i d̃ni Rob̃ti parata est & erit faꝯe coram dc̃o d̃no ñro rege & suis
c̃omissariis po˟tem sufficientem in ea pte ɦentibȝ seu ɦituris mini-
me sit exclusa & aliis juris remediis pti ejusdẽ d̃ni Rob̃ti in ea pte
competentibȝ sibi salvis idem Rob̃tus patus fuit ac est coram vob̃
aut aliis judicibȝ quibuscumꝗ potestatem sufficientem in hac pte
ɦentibȝ & neutri pti subspectſ causas app:ᵐⁿⁱˢ sua₊ p̃dc̃a₊ & utri-
usꝗ ea₊ introduꝯe & ꝓsequi cum effc̃u et de p̃misȝ exp̃sse ꝓtestatʳ
et quaten⁹ potestatis v̄ra de jure suffiꝯe potest & sufficit ad infra-
scᶦpta pſ dc̃i d̃ni Rob̃ti in hac pte sic ut p̃mittitʳ nimiũ artata cãm &
causas app:ᵒⁿⁱˢ & appellac̃ŏnũ suaꝗ contra dc̃m d̃ũm Ric̃m & contra
quemcũꝗ p̄ eodm in judic̃o liĩme compentem introducit ac cont̃ᵃ
eundem dicit narrat allegat & in jure ꝓponit oĩ̃ia & sing̃la p̃missa
& eis uti vult loco narrac̃ŏis libelli sui appellatorij quaten⁹ sibi
poꞇʳunt expedire & non ult̃ᵃ et petit ꝓbatis in hac pte ꝓband̃ seu
quavis alia via jura detectis seu declaratis hiis vꞇ eoꝗ aliquo que
vel quod suffiꝯe debeant seu debeat in hac pte pro appellac̃ŏibȝ
p̃dictis & voce eaꝗdm iꝑaꝗꝗ app:ᵐⁿⁱˢ causa & causis iꝑamꝗ appel-
lac̃ŏem & iꝑas appellac̃ŏes fuisse & esse justam & justas nᶜnon ꝓ
jurisdic̃c̃ŏe dc̃i d̃ni ñri regis & v̄ra in hac pte p̄ vos aut duos vꞇʳm
sc̃dm c̃omissionũ v̄raꝗ exigenciã & tenorem ꝓnũciari et declarari
detectſꝗ dictaꝗ sñie diffinitive & condempnac̃ŏis & eaꝗ utriusꝗ
salva semp reꝯencia dc̃i d̃ni constabularij iniquitatibȝ sive nullita-
tibȝ easdm sñiam & condempnac̃ŏem et quicquid ex eis vel eaꝗ alꞇᵃ
seu ob eas vel eaꝗ alꞇam secutũ fuꞇit infirmari cassari irritari sive
annullari infirma cassa irrita sive nulla fuisse & esse⸴ ac non tenere
viribȝꝗ o᷑no carere & carere deꝯe dec̃ni ꝓnunciari & declarari
sñialiꞇ & diffinitive ulꞇiusꝗ fieri statui & dec̃ni in p̃missis & ea
contingentibȝ ꝓut juris fuꞇit & ᷑onis⸴ p̃missa ꝓponit & dicit ac
fieri petit pſ dc̃i d̃ni Rob̃ti conjunctim & divisim juris bñfic̃o in
oĩ̃ibȝ semp salvo.

Quo die Mercurij vidɬt vicesimo pᶦmo die dc̃i mens̃ Julij anno
D̃ñi & in domo capitulari p̃dictꞌ pte dc̃i d̃ni Ric̃i Lescrop ut pᶦus
psoʳ dc̃o ꝯo d̃no Rob̃to Grosvenoʳ p̄ magr̃m Wiɬɬm Laas ꝓcuʳrem

suū ut p¹us coram p̄fato đno comite Northumbr̄ mag̃ris Joħne de
Appulby decano Londoñ Roƀto Weston legum doctoribȝ & Nicħo
Stoket in legibȝ licenciato cōmissariis p̄noīatis in causa huj⁹ judi-
cialiƚ p t¹bunali sedentibȝ comparentibȝ p̄fati đni cōmissarij inƚ se
ptibȝ p̄dictƚ ad ptem se tᵃhentibȝ deliƀacōem & tractatum de &
sup cā & negoc̄o p̄dict̄ ħuerunt, Et demum ptibȝ coram eis
revocatis & ut p¹us compentibȝ p̄fatus nobiƚ & potens đñs Henri-
cus comes Northumbr̄ tam sua qᵃm dc̄oȝ coīum collegaȝ suaȝ vice
& de eoȝ consensu ut michi noᵃrio subsc¹pto tunc appar . . . . .
. . . avit & declaravit p jurisdicc̄ōe dc̄oȝ đnoȝ cōmissarioȝ ac p
voce appellac̄ōis dc̄i đni Roƀti et ulc̄ius decrevit fore tᵃnsmittenđ p
p̄cessu in dc̄a cā p̄ncipali inƚ duas ptes coram dc̄o đno constabu-
lario Angƚ & in ejus cuȓ militari ħito ad p̄x̄m diem post festum
Cōmemorac̄ōis Aiaȝ videƚt ad tertium diem menš Novembr̄ p̄x̄
futuȓ coram dc̄is đnis cōmissariis vel aliis eoȝ collegis in hac pte et
eoȝ mandatum p̄fato đno constabulario dirigi mandarunt & feƈunt
sigillis eoȝđm cōmissarioȝ sigillatum cuj⁹ tenor ꞇlis est.

A ƚshonᵉre & puissant f̄ᵣ Thomas fitz au Roy duc de Glou-
cestr count de Bukynghᵃm & d'Essex & conestable d'Engleƚe Henr
count de Northumbr̄ John d'Appelby dean de Loundres Roƀt de
Weston doctoᵣ de loys et Nichol Stoket bacheller de loys en une
cause dappeƚƚ & la p¹ncipaƚƚ diceƚƚ dune sentence diffinitive p vous
ƚshonᵉre f̄ᵣ & conestable avᵃntdit en une cause p¹ncipaƚƚ darmes
dazure ove une bende dor nadgares en v̄re coᵣt de chivalrie pentre
monf̄ Riƈ Lescrop chivaler ptie actoᵣ dune pt et monf̄ Roƀt
Grosvenoᵣ chr ptie defenđ dautre pte entre les đtez pties donez &
p̄mulgez al audience de ñre ƚsredoute f̄ᵣ le Roy Richard second
d'Engleƚe & de Fᵃunce & Seignoᵣ Dirland p la ptie du dit monf̄
Roƀt fait & inƚpose comissaries & juges ove autres noz concōmis-
saries & collegez en cest cause nous oept sept sys cynk quatre
troys ou deux de nous joyntement & seƲalment p ñre dit f̄ᵣ le Roy
sufficiautement & duement deputez & assignez honoᵣrs ove touȝ
manƀes de reƲencez come no⁹ solonk la foᵣme & tenure de ñre
cōmission a no⁹ & auƚes nos colleges ent deputez en la dit cause
dappelle avons duement & ligitiment p̄cedez en p̄nce dez ambi-
deux pties devᵃnt no⁹ judicielment & sufficiautement compantz a
la peticion del ptie de dit monf̄ Roƀt come pleinement est deducte
& demanđ en sa libeƚƚ appellatorie en cest cause dappeƚƚ devᵃnt

nous baille p' ñre dit ſ' le Roy nostre & noz auſes cõcomissaries
& collegez en cest ptie deputez p' ñre jurrisdiccion en cest ptie &
la voice dappeſt du dit Monſ Roſt en cest ptie fait & la ſte cause
p'ncipaſt a ñre dit ſ le Roy & a no⁹ estre devolute Et p'ceo p
bone deliſbacion ent fait p' la tᵃnsmission dez touz lez ꝑcesses faitz
devᵃnt vous ſshon're ſ & conestable avᵃntdit ou voz lieutenᵃntz en
la ſte cause p'ncipaſt p vous deputez ou assignez faitz ou hues
avoms decrez et juggement donez as jo' & lieu desoutz limitez
pur qoy a vous ſshon're ſ' & a chescun de vos lieutenᵃntz ou
deputez en cest ptie & a chescun de vous dept ñre ſsredoute ſ le
Roy avᵃntdit & p Ꝟtue de ñre cõmission ent fait mandons q touz
lez actes & ꝑcesses tesmoignes & evidencez ꝗ conꝗs en la dit cause
p'ncipaſt devᵃnt vous hues & faitz a no⁹ ou auſes noz concõmis-
saries ou collegez ou auſes en noun de no⁹ en cest cause deputez
en la leindemayn del Cõmemoracion dez Almes cestassavoir la
tierce jo' de Novembr̃ ꝑchein aveñ en la meison dez Frerez Pre-
cheours de Loundreʒ duement & loialment souz Ꝟre seal enclosez
envoiez & tᵃnsmittez de quele ꝑcesse & touz choses ꝗ vo⁹ ou ascun
dep vo⁹ ent ferra a no⁹ ou auſes noz colleges ou as auſes es noz
nouns deputez voillez a mesme le jo' duement ſtifier p voz
ſtres patentz solonk la teno' dicestes Done soutʒ nos sealx a
Loundres le vyntisme p'me jo' de Juyſt lan du regne ñre dit
ſ' le Roy Richard second puis le conquest Dengleſe treszisme.

Et extunc dc̄i d̄ni Cõmissarij eisdem ptibʒ ad faciend̄ ulſius in
dc̄o negoc̄o eodem die videſt tercio die mens̃ Novembr̃ px̃ futur̃
infra clausum Fratrum P'dicatoꝗ quod fuſit justum ꝓfixſut &
assignarunt et extunc tam ps dc̄i d̄ni Ric̆i qᵃ ꝑfati d̄ni Roſti
ꝓtestabantʳ ut p'us ultimo die ꝓtestati fuſant.

Et statim postea ꝓfatus d̄ns Ric̆us Lescrop coram dictſ d̄nis
quatuor cõmissariis adhuc judicſ p t'bunali sedentibʒ psoᵗ con-
stitutꝰ dilc̄os sibi in Xp̄o d̄m Wiſtm Farendon militem Joſtem de
Gunwardeby domicellum et Joſtem de Tybbay cſticum conjunctim
& divisim & quemſt illoꝗ insoliſt ita qſt non sit melior condic̄o occu-
pantis set quod unus eoꝗ incepit alius &c. suos ordinavit & fecit
ꝓcuſtes & nūcios sꝓiales in cã memoᵃta apud acta constituit & fecit.
Deditꝗ & concessit &c. conjunctim & divisim &c. poᵃtem agend̄
defend̄ &c̃. cum cſtis neccᵃiis & oportunis ut in forma cum poᵃte aliũ

. . . d̄ni Ric̆i
le Scrop.

vel alios substituend sub ypotheca & obligaĉŏe oīm bonoɺ suoɺ ac judiĉŏ sisti & judicatum solvi cum suis cĭis neccᵃiis &c.

Quo die adveniente videlicet ᵗcio die menˢ Novembř anno d̄ni supᵃdĉo in domo capitulari Fratrū Pᵗdicatoɺ Londoñ coram nobiᵗ & magnifico viro d̄no Riĉo Aderbury milite magistris Roƀto Westoñ legum doctore et Nicħo Stoket in legibȝ licenciato cōmissariis & judicibȝ in cā & negoĉo ac inᵗ ptes p̄dĉas p d̄nm nřm Regem ut p̄dicitʳ deputatis iƀm judiĉᵉ ꝑ tᵗbunali sedentibȝ dicto d̄no Riĉo Lescroꝑ ut pᴵus psoʳ dĉo ꝟo d̄no Roƀto Grosvenoʳ ꝑ magᵗm Wiĺɫm Laas ipius ꝑcuᵗrem ut prius comparentibȝ p̄fatus maǧr Wiĺɫmˢ Laas ꝑcurator publice dixit & allegavit qd̄ ipe diligenciā debitam quā potuit a tempe ultimi decreti in hac cā ħiti penes Joħem Warde cĭicum domini constabularii Angᵗ ac causaɺ & negoĉoɺ in cuř militari dicti d̄ni constabularii actoɺ scᵗbam et penes quem acta cause p̄ncipaᵗ hujᵍ remanere noscuntʳ ut dixit sepius instetit ꝑ copia tᵗnsumpti & ꝑcessus p̄dicti in causa p̄ncipali & inter ptes. p̄dĉas ħiti juxᵃ formam decreti d̄noɺ cōmissarioɺ ultimo die sessionis vidᵗt vicesimo pᵗmo die Julii ꝓx p̄ᵗit' ħenda et eid̄m ꝑ dĉa copia decem libras argenti in pecunia obtulit se soluturum noᵗe dĉi d̄ni Roƀti domini sui. Et ulᵗius ꝓtestabatʳ idem magisᵗ Wiĺɫmˢ Laas qd̄ ꝑ aliquā compariĉŏem suā in ea pte vel dicta seu dicenda ꝑ eundem noluit nec intendebat noᵗe d̄ni sui in aliquem judicem vel aliquos judices in dĉa cā deputatos contᵃ quos aᵗs excepit & a quibȝ appellavit quovismodo consentire nisi quatenus artatus fuƀat a pte juris et extunc ħitis inᵗ consiliū utriusꝗ ptis coram dĉis tribȝ cōmissariis nonnuɫɫ allegaĉŏibȝ & aᵗᶜcaĉŏibȝ de & sup taxaĉŏe sive limitaĉŏe salarii dĉi Joħis Ward ꝑ scᵖtᵗa copie dĉi ꝑcessus & laboribȝ suis ipius ocĉŏne diꝟsimode factᶜ ꝑut idem Joħnes tūc declaravit quoɺ ꝓtextɺ peciit a pte dĉi d̄ni Roƀti Grosvenoʳ viginti libras sibi deĉni & liƀari que satis raĉŏnabiles ḿito deƀent reputari ut assʳuit docto de labore suo ut dixit in ea pte impenso. Et statim p̄fatus Joħnes Warde iƀm ꝑsonaliᶜ constitutus quemdam magnū rotulum clausum & cordulis canapis circumligatum ac sigillo nobilis & potentis d̄ni domini Thome ducis Gloucestr constabularii Angᵗ sigillatum cum uno ĉtificatorio patente &c. cum dĉo sigillo pendente eisdem ĉtificatorio & rotulo appŏito coram dĉis d̄nis cōmissariis publice exhibuit & ostendit & dĉm ĉtificatorium cujᵍ tenor inferius describitʳ publice plegit et

Trᵃnsmissio
Pcessus.

tunc dc̄os c̃tificatoriū ac p̄cessū judicib3 t̃didit & liberavit/ et
statim postmodum p̄cessum in dc̄o rotulo contentum de consensu
pciū p̄dict' ut apparuit dc̄i d̄ni cōmissarii publicarunt . . . . . .

. . . . rotulum sicut p̄dicit' circumligatum dc̄i d̄ni cōmissarii
p me Dionisium cl̄icum & acto4 cause ac in̄l ptes p̄dc̄as coram
dictis dominis cōmissariis deputatum apiri & disligari manda-
runt & fecerunt. quo p me sic apto & in pte viso & ostenso p̄fati
d̄ni tres cōmissarii copias dc̄i rotuli & contento4 in eodem ptib3
p̄dc̄is eas h̄ere volentib3 decreverunt/ et tunc post multas all̄ca-
c̄c̄oes hincinde h̄itas in hac pte in̄l se solos in p̄ncia mei Dionisii
p̄dc̄i tractarunt & colloquiū h̄uerunt & ut appuit delib̄ac̄unt
de & sup taxac̄c̄e p̄dc̄a et visis & consideratis p eos laborib3 &
expens̄ in & p sc̄ipt'a dc̄i rotuli & ip̄ius sigillac̄c̄e & t̃nsmissione
factis & h̄itis expens̄ & salariū dc̄i Joh̄is Warde p̄misso4 occ̄c̄ne
ad viginti marcas st̄lingo4 taxarunt & limitarunt/ et statim post-
modum p̄fatus magist' Willm̄s Laas ass̄ens dc̄am sūmam fore
nimis excessivam peciit h̄uj' taxac̄c̄em tanq̄m excessive factam
revocari p̄testando se nolle alicui decreto dicto4 d̄no4 cōmissario4
dc̄o die fiendo in hac causa ante revocac̄c̄em h̄uj' taxac̄c̄is quo-
vismodo consentire et tunc dc̄i d̄ni tres cōmissarii ip̄um in̄l se
delib̄antes assignarunt pti dc̄i d̄ni Rob̄ti Grosveno' ad solvend̄ &
satisfaciend̄ dc̄o Joh̄i Warde illas decem libras st̄lingo4 quas dc̄us
magist̄ Willm̄s Laas noīe dc̄i d̄ni sui al̄s obtulit eidem Joh̄i Warde
p copiis ad̄dict' p̄ut idem magister Willm̄s judic̄' ut p̄dicit' fatebat'
et tunc idem Joh̄nes Warde duos quat̄nos magnos sc̄ptos al̄s coram
d̄no constabulario Angl̄ in cur̄ sua militari p informac̄c̄e d̄no4
judicum in dc̄a c̄a exhibitos ib̄m pub̃ aptos exhibuit et michi
Dionisio no̊rio p̄dc̄o registrand̄ lib̄avit et ult̄ius dc̄i d̄ni cōmissarii
assignarunt ptib3 p̄dict' confitentib3 judic̄' se copias dc̄i p̄cessus in
magna pte h̄uisse & h̄ere. q̄d utraq̄, dc̄a4 pcium p unū fidelem de
suis una cum me Dionisio no̊rio p̄dc̄o collac̄c̄em & exaīac̄c̄em cum
dc̄o rotulo & copiis p̄priis pciū p̄dicta4 infra octo dies tunc px̄
sequentes fac̄ent jux̄ posse fidelem/ Et eisdem ptib3 extunc ad
dicend̄ & p̄ponend̄ p l̄mino pemptor̄ loco meō̊to coram eis aut aliis
eo4 collegis in hac pte quicquid dic̄e vel allegare voluerint cont̄
p̄cessum meō̊tum duodecimū diem post dictos octo dies inmediate
sequentem si dies illa . . . . juridica fus̄it & eos vl̄
alios eo4 collegas dicto die duodecimo sedere contiḡit/ Alioquin px̄
die tunc inmediate sequente/ Et utriq̄, pti pciū p̄dca4 . . . . . .

. . . . . audiend & recipiend in causa seu negoɔ̃ p̃dicto quod justum fuerit & consonũ raɔ̃i p̃fixerunt & assignarunt   Quoɥ quidem ɛ̃tificatoɥ ac p̃cessus . . . . . . sigillo dc̃i d̃ni constabularii clausi sigillati tenor de v̄bo ad v̄bum seriatim sequit' & est t̄lis.

Thomas fitz au Roi duc de Gloucestr' conestable Denglet̃e As hon'ez ſs Henȓ count de Northumbȓ John Dappelby dean de Loundres Rob̃t de Weston docto' de loye et Nichol Stoket bachiler de loye en une cause dappeɫɫ & la p̃ncipaɫɫ diceɫɫ dune sentence diffinitive p no' en une cause p'ncipaɫ darmes dazure ove une bende dor nadgaires en ñre court de Chȓrie p̃entre monſ Richard Lescrop̃ ptie acto' dune pt, et monſ Rob̃t Grosveno' chȓr ptie defend̃ dautre pt, entre les ditz pties donez & p̃mulgez al audience ñre l̃sredoute ſ' le Roy p la ptie de dit monſ Rob̃t fait & inſpose cõmissaries & juges ove auɫes lo' concõmissaries & colleges en cest cause oept sept sys cynk quatre trois ou deux de eaux jointement & sev̄alement p ñre dit ſ' le Roi suffisautement & duement deputez & assignez, Salutȝ. Come nous avons resceux voz t̃res a nouz envoiez p v̄tue de v̄re cõmissioñ sur la fo'me qensuyt. A l̃shon're & puissaunt ſ' Thomas fitz au Roy duc de Gloucestr' count de Bukyngh᷍m & Dessex & conestable Denglet̃e Henȓ count de Northumbȓ John Dappelby dean de Loundres Rob̃t de Weston docto' de loys et Nichol Stoket bachiler de loys en une cause dappeɫɫ & la p'ncipaɫɫ diceɫɫ dune sentence diffinitive p vous l̃shon're ſ' & conestable av᷍ntdit en une cause p'ncipaɫɫ darmes dazure ove une bende dor nadgaires en v̄re co't de Chivalrie pentre monſ Riɔ̃ Lescrop̃ chȓr ptie acto' dune pt, et monſ Rob̃t Grosveno' chȓr ptie defend̃ dautre pte entre les ditz pties donez & p̃mulgez al audience de ñre l̃sredoute ſ le Roy Richard secound Denglet̃e & de F᷍unce & ſ' Dirland p la ptie de dit monſ Rob̃t fait & inſpose cõmissaries & juges ove auɫes noz concõmissaries & colleges en cest cause, no' oept sept sys cynk quatre troys ou deux de nous jointement & sev̄alment p ñre dit ſ' le Roy suffi-sautement & duement deputez et assignez hono's ove touz mañes des rev̄encez, Come nous solonc la forme & tenure de ñre cõmis-sioñ a nous & auɫes noz colleges ent deputez en la dite cause dap-peɫɫ Avoms duement & legitiement p̃cedez en p̃sence des ambi-deux pties dev᷍nt nous judicielment & suffisautement compauntz a la peticion de la ptie de dit monſ Rob̃t come pleinement est deduct' & demaund' en sa libeɫɫ appellatorie en cest cause dappeɫɫ

devᵃnt nous baille pʳ ñre dit ſ le Roy & ñre & noz auſes con-
cõmissaries & colleges en cest ptie deputez pur ñre jurisdiction
en celle ptie & la voice de lappeℓℓ du dit monſ Roƀt en cest
ptie fait & la d̃te cause pᵗncipaℓℓ a ñre dit ſʳ le Roy & a nous
estre devolute. Et pur ce p bone deliƀacion ent fait pʳ la tᵗns-
mission de touz les ₚcesses faitz devᵃnt vous ℓshon̈ᵗe ſʳ & cones-
table avᵃntdit ou voz lieutenᵃntz en la dite cause pᵗncipaℓℓ p vous
deputez ou assignez faitz ou hues avoms decreez & jugement
donez as joʳ & lieu desouth limitez. Pur quoy a voᵍ ℓshon̈ᵗe ſʳ & a
chescun de voz lieutenᵃntz ou deputez en cest ptie & a chescun de
vous dept ñre ℓsredoute ſʳ le Roy avᵃntdit & p ⱱtue de ñre cõmis-
sion ent fait mandons q̃ touz les actes & ₚcesses tesmoignes &
evidences q̃conqes en la d̃te cause principaℓ devᵃnt vous huez &
faitz a noᵍ ou auſes noz concõmissaries ou colleges ou auſes en
noun de noᵍ en cest cause deputez en la lendemayn del Cõmᵉra-
cion dez Almes. Cest assavoir le tierce joʳ de Novembᵗ ₚschein
avenir a la meson dez Freres Precheours de Loundrez duement
& loialment soutz v̄re seal enclosez envoiez & tᵗnsmittes de quele
ₚcesse & touz choses q̃ voᵍ ou ascun dept vous ent ferra a noᵍ ou
auſes noz colleges ou as auſes es noz nouns deputez voillez a
mesme le joʳ duement ℓtifier p voz tᵗres patentz solonc la tenoʳ
dicestesᴗ Done souz noz sealx a Loundrez le vyntisme pᵗm̈e joʳ
de Juyℓℓ lan du regne ñre dit ſʳ le Roy Richard second puis le
conquest Dengleſe treszisme. Savoir vous faceons q̃ touz les actes
& ₚcesse tesmoignes & evidences devᵃnt noᵍ hues & faitz duement
& loialment solonc ceo q̃ voz d̃tes tᵗres requirēt a voᵍ envoions &
tᵗnsmettons annex̃ as y cestes. Don soutz le seal de ñre office
a Glouč le xxviij joʳ doctobᵗ lan du regne ñre ſʳ le Roy Richard
secound puis le conquest Dengleſe treszisme.

Le xvijᵐᵉ jour Daugst l'an du gᵃce Mˡ CCC. ⅩⅩ/iiij & quynt fuist   Hic incipiunt
pᵗma actᵃ iu
pᵗncipal.
fait ₚclamacioñ genſal en Escoce p tout Lost ñre ℓsredoute ſʳ le
Roy q̃ touz ceaux qavoient affaire en ascun devᵃnt le conestable
Dengleſe pᵗsuiantz ou defendantz fuissent al Noefcastell sur Tyne
le xxᵐᵉ joʳ du dit mois ₚchein venaunt a pursuire & defendre
a payn . . . .

A quele jour vient en court monſ Richard Lescrop chivaler
devᵃnt le ſ Fitz Wauℓ lieutenᵃnt monſʳ le conestable avᵃntdit seant
en court en la ville de Neofchasteℓℓ suisdit ove plusoᵗs assessours

monſ Johan de Multon lieutenᵃnt pʳ le mareschall & auꝒes, ᵽposant
& dist q̃ monſ Roƀt Grosvenoʳ adonqes ᵽsent en courte portoit
ses armes encountre droit come il est . . . . approver al esgarde de
la court de quele tort il pria al juḡ q̃ remedie lui soit fait fasaunt
ᵽtestacioun le dit monſ Richard de pluis dire adder amenuser
& declarer en sa dite cause quᵃnt temps serra. A quoi le dit
monſ Roƀt respondist & dist q̃ les armes qil port sont sez armes
ᵽpres & nompas lez armez du dit monſ Richard . . est il ᵽst a
defendre solonc award du court fesaunt ᵽtestacion de pluis dire
adder amesnuser & declarer quᵃnt mestre lui serra. Et sʳ ceo la
d̃te ptie pʳsuiaunt trova pleggez de pursuire sa d̃te cause jesqes
au fyn, cestassavoir monſ John Lovell monſ Johan Marnyon et
monſ Richard de Burley, et la ptie defend̃ trova pleggez en
mesme la manſe a defendre, monſ Fouke de Penbrygg monſ
Laurence de Dutton et monſ Rauf de Vernoun, et en celle estate
les d̃tes . . . . . . ajournez jesqes al xxᵐᵉ joʳ doctobr̃ ᵽchein
ensuiant destre devᵃnt mon dit ſʳ le conestable ou son lieutenᵃnt
en la blank sale a Westm' pur ᵽceder en loʳ d̃te cause solonc droit
& usage darmes.

A quele jour les pties en court devᵃnt monſʳ le conestable
mesmes seant en la dit lieu a Westm' ove diꝩses sages du coᵘnseiꟙ
monſ John de Multon lieutenᵃnt . . . . et auꝒes. Et pʳ
certeins causes q̃ moñ dit ſʳ estoit mue ne voloit ᵽceder pluis avᵃnt
y celle journee ajourna la d̃te cause jesqes au mesqerdy ᵽchein
venᵃnt & du dit mescredy p cause de la ᵽcession fuist ajourne
p moñ dit ſʳ tanq̃ al Jeofdy adonqes ensuiaunt A quele Jeofdy
devᵃnt lez avᵃntditz lieutenᵃntz seantz a la place monſʳ de Lancastr̃
& plusours auꝒes seigniours compurent lez avᵃntditz pties Et
aᵽs ceo q̃ lact suisdit fuist lieu en la coʳt le dit monſ Richard
soi offrist apᵽever qils estoient ses armes come il avoit dit devᵃnt.
A quoi la ptie monſ Roƀt Grosvenoʳ alleggea q̃ le dit act deust
estre tenuz pʳ nuꟙ pʳ ceo q̃ une bille fuist mise en court p lactour
de sa demande solonc constitucion & custume de la dit coʳt. Et
a ceo le ſʳ Fitz Wauꟙ un dez ditz lieutenᵃntz alleggea q̃ pur ceo
q̃ en marche de guerre estoit la dit cause pursuy la court dona
licence a dit monſ Richard affaire sa pleint p bouche ove le gree
de lautre ptie & fuist agarde q̃ le dit act demʳeroit en sa force
sauvant a chescun des d̃tes pties lour ᵽtestacion suisd̃te Et fuist

agarde a chescun des ditz . . . . . . diceꝉ & la Samady ꝓchein
en xv jours a outre ꝓceder solonc droit et de dit joʳ fuist ajourne
jesqes a vendredy le xxiiij joʳ de . . . . de monſ Johan
Mountagu seneschall del Hosteꝉ ñre ſʳ le Roy.

A quele jour devᵃnt monſ le conestable mesmes seauntz en
court ove diɣses assessours monſ Johan de Multon lieut' pʳ le
mareschall & auꝉes compurent . . . . pties. Et monſ Richard
Lescrop de sa bouche ꝓpre conferma la maꝉe suisdit & soi offrist
apꝓver la đte maꝉe en quele manſe q̃ la court vorroit agarder Cest
assavoir . . . . . . armes sont soens & ount este a ses auncestres
p sufficiant temps qe deɣait suffire en droit darmes A quoy la ptie
monſ Roƀt Groveno' alleggea . . . . . avoit dit a Noefchastell
sur Tyne p sa ꝓtestacion illeoq̃s fait q̃ les ditz armes estoient soens
& nonpas les armes du dit monſ Richard . . . . . . negative ne
poet estre ꝓve il ousta celle negative p sa ꝓtestacion suisđte & de-
maunda destre admys en laffirmative disaunt & affermaunt . . . .
. . . armes sont soens. Et outre dit qil ne savoit les queux
estoient lez armes du dit monſ Richard mais mist avᵃnt en court
une escuchon . . . . bende dor disant & ꝓposant p sa ꝓpre
bouche q̃ les đtes armes sont soens & ceo est il prest a meyntenir
en sa defence al ordinaunce de la court et affermer la đte de-
fence alleggea q̃ monſ Gilƀt Grosveno' venoit ove le Conquerer en
Engleꝉe arme en lez ditz armes et depuis en droit lynee sont
descenduz au dit monſ Roƀt si come il est ƀst a declarer suffi-
ciauntement & duement a ceo faire demaunda jour covenable de
ꝓduction A ceo le ptie monſ Richard alleggea q̃ le dit monſ
Roƀt avoit dit a Noefchastell suisđte q̃ lez ditz armes estoient
soens & nonpas lez armez du dit monſ Richard. Pur quoy de-
maundast mesme celuy monſ Richard destre admys a son ꝓeve
q̃ les ditz armez estoient soens. Et a ce q̃ le dit monſ Robert
deust estre receux a ceo mayntener en sa defence demʳoit en
jugement de Court. Et en cest point furent lez dc̃es pties
ajournes tanq̃ a mescredy ꝓchein. Et du dit mescredy fuist la
đte cause continue jesqe a Lundy adonqes ꝓchein ensuiant.

A quele jour compurent lez pties en court devᵃnt le ſʳ Fitz
Wauꝉ & monſ Mahieu de Gourney lieutenᵃntz moñ dit ſʳ le
conestable Dengleꝉe seantz en court en lieu suisđte ove plusours

seigno's & sages monſ Johan de Multoñ lieutenᵃnt pʳ le Mareschaⅱ & pᵗncipalment le duc DeƲwyk le count de Salesbury le count de Stafford le ſ de Cobeham maistre William Byde doctoʳ de ley et auƭes, la ptie demaundant dist qil avoit vieu le defendaunt arme en sez armez lez queles il chalanga sur le corps du dit defendaunt, & fist arestre & ᵱposa encountre luy pdevᵃnt coneſ̃ & mareschaⅱ q̃ ycelles armes estoient & sont de droit ses armes A quoi le dit defendaunt avoit respondu q̃ icelles armes estoient soens & nompas au dit demaundaunt sicome est connue es actes sur ceo faites. Pur quoi requist le dit demaundãt q̃ il fuist receu appeuſ sa maƭe et q̃ le dit defendaunt demʳast sur sa responce saunz estre receu a la ᵱver la quele chose il ne poet faire p droit. Sur quoy le dit ptie defendaunt requist q̃ joust sa ᵱtestacion il peust coriger sa dit responce come pluis pleinement est contenuz es dc̃es actes & q̃ il fuist receu appeuſ sa dit defence. Sur qoi les đtes pties & loʳ counseiⅱ concordantz & requirantz q̃ les đtes juges disꞔnassent la đte contencion & ce fait les pties retreates aᵱs delibᵃcion eue ovesq̨ plusours nobles & expertes ſʳs & doctoʳs de leys les đtes juges disꞔnerent en p̃nce dez ditz pties a ce appellez q̃ le dit demaundaunt q̃ p̃m̃ement chalenga lez ditz armez & dycelles fist libeⅱ encountrʳ le dit defendaunt ſroit receu come ptie actoʳ appeuſ sa maƭe avᵃntdit et q̃ le dit defendaunt ſroit & demʳeit ove sa responce a cest maⅿe de contestacion sanz la changer, et adonqes le dit defendaunt requist as ditz juges q̃ il soit receu a concurrer en ᵱeve solonc la matire contenu en la p̃m̃e act fait a Noefchastell suisđte q̃ les dites armes estoient les soens. Et sur ceo lez ditz juges destrent q̃ le dit defendaunt dust venir al quinzisme de Seint Hillaῤ ᵱchein venaunt a faire & dire ce qil sauꞵoit en sa defence come droit & loie voet Et · puis lendemayn lez juges de loʳ auctorite p cause de lenſement de ma dame la mier p ᵱclamacion ajoʳnerent le dit quinzisme tanq̃ al lundy en quinse joʳs aᵱs le Chaundelouῤ adonqes ᵱchein ensuyant.

A quele jour comparcrount les ditz pties devᵃnt les avᵃntditz lieutenᵃntz pʳ savoir lordinaunce des juges solonc lact del ſ̃me ᵱcedente et demaunda le dit monſ Richard destre resceu a sa ᵱeve & de savoir le maⅿe coment il doit ᵱever sez ditz armez & a ceo demaunda jour a qi les juges inclinauntz a droit regardaunt q̃ sa request estoit joust solonc lact suisđte luy donꞵount jour jesqes a la quinzisme de Pasꝗ ꝑchein venaunt affaire sa ꝑeve en manꝰe ensuiaunt cest assavoir p cause deschuer la bataiłł en cest cas solonc la custume de la Court & la ley accordaunt assigneront le dit monſ Richard de ꝑever ses ditz armez p bones nobles & sufficiauntz proeves eiauntz notice des auncestres et p veilles chr̃es & auꝉes ꝑeves autentikes et ensi resceust le dit monſ Richard jour a faire sa d̃te ꝑeve autentikement & demaunda outre davoir cõmission de la court as ꝭteins cõmissaries en son pais dexamiñ gentz de hono' qi sont en age qi ne poient bonement t'vaiłł les queux sount necessaires ꝑeves en son cas la quele cõmission lui fuist g⁺unte fesant foy en la cas suisd̃te et aꝓs ceo lez ditz juges assignerount a monſ Roƀt Grosveno' ptie defendaunt mesme le jour reſvaunt a luy en sa defence touz les bñfices & p'vileges du ley et adonqes a outre ꝓcedre solonc droit a ceo la ptie de dit monſ Roƀt allegea demaundaunt & requiraunt lez ditz juges davoir le dit jour a concurrer ovesꝗ le dit monſ Richard en ꝑeve & davoir la manꝰe de sa ꝑve declare duement & solonc ceo q̃ ley requiert allegeant & p'posant la ptie du dit monſ Roƀt ceo estre ley & droit & custume de la dit co't A qoi les ditz juges respounderount q̃ le dit monſ Roƀt dust garder son jour & ꝓceder solonc ley si come dit est.

A quele jour cest assavoir le vijᵉ jour de Maii lan du g⁺ce miłł CCC.ₓₓ iiij & sisme les pties en court dev⁺nt monſ Hugh de Calverley chivaler lieuten⁺nt adonqes mon dit ſ͛ le conestable Dengleꝉe seant en court a Westm͛ en la blank sale & monſ Joħn de Multon lieutenaunt p͛ le mareschalle le dit juᵹ p cause q̃ nułł de ses assessours assignez en mesme la cause ne fuist p̃nt ajourna les ditz pties jesqes al vendredy ꝑchein ensuiant en mesme lestat qil estoit au jo͛ p̃nt et del vendredy p͛ mesme la cãe p mon dit ſ͛ le conestable fuist la dit cause continue jesqes al mescredy adonqes ꝑchein ensuiaunt.

A quele mescredy seant monſ͛ le conestable mesmes en court ove diꝟses assessours le duc Deꝟwyk le count de Salesbury monſ Joħn de Multon lieut' p͛ le mareschałł & pluso͛s auꝉes compurent lez ditz pties dev⁺nt eaux⸴ et aꝓs la darrein act lue et tout le ꝓcesse du comencement jesqes au fyn sur quele le juᵹ avise ove son counseiłł suisd̃te agarda q̃ lez ditz monſ Richard & monſ Roƀt duissent concurrer en ꝑeve egalement duement & solonc ceo

q̄ ley requiert sanz p̄judice a lun ptie ou a lauſe de ascun chose
fait a devᵃnt. Et ceo fait mon dit ſʳ pʳ diƲses causes dona jour
as pties suisꝺtes le Lundy le .xxi. joʳ de Januer ꝓchein venᵃnt a
Westm', le quele jour lez ditz pties resceiverount p assent de faire
lour ꝑeve pemptoriement en maꝛſe coꝛe desuis est declare A quoy
mon dit ſʳ le conestable soi agrea & comanda as pties de faire lour
ꝑeve p veu des munimentz cronicles sepultʳes tesmoignes des
abbes priours & auſes gentz de Seint Eglise & auſes ꝑeves honu-
rables eiauntz notice de lour auncestres & auncestrie & de sepul-
tʳes peyntoʳs verures vestementz & auſes evidences & enonč p
tesmoignes de seignoʳs chivalers & esquiers de honoʳ & gentiles
hōmes eiauntz conissaunz darmes & p nuꝛ autre hōme de cōmuns
ne dautre estat. pensy q̄ touz lour ꝑeves serrount jurrez exceptez
mesſʳs les ducs de Lancastr' DeƲwyk & de Glouč le count de
Derby & touz les auſes countz Dengleſe. Et auxi le juḡ en eese
dez ditz pties & p lour assent gᵃunta cōmissions as diƲses paises
en Engleſe ou ailloʳs qe as pties meultz semblera & as ꞔteins
cōmissaries pʳ resceiƲ & examiꝛ sur la maſe de touz deux pties
en maꝛſe come dit est & tᵃnsmittre al dit jour ce qils aƲont fait
sur lexaminacion de la dit cãe & furent assignez p mon dit ſʳ le
conestable de mettre en escʳptʳ lez nouns dez cōmissaries chescun
de sa pt & davoir lour cōmissions solonk ley & reson & solonk ceo
q̄ enbusoignera a lez ditz pties. Et viendrent touz deux pties
devᵃnt mon dit ſʳ le conestable a Westm' Lundy le xxviij joʳ de
May & baillerent a luy lez nouns dez cōmissaries. Cest assavoir
le dit monſ Richard ptie actoʳ lez nouns ensuiauntz. lerce-
vesq̄, DeƲwyk labbe de labbey de ꞟre Dame DeƲwyk levesq̄, de
Duresme le pʳour de Duresme levesq̄, de Cardoiꝛ le priour de
Cardoiꝛ levesq̄, de Nicol le priour de seint Kaſines de Nicol
mestre Richard Wenwyk le ſ de Cobeham monſ Symond de
Bureley John Frenyngʰm le ſ de Wilughby monſ Johan de
Multon monſ James de Pykeryng monſ John de Derwentwaſ
monſ Roḡ Heron monſ Roꞗt de Claveryng monſ Rauf Haſtynges
monſ Brian de Stapilton le ſ la Zouche monſ Wiꝛm Moyn
monſ John de Burgh monſ Thomas Mortymer monſ Richard
de Waldgᵃve monſ Johan de Gildesburgh monſ Reynald de
Cobham monſ Bernard Brocas le ſ de Lovell monſ John Daun-
desey monſ John MautraƲs monſ Estephen de Derby monſ
Piers Ċourteney monſ John Kentwode monſ John de Aynes-

ford monſ John de Bromwych monſ Nicol de Lillyng monſ
Willᵃm Bagot le ſ de Burnell monſ Hugh Cheyney le ſ de . . . .
. . . . de Charteley monſ Nicol de Stafford monſ
Nicol de Haryngton monſ Richard de Hoghtoñ le ſ de Grey
monſ Willᵃm Flaumvile monſ . . . . de Grey de Ry-
thyn monſ Gerard de Braybroke monſ Henr̃ de Grey de Wilton
monſ Thomas Sakevile le ſ Fitz Wauƚ monſ Johan Marmyon
monſ Willᵃm Beauchamp monſ Henr̃ Percy monſ Rauf de Ver-
noun monſ Johan Massy de Podyngton Richard Massy lesne, as
quex cõmissaries le dit monſ Richard resquist davoir cõmissions
jointement & seᵥalement a tauntz & tieux come luy resonablement
enbusoignerast pʳ examiner & veer lez ꝑeves munimentz cronicles
& touz auƚes evidences q̃ le dit monſ Richard ferra ꝑdure devᵃnt
eaux ꝑ ſementz & en man� come est continue en lact devᵃnt ꝑ
accorde & assent dez pties lessauntz touz autres solempnitez de la
ley, et requist davoir deux clerkes deliᵥes a luy ꝑ monſ le cones-
table pʳ aler ovesq̨ lez cõmissaries suisditz & veer lez tesmoignes
examinez & jurrez & auƚes evidencez, et escriᵥ lour examinàcions
& touz choses a eux appendauntz & les avoir en lour garde tanq̨ a
xxi joʳ de Januer a eux limite de faire lour ꝑeve en lact devᵃnt, et
q̃ les ditz clerkes soient jurrez de loialment entrer̃ touz lez examin-
acions & ce q̃ a eux append & lez garder loialment & celeement
& le counseill monſ Richard en touz pointz tanq̨ au jour de ꝑeve
pemptorie devᵃnt escᵃpt et fuist ottroie ꝑ mon dit ſʳ en cas q̃
ascuns dez deux clerkez a luy assignez ꝑ mon dit ſʳ soit malad &
destourbe ꝑ maladie q̃ le dit monſ Richard eit auƚ covenable
assigne ꝑ monſʳ suisdit. Et le dit monſ Roᵬt ptie defendoʳ, lez
nouns ensuiauntz, labbe de Dieulencres labbe de Basïwerk labbe
de Roucestre labbe de Alcestre le prior de Trenthᵃm John de
Wodehouses chamᵬleyn de Cestr' monſ Nichol de Vernoun chr̃
monſ John le Botiller baron de Waryngton monſ Thomas Ge-
rard chr̃ monſ Thomas de Aston chr̃ mestre Thomas Stretton
chanon de leglise de Lichefeld ſ William Blilchawe chanon del
dit eglise John de Grendon ſ William Broumburgh pson de eglise
de Aldford ſ John de Rossyndale Roᵬt de Pilkyngton seneschaƚƚ
de Halton John de Rixton Geffrey Stark de Stretton As qeux le
dit monſ Roᵬt requist davoir cõmissions a touz yceux quatre
trois ou deux de eaux ꝑmy Engleſe Gales dedans la poiar
ñre ſʳ le Roy & aillours de resceyᵥ & examiñ touz les ꝑeves &

tesmoignes q̄ frount p̃duitz dev*nt eux p la ptie monſ Roƀt Gros-
veno' et auxi de veer lez munimentz & touz auƈes p̃eves & evi-
dences et q̄ tout ceo q̄ fra fait en cest cas dev*nt eux soit mys en
record p le registrour de la court en p̃nce dez cõmissaries en
manƀe come dit est as ſmes qi frount accordez p lordinaunce de la
court et fuist ottroie p mon dit ſ' q̄ en cas q̄ le dit clerk assigne
au dit monſ Roƀt soit malaꝺ ou desto'be p maladie qil eit un
auƚ covenable p assignement de moñ dit ſ'   Et en ouƚ requistrent
les ditz pties a mon dit ſ' le conestable davoir ƀteins p̃curatours
p' lun part & lauƚ & lour nouns entrez en record en son registre
davoir garnissement a Loundres p lun part & p lauƈe solonc la
ley du temps destre a lo' sessions ou qils ƀront la quele request
mon dit ſ' lo' graunta et sont lez nouns p' le dit monſ Richard
mestre John Coumbe mestre Denys de Loph*m & John Dymmok
citezein de Loundres   Et p' le dit monſ Robert John Eskheved
et Henr̄ Brycoiƚ.

ix.   Devant monſ' le conestable seant en court ov auƈes du conseiƚ
en la blank sale de Westm' le xxi. jo' de Januer' lan du roy
Rychard second &c. x^{mo} mons' John de Multon' lieutenant p'
le mareschaƚ vient en court monſ Richarꝺ Lescrop̃ & reherceoit
p sa bouche demesme q̄ p' tant qen la cause darmes pendant entre
luy ptie acto' dun pt & monſ Roƀt Groveno' defendant & p̃nt
en mesme le court estoit declare & done p' decree q̄ les ditz ptiez
duissent p̃ver lour entent en la dit cause p voie des tesmoignes
imunimentz cronicles sepultures verrures & autres evidencez
q̄conq̄s come plus pleinement appiert en lez actes del dit cause
esteantz en mesme la court & q̄ sur ceo jour lour feust assignez
pemptoriment ycest lundy pur t*nsmettre lez attestacions de lour
tesmoignes & defaire exhibicioñ dez autres evidences suisdc̃es/
a quele chose faire il luy offrist prest en court requerant mon dit
ſ de luy estre bone & g*ciouse ſ a fair tout droit en ceo cas come
il sciet ƀn qil voet⸓ et outre ceo il disoit q̄ pur tant q̄ Richard
Herford qi fuist clerc a luy assigne p mon dit ſ' en cest ptie come
desuis est declare estoit a dieux comandez le p̃chein jo' dev*nt &
la estoit un John Pygot p̃sent en court liquel fuist jurrez au dit
Herford p' estre a luy entendant & de soñ conseil en ce cas⸓ Li
quel John avoit adonq̄s en sa gard toutes les attestacions enclosez
& evidentez q̄ le dit Herford avoit en sa vie tochant la dit

cause. Le dit monſ Richard pria mon dit ſ꞉ de luy assigner un
auťe clerc en ce cas. A quoy la ptie defend disoit q̄ ceo estoit
encontr' loy p' tant qa la request de dit monſ Richard mon dit
ſ꞉ le conestable luy avoit devant assignez deux clercꝭ en ce cas p'
doubt de mort. et le dit monſ Richard duissoit avoir ceo deman-
dez avᵃnt cez houres qar donꝗ estoit troꝑ tard. Mes aꝓs auťes
pluso's poles mon dit ſ꞉ disoit judicialment q̄ tielx frivoles come la
ptie defendant p'posa la en court ne duissent estre monstrez ne
parles en la court de chivalrie qar bon foi & droit vodroient q̄ le
dit monſ Richard aѵoit un auťe clerk a luy assigne . . . . Et
aꝓs le dit John Pygot bailla a mon dit ſ꞉ un clief dun coffre
adonꝗs portez devᵃnt monſ꞉ en quel les attestacions des tesmoignes
ensealez des sealx de comissaries en ce cas deputez ove lour ꝯtifi-
catz & autres imuniments touchantz cell cause pur la ptie p'suant
quelx le dit Herford avoit enѵs luy en sa vie estoient. et mon
dit ſ꞉ resceust le dit clief & le dit coffre auxi & fist le dit John
Pygot la jurer sur lez evᵃngeliez en ꝓsence des dc̄es pties sur la
forme qensuit cestassavoir si la furent toutes lez attestacions &
autres evidences touchant celle cause quelx le dit Herford avoit en
sa garde a quel il disoit oil. a son scient et si riens estoit amenu-
sez ou addez en yceux autrement forsꝗ en maňe come le dit Her-
ford lez fist ou si nulles dyceux estoient p'loignez ou retracts
depuis sa mort. a quoy il disoit nouil p soñ dit ſement Et
aꝓs cest ſement un autre clerc appellez mestre Richard Pittes
assignez devᵃnt p mon dit ſ꞉ au dit monſ Richard en mesme la
cause come piert en un comissioñ ent fait fist exhibicioñ a moñ
dit ſ꞉ des autres attestacioñs imuniments & evidencez tᵃnsmys en
la court p auťes comissaries en ce cas deputes souz lo' sealx ove
lour ꝯtificatz les quex rescieux p mon dit ſ꞉ le dit monſ Richard
p'suiant exhibist & mist la en court un c̄oe sealx dez Freres Me-
nours de Rychemond contenant lez ditz armes en lun ptie dycelle
& auxi pluso's vestementz cronicles c̄ħres & autres imunements en
ꝯteyns coffyns & autres evidences luy vaillablez en sa cause come
il disoit sibien de ses ꝓpres come de diѵses abbeyes priores &
autres gentz estᵃnges dont ascuns estoient la ꝓsentz en court em-
priant moñ dit ſ꞉ q̄ lez c̄ħres & imunementz des dc̄es estᵃngers
p'ront estre reliѵes & demoerez en lo' ꝓpre meyns p' la pluis
greindre s'tee dycellez la quele request monſ꞉ luy ottroia ensi qils
soient ꝓstez a temps bosoignable. Et aꝓs ceo Roꝭt de Thorlee

clerc assigne en celle cause pᵣ la ptie defenð mist en court lez
attestacioñs & dites des tesmoignez ꝓductz pᵣ la dit ptie defendant
en celle cause & tᵃnsmis en la court p les comissaries en ce cas
deputez souz loᵣ sealx ou loᵣ �***tificatz & ove ix cⱨres & imunimentz
exhibitz illeoꝗs pᵣ le dit defendant   Des queles attestacions croni-
cles cⱨres & imunimentz & toutez autres imunimentz & evidencez
ꝗconꝗs exhibitz en court come desuis est dit p les ambidieux ptiez
suisditz mon dit ſᵣ le conestable a lour request la fist publicacioñ
en due forme ⸪ Les queles attestacions demᵣgent enᵥs le registre
sᵣ le tenoᵣ quensuit.

A ſshonure & puissant ſᵣ ñre ſᵣ Thomas fitz au Roy duc de
Gloucestr' conte Desseẍ & de Bukyngh°m & constable Dengleⱨre
Wauꝉ le ſ Fitz Wauꝉ John Marmyon & John Kentwode ho-
nouurez & touz maners des reᵥencez   Come nadgaires p voz gᵣci-
ouse ﻭres enaealez desouth le sealx de ᵥre office a nous & as autres
directez esteions assignes p ᵥre comission pᵣ un cause move &
pendant en ᵥre court entre monſ Richard Lescroꝑ ptie actoᵣ dun
pt & monſ Roꝫt Grovenoᵣ ptie defendant dautr' pt p cause darmes
cest assaᵥ dasure ove un bende dore quelles armes deussent estre
ꝓves devᵃnt nous & auꝉes p bons & loialx & ᵥrayez tesmoignez &
auꝉs evidencez ꝗconꝗs come voz comissaries en cest ptie Nous
Wauꝉ le ſᵣ Fitz Wauꝉ John Marmyon & John Kentwode ꝫtifions
touz ensemblez & chescun pᵣ soy ꝫtifie a ᵥre treshonure descrecioñ
& court ꝗ duement solonc la forme de le ley darmes & la pᵣport
de ñre comissioñ avons rescuez tesmoignez ꝓducts p John Gun-
wardby pour monſ Richard Lescroꝑ touz jurrez & examinez si
bien pᵣ la ptie de monſ Roꝫt Grovenour come pᵣ la ptie monſ
Richard Lescroꝑ except ñre resdoute ſ le roy de Chastell & de
Lyon duc de Loncastr' & son fitz le conte de Derby queux ne sont
mye jurrez mes ount dit en loialtee de chivalrie lez queux exami-
nacioñs & ditz dez chivalers & esquiers en ñre ꝑsence jurrez &
examinez & touz lour ditz & examinacions mys enescriꝑ en un
rolle p ñre clerk Richard Herforð & luy baillez en sa garde de-
souz ñre seals encloses tanꝗ le publicaꙅoñ soit fait en ᵥre court.
Et les queux examinaꙅoñs & ditz ascuns ount ensealeez du seals de
loᵣz armez & ascuns ꝗ ne ount poynt la les sealez de loᵣ armez au
ꝑsente ount ensealez de lour signetz en verifiance de loᵣ volunte &
ascuns pᵣ defaute qils ne ount poynt la lour seals ne loᵣ signetz ne

sont poynt ensealez   Et pᵣ cause q̃ ascuns chivaliers ne poent estre
ꝓduꝗts a Plymmouth pᵣ age & auꝉs pᵣ maladie sumez assentuz q̃
monſ John Kentwode monſ John Mautravers & monſ Estephen
Derby ou un de eux ꝑndra lez examinacions plus avᵃnt & p cest
cause avons ꝓrogez & ꝓrogons continuez & continuons de jour en
jour & de lieu en lieu tanq̨ sa examinacioñ soit fait Doñ souz noz
sealx a Plymmouth le xxvi. jour de Juyn lan du regne le roy
Richard second puis le conquest disme.

Wauꝉ le ſᵣ Fitz Wauꝉ John Marmyon & John Kentwode chivaᴧ
lers seance en leglice de Frires Carmelites en la ville de Plymmouth
p Ꝟtue dune comission a eux directe p mon ꝑshonoᵣe ſᵣ le cones-
table quele comissioñ a eux ministrez p le ꝓcuroᵣ de monſ Richard
Lescroꝓ le xiiijᵐᵉ jour de Juyn en le refreitour dez ditz freres
Quelle cōmission leu & entendu firent appeller monſ Richard
Lescroꝓ le quel comparust p John Gunwardby en mesme le lieu
devᵃnt lez comissars le dit John monstrant Ꝭteine . . . . . . ꞇre de
ꝓcuracie de soñ meistre le dit monſ Richard quele ꞇre resceuz &
admys firent ꝑconizer monſ Robt Grovenour lez ditz comissariez
demandantz si le dit monſ Robt estoit garnis de comparer a
mesme le jour le dit John Gundwardby dissoit q̃ oil Ꝭteinement &
q̃ monſ John de Multoñ lez avoit garnys p comandement dune ꞇre
du monſᵣ le Marscheaꞁ & issint estoient lez ditz ptiez garnys &
aꝑs le dit monſ Robt trois foitz appellez & nemye comparant p
luy mesmes ne p ꝓcuroᵣ les ditz comissars luy ajuggerent pᵣ con-
tumace & en sa contumace le dit John Gunwardby ꝓcuroᵣ del dit
monſ Richard ꝓduist ascuns tesmoignez devᵃnt les ditz comissaris
pᵣ estrᵣ jurrez & examinez en la cause de soñ meistrᵣ hors pris
mon ꝑshonouurᵣ ſᵣ le roy de Chasteꞁ & de Lyon le cont de Derby
soñ fitz mes touz lez auꝉs queux estoient ꝓducts en mesme la cause
estoient jurrez sur les seintz Evᵃngeliez le dit John Gunwardby
ꝓdust devᵃnt lez ditz comissairs John roy de Chasteꞁ & de Lyon
duc de Lancastre Henrᵣ soñ fitz conte de Derby quellez estoient
examinez p le foy de chivalrie qils dirrent plene en mere Ꝟite de
ceo qils sentirent en la dit cause p entre monſ Richard Lescroꝓ
ptie actoᵣ dunpt & monſ Robt Grovenour ptie defendant dautrᵣ
pt p cause darmes cest assavoir dazure ove un bende dor & qils
voidroient deposer la Ꝟite du dit cause & du droit de touz deux
ptiez tant avᵃnt come ils savoient p loᵣ foy de chivalrie qar les ptiez

navoient poynt minestrez nullez inᵗrogatories a les comissairs &
pʳ cest cause le ℘curoʳ du dit monſ Richard requirast adonꝗ les
ditz comissairs qils voudroient ℘ceder' pl⁹ avᵃnt en la dit cause &
mesmes lez seignoᵗs deposerent clerement ceo qils savoient dune pt
& dautr' les queux deposicioñs & lour ditz soñt plenement escriptz
en un rolle p soy ovesqs autres tesmoignes adounc ℘ductis & touz
en un jour jurrez sur lez seyntz Ewang' qils dirroient mere & plein
ᶹite pʳ lune pt & pʳ lauutre & seᶹalment en auᵗs jours aℬs examinez
monſ John de Holand monſ Thomas de Percy monſ Richard de
Bureleye le sire de Ponynges le sire de Scalez & tout plein des
auᵗs queux tesmoignez resceuz & admys des queux lours nouns
sensuent en un rolle & lour deposicions clerement escriptz sanz
enᵗrogatoris & a la request du dit ℘curoʳ mesmes lez comissars
continuerent mesme la cause en mesme lestate qil estoit adounc
tanꝗ a Yerdeleye le second joʳ de Juylt a le maisoñ de monſ
John de Sully, A quel joʳ le dit monſ John de Kentwode
pʳ cause ꝗ le dit monſ John de Sully ne pʳroit nullement
travailler pʳ age seoit mesme le jour le second joʳ de Juylt enles-
glice de Yerdeleye sa comission leu & entendu les pties appellez
monſ Richard Lescroꝥ ptie actoʳ le quel comparust p son ℘coroʳ
John de Gunwardby monſ Robt Grovenour ptie defendant appellez
le quel ne comparust my en ℘pre psoñ ne p ℘curoʳ & le jugge luy
tenoit pʳ contumace & en sa contumace le ℘curoʳ de dit monſ
Richard John Gunwardby ℘duist ascuns tesmoignez monſ John de
Sully Richard soñ esquier les queux tesmoignez ℘ductus devᵃnt
monſ John de Kentwode comissar' en cest ptie jurerent sur lez
seyntz Evᵃngeliez a grant instance du dit ℘curoʳ qils dirroient
mer' & pleine verite de cest cause pʳ lun ptie & pʳ lautre en
cest cause darmes dazur' ove un bende dor queux tesmoignez
resceuz & admys & loʳ deposicⁱoñs escriptz continuerent la dit cause
tanꝗ le xᵐᵉ jour de Juylt a Tyverton' A quele jour le dit mon ſʳ
John de Kentwode seant en la mañse de Tyvertoñ sa comission lieu
& entendu fist appeller lez ditz ptiez monſ Richard Léscroꝥ le
quele comparust p son ℘curoʳ John Gunwardby & fist appeller
monſ Robt Grovenour le quele ne comparust poynt & le jugge
luy tenoit pʳ contumace et en sa contumace le ℘curoʳ du dit monſ
Richard John Gunwardby ℘duist le counte de Devenshir' le quele
receuz & admys examinez p la foy de chivalrie qil dirroit plein
& mere ᶹite en la cause de monſ Richard Lescroꝥ ptie actoʳ &

monſ Roƀt Grovenour ꝑtie defenđ touchant les armes dazure ove un bende dor la quele deposicõn est escript & mys en un sedule p̄s le deposicõn de monſ John de Sully, Et aꝑs le dit comissarie continuast le dit cause en lestate come il estoit adounc ove continuacioñ &' ꝓgacion dez jours & lieus tanꝗ le xvjᵐᵉ jour del dit moys de Juyll a Abbattesbury Et ꝑ cause ꝗ le dit monſ John de Kentwode ne p̄roit pluis occupier la dit comission ꝑ busoignez queux il avoit affair' du Roy envoia ꝑ sa ℔re ꝓpre lestat du dit cause & la comissioñ a son college en mesme la comissioñ monſ Estepħen de Derby, A quel jour monſ Estepħen de Derby seant en le freitour del Abbeie de Abbottesbury & a luy minestrez ꝑ le ꝑcuro' de monſ Richard Lescroꝑ la dit comission la quele comission leu & entendu le dit monſ Estepħen fesoit appeller monſ Richard Lescroꝑ luy quele comparust ꝑ John de Gunwardby soñ ꝑcuro' monstrant sufficeant ℔re de ꝑcuracie & aꝑs fesoit appeller monſ Roƀt Grovenour le quele ne comparust my en ꝓpre psone ne ꝑ ꝑcuro' & luy tenoit ꝑ contumace & en sa contumacie le dit John de Gunwardby ꝑcuro' del dit monſ Richard ꝑduist tesmoignes ꝑ estre jurrez & examinez en la cause de soñ meistr' monſ Guy de Brien monſ Roƀt Fippayn monſ William de Lucy & auℓs lez queux resceuz & admys fuerent jurez sur lez seyntz Evᵃngelies qils dirroient pleine & mer' Vite en la cause darmes dazure ove un bende dor ceo qils sentent de droit ꝑ entr' monſ Richard Lescroꝑ ꝑtie acto' et monſ Roƀt Grovenour ꝑtie defendant lez queux deposicõns & lour nouns escriptz & mys en due forme en un rolle ensealez du seal del dit monſ Estepħen⸳

Cestes sount les attestacions ꝑducts ꝑ la ꝑtie de monſ Richard Lescroꝑ ꝑ cause dun plee pendant en la court devᵃnt n̄re ℔ le conestable Dengliℓe le dit monſ Richard acto' & monſ Roƀt Grovenour defendant Et ꝑ prendre lez tesmoignes attestantz Vraiment de la ꝑtie du dit monſ Richard n̄re ℔ le conestable luy granta comissairs pur oier lez attestacions & luy bailla cõmissioñ directe as ꝭteins psonez de quel comission si sensuit le tenure⸳ ˙

Thomas fitz au Roy duc de Gloucestr' conte Desseꝛ & de Bukyngħᵃm conestable Dengliℓre A noz ſscħs & bien amez le sire Fitz Wauℓ monſ John Marmyoñ monſ Peres de Courteney monſ John Kentwode monſ John Mautravers & monſ Estepħen

de Derby saluz come nouz solonc droit pcedantz en un cause meue
& pendant en ñre court entr monſ Richard Lescrop̄ ptie acto͚
dun pt & monſ Roƀt Grovenour ptie defendant dauutr p cause
darmes cest assavoir dazur ov un bende dor quelles armes mesme
celuy monſ Richard disoit & dit qa luy devount apptiñ & appti-
nont & q̃ ycelles armes le dit monſ Roƀt contr droit porta come
en les actes du dit cause est continuz   Et ap̄s la responce fait p le
dit monſ Roƀt al entencioñ du dit monſ Richard en mesme la
cause & aussi declare fuist & donee pur decree q̃ les ditz monſ
Richard & monſ Roƀt p suffiantz provez duissent prover lour
entent eneschuant la batailt   Et p͚ ceo qil ſroit grande travailt &
chargeantz despenses damesner pdevᵃnt nous tous lours ꝑeves &
tesmoignes & auꝭs evidens avons gᵃnte comissions a lune ptie &
lauꝭ de ꝑdure & exhibicioñ faire devᵃnt vous de touz lez proves
evidence c͠hres & imunimentz & auꝭs ꝑeves & evidencez q̃conq̃s en
q̃conq̃ paijs q̃ lour plerra en Englitre & ailliours Pur quoy nous
confiantz en v̄re grande descrecioñ & loialte vous avons cõmys &
comittons de receiver & examiner de & sur la maꝭe avᵃntdit touz
lez ꝑeves & tesmoignez & auꝭs evidences q̃conqes lez queux le dit
monſ Richard entent a ꝑdure & ꝑdurera solonc la forme del acte
demesme la maꝭe esteant en ñre courte le copie de quele nous vous
mandons ove ycest͛ p ensi q̃ touz lez tesmoignez soient jurrez
devᵃnt vo⁹ exceptes mes ꝭshonourez freres le roy Despaigne & le
duc Deꝟwyk mon neveu le conte de Derby & touz lez auꝭs
contez Denglitre donant a vous jointement & seꝟalment plein poiar
de recevere admitter & dexaminer lez ditez tesmoignez & lez
deposiꝯons & ditz de mesmes lez tesmoignez oier & de receiver
touz auꝭs evidencez p͚ la ptie le dit mons' Richard & si mestier
soit eux compeller a tesmoigner la ꝟite en celle ptie & touz auꝭs
choses & checuns user qal office de nos comissairs & examinours en
celle cas aptenont ou p'ront apptiñ ov ꝓrogacion & continuacioñ
des jours & lieux q̃ vous semblera meulx en cest cas ꝯtifiantz a
nous ou a noz lieutenantz a Westm' le vint & p͛mer jour de Januꝭ
ꝓchin venant tout ceo q̃ vous ferrez ou aꝟez fait touchant le dit
maꝭie p voz ꝯtificatories ensealez de voz sealx ove lez tesmoig-
nances et evidences q̃conqes devᵃnt vo⁹ heuez en celle pti closez &
a nul de dꝯes ptiez demonstrez   Et p͚ ceo q̃ nous avons assigne
Richard Herford ñre clerk a ꝑsente doier & mettere enescript lez
attestaꝯons deposiꝯons & auꝭs evidencez suisditz Si volons &

vous mandons q̄ vous nous envoiez p le dit Richard ceo q̄ vous en
aviez fait enclosez come dessus as jour & lieu suisditz.   Doñ souz
le seal de ñre office a Westm' le quint jour du mois de Juyn lan
du regne ñre f̄r le roy Richard second puis le conquest Denglitre
neofisme.,   Et une tre de ƀtificacion desouz le seal ñre dit f̄r le
conestable directe a la Marschaƚƚ de garnir le dit monſ Roƀt ou
soñ ꝑcuratoʳ pur estre a Plymmouth le xiiijᵐᵉ joʳ de Juyn lan du
regne de roy Richard second puis le conquest neofisme.,   A quele
jour lez cõmissaris nestoient mye prestez pur tenir le joʳ tanꝗ le
xvjᵐᵉ joʳ de Juyn adonqes ꝑchine ensuant.,   A quelle joʳ lez comis-
sairs le sire Fitz Wauƚ monſ John Marmyoñ & monſ John Kent-
wode seantz a la paleys de le f̄shaut & puissant prince le Roy de
Chasteƚƚ & de Lyon duc de Lancastre en lez Freres Carmelitez a
Plymmuth lour comissioñ leu & entendu firent appeller monſ
Richard Lescroꝓ le quele comparust p soñ ꝑcuratoʳ John Gun-
wardby & aꝑs firent appeller monſ Roƀt Grovenour ou son ꝑcu-
ratoʳ qi ne comparoient mye.   Et puis aꝑs lez ditz comissairs
requis p le ꝑcuratoʳ du dit monſ Richard de ꝑcedeř avᵉnt en
lour examinacioñ le quele ꝑcuratoʳ ad prie & requis ñre f̄rdoute
f̄r & excellente prince le roy du Chasteƚƚ & de Lyon duc de Lan-
castř & auƚs countz f̄'s chivalerez & esquiers pʳ tesmoigner le
vite en y cest cas solonc la fourme del acte en la mañe q̄ sensuit ꞏ/

Joh'n p la gᵃce de Dieu Roy du Chastell & de Lyon'
Duc de Lancastre prie & requis solonc droit darmes p le ꝑcu-
ratoʳ de monſ Richard Lescroꝓ de tesmoigneř le vite p entr' le dit
monſ Richard & monſ Roƀt Grovener dune debate moeve p entr'
lez ditz monſ Richard & monſ Roƀt desarmes de azure ov un
bende dor tesmoignons en vite q̄ en le temps q̄ nous avons estee
armeez en batailtez & auƚs joʳnez en divsez paijs nous avons viewe
& conu q̄ le dit monſ Richard ad porte ses armes dazur' ov un
bende dor & plusours de soñ nouñ & linage ount portez mesmes
lez armes ov differencez come branchez de mesme le noun & armes
& ce en banner penoun & cotearmure & avons oye de plusoʳs
noblez & vaillantz queux sont a Dieu comandez q̄ lez ditz armez
estoient de droit lez armes de ces ancestres & de luy au temps de
conquest & depuis   Et outre ceo nous dions & tesmoignons q̄ a
la darrain viage en France de ñre f̄sredoute f̄r & pier q̄ Dieu
assoiƚƚ fuist moeve un debate des ditz armes p entr' monſ Richard

Lescroꝑ susdit & un appelle Carmynau de Cornewale le quel Car-
mynau chalangea ses armes du dit monſ Richard le quele debate
fuist mys en regard de sys chivalers & tielx sys chivalers jeo quide
ne sont pas mayntenant en monde & la troverent ꝑ lez tesmoignes
verroies q̄ le dit Carmynau descendit delyne armez dazure ove un
bende dor depuis le temps de roy Arthur encea. Et troverent q̄
le dit monſ Richard descendut de droit lynee dauncestrie armez en
mesmez lez armez dazur' ov un bende dor depuis le temps du roy
William Conquerour encea & issint fuist juggez q̄ ambideux de-
vont porter lez armes entiers. Mes ne avons viewe ne oie q̄ le dit
monſ Roꞗt ne nulle de soñ noun ad porte lez ditz armes dev°nt la
darrein viage en Escoce ove ñre ſ͛ le Roy.

ij.   LE CONTE DE DERBY prie & requis solonc droit darmes ꝑ le
ꝓcuratoꝛ de monſ Richard Lescroꝑ de tesmoigner la ꝟite dexa-
minacion ꝑ entre le dit monſ Richard & monſ Roꞗt Grovenour
desarmez suisditz tesmoignons en ꝟitee q̄ nous sumes jeofnes & ꝑ
poy de temps armeez mes de ñre temps nous avons viewe le dit
monſ Richard estre aptement armees dazure ove un bende dor &
auꞇs de son noun & linage ove differences Et coment de monſ
Roꞗt Grovenour unqes ne avons viewe ne conu porter les ditz
armes tanqₕ a la darraine viage en Escoce ov ñre ſ͛ le Roy.

iij.   LE SIRE DE PONYNGES ꝓductꝰ ꝑ le ꝓcuratoꝛ du dit monſ
Richard Lescroꝑ jurrez & examinez dist qen temps qil ad este
armez qest temps de jeofnes il ad viewe le dit monſ Richard estre
armeez dazure ove un bende dor & plusoꞇs de son noun & linage
ove differences & qil ad oie de son pier q̄ Dieu assoille q̄ lez ditz
armez apptiegnent au dit monſ Richard de droit dauncestrie Mais
de monſ Roꞗt Grovenour unqes ne ad oye ne pler qil fuist armez
en lez ditz armez tanqₕ la darrain viage en Escoce ove ñre ſ͛
le Roy.

iv.   MONſ THOMAS PERCY frere au conte de Northumbꞅ ꝓductꝰ
ꝑ le ꝓcuratoꝛ du dit monſ Richard Lescroꝑ jurrez & examinez
dist q̄en le temps qil ad este armeez il ad viewe le dit monſ
Richard estre armez dazure ove une bende dor. & plusoꞇs de son
noun & linage ove differences et qil ad bien oie dire q̄ monſ
Roꞗt Grovenour est grant gentilx home mes il nad point viewe
ne oye dire le dit monſ Roꞗt estre armeez en nulle bataille ne

journe en les ditz armez tanq̄ la darraine viage en Escoce ove
ñre f̄ le Roy.

MONf̄ HUGH HASTYNGES ꝑductꝰ ꝑ le ꝑcurato' du dit
monf̄ Richard Lescroꝑ jurrez & examinez dist qil ad viewe depuis
qil ad este armeez en diⱱses journez & lieux le dit monf̄ Richard
estr' armeez dazur' ove un bende dor. & auf̄s de son linage ov def-
ferences & qil ad oye son pier dire q̄ soñ aiel & monf̄ Geffray
Lescroꝑ estoient en compaigne en bataillez et journiez & le dit
monf̄ Geffray armeez en mesmes les armez ov un label & p' cause
de compaignie entre lour deux son dit aiel fist mettr' mesmes lez
armez dazure ove un bende dor ove un label en un fenestr' ⱱre
passe sessantz ans.

MONf̄ JOH'N HASTYNGES frere a monf̄ Hugh Hastynges
ꝑductꝰ ꝑ le ꝑcurato' du dit monf̄ Richard · Lescroꝑ jurrez &
examinez dist qil ad viewe depuis qil ad este armeez le dit monf̄
Richard estr' armez dazure ove un bende dor & auf̄s de soñ linage
ove differences & qil ad oie son pier dire q̄ soñ aiel & monf̄ Geffray
Lescroꝑ estoient en compaignie en diⱱsez bataillez & journez & le
dit monf̄ Geffray armeez en mesmes les armes ove une label & p
cause de compaignie entr' lour deux son dit aiel fist mestre mesmes
les armes dazur' ove un bende dore ove un label en un fenestr'
verre en sa chapelle passez sessantz ans.

MONf̄ WAUT' URSEWYKꝰ del age de sessantz ans & armeez
quarant anz & pluis ꝑductꝰ ꝑ le ꝑcurato' du dit monf̄ Richard
Lescroꝑ jurrez & examinez dist qil ad viewe & conu le dit monf̄
Richard armeez dazur' ove un bende dor en cotearmour baner &
pennon en diⱱsez bataillez & journez & pluso's de son noun &
linage ove differences & q̄ de droit luy apptiegnent dauncestrie lez
ditz armes dount memoire ne court com il ad oie dire des plusours
noblez & vaillantz f̄'s chivalers & esquiers & come cõe voys & fame
labouř & qil vist en France & ailliours monf̄ Henr' Lescroꝑ abaner
du mesmes lez armes dazure ove un bende dore ov un label come
braunche de monf̄ Richard & monf̄ William Lescroꝑ q̄ fuist eisgne
frier a dit monf̄ Richard estre blesce & morir du blessur' le quel
monf̄ William fuist armeez dazur' ove un bende dor Et q̄ de
monf̄ Roɓt Grovenour unqes navoit conissance de luy ne de sez
armes tanq̄ la darrain journe en Escoce ove ñre f̄ le Roy.

viij.   Mons' Rauf de Ipre del age de cynquant ans & armez trent
& deux anz ꝓductꝫ p le ꝓcuratoͬ du dit monſ Richard Lescroꝓ
jurrez & examinez dist qil ad viewe & conu q̃ monſ Richard Le-
scroꝓ ad este armez son corps le chaumꝑ dazure ove un bende
dor & plusours auťs de soñ linage ove differencez en cotearmurez
banſez & penouns en di〒scs bataillez & journez & ad oie ꝑler
sovent des gᵃuntes ꝯs chivalers & esquiers q̃ mesmes les armes
apptenoient du droit a ces ancesſs & p droit linee soñt descenduz
au dit monſ Richard come cõe vois & fame laboure   Et coment
de monſ Roƀt Grovenour unqes neavoit conissance de luy en
nulle lieu la ou il ad este armeez ne de cez armez tanꝗ al darraine
viage du Roy en Escoce⁚

ix.   Mertyn Ferrers Esquier del age de cessant anz & pluis
armeez quarant & cink anz ꝓductꝫ p le ꝓcuratoͬ del dit monſ
Richard Lescroꝓ jurez & examinez dist qen touz bataillez &
journez qil ad este il ad viewe & conu le dit monſ Richard estre
armeez dazur' ove un bende dor & ce en banſ penoun & cotearmour
ove auťs de soñ linage portant mesmes lez armes ove defferences
& qil ad oie q̃ cez ꝓgenitours ont este armeez en mesme lez armes
dount memoire ne court   Et de monſ Roƀt Grovenour unqes ne
avoit conisance ne oiast ꝑler qil duist porter tielx armez dazure ove
un bende dor⁚

x.   Roƀ't fitz Rauf Esquier del age cynqᵃnt & quatre anz
armeez quarant anz & pluis ꝓductꝫ p le ꝓcuratoͬ de monſ Richard
Lescrop desuisdit jurez & examinez dist qil ad viewe & conu
monſ Richard Lescroꝓ armeez dazur̄ ove un bende dor & plusours
auťs de soñ lynage ove differences en cotearmures banſes &
penouns en di〒sez batailles & journez & ad oie ꝑler sovent q̃ le
droit des mesmes lez armes doit apptiñ au dit monſ Richard come
cõe voys & fame labour̄   Et de monſ Roƀt Grovenour navoist
conissance en nulle armee la ou il ad este armee tanꝗ le darrein
journee en Escoce ove ñre seignoͬ le Roy⁚

xj.   Thomas Hesilden Esquier del age de sessant & sys anz
armeez quarant & sys anz ꝓductꝫ p le ꝓcuratoͬ de monſ Richard
Lescroꝓ jurez & examinez dit qil ad viewe & conu monſ Richard
Lescroꝓ en di〒ses batailles & journeez son corps armes dazur̄ ove

un bende dor son barŝ en bataille publikement porte ces estandres
de ses armes a les herbergages todys mys hors & en viewe de tout
hōme apptement & aul's de son lineage armeez en mesmes lez
armes ove defferences & ad oie dire dez noblez & vaillantz ḟ's chi-
vallers & esquiers queux sont a dieu comandez q̄ lez ditz armes
apptiegnent de droit au dit monḟ Richard Lescrop̄ & a luy soumt
descenduz p droit lynee & ad este en possession luy & ces aun-
cestres dount memoir ne court come publike vois & fame labouř
Et de ḟ Roɓt Grovenour unqes neoiast pler ne avoit conissance
ne unqore nad.

ROBERT CAUNSFELD ESQUIER del age de cynqᵃnt anz &   xij.
armeez pⁱmerment a la bataille en Escoce en la pⁱmer viage en
Escoce ove n̄re ḟ le Roy laiel p̄ductꝰ pʳ la ptie monḟ Richard Le-
scrop p soñ p̄curatoʳ jurez & examinez dit qil ad viewe & conu
le dit monḟ Richard Lescrop en diϑses viages en Escoce & en
Fraunce en batails & aul's journez son corps armees en chaump
dazuř ove une bende dor son barŝ de mesmes lez armez & aul's de
son linage armeez en mesmes lez armes ove differences publike-
ment & en le temps dont il ad este armes unqes ne oiast autre
hōme estre armes en lez ditz armes mes le dit monḟ Richard &
aul's de soñ lynage & ad oie dire sovent de plus vieux de age qil
·nest q̄ lez armez dazuř ove un bende dor appteignont du droit au
dit monḟ Richard & aluy sont descenduz p droit linee de son
auncestř & unqes noiast pler de contᵃrie en son temps   Et de ḟ
Roɓt Grovenour unqes nad oie porter lez armes dazuř ove un
bende dore tanq̓ al darrein viage en Escoce ove n̄re ḟʳ le Roy.

MONḟ JOHˑN DE LOUDHˑM le fitz del age de trent & quatre   xiij.
anz & armeez p vint anz p̄ductꝰ p le ptie monḟ Richard Lescrop
jurez & examinez dit qil ad viewe & conu le dit monḟ Richard
estre armeez dazure ove un bende dor & auxi viewe mesmes les
armes en barŝs en penouns & en cote armurs ove differences de
plusoʳs aul's de son lynage en diϑsez joʳneez & ad bien oye pler des
vellees chivalers & esquiers q̄ les ditz armez du droit a luy aptieg-
nent & de droit lynee a luy sount descenduz come publike vois &
fame laboure Et de monḟ Roɓt Grovenour unqes navoit conissance
ne oiast pler qil fuist armeez en lez ditez armes ne nulle de noun
de Grovenour tanq̓ le darrein viage en Escoce ove n̄re ḟ le Roy.

xiiij.   MONſ RICHARD DE BEVĪLEY ꝓductꝫ ꝑ le ꝓcuratoͬ du dit
monſ Richard Lescrop jurrez & examinez dist qil ad viewe &
conu le dit monſ Richard estre armeez, dazuͬ ove un bende doͬ
& tout pleyn des auꝭs de son lynage ove differences en diꝟses chi-
vachees & viages Et coment de monſ Roƀt Grovenour nead point
heu conissance de luy ne de ses armes devᵃnt le darrein journee
en Escoce ove ñre ſ le Roy⸳

xv.   MONſ JOHʼN SEINTCLER del age cynqᵗnt & sys anz armez
pʰmerement a la bataille des Espaynoils en le meer ꝓductꝫ ꝑ le
ꝓcuratoͬ de dit monſ Richard Lescrop jurrez & examinez dit qil
ad viewe & conu q̃ le dit monſ Richard Lescrop ad este armeez
dazure ove un bende dor & en barꝭs & en penons & plusours de
son noun & lynage ove differences en viages & joʼneez lou il ad
este et unqes noiast dire mes q̃ lez ditz armez estoient descenduz
au dit monſ Richard Lescrop ꝑ droit lynee Et coment de monſ
Roƀt Grovenour unqes navoist conissance de luy ne de ces armes
ne nulle de son lynage tanꝗ le darrein viage en Escoce ove ñre
ſͬ le Roy⸳

xvj.   MONſ JOHʼN DEYNCOURT del age du quarant & oept anz
armeez de trent anz ꝓductꝫ ꝑ le ꝓcuratoͬ du dit monſ Richard
Lescrop jurrez & examinez dist qil ad viewe & conu monſ Richard
Lescrop estre armeez sur son corps dazure ove un bende dor &
barꝭs & penouns de mesmes lez armez en viages journez et ba-
taillez & plusoͬs de son noun portantz mesmes lez armez ov def-
ferences & ad bien oye ꝑler des veills chivalers q̃ lez ditz armes
a luy apptiegnent du droit come publike vois & fame laboure Et
de monſ Roƀt Grovenour unqes ne oiast parler tanꝗ le darrein
viage en Escoce ove ñre ſͬ le Roy⸳

xvij.   MONſ HENRʼ RETFORD del age de trent & deux anz ꝓductꝫ
ꝑ la ptie monſ Richard Lescroꝑ jurrez & examinez dist qil ad
viewe & conu le dit monſ Richard Lescrop estre armeez dazure
ove un bende dor & auꝭs de son lynage en mesmes les armes ove
differences en viages & journes & unqes nad oie ꝑler de contrarie
Mes de monſ Grovenour ne de son lynage nad point oye ne viewe
tanꝗ la darrein viage en Escoce ove ñre ſͬ le Roy⸳

MONſ WILLIAM VAVASOUR ꝓductſ pʳ la ptie de monſ Richard Lescrop jurrez & examinez dist qil ad viewe & conu monſ Richard estre armez dazure ove un bende dor & auſs de son linage en mesmes lez armes ove differences en journes & viages come il ad oye ple des anxiens hōmes en sa juvente qil est venuz p droit lynee a mesmes lez armes & dauncestr̄ dount memor̄ ne court Et coment de monſ Roꝯt Grovenour unqes ne vist estre armes ne oiast pler de luy ne de son auncestr̄ tanꝗ la darrein viage en Escoce ove ñre ſ le Roy:

xviij. .

MONſ JAMES DE CETES ꝓductſ pʳ la ptie de monſ Richard Lescrop jurrez & examinez dit qil ad viewe & conu le dit monſ Richard Lescrop estre armeez dazure ove un bende dor & auſs de son lynage en mesmes lez armes ove differens en viages & journes & ad oye dir qil en temps du roy Edward laiel ad este armeez en mesmes lez armes en bataillez en Escoce & en France & unqes nad oy pler du cont⁺rie Mes de ſ Robt Grovenour ne de son lynage nad poynt viewe en son temps ne ad oy pler de son lynage tanꝗ la darrein viage en Escoce ove ñre ſ le Roy:

xix.

MONſ WILLIAM MAULEV̄IER del age du quarant anz armez p deux anz devaunt la bataille de Espaigne ꝓductſ p la ptie monſ Richard Lescrop jurrez & examinez dit qil ad viewe & conu monſ Richard Lescrop estre armeez le chaump̄ dazūr ove un bende dor & auſs de son lynage en mesmes lez armes ove differences en viages batailles & joʳnes & ad oye dir' des bones & nobles en soñ temps q̄ mesmes lez armez luy apptiegnent de droit & descenduz de droit lynee dount memorie ne court come publike vois & fame labour̄ & ad laboure Et coment de monſ Roꝯt Grovenour nad poynt oye ne conu devᵃnt le temps q̄ ñre ſ le Roy estoit en sa darrein viage en Escoce:

xx.

ESTEPHEN DE PULHᵃM ESQUIER del age de quarant & quatre anz armees depuis le bataiꝶ de Poyters ꝓductſ pʳ la ptie de monſ Richard Lescrop jurrez & examinez dit qil ad viewe & conu le dit monſ Richard estre armeez le chaump̄ dazūr ove un bende dore & auſs de son noun & lynage en mesmes lez armes en di℉sez viages bataillez & journez & ad oy dir' sovent foitz en temps de sa juvente dez nobles chivalers anxiens & esquiers q̄ le dit monſ Richard

xxj.

porte les ditz armes de droit lynee descenduz & unqes en tut sa vie nad oye pler du cont^rie   Et come de monſ Roƀt Grovenoʳ unqes navoit conissance en nulle temps de luy nad oye pler de cez auncesťs tanꝗ le viage d'Escoce darrein ove ñre ſ͛ le Roy ⁖

xxij.   MONſ JOH'N HOLAND frere a ñre ſ͛ le Roy prie & requis p le ꝓcuratoʳ monſ Richard Lescroꝑ jurrez & examinez dit ꝗil ad viewe & conu le dit monſ Richard esť armeez en soñ corps la chaumꝑ dazuȓ ove un bende dor & auťs de sa lynage en mesmes lez armes ov difference & ad oye dire ꝗ les ditz armees a luy sont descenduz p droit lynee   Et unqes de monſ Roƀt Grovenour ne vist esť armeez en nulle armez qar le dit monſ John nestoit mye al darrein viage en Escoce ove ñre ſ͛ le Roy ⁖

xxiij.   MONſ THOMAS MORRIEUX prie & requis p le ꝓcuratoʳ de monſ Richard Lescrop jurrez & examinez dit ꝗil ad viewe & conu le dit monſ Richard estre armeez son corps le chaumꝑ dazuȓ ove un bende dor & auťs de soñ lynage en mesmes lez armes ove differences en cotearmurs banȿ & penouns en diꝟses viages batailles & journez come en France Gascoigne Britaigne Espaigne & en Escoce & unqes en tout sa vie navoit conissance de la contrarie & ad bien oy sovent pler de veux ſ͛s chivalers & esquiers ꝗ les ditz armez dazure ove un bende dor apptiegnent & deyvont apptinſe du droit a dit monſ Richard dount memoȓ ne court & ꝗ lez ditz armes sont descenduz p droit lynee au dit monſ Richard come cõe publike vois & fame laboure & ad laboure en cest ꝑtie   Et coment de monſ Roƀt Grovenour unqes nay oy pler ne de son auncestrie dont il est ne dont il vient tanꝗ le darrein viage en Escoce ove nre ſ͛ le Roy ⁖

xxiiij.   MONſ JOH'N DE SETON del age de quarant anz ꝓductꝰ p la ꝑtie monſ Richard Lescrop jurrez & examinez dit ꝗil ad viewe & conu le dit monſ Richard estre armes son corps le chaumꝑ dazure ove un bende dor & banȿ & penons de mesmes lez armez & autres dc soñ lynage armeez en mesme lez armes ove differencez en journez viages & auťes lieux & unqes en tute sa vie navoit conissance ne oiast dire dauťȓ qi portoit lez ditz armes entiers ꝗ le dit monſ Richard   Et coment de monſ Roƀt Grovenoʳ unqes

nad oy pler de luy ne de sez armez tanq̄ le darrein jo'nee ove
ñre f' le Roy en Escoce ⫶

SYMOND MOIGNE ESQUIER del age de quarant & sis anz &
armeez de trent anz ꝑductꝰ p la ꝑcuratoᵬ de monſ Richard Lescrop̄
jurrez & examinez dit qil ad vewe & conu le dit monſ Richard en
batailles diꝰsez journez & viages en temps du Roy q̄ mort est ꝗ̄
Dieu assoielle & de cest Roy auxi q̄ le dit monſ Richard ad este
armeez soñ corps la chaump̄ dazsuᵬ ove un bende dor & viewe
auxi apptement sez bañs & penons de mesmes lez armez & auᵬs
de soñ noun & lynage armeez en mesmes lez armes ove differences
& ad oye devᵃnt sez houres dez veillez chivalers gentz de honour
& de state dire q̄ lez ḍitz armez dazure ove un bende dor ount
este totdys apptenantz a lez auncestres du dit monſ Richard & a
luy sont descenduz du droit lynee dont memoire ne court come
publike vois & fame laboure & ad laboure en ceste ptie   Et coment
de monſ Roꝧt Grovenour unqes en nulle temps en journeez ne en
viagez nen batailles nad vewe ne conu ne oy pler de luy ne de sa
auncestrie tanq̄ la darrain viage en Escoce ove ñre f' le Roy ⫶

·

EDWARD DE BRAUCHAUMP' ESQUIER ꝑductꝰ p le ptye de
monſ Richard Lescrop jurrez & examinez dit qil ad viewe & conu
le dit monſ Richard estre armeez dazure ove un bende dor & plu-
sours de soñ noun & lynage portantz mesmes lez armes ove dif-
ferences en journez & viages lou il ad este & unqes nad oy pler
du contᵃrie mes q̄ lez ditz armes appteignent de droit au dit monſ
Richard⸝   Et coment de mōſ Roꝧt Grovenoᵬ unq̄s nad oy pler de
soñ ancestrie ne de luy mesmes tanq̄ la darrein viage ove ñre f'
le Roy en Escoce ⫶

WILLIAM CHETEWYNDE ESQUIER ꝑductꝰ pᵣ la ptie monſ
Richard Lescrop̄ jurrez & examinez dit & pᵣpoise qil ad view &
conu le dit monſ Richard estre armeez la chaump̄ dazure ove un
bende dore & lez usez come lez sons & auᵬs de son linage armes en
mesmes lez armes ove differences en viages & journez lou il ad este
& lez ditz armez a luy sont descenduz p droit lynee come il ad oy
dire dez anxiens chivalers & esquiers dount memoir ne court   Et
coment de monſ Roꝧt Grovenoᵬ unq̄s ne luy vist estᵣ armez en

nulle lieu ne nulle de cez auncestr̃ tanꝗ la darrein viage en Escoce
ove ñre ſʳ le Roy ⸫

xxviij.   JOH'N BATHE ESQUIER del age de sessant anz & armeez
quarant anz ꝑductꝭ p le ꝑcuratoʳ de monſ Richard Lescroꝓ jurrez
& examinez dit qil ad vewe & conu le dit monſ Richard son corps
ove le chaumꝓ dazure & ove un bende dor bañs & penouns & auſs
de soñ noun & lynages armees en mesmes lez armes ove differences
en diѵses viages bataills joʳnez & p tout soñ temps lou il ad este
armees ne unꝙs vist auſ hõme estre armeez en les armes du dit
monſ Richard si noñ luy ou soñ lynage & coment il ad este usez
sa vie p entr̃ lez ſʳs unꝙs nad oy pler du ſʳ ne de chivailler ne
desquier dauſ droit mes ꝗ le droit dez ditz armes dazur̃ ove un
bende dor est & est descenduz du droit lynee au dit monſ Richard
dont memoir ne court come cõe & publike vois & fame labour &
ad labour̃ en cest ptie   Et coment de monſ Roƀt Grovenoʳ unqes
ne vist ne oiast ple qil ne nuﬅ de cez auncestres fuist armeez en
tieux armez tanꝗ la darrein viage en Escoce ove ñre ſʳ le Roy ⸫

xxix.   HUGH' WATERTON ESQUIER ꝑductꝭ pʳ la ptie monſ Richard
Lescroꝓ jurrez & examinez dit qil ad vewe & conu le dit monſ
Richard estr̃ armeez & le chaumꝓ dazur̃ ove un bende dor & auſs
de soñ lynages armeez en mesmes les armes ove differences en
diѵsez viages & joʳnes & unꝙs devⁿt le debate comence navoit
vewe ne conu la contʳrie mes ꝗ lez ditz armes ount totdys este au
dit monſ Richard & a cez auncestr̃s come il ad oy plere de veux
ſʳs chivallers & esquiers & come cõe & publike vois & fame laboure
en cest ptie   Et coment de monſ Roƀt Grovenour unqes ne vist
ne oiast pler qil portast navoit tielx armes dazur̃ ove un bende dor
tanꝗ la darrein viage en Escoce ove ñre ſʳ le Roy ⸫

xxx.   MONſ WAUT'ʳ BLOUNT ꝑduct pʳ la ptie monſ Richard Le-
scroꝓ jurrez & examinez dit qil ad vewe & conu le dit monſ Richard
Lescroꝓ estre armees en diѵsez viages & joʳnez en cotearmure dazure
ov un bende dor & plusoʳs de soñ lynage en mesme lez armes ove
differences & le dit monſ Richard possessioner de mesmes lez armes
tanꝗ le debate comence pentr̃ le dit monſ Richard & ſ Roƀt Gro-
venour de quel ſ Roƀt Grovenoʳ unqes navoit plee ne luy vist
devⁿt le dit debate yci en Escoce comencez ⸫

Monſ Thomas Herpyngh'm ꝓductꝰ p la ptie de monſ   xxxj.
Richard Lescroꝑ jurrez & examinez dit qil ad vewe & conu monſ
Richard Lescroꝑ abanꝭ son corps armeez dazure ove un bende dor
et aulꝭ de soñ lynage portantz mesmes lez armes ove differencez
en diƲsez jo'nez & viage p tout le temps qil ad este armes ne vist
aulꝭ hōme porter lez ditz armes dazuꝛ ove un bende dor tanꝗ ore
al darrein viage en Escoce ove ñre ſꝛ le Roy de qi hōme ple dun ſ
Roƀt Grovenour de quel ſ Roƀt nad heu conissance ne unqes
deveᵃnt cest houꝛ en Escoce ne luy conust ne ces auncestrez⸴

Monſ Joh'n Whitꞃ ꝓduct pꝛ la ptie de monſ Richard Le-   xxxij.
scroꝑ jurrez & examinez dit qil ad vewe & conu le dit monſ
Richard Lescroꝑ estre armeez le chaumꝑ dazuꝛ ove un bende dor
& aulꝭ de soñ lynage portantz mesmez lez armes ove difference
en diƲses viages & jo'nes & q̃ lez ditz armez sont descenduz p
droit lynee de ĥitage au dit monſ Richard dont memoire ne court
& de ce cõe & publike vois & fame labour & ad laboure en cest
ptie   Et coment de monſ Roƀt Grovenour unqes navoit conissance
de luy en nulle lieu lou il ad este armeez ne de cez armez tanꝗ la
darrein viage en Escoce ove ñre ſ le Roy⸴

Thomas Driffeld Esquiꞃꞃ armeez quarant anz ꝓduct pur   xxxiij.
la ptie du dit monſ Richard Lescroꝑ jurrez & examinez dit q̃ p tut
la temps dount il ad este armeez il ad bien conu & viewe le dit
monſ Richard Lescroꝑ armees en un cote darmes le chaumꝑ
dazure ove un bend dor & aulꝭ de son lynage armeez en mesmes
lez armes ove differencez en diƲse viages batailles & jo'nez &
unꝗs jour de sa vie nad oye dire la contᵃrie tanꝗ la darrein viage
en Escoce ove ñre ſ le Roy q̃ ascun aulꝭ hōme clayma leᶻ ditz
armes mes il ad bien oy dire q̃ le dit monſ Richard est descenduz
p droit linee del racyne de mesmes lez armes de qi memoire ne
court   Mes de monſ Roƀt Grovenoꞃ unqes ne oiast pler de luy ne
de cez armez en lez veilles guerrez ne en lez novelx tanꝗ la
darrein viage en Escoce ove ñre ſ le Roy⸴

Monſ Nicholꞃ Gꞃꞃy del age de quarrant anz ꝓductꝰ pꝛ   xxxiiij.
la ptie monſ Richard Lescroꝑ jurrez & examinez dit qil ad viewe
& conu le dit monſ Richard estre armeez dazure ove un bende dor
& plusours aulꝭ de soñ noun & lynage armeez en mesmes lez

armes ove difference lez queux armes sount descenduz au dit
monſ Richard du droit lynee come il ad oy dire de ces aunciens
ſ's chivalers & esquiers come comouniement est dit p tout le
roialme Denglit̃re. Et coment de monſ Roƀt Grovenour nad
poynt oy ne conu luy ne ces armes devᵃnt la viage en Escoce ove
ñre ſʳ le Roy؛

xxxv.   Monſ Thomas Remston' ꝓduct pʳ la ꝑtie monſ Richard
Lescroꝑ jurrez & examinez dit qil ad viewe & conu le dit monſ
Richard estre armeez le chaumꝑ dazure ove un bende dor et
pluso'rs auꝈs de soñ lynage armeez en mesmes lez armez ove dif-
ference lez queux armes sont descenduz de droit ħitage au dit
monſ Richard come loʳ auncessours & veillardes a les ount dit Et
coment a monſ Roƀt Groveno' il nad poynt conissance de luy ne
de ces armes؛

xxxvj.   Monſ Roƀ'r Morlee ꝓduct pʳ la ꝑtie du dit monſ Richard
Lescroꝑ jurrez & examinez dit qil ad vewe & conu le dit monſ
Richard estre armeez la chaumꝑ dazuř ove un bende dor & plu-
sours auꝈs de soñ lynage en mesmes lez armes ove difference come
il ad oy dire de cez aunciens pentz descenduz a luy p droit
lynee come cõe & publike voys & fame laboure & ad labouř
Et coment de monſ Roƀt Grovenour nad poynt conissance de
luy ne de ces armes tanꝗ la darrein viage en Escoce ove ñre
ſʳ le Roy؛

xxxvij.   Geffrey Bugg del age de quarant oept anz ꝓduct p la ꝑtie
de monſ Richard Lescroꝑ jurez & examinez dit qil ad vewe &
conu le dit monſ Richard estre armeez en ces ꝓpres armes dazuř
ove un bende dor & pluso'rs auꝈs de soñ noun & lynage en mesmes
lez armes ove differencez et come il ad oy diř au temps de soñ
pⁱmer armeer le dit monſ Richard ad este armeez en meyntz
grossez viages batailles & auꝈs journeez & conquis grant honour en
mesme les armes & come il ad oy dire dez veilles chivalers &
esquiers qil est descendus de droit lynee des ditz armes dont
memoir ne court   Et coment de monſ Roƀt Grovenour en lez
lieux ou jay este armeez nay poynt oy dire de luy ne conissance
ewe tanꝗ la darrein viage en Escoce ove ñre ſʳ le Roy؛

THOMAS CROPHYLL' ESQUIER armeez vint & quater anz xxxviij. ꝑduct ꝑ la ꝑtie de monſ Richard Lescroꝑ jurez & examinez dit qil ad vewe & conu le dit monſ Richard Lescroꝑ soñ corps estre armeez en grosses viages batailles & joᵣnez le chaumꝑ dazuᵣ ove un bende dor & plusoᵣs auᵗs de soñ noun & lynage armeez en mesmes lez armes ove differences & verrurez & peintures queux sõnt faitz en esglices memoiralx pᵣ le dit monſ Richard & cez auncestres en ꝭteins paiis Dengliᵗre toumbez depeyntes ove lez ditz armes en queux ces auncesᵗs gisount mortz dez queux memoire ne court   Et q̃ le dit monſ Richard est descenduz de droit lynee dez ditz armes & a luy apptiegnent du droit come il ad oy dire des aunciens chivallers & esquiers et en nulle temps ad oy le contᵃrie come cõe & publike voys & fame labouᵣ & ad labouᵣ en cest ꝑtie   Et coment de monſ Roᵗt Grovenour nad poynt oy ne conu de luy ne de cez auncestres ꝑ nulle temps en les veilles guerres ne en lez novelx tanq̖ le darrein viage en Escoce ove ñre ſᵣ le Roy ꞏ⸗

WILLIAM DE LA HALLE ESQUIER del age de cessantz anz xxxix. armeez quarant & cink anz ꝑduct ꝑ le ꝑcuratoᵣ de monſ Richard Lescroꝑ dist qil ad vewe & conu q̃ le dit monſ Richard Lescroꝑ ad este armeez en son corps le chaumꝑ dazure ove un bende dor & plusours auᵗs de soñ noun & lynage q̃ ount este armes en mesmes lez armes ove differencez en France en Gascoigne en Espaigne & en Escoce come braunches & ount fait grande honour a mesmes lez armes en meyntez grosses batailles & en grosses viages come en le temps del duc Henᵣ duc de Lancastᵣ q̃ Dieu assoille les queux armes sount descenduz de droit lynee au dit monſ Richard come il ad conu des auᵗs ſᵣs chivalers & esquiers le queux ount este aunciens & unq̃s ne oiast dire del contrarie mes q̃ luy & ces ꝓgenitours ount este & continuz todys en pesible possessiõn dont memoire ne court & come cõe & publike voys & fame laboure & ad laboure en cest ꝑtie   Et coment de monſ Roᵗt Grovenour unq̃s en le temps qil ad use armes ou en le compaigne le duc Henᵣ prim̃ment conte de Lancastᵣ & aꝑs duc en nulle viage en France ne en Gascoigne nen Espaigne nen Escoce nad oy ne conu le dit monſ Roᵗt ne nulle de soñ noun portant tieux armes tanq̖ en le darrein viage d'Escoce ove ñre ſᵣ le Roy ꞏ⸗

xl.   MONſ THOMAS DE LEDES armeez de trent anz ꝓduct pᵣ la ptie de monſ Richard Lescrop jurrez & examinéz diṭ qil ad vewe & conu q̃ le dit monſ Richard ad este armeez le chaumꝓ. dazure ove un bende dor & auᵗˢ de soñ lynage armeez en mesmes lez armes ove diffrences en France Gascoigne Spaigne & en Escoce come ceux q̃ todys ont est labourours en lour armes & en continuel possessioñ dount memoiꝛ ue court & unꝗˢ nad oy dir del contrarie mes q̃ le dit monſ Richard est descenduz de mesmes lez armes ꝑ droit lynee come cõe & publike voys laboure en cest ptie Et coment de monſ Roꬓt Grovenoʳ unqes en nulle tempₛ ne luy vist estre armez tanꝗ en la viage d'Escoce ove ñre ſʳ le Roy.꞉

xlj.   MONſ THOMAS FYCHET prie & requis ꝑ le ꝓcuratoʳ de monſ Richard Lescroꝓ devᵃnt lez comissairs jurrez & examinez dit qil ad viewe & conu le dit monſ Richard estre armeez en soñ corps la chaumꝓ dazuꝛ ove un bende dor & auᵗˢ de soñ lynage en mesmes les armes ove differencez & coment il ad oy diꝛ dez ceux quex sõnt veillerds q̃ Thomas Carmynau de Cornvale qest moñ pent estoit en debate ove le dit monſ Richard & son lynage pᵣ lez ditz armez en France devᵃnt le conte de Northamptoñ luy quel Thomas Carmynau ꝓva cez armes du temps le Roy Arthur & le dit monſ Richard du temps de Roy William le Conquerour pᵣ queꬍ accorde le dit Thomas Carmynau pur ce qil estoit devᵃnt le ꝗquest il lez doit porter du droit & le dit monſ Richard porteroit avant sez ditz armes dazuꝛ ove un bende dor pᵣ le ꝑeve qil fist du temps du Roy William le Conqueroʳ Et coment de monſ Roꬓt Grovenoʳ unqes navoit conissance de luy ne de soñ auncestrie tanꝗ la viage en Escoce ove ñre ſʳ le Roy.꞉

xlij.   MONſ GEFFREY SEINT QUINTYN prie & requis ꝑ le ꝓcuratoʳ de monſ Richard Lescrop jurrez & examinez dit qil ad vewe & conu le dit monſ Richard estre armeez soñ corps la chaumꝓ dazuꝛ ove un bende dor & auᵗˢ de soñ lynage en mesmez lez armes ove differencez & sovent ad oy q̃ devᵃnt le temps qil ad este armeez ount acquis gᵃunt honoʳ en mesmes lez armes sovent foitz come en grossez viages bataillez & journez & come il ad oy dire dez bons ſʳs & vieux chivalers & esquiers q̃ le dit monſ Richard est droit heriter a lez dites armes & unqes ne oiast pler du contraꝛ & ꝑ droit lynee a luy sont descenduz dont memoir ne court⸝ come cõe

& publike voys & fame labour   Et coment de monſ Roꝟt Grove-
nour unqes nad oy pler de luy ne de sa lynee tanꝗ la viage de ñre
ſ̃ʳ le Roy en Escoce⸝̓

ROꝟT DE PILKYNGTON' ESQUIER ꝓduct pʳ la ptie de monſ   xliij.
Richard Lescroꝑ jurrez & examinez dit qil ad vewe & conu le dit
monſ Richard estre armeez soñ corps le chaumꝑ dazuꝛ ove un
bende dor & plusoʳs auꝉs de soñ lynage ove differencez & lez ad
vewe estꝛ armeez en France en Gascoigne Espaigne & en Escoce
en myentz viages batails & joʳnez & ad oy dire devᵗnt ces houres
ꝗ lez auncesꝉs du dit monſ Richard ount portez mesmes les armes
& ꝗ a luy ptiegnent du droit come cõe & publike voys & fame
laboure & ad labouꝛ   Et de monſ Roꝟt Grovenour unꝗs ne luy
vist porter armes tanꝗ al darrein viage en Escoce ove ñre ſ̃ʳ
le Roy⸝̓

MONſ JOH'N DE BREWES del age de cynquant & quater anz   xliiij.
armez ꝓduct p la ptie de monſ Richard Lescroꝑ jurrez & exa-
minez dit qil ad vewe & conu le dit monſ Richard estꝛ armees en
soñ corps dasuꝛ ove un bende dor & il ad vewe un auꝉ de soñ
lynage & noun ꝗ fuist a la bataille de Mavroñ en Brytaigne
armeez en mesme lez armes mez il ne savient mye de soñ ꝓpre
noun & al seige de Calays plusoʳs de soñ noun & lynage armes en
mesmes les armes ove differences & a mesme la seige le heume
du dit monſ Richard estoit chalaunge & adonꝗs mon uncle Roꝟt
le cõnte de Southfolk ꝗ Dieu assoile disoit qil avoit m̃veile du
chalange de soñ heume qar le dit monſ Richard estoit venuz &
descenduz dez aunciens gentilezhõmes de lour armes   Et coment
de monſ Roꝟt Grovenour en les lieux ou le dit monſ John ad este
armez ne vist unqes estre arme le dit monſ Roꝟt ne nulle de son
noun tanꝗ le viage en Escoce darrein fait ove ñre ſ̃ʳ le Roy⸝̓

·JOH'N DE BOLTON' ESQUIER ꝓductꝉ pʳ la ptie de mons'   xlv.
Richard Lescroꝑ jurrez & examinez dit qil ad vewe & conu le dit
monſ Richard estre armeez en soñ corps le chaumꝑ dazure ove un
bende dor & il ad vewe auꝉs de sa lynage & noun armeez en
mesmes lez armes ove differences Et come il ad oy dĩr de soñ
piere monſ Henꝛ Lescroꝑ & soñ pier estoient en compaigne
dem'antz ove monſ Rauf de Nevyꝉꝉ ꝗ mort est & adonꝗs monſ

Henr̃ Lescrop̄ armeez en mesmes lez armes ove differencz   Et
mon aiel monſ Thomas de Boltoñ q̃ fuist en Escoce ove le Roy
Edward de Canarvan monſ Thomas de Boltoñ & monſ Henr̃
Lescrop̄ estoient compaignons en Escoce & armeez en lez ditz
armes dazur̃ ove un bende dor & cez auncest̃s dont memoire ne
court Mes de monſ Rob̃t Groveno' unqes ne luy vist ne oiaste
pler tanq̃ la darrein viage en Escoce ove ñre ſr le Roy."

xlvj.　　　Monſ Thomas de Routh' p̃duct p la p̃tie monſ Richard
Lescrop̄ jurrez & examinez dist qil ad vewe & conu le dit monſ
Richard estr̃ armez son corps ove le chaump̄ dazur̃ ove un bende
dor & ses bañ́s de mesmes lez armes & auſs de soñ noun & de
lynage portantz mesmez lez armes ove differencez en viages jour-
nez & en batailles come il ad oy dire des nobles & vaillantz chr̃ez
& esquiers & q̃ lez ditz armes a luy sont descenduz dauncestr̃ et
en tut sa vie il nad poynt oy del cont̃rie Mes de monſ Rob̃t Gro-
veno' il nead poynt oy ne conu deṽnt le darrein viage en Escoce
ove ñre ſr le Roy."

xlvij.　　　Monſ Thomas Marsshall' p̃duct p la p̃tie monſ Richard
Lescrop̄ jurrez & examinez dit qil ad vewe & conu le dit monſ
Richard estre armees en un chaump̄ dazure ove un bende dor &
monſ Henr̃ Lescrop̄ estre armeez son corp̃s & sa bañ́ leschaump̄
dazur̃ ove un bende dor ove un label dargent mes dautre conis-
sance il nad poynt ewe Et coment de monſ Rob̃t Grovenour il ad
bien oy dir̃ & p̃le deṽnt sez heures qil est gentil home & venuz
des bons gentz & q̃ a luy apptiegnent armes mes queux ils sont il
ne sciet qar il ne vist unqes le dit monſ Rob̃t estre armeez en
nulle viage ou il ad este."

xlviij.　　　Monſ Miles de Wyndesore p̃duct p le p̃tie monſ Richard
Lescrop̄ jurrez & examinez dit qil ad viewe & conu le dit monſ
Richard estre armeez en son corps dazur̃ ove un bende dor & auſs
de soñ lynage come ses cosyns portantz mesmes les armes ove
differencez en bañ́s & penouns en viagez & journez et unqes ne
vist auſ ne oiast dire qestoit armeez en mesmes lez armes mes il ad
oy dir̃ des sufficiantz & vieux chivalers & vieux esquiers q̃ la
droit dez ditz armes dazur̃ ove un bende dore apptient &
doient apptiner̃ a dit monſ Richard & a luy lez ditz armes sont

descenduz p droit lynee Et coment de monſ Roƀt Grovenour
unqes ne luy vist estre armeez navoit conissance de luy ne de cez
armes ne de soñ auncestr' tanq̖ le darrein journe en Escoce ⸝

MONſ THOMAS CLYNTON' ꝓduct p la ꝑtie monſ Richard   xlix.
Lescroꝑ jurrez & examinez dit qil ad vewe & conu le dit monſ
Richard estre a barſ en dieux viages en Escoce portant sa barſ en
le lyst le chaumꝓ dazuȓ ove un bende dor & auƚs de soñ lynage
ove difference Mais de monſ Roƀt Grovenoͬ unqes nad oy pler de
luy ne de sez armes tanq̖ le darrein viage en Escoce ove ñre ſ⸵
le Roy ⸝

MONſ JOH'N SCARGYLL' ꝓduct p la ꝑtie monſ Richard   l.
Lescroꝑ jurrez & examinez dit qil ad vewe & conu le dit monſ
Richard estre armeez soñ corps en un chaumꝓ dazuȓ ove un
bende dor. & barſs de mesmes lez armes & auƚs de soñ lynage
armees en mesmes lez armes ove differences en diⱱses viages &
journez & en grosses bataills comė il ad oy diȓ de soñ pier devᵘnt
luy & q̃ lez ditz armes sõnt descenduz p droit lynee a dit monſ
Richard dont memoire ne court Et q̃ de monſ Roƀt Grovenour
il nad riens de conissance de luy ne de soñ lynage ne unq̃s ne oiast
pler tanq̖ la darrein viage en Escoce ove ñre ſ⸵ le Roy ⸝

MONſ DAVID ROUCLYF ꝓduct p la ꝑtie monſ Richard Le-   lj.
scroꝑ jurrez & examinez dist qil ad vewe & conu le dit monſ
Richard soñ corps estre armeez le chaumꝓ & plusours auƚs de soñ
linage portantz mesmes les armes ove defferences Et com il ad
oy diȓ de son pier lez ditz armes apptiegnent & deyveignt de droit
apptineȓ au dit monſ Richard dont memoire ne court & le dit
monſ Richard est droit descenduz del droit lynee du mesmes les
armes Et coment de monſ Roƀt Grovenour il nad poýnt ewe
conissance de luy ne ad oy dire de ly ne de sez armes devᵘnt la
darrein viage en Escoce ove ñre ſ⸵ le Roy.

MONſ RAUF BULMER ꝓduct pᵣ la ꝑtie de monſ Richard   lij.
Lescroꝑ jurrez & examinez dit qil ad conu & vewe coment qil est
jeofnes deux foitz en Escoce le barſ du dit monſ Richard pub-
likement porte dazuȓ ove un bende dor. & auƚs de soñ lynage ove
differences & come il ad oy dire des veux chivalers & esquiers lour

K

corps armez en mesmes lez armes en batailles & grosses journes &.
q̃ lez ditz armes dazur ove un bende dor sont droit lez armes del
dit moñ ꝼ Richard & de droit ħitage luy sont descenduz come
publike vois & fame laboure   Et coment de monꝼ Roꝰt Grovenour
unqes navoit conissance du luy ne de soñ lynqe tanꝗ le darrein
viage en Escoce ove ñre ꝼʳ le Roy⸵

iij. WARYN EYRDALE ESQUIER ꝓduct p le ꝓcuratoʳ monꝼ
Richard Lescroꝑ jurrez & examinez dit qil ad vewe & conu monꝼ
Richard Lescroꝑ estre armeez en soñ corps le chaumꝑ dazuꝵ ove
un bende dor & auꝭs de sa lynage & noun armeez en mesmes lez
armes ove differences en grossez viages & journeez en France
Gascoigne Espaigne & en Escoce et en tut le tempꝭ qil ad este p
le mounde il nad vewe auꝭs hõmes porter les armes dazuꝵ ove un
bende dor q̃ seux de noun de Scroꝑ ne unqes ad oy dire q̃ auꝭ
hõme eust droit de les porter mes le dit monꝼ Richard Lescroꝑ &
auꝭs de soñ noun & todys il ad oy dire q̃ lez ditz armeez sõnt
descenduz p droit al dit monꝼ Richard dont memoir ne court come
publike voys & fame laboure & ad laboure   Et coment de monꝼ
Roꝰt Grovenour unqes ne luy vist porter armes tanꝗ le viage en
Escoce ove ñre ꝼʳ Roy.

liiij. MONꝼ WILLIAM DE LUCY le joefne ꝓduct pʳ la ptie de
monꝼ Richard Lescroꝑ jurrez & examinez dit qil ad vewe & conu
le dit monꝼ Richard estre armeez en un chaumꝑ dazuꝵ ove un
bende dor & soñ ban de mesmes lez armes & unqes navoit conis-
sance de hõme q̃ avoit droit a mesmes lez armes dazuꝵ ove un
bende dore autꝵ q̃ le dit monꝼ Richard et auꝭs de soñ lynage &
noun portauntz mesmes les armes ove differencez   Et il ad bien
oy dire q̃ la droit de mesmes les armes apptiegnent du droit & de
ħitage a dit monꝼ Richard & todys ont este en ꝩray possessioñ
as grandez batailles journes & viagez armeez sour lour corps en
mesmes les armes   Et coment de monꝼ Roꝰt Grovenoʳ unqes ne
luy vist portant armes tanꝗ le viage en Escoce ove ñre ꝼʳ le Roy⸵

lv. WILLIAM SUDBURY ESQUIER del age de cynqᵃnt & cynk
ans & plus armeez quarant anz & plus ꝓduct p le ꝓcuratoʳ de
monꝼ Richard Lescroꝑ jurrez & examinez dit qil ad vewe & conu
le dit monꝼ Richard estre armeez en soñ corps le chaumꝑ dazuꝵ

ove un bende dor. & soñ barß de mesmes lez armes & monſ Henr̃
Lescroꝑ a barß & auſs de sa lynage armeez en mesmes lez armes
ove differencez en Escoce & en France en Gascoigne & en Espaigne
& en lour armes ount acquis grant honour en lour temps, & auxi le
dit William Sudbury ad oy dir̃ sovent dez vailliantz nobles chĩres
& esquiers q̃ lez ditz armes apptiegnent & deyvent apptiegner du
droit au dit monſ Richard Lescroꝑ dont memoire ne court come
cõe publike voys & fame laboure & ad labour̃ & unqes en nulle
temps ad oy dir̃ le cont*rie tanq, le darrein viage en Escoce ove
ñre ſr le Roy en quele viage le dit monſ Richard chalengea un
monſ Robert Grovenour de quele monſ Robt Grovenour unqes
en nulle temꝑs il ne vist navoit conissance de luy ne de ses
armes ꞉

LE SIRE DE SCALES ꝑduct p le ꝓcurator de monſ Richard   lvj.
Lescroꝑ jurrez & examinez dit qil ad vewe & conu le dit monſ
Richard estr̃ armeez le chaumꝑ dazure ove un bende dor & son
barß de mesmez les armes & auſs de soñ lynage & noun portantz
mesmes les armes ove differencez en diⱱse viages & journez Et
come il ad oy dir̃ sovent de veux chĩres & esquiers lez dits armes
sõnt descenduz, p droit lynee au dit monſ Richard Lescroꝑ dount
memoire ne court & ne vist auſ hõme estr̃ armeez en les entiers
armes forsq, le dit monſ Richard Et coment de monſ Robt
Grovenour unqes ne oiast de luy pler ne luy vist unqes estr̃ armez
ne cestes auncesters tanq, la darrein viage en Escoce ove ñre ſr
le Roy ꞉

MONſ THOMAS JENER ꝑduct pr la ꝑtie de monſ Richard   lvij.
Lescroꝑ jurrez & examinez dit qil ad vewe & conu le dit monſ
Richard estr̃ armeez en un chaumꝑ dazur̃ ove un bende dor &
pluso̅rs de ces cosyns portantz soñ noun & de sa lynage ove dif-
ferences & il nad poynt vewe ne oy q̃ autr̃ hõme ad este armeez en
mesmes les armes tanq, la darrein viage en Escoce ove ñre ſr le
Roy & il ne vist mye adonqs monſ Robt Grovenor mes il oiast dire
del debate & chaulãge q̃ le dit monſ Richard fist au dit monſ Robt
Grovenour et ad bien oy dir̃ de cez ꝑgenitours q̃ lez dit armes
apptiegnent au dit monſ Richard du droit & deyvent apptiegner̃
come cõe & publike voys & fame laboure & ad labour̃ en cest
ꝑtie ꞉

lviij.   Monſ Miles de Boys ꝓduct pur la ptie de monſ Richard Lescroꝓ jurrez & examines dit qil ad vewe & conu q̃ a la darrein viage en Escoce il vist monſ Richard Lescroꝓ a banſ & soñ corps armeez come soñ banſ cest assavoir le chaumꝓ dazuꝛ ove un bende dore & il ad conu & vewe aulʒ de sa lynage & noun estꝛ armeez en mesmes lez armez ove differencez en viages & journes & unqes nad oy diꝛ le cont'rie mes il ad bien oy des nobles & valañtz chîres & esquiers q̃ les ditz armes sõnt descenduz p droit lynee au dit monſ Richard dont memoir ne court come publike voys & fame labouꝛ & ad labouree en cest ptie   Et coment de monſ Roƀt Grovenour unqes ne oiast de luy ne de soñ auncestrie tanꝗ le debate fuist comence p entꝛ luy & le dit monſ Richard en Escoce꞉

lix.   Thomas Bradeley Esquier ꝓduct pꝛ la ptie de monſ Richard Lescroꝓ jurrez & examinez dit qil ad vewe & conu q̃ le dit monſ Richard ad este armeez son corps & sa banſ dazuꝛ ove un bende dor & plusouꝛs aulʒ de sa lynage portantz soñ noun armeez en mesmes lez armes ove differences en Fraunce Gascoigne Espaigne & en Escoce & meyntz hono's ount acquis en lour temps en grosses bataillez journeez & viages en lour armes en temps du noble Roy Edward q̃ Dieu assoille & come il ad oy en temps passe de nobles ſ's vaillantz chîres & bons esquiers queux a Dieu sont comandes q̃ les dits armes apptiegnent du droit au dit monſ Richard & deyvent apptiegner & de droit lynee luy descenduz come cõe & publike vois & fame labouꝛ & ad labouꝛ en cest ptie   Et de monſ Roƀt Grovenour il nad rienz oy ne conu de luy tanꝗ la darrein viage en Escoce ove ñre ſꝛ le Roy꞉

lx.   · Adam Neusom del age de cynquant & quater anz armees depuis la bataille de Spaigne ꝓduct pꝛ la ptie monſ Richard Lescroꝓ jurrez & examinez dit qil ad vewe & conu le dit monſ Richard Lescroꝓ estꝛ armeez en son corps dazuꝛ ove un bende dor & plusouꝛs aulʒ de sa lynage armeez en mesmes lez armes en Escoce & en Espaigne ove differences & il ad bien oy diꝛ dev'nt ces heures q̃ les ançestꝛ du dit monſ Richard ount este armeez en mesmes les armes dount memoir ne court Mes touchant monſ Roƀt Grovenour il dit qil est venuz de les Grovenouꝛs de counte de Chestꝛ les queux auncestꝛs gisount en labbey de Chestꝛ enꝼrez mes les armes ne sont my portreitz en colours sur lo' corps mes

lour armes sont portreitz en veruͬ dęs fenest̃s en le dit abbęy en
colours depeyntez come il ᵮra trove p le paiis mez il ne vist monᵮ
Robͭt Grovenoᴿ unq̨ estͬ armeez tanq̨ la viage en Escoce dar-
reynement ove ñre ᵮᴿ le Roy.

MONᵮ JOH'N TRAILLY ᵱduct p le ᵱcuratoᴿ de monᵮ Richard   lxj.
Lescroᴘ̄ jurrez & examinez dit qil ad vewe & conu le dit monᵮ
Richard estre armeez en un chaumᵱ̄ dazuͬ ove un bende dor &
plusours auͭᵴ de soñ noun & lynages armeez ove differencez en
viagez & journez en Espaigne & en Escoce & p oy diͬ des suffi-
ceantz & nobles chîres queux sount a Dieu cͦmandez les armes du
Scroᴘ̄ ount este en Fraunce en Bretaigne & en Gascoigne ptout la
temᵱ̄s du noble et puissant Roy Edward q̃ Dieu assoille & q̃ lez
armes du dit monᵮ Richard sont desceᶇduz a luy p droit ᵏitage
dont memoire ne court come cͦe & publike vois & fame labouͬ &
aᶁ labouree en cest ptie Et coment du chalange du dit monᵮ
Richard enᵛs monᵮ Robͭt Grovenour pur lez ditz armes unqes ne
luy ad vewe estͬ armeez ne unqes ne oiast pler de luy ne de ces
auncest̃s tanq̨ le darrein viage en Escoce ove ñre ᵮᴿ le Roy ⸪

MONᵮ JOH'N GYBBETHORP' ᵱduct pur la ptie de monᵮ   lxij.
Richard Lescroᴘ̄ jurrez & examinez dit qil ad vewe & conu le dit
monᵮ Richard estre armeez en Escoce & soñ bańᴕ portez publike-
ment le chaumᵱ̄ dazuͬ ove un bende dor & unqes en soñ temps il
nad oy diͬ de nulle autͬ qad resoñ de porter lez ditz armeez Et
coᶆent de monᵮ Robͭt Grovenour il nad poynt conissance de luy
ne unqes ne oiast pler de luy ne de cez auncest̃s devᵉnt le temps
del debate entre eux moeuetz al darrein viage en Escoce ove ñre
ᵮᴿ le Roy ⸪

HUGH' DE CALV'LEY DEL COUNTE DE CHESTR' requis p les   lxiij.
cͦmissairs jurez & examinez de diͬ la ᵛite p entͬ monᵮ Richard
Lescroᴘ̄ & monᵮ Robͭt Grovenour del droit dun & dautͬ dit qil ad
vewe & conu le dit monᵮ Richard estre armeez & soñ bańᴕ dazuͬ
ove un bende dor Mes il ad oy diͬ q̃ monᵮ Robͭt Grovenour ad
pluᶇs de droit a lez ditz armes q̃ ad monᵮ Richard Lescroᴘ̄ suisdit⸴
Et diṭ q̃ le pᶦmer foitz qil vist le dit monᵮ Robͭt estre armeez en
lez armeez dazuͬ ove uᶇ bende dor. ce estoit al darrein viage en
Escoce ove ñre ᵮᴿ le Roy ⸪

lxiiij.   Monſ Alisander' de Goldyngh*m ꝑduct p la ꝓcuratour de monſ Richard Lescroꝑ jurrez & examinez dist qil ad vewe & conu le dit monſ Richard estr̃ armeez dazur̃ ove un bende dor Et sa baṅ en Escoce de mesmes lez armes & un ſ William de Scroꝑ q̃ fuist fitz a monſ Henr̃ Lescroꝑ q̃ fuist armeez en Lumbardy ove mesmes lez armes ove differences en la compaigne du monſ le counte de Hereford al pris de Noſe & puis aꝑs le dit monſ William passa la g*unde meer en la compaigne de mon dit ſr & la morust & ad bien conu & vewe auℓs de sa lynage portantz mesmes lez armes ove differencez   Et sovent foitz il ad oy dir̃ des grands ſ's & noblez & vaillantz chĩres q̃ lez ditz armes dazur̃ ove un bende dor sont descenduz p droit lynee dauncestrie au dit monſ Richard & todys en possessioñ de mesmes lez armes dont memoir ne court come c̃oe voys & fame laboure & ad laboure Et coment de monſ Roƀt Grovenour unqes en nulle temps ne en nulle lieu lou il ad este ne luy conust poynt ne oia ꝑler tanꝗ le debate q̃ comensa en Escoce al darrein viage ove ñre ſr le Roy꞉'

lxv.   Joh'n Mynyot Esquier ꝑduct p le ꝓcuratour de monſ Richard Lescroꝑ jurrez & examinez dit qil ad vewe & conu le dit monſ Richard estre armeez en soñ corps dazure ove un bende dor & plusours auℓs de soñ noun & lynage ove differencez & unqes il navoist conissance en lieu ou il ad este armeez dauℓ h̃ome armeez en lez ditz armeez si noun le dit monſ Richard & ces cosyns les queux sount descenduz du droit noun & lynee a lez ditz armes come il ad oy dir̃ des veux chĩres & esquiers & jammes nad oy dir̃ le cont*rie en tout sa vie tanꝗ le darrein viage en Escoce Et de monſ Roƀt Grovenour il navoit conissance de luy ne de cez ꝓgenito's tanꝗ la debate fuist comense p entr̃ le dit monſ Richard & le dit monſ Roƀt en Escoce ove ñre ſr le Roy꞉'

lxvj.   Monſ Richard Adderbury le fuitz ꝑduct p la ptie de monſ Richard Lescroꝑ jurrez & examinez dit qil ad vewe & conu le dit monſ Richard Lescroꝑ estre armeez le chaumꝑ dazur̃ ove un bende dor & son baṅ publikement porte en viagez & journez & auℓs de soñ noun & lynage armeez en mesmes les armes ove differences en quelles armes il ad oy dir̃ sovent des pluis veĩlls qil nest꞉' ils ount acquis graunde hono' Et auxi il ad oy dir̃ des vailliantz ſ's & nobles chĩres & esquiers q̃ lez ditz armes sont descenduz de ħitage & de droit lynee au dit monſ Richard Lescroƥ & jammes ne oiast dire la contᵃrie come cõe voys & publike fame laboure   Et coment de monſ Roꝑt Grovenour unqes ne oiast pler de luy ne de ces auncesꝉs tanꝗ la darrein viage en Escoce ove ñre ſʳ le Roy⸲

MONſ JOH'N DE WILTON' ƥduct p le ptie de monſ Richard Lescroƥ jurrez & examinez diꞇ qil ad vewe & conu le diꞇ monſ Richard Lescroƥ estre armeez le chaumƥ dazuꞃ ove un bende dor & auꝉs de soñ lynage armeez en mesmes lez armes ove differences & jammes en tout sa vie ne conust auꝉ porter lez ditz armes mes le dit monſ Richard & ceux de sa lynage & p tout sa vie ne oiast dire auꝉment mes ꝗ le dit monſ Richard estoit le sire de mesmes les armes & a luy sount descenduz p droit & de heritage dont memoire ne court come publike voys & fame laboure & ad laboure en cest ptie   Et coment de monſ Roꝑt Grovenour rienz nad oy de luy ne de soñ auncestrie tanꝗ la darrein viage en Escoce ove ñre ſʳ le Roy ꝗ le dit monſ Richard luy chalangea⸲ **lxvij.**

MONſ ARNALD SEYNT LEGERE ƥduct p la ptie de monſ Richard Lescroƥ jurrez & examinez diꞇ qil ad vewe & conu le dit monſ Richard estꞃ armeez dazuꞃ ove un bende dor & plusours auꝉs de sa lynage armeez en mesmes lez armes ove differences & unqes en nuꝉ lieu ou il ad este armeez navoit conissance des auꝉs ne oiast dire de nuꝉ auꝉ qestoit armeez en mesmes lez armes sil nestoit du saunc du dit monſ Richard Lescroƥ   Et unqes en sa vie ne oiast la contᵃrie & auxi come il ad oy diꞃ sovent en diⱱse lieux de diⱱses chꞇres & esquiers ꝗ lez ditz armes sont de droit descendus & de ħitage al dit monſ Richard dont memoire ne court come publike voys & fame laboure & ad labouree en cest ptie   Et coment de monſ Roꝑt Grovenoʳ unqes ne oiast pler de luy ne de nuꝉ de soñ sanc tanꝗ la darrein viage en Escoce ove ñre le Roy. **lxviij.**

MONſ THOMAS SALIVAN ƥduct pʳ la ptie de monſ Richard Lescroƥ jurrez & examinez diꞇ qil ad vewe & conu le dit monſ Richard estꞃ armeez en soñ corps le chaumƥ dazure ove un bende dor & plusoʳs auꝉs de sa lynage armeez en mesmes lez armes ove differences en viagez & journez & auxi il ad oy diꞃ sovent des ſʳs chꞇres & esquiers devant cest temps ꝗ le debate fuist comensee ꝗ **lxix.**

les ditz armes sõnt descenduz de droit lynee a dit monſ Richard &
a luy apptiegnent & deyvent apptiegner come cõe & publike voys
& fame labouꝛ & ad laboure en cest ptie   Et de monſ Roꝣt Gro-
venour nad poynt oy diꝛ de ces armes ne de cez auncesꝭs armeez
en nuꝭ lieu tanꝗ la darrein viage en Escoce ove ñre ſꞃ le Roy ⸝⸝

lxx.   PERES ROOS ESQUIER ꝑduct ꝑ la ptie de monſ Richard
Lescroꝑ jurrez & examinez dit qil ad vewe & conu le dit monſ
Richard estre armeez en soñ corps le chaumꝑ dazuꝛ ove un bende
dor & plusoꝛs auꝭs de soñ lynage armeez en mesmes lez armes
ove differences en diꝩse viages & journez & come il ad oy diꝛ de
soñ pier monſ Thomas de Roos de Kendale ꝗ unqs ne avoit en
son temps conissance del temps qil estoit armeez auꝭ hõme estre
armeez en lez ditz armes mes le dit monſ Richard & sa lynage &
ꝗ du droit lynee les ditz armes sont descendus a le dit monſ
Richard dont memoire ne court come cõe & publike voys & fame
laboure   Et coment de monſ Roꝣt Grovenoꝛ unqes navoit conis-
sance ne oiast pler de luy ne de ces auncesꝭs tanꝗ la darreiñ viage
en Escoce ove ñre ſꞃ le Roy ⸝⸝

A ꝭshonoꝛe & puissant ſꞃ ñre ſ Thomas fitz au Roy duc de
Gloucestre conte Dessex & de Bukynghᵃm & constable Dengliꝭe
John Kentwode honours & toutez mañꝭs des reꝩencez & obbei-
sancez Come ꝑ voz gracious ꝉres enseales desouz le seal de ꝩre office
a Wauꝭ le sire Fitz Wauꝭ John Marmyoñ a moy John Kentwode
& as auꝭs directez estoions assignez ꝑ ꝩre comission joyntement &
seyꝩalment pur une cause moeue & pendant en ꝩre haute & noble
court entꝛ mon ſ Richard Lescroꝑ ptie actour dun pt & monſ
Roꝣt Grovenour ptie defendant dautꝛ ptie ꝑ cause darmes cest
assavoir dazuꝛ ove un bende dor quelles armes duissent estꝛ ꝑvez
devᵃnt Wauꝭ le sire Fitz Wauꝭ John Marmyon & John Kentwode
& auꝭs ꝑ bons & loialx & ꝩraies tesmoignes & auꝭs evidences
ꝗconꝗs joyntement & seꝩalment Wauꝭ le sire Fitz Wauꝭ & John
Marmyon devᵃnt lour deptier de Plymmouth estoient acordez ꝗ
pur cause ꝗ ascuns tesmoignes necessariez queux deyvent estꝛ
ꝑducts ꝑ le ꝑcuroꝛ de monſ Richard Lescroꝑ ne purroient en
nulle mañꝭe travailler pꝛ maladie le dit ꝑcuroꝛ John Gunwardby de
mon dit ſ Richard Lescroꝑ ad prie & requirast lez ditz cõmis-
sairs Wauꝭ le sire Fitz Wauꝭ & John Marmyon ꝗ moy John Kent-

wode deusse aler seᵽalment solonc la purport de n̄re comissioñ pur
examiner ceux q̃ deussent estr̄ ꝓductz sibien pur la ptie de monſ
Roᵬt Grovenour come pur la ptie de monſ Richard Lescroꝓ Moy
John Kentwode v̄re comissair en cest ptie ꝑtifie a v̄re ꝑshaute dis-
crecioñ & court q̃ duement solonc la fourme de la ley darmes & la
purport de n̄re comissioñ jay resceu tesmoignes ꝓductz p le dit
John Gunwardby ꝑcurour de monſ Richard Lescroꝓ touz jurez
& examinez sibien pur la ptie de monſ Roᵬt Grovenour come pur
la ptie de monſ Richard Lescroꝓ except le conte de Deveneshir̄
q̃ nestoit mye jurrez mes ad dit en loialte de sa ch̄rie le queux
examinacions & ditz des chivalers & esquiers en mon ꝑsence jurrez
& examinez & toutz lours ditz & examinacions mys en escript en
un rolle p v̄re clerk' Richard Hereford & luy baillez en sa garde
desouth moñ seal encloses tanq̃ la publicacion soit fait en v̄re court
Et pur cause q̃ moy John Kentwode ne puis a cest temps aler
avᵃnt en cest examinacioñ au ꝑsent pᵣ cause q̃ le Roy ad envoies
pur moy/ le dit John Gunwardby ad assigneez & nomeez monſ
Estephen de Derby pur estr̄ cōmissair̄ plus avᵃnt/   Et p cest
cause avons ꝓroges & ꝓrogons continuez & continuons de jour en
jour & de lieu en lieu tanq̃ la examinacion soit fait⸵ Doñ souz
moñ seal a Tyᵽtoñ en le counte de Deveneshir̄ la xiijᵐᵉ jour de
Juyll lan du regne le Roy Richard second puis le Cōquest disme⸵

Cestes sount les attestacions pris p monſ John Kentwode a
Tyvertoñ en la manoir du counte de Deveneshir̄ & a Zedeleye en
lesglice pochial le duszime joᵣ de Juyll lan du regne le Roy
Rychard seconde puis le Conquist disme Monſ Richard Lescroꝓ
ptie appellant appellez q̃ comparust p soñ ꝑcuroᵣ John Gunwardby
monſ Roᵬt Grovenour ptie defendant ou soñ ꝑcurour appellez q̃
ne comparust mye John Gunwardby ꝑcuroᵣ le dit monſ Richard
Lescroꝓ priast & requirast au dit monſ John Kentwode de ꝓcederr̄
plus avᵃnt en soñ examinacioñ⸵

Lᴇ Cᴏɴᴛᴇ ᴅᴇ Dᴇᴠᴇɴᴇsʜɪʀᴇ prie & requis p le ꝑcuratour de   j.
monſ Richard Lescroꝓ pur estre examinez p monſ John Kente-
wode en soñ manour de Tyvertoñ q̃ dist sᵣ sa chivalrie qil est
joefnes & de poy de temps conissantz mes il dit q̃ en soñ temps
il ad vewe & conu q̃ le dit monſ Richard ad este armeez en soñ
corps al darrein viage en Escoce ove n̄re ſᵣ le Roy le chaumꝓ

L

dazuȓ ove un bende dor & soñ baṉ publikement porte p tout le
viage et dit come il ad oy dire q̃ lez ditz armeez apptiegnent de
droit & de ħitage al dit monſ Richard & il nad poynt oy dire del
cont*rie   Et coment de monſ Roƀt Grovenoʳ unqes ne oiast pler
de luy ne de soñ auncestr' tanq al darrein viage en Escoce ove ñre
ſʳ le Roy.

ij.   MONſ JOH'N SULLY del age de cent & cynk anz & armeez
quater vintz anz jurrez & examinez & ꝑduct p le ꝑcuratoʳ de
monſ Richard Lescroꝑ dit qil ad vewe & conu lez armes de monſ
Richard Lescroꝑ p monſ Henȓ Lescroꝑ a la bataiħ de Halidoñħiħ
le chaumꝑ dazuȓ ove un bende dor ove un label dargent & aꝑ's le
dit monſ Henȓ armeez en mesmes lez armes a la sige de Barwyk' &
aꝑ's monſ William Lescroꝑ a bataille de Cressy armeez en mesmes
lez armes ove un difference & a le bataille de Spaynole sur le meer
le dit monſ Richard armeez en ces armes le chaumꝑ dazure ove un
bende dor & aꝑ's mesme ſ William armeez en mesmes les armes
ove monſ le Prince q̃ Dieu assoiħ al bataiħ de Peyters & le dit
monſ Richard armeez dazuȓ ove un bende dor a la bataille de
Spaigne   Et auxi le dit monſ John Sully ad vewe & conu auƚ's de
soñ noun & lynage estre armeez en mesmes lez armes en journez &
viagez ove differencez et en soñ temps il ad oy dire toudys q̃ lez
ditz armez apptiegnent de droit & deyvent apptiegner de discent
p droit lynee al dit monſ Richard come cõe & publike voys ad
labouȓ & labouȓ p tut soñ temps & toutdys le dit monſ Richard
ove auƚ's de sa lynage continuez en pessible possessioñ lez ditz
armes dount memoire ne court   Et coment de monſ Roƀt Grove-
nour unqes en nulle temps ne en lieu ou il ad este vist ne oiast
unqes pler. de luy ne de cez auncesƚ's tanq a cest temps de soñ
exaiacioñ.

iij.   RICHARD BAKER ESQUIER del age de sessantz anz & armeez
de quarant anz ove monſ John Sully ꝑduct pʳ la ptie monſ Ri-
chard Lescroꝑ jurrez & examinez dit qil ad vewe & conu le dit
monſ Richard son corps armeez en un cotearmure dazuȓ ove un
bende dor & auƚ's de sa lynage come monſ Henȓ Lescroꝑ & monſ
William Lescroꝑ & auƚ's plusours armeez ove differencez en ba-
taillez joʳneez & viagez & auxi le cõe voys & publike fame labouȓ
& ad labouȓ p tut soñ temps q̃ lez ditz armes sõnt descenduz de

auncestrie au dit monſ Richard & todys le dit monſ Richard &
ces auncesťs en possessioñ de mesmes lez armez outre memoire
Et coment de monſ Roƀt Grovenour il ne oiast unqes pler de luy
ne de ces auncesťs tanꝗ le temps de cest examinacioñ

MONſ JAMES CHUDDELEGH' ꝓduct pᵣ la ꝑtie de monſ   iiij.
Richard Lescroꝑ jurrez & examinez dit qal bataille de Peyters il
vist monſ William Lescroꝑ armeez en cez armes le chaumꝑ dazure
ove un bende dor ove un label en difference & auťs de mesme la
lynage armeez ove differences en journieez & viages en France
Gaiscoigne Picardie & Normondie & le dit monſ Richard Lescroꝑ
armeez en ces armes le chaumꝑ dazuῤ ove un bende dor à la
bataille Despaigne en la compaigne monſ de Lancasťᵣ & il ad oy
diῤ des noblez & vaillantz ꝗ lez ditz armes sont descendus au dit
monſ Richard du droit lynee & de ɧitage dont memoire ne court
Et coment de monſ Roƀt Grovenour ou de cez auncestῤs il ne
oiast unqes pler devᵃnt le temps del darrein viage en Escoce ove
ñre ſ le Roy

A ſhonoᵣ & puissant ſᵣ monſ Thomas fitz au Roy duc de
Gloucesťᵣ conte 'd'Esseẍ & de Bukynghᵃm & constable d'Engliſᵣre
Estephen de Derby honoᵣs & touts manſs dez reῤencez & obbeis-
sancez come ꝑ voz gᵃciousez ῐres ensealez desouz le seal de ῡre
office a Wauƚ le sire Fitz Wauƚ John Marmyoñ John Kentwode
& a moy dit Estephen & as aucťs directs estoions assignez ꝑ ῡre
cōmissioñ joyntement & seῤalment de rescevir toutz lez ꝑevez &
evidencez queux monſ Richard Lescroꝑ entendoit a ꝓduῤ devant·
nous ou ascun de nous ꝑ cause dun plee darmes cest assavoir
dazuῤ ove uñ bende dor pendant devᵃnt vous en ῡre court ꝑ entῤ
le dit monſ Richard ꝑtie actour & monſ Roƀt Grovenour ꝑtie
defendant come en voz ῐres est continuz plus au pleyn Si vous
ꝯtifie mon ſhonoᵣe & puissant ſᵣ a ῡre ſhaute discrecioñ & court
ꝗ duement solonc la fourme de la ley darmez & le pᵣport de ñre
cōmissioñ ay resceu touz lez ꝑvez & examῑacions des tesmoignes
ꝓductz ꝑ John Gunwardby ꝑcuroᵣ de monſ Richard Lescroꝑ avᵃnt
dit touts jurres & examines devᵃnt moy & lez queux proeves &
examinacions jeo envoye en ῡre ſhaute & noble court ꝑ ῡre clerk'
Richard Herford & ꝑ luy mys en escriꝑ en un rolle enclosez
desouz moñ seal & luy baillez pur gardir tanꝗ publicaᴐon ent soit

fait en v̄re dit court   Doñ a Abbottesbury en le counte Dorset le
xvij^{me} jour de Juyll lan du regne du Roy Richard second puis le
Conquest disme ⸫

Cestes sount lez attestacions pris p^r monſ Estepħen de Derby
a Abbottesbury en le countee de Dorset en le abbeye de Abbottes-
bury en lo^r reffretour le xvj^{me} jour de Juyll lan du regne n̄re ſ^r le
Roy Richard seconde puis le Conquest disme ⸫ Monſ Richard
Lescroᵽ ptie appellant appellez q̄ comparust p soñ ꝑcuro^r John
Gunwardby Monſ Roꝫt Grovenour ou soñ ꝑcurato^r ptie defendant
appellez q̄ ne comparust mye ⸫ sur qoi John Gunwardby ꝑcurato^r
le dit monſ Richard priast & requirast au dit monſ Estepħen de
ꝑceder̄ plus av^ant en soñ examinacioñ ⸫

j.   Monſ Guy de Briene del age de sessantz anz & plus
armeez pⁱmerment a Stannovparke tost aᵽs la coronacioñ du Roy
q̄ mort est q̄ Dieu assoille ꝓduct p^r la ptie de monſ Richard Le-
scroᵽ jurrez & examinez dit qil ad vewe monſ Geffrey Lescroᵽ
uncle au dit monſ Richard Lescroᵽ armees en un chaumᵽ dazure
ove un bende dor ov un labell dargent & a bañ a Burenfos en
Vermondoys & a Ourney Seint Benoyt en mesme le paiis & depuis
ad vewe monſ Henry Lescroᵽ soñ fitz armeez en mesmes lez armes
& a bañ auxi & depuis le dit monſ Richard armeez soñ corps
dazure ove un bende dor al viage monſ^r de Lancastr̄ en Caus &
auſs de soñ lynage porter mesmes lez armes ove differencez Et
coment de monſ Roꝫt Grovenour il nad poynt oy ne conu rien de
luy ne de cez auncestr̄z dev^ant le temps q̄ le plee comensoit estr̄
pleide dev^ant le conestable & marsshalt ⸫

ij.   Monſ Joh'n Chidiok' del age cent anz & plus armeez
pⁱmement a Stannovparke tost aᵽs la coronacioñ de n̄re ſ^r le Roy
q̄ mort est q̄ Dieu assoille ꝓduct p^r la ptie de monſ Richard
Lescroᵽ jurrez & examinez dit qil ad vewe & conu monſ Geffray
Lescroᵽ & monſ Henr̄ Lescroᵽ armeez en un chaumᵽ dazure ove
un bende dor ove un label dargent & plusours auſs de lour lynage
armeez en mesmes lez armes ove differencez en bataillez & journez
come braunches de mesmes lez armez & ce en bañs penons &
cotearmures & unqes nad oy dire le contrarie Et il ad oy dir̄ en
son temps de pluso^rs noblez & vaillantz q̄ lez ditz armez sont

descenduz p droit lynee de auncestrie au dit monſ Richard Lescroꝓ Et unqes en soñ temps nad oy pler ne vewe le dit monſ
Roƀt Grovenoʳ ne nuꝉ de soñ noun porter lez ditz armes꞉

MONſ WILLIAM BONEVILL' ꝓduct p la ptie de monſ Richard   iij.
Lescroꝓ jurrez & examinez dit qil ad vewe & conu le dit monſ
Richard Lescrope estⁱ armeez al viage de monſʳ de Lancastⁱ en
Caus le chaumꝓ dazuʳ ove un bende dor & monſ Henⁱ Lescroꝓ
armeez en mesmes lez armes devᵉnt Boloygne & soñ banſ de mesmes
lez armes ove un label dargent Et coment de monſ Roƀt Grovenour ne de ces auncestres il nad poynt oy pler devᵉnt le temps q̃
cest plee fuist comence꞉

MONſ RAUF CHYNE ꝓduct pur la ptie monſ Richard   iv.
Lescroꝓ jurrez & examinez dit qil ad vewe & conu le dit monſ
Richard Lescroꝓ estre armes en soñ corps al chivache q̃ le Roy qi
mort est q̃ Dieu assoille fist darreyment en Fraunce le dit monſ
Richard adonq̃s esteant ove le conte de Richemond al dit viage et
monſ Henⁱ Lescroꝓ son corps armeez en mesmes lez armes ove un
label blank' al mount de Balynghᵃm & la estoit todys soñ banſ
publikement a toute la viage & plusours gentilx hõmes estoient a
mesme le viage del counte de Chestⁱ & Lancastⁱchiⁱ & adonq̃s ne
fuist nully dun paiis ne dautr' q̃ a luy plast rienz Et coment de
monſ Roƀt Grovenour unq̃s le dit monſ Rauf ne luy avoit poynt
eu conissance mes un foitz luy vist en Chestⁱ devant mes de ces
armes ne de cez auncestˢs le dit monſ Rauf ne conust poynt꞉

MONſ ROB'T FYPPAYN de sessant & cynk' anz ꝓduct p la   v.
ptie de monſ Richard Lescroꝓ jurrez & examinez dit qil ad este
armeez en lieux ou lez armes de monſ Geffray Lescroꝓ ou monſ
Henⁱ Lescroꝓ ou un de Lescrops ount este armeez mes le lieu ne
lour nounz ne court my pleinement en sa memoire Et coment de
monſ Roƀt Grovenour unqes en nulle temps ne oiast pler de luy
ne de cez auncestˢs tanꝗ le plee fuist comense p entⁱ luy & le dit
monſ Richard꞉

MONſ WILLIAM DE LUCYE del age de sessant anz ꝑduct   vj.
pʳ la ptie de monſ Richard Lescroꝓ jurrez & examinez dit qil
ad vewe & conu lez armes de Scroꝓ & de lour noun estre portez

ove differencez a la bataille del Escluse & de puis celle bataille
ascuns de soñ noun portantz lez armes de Scrop̄ dazuř ove un
bende dor ove differencez en toutz lez batailles roialx q̃ le dit
monſ William ad este armeez cest assavoir a le bataille de Lescluse
le siege de Turney le bataille de Cressy a la chivachee del Blaunge
a la bataille de Peyters a la viage du Roy q̃ mort est darreynement
dev°nt Parys en Fraunce et en Pruce & outř la graunt meer pub-
likement portez . Et coment de monſ Roͬt Grovenour unqes en
nulle viage ne bataille ne journee depuis soñ temps ne luy conust
nad oy pler de luy ne de cez auncesꝭs tanqₕ le plee fuist comense p
entř le dit monſ Richard Lescrop̄ & le dit monſ Roͬt Grovenour⁖

A ſshono°e & puissant ſ° mouſ° Thomas fitz au Roy duc de
Gloucestř conte Desseẍ & de Bukyngh°m & conestable Denglřře
Nichol de Haryngtoñ chřre hono°s & toutz maᶯꝭs des reᶠencez &
obbeissauncez Come p vos graciouse řres enseales desouz le seal de
vře office a moy & as auꝭs directz estoions assignez p ᶹre comissioñ
joyntement & seᶠalment de receyver touz les proeves & evidences
queux monſ Richard Lescrop̄ entenduist a ꝓdure dev°nt nous ou
ascun de nous p cause dun plee darmeez cest assavoir dazure ove
un bende dor pendant dev°nt vous en ᶹre court p entř le dit monſ
Richard ptie actour et monſ Roͬt Grovenour ptie defendante come
en voz ditz řres est continuz plus au pleyne & moy lavant dit
Nichol veillantz obeier a voz honurablez maundementz solonc le
tenour deycellez seant en lesglise de Seint John dehors lez mures de
West Chestř le quart jour del mois de Septembř lan du regne le
Roy Richard second puis le Conq̇uest disme comparust devant
moy John Gunwardby ꝓcuro° du dit monſ Richard et moy bailla
voz ditz hono°ablez řres & moy requirast ove graunt instance q̃ je
voidra ꝓcedeř en ceꝭt cause solonc la fourme & tenure de ᶹre dit
cōmissioñ ensy a moy & as auꝭs mes colliges joyntement & seᶠal-
ment directs puis la ꝓsentacion des queux řres & la recepcion
dyceux ⁖ lez ditz řres p°ᶥꝭtement leuz & entenduz⁖ je fesoy ꝓconizer
& appeller lez ambidieux pties a cest jour & lieu somonez come a
moy estoit monstrez pleynement p un řre ℮tificatorie enseales desouz
le seal du marsshaꝭt del dit somons & ℮tifiez p Richard Gascoigne
clerc del dit marsshaꝭt les queux ensy ꝓconizez & appellez lez dit
monſ Richard comparust p soñ dit ꝓcuro° John de Gunwardby &
le dit monſ Roͬt comparust p John Askheved & lez ptiez issint

comparuz John Gunwardby mist avᵃnt sufficiante ɫre du ꝑcuracie enseale de le seal del dit monſ Richard Lescroꝑ le quel ɫre du ꝑcuracie leu & entendu le ꝑcuroʳ del dit monſ Roƀt demandast copie dycelle le queɫ copie luy fuist baillez Et John Askheved ne monstrat poynt ɫre de ꝑcuracie pʳ cause q̃ monſ Roƀt Grovenour estoit en mesme le lieu pʳ luy avower pʳ soñ ꝑcuroʳ Et puis aꝓs lavᵃntdit ꝑcuroʳ du dit monſ Richard ꝑduist devᵃnt moy ascunz tesmoignez pʳ estɼ jurrez & examinez en la cause suisdit lez nouns des queux enseblement ove lour examinacion sount pleynement continuz en un cedule ensealez desouz mon seal & baillez a v̄re clerc Richard Herforď pʳ garder tanꝗ le jour q̃ publicacioñ ent soit fait en v̄re court Et le ꝑcuroʳ du dit monſ Roƀt fesant ꝓtestacioñ de dire encontɼ les tesmoignes & loʳ ditz & demonstɼ & metter avᵃnt excepcions encontɼ lez ditz tesmoignez Et lez avᵃnt ditz tesmoignes ensy p le ꝑcuroʳ du dit monſ Richard ꝑductz fesoie jurrer sur lez seintz Evᵃng' & baiser de dire la v̄itee p entɼ lez ditz deux ptez en la dit cause darmees dazuɼ ove un bende dor Et le ꝑcuroʳ du dit monſ Roƀt ministrat ĉteins enɼrogatoriez en ɭme competent & lez ditz tesmoignez ensy jurrez furent examinez sev̄alment chescun p soy diligentement & distinctement & lour ditz & deposicions mys en escript p v̄re clerc Richard Herford en la cedule & fourme avᵃntditz Doñ lez an jour & lieu suisescʰptzↄ

Cestes sount les attestacions ꝑduct p le ꝑcuroʳ de monſ Richard Lescroꝑ en lesglice de Seint John de hors lez mures de Westchestɼ devᵃnt monſ Nichol de Haryngtoñ cōmissaɼ de ɼre ɭshonoʳe & puissant ſʳ le duc de Gloucestɼ conte Dessex & de Bukynghᵃm constable Dengliɭre en un cause pendant devᵃnt le dit duc en le court de chivalrie p entre le dit monſ Richard ptie actour & monſ Roƀt Grovenour ptie defendant pur armes dazuɼ ove un bende dor cest assavoirↄ

Monſ Joh'n Massy de Tatton' del age de cynquant anz j. armeez p trent anz & plus ꝑduct pur la ptie de monſ Richard Lescroꝑ jurrez & examinez demandez si lez armeez dazuɼ ove un bende dore apptiegnent ou deyvent apptiegneɼ au dit monſ Richard dit q̃ del droit du dit monſ Richard ne sciet il poynt mais dit qil ad vewe le dit monſ Richard estre armeez en mesmes lez armes p deux foitz en Escoce le pʰmer foitz ove monſ de Lancastr̃ & lautr̃ foitz a la viage de ñre ſr le Roy darreynement demandez sil ad oy oue vewe q̃ lez auncest̃s du dit monſ Richard ount portez mesmes lez armes dit qil ad oy pler q̃ deux de lez auncest̃s del dit monſ Richard ount portez lez dites armes demandez sil ad oy p quell title ou droit le avnt dit monſ Richard ou ces pdecessours ount portez lez ditz armes dit q̃ c̃teinement qil nad poynt conissance de ce la/ demandez sil ad oy quell estoit le pimer auncest̃s du dit monſ Richard q̃ portast pimerment lez ditz armes dazur̃ ove un bende dor dit qil ad oy pler q̃ monſ Richard Lescrop̃ avoit un hõme de ley a son pier & q̃ un aut̃ hõme de ley estoit pier a monſ Henr̃ Lescrop̃ les queux estoient les pmis hõmes de Lescrop̃ q̃ userent armer lez ditz armez/ demandez p quell temps ils ount usez lez ditz armes dist qil ad oy dire q p le temps de cestez dieux hõmes de ley demandez sil est daffinite ou de sanc de monſ Robt Grovenour dit c̃teynement qil est soñ cosyn.

ij. Monſ Joh'n Massy de Podyngton' del age de trent anz armees p dys ans pduct pur la ptie de monſ Richard Lescrop̃ jurrez & examinez demandez si lez armes dazur̃ ove un bende dor apptiegnent ou deyvent apptiner du droit a dit monſ Richard Lescrop̃ dit q̃ del droit ne sceit il poynt mes dit qil ad vewe & conu le dit monſ Richard estre armeez en Escoce en la darrein viage du Roy qorest demandez sil ad oy pler p quell title ou p quell auncestrie il est venuz a lez ditz armes dit q̃ de ce il nad q̃ poy de conissance ne ad oy pler/ demandez de lez aut̃s int̃rogatoriez dit qil nad null conissance del auncestrie de mon dit ſ Richard ne come longe temps ils ount useez porter lour armez/ demandez sil est du sanc ou daffinite monſ Robt Grovenour dit q̃ oyl.

iij. Rob't Danyell' Esquier del age de quarant & cynk anz armeez p xxv. anz pduct pr la ptie de monſ Richard Lescrop̃ jurez & examinez demandez si lez armes dazur̃ ove un bende dor apptiegnent ou deyvent appteigner du droit a dit monſ Richard Lescrop̃ dit qil ne sciet my del droit mes il ad vewe & conu le dit monſ Richard armees en Escoce p dieux foitz & a bail demandez si le dit moñ ſ Richard est venuz a lez ditz armes p descent de lynee ou p doun daucun aut̃e dit qil ne sceit p quel voy il est devenuz a lez ditz armes p auncestrie ou coment demandez des touz aut̃s ent̃rogatoris dit qil ne sceit deposer plus avnt demandez sil est du sanc ou del affinite de monſ Roꝭt Grovenour dit qil est de sa affinite ⁊

MONſ WILLIAM DE LYE del age de trent anz armeez p   iiij.
quinsze anz ꝓduct pʳ la ptie de monſ Richard Lescroꝓ jurrez &
examinez demandez si lez armez dazuꝛ ove un bende dor appteig-
nent ou deyvent appteigner du droit au dit monſ Richard Lescroꝓ
dit q̃ del droit de monſ Richard ne sceit il poynt ne si lez armez
du dit monſ Richard sont descenduz a luy p droit lynee ou nemye
mes il dit come il ad oy dire q̃ lez auncesꝑs du dit monſ Richard
ount portez longement mesmes lez armez & de auncien temps
demandez si il ad oy queꞇ estoit le pʳmer auncestꝛ du dit monſ
Richard q̃ portast pʳmerment lez ditz armez dit q̃ noun demandez
sil ad oy p queꞇ temps il ad occupiez lez ditz armez ou cez aun-
cesꝑs devᵃnt luy dit q̃ noun demandez sil est daffinite ou de sanc
de monſ Roꝭt Grovenour dit q̃ noun ⁊

MONſ LAURENCE DE DUTTON' del age de cynquant anz   v.
armeez p vint anz & plus ꝓduct pur la ptie de monſ Richard
Lescroꝓ jurrez & examines demandez si lez armes dazure ove un
bende dor apptiegnent du droit au dit monſ Richard dit q̃ del
droit de monſ Richard il nad poynt conissance demandez sil ad
vewe le dit monſ Richard estre armez en les ditz armes dit q̃ noun
mes il ad este en diѵses viages en France & en Escoce mes il ne
vist unqes monſ Richard armeez en les armes ne ces fitz ne ces
ꝓgenitoʳs ne nuꞇ de soñ sanc tanq̃ le darrein viage en Escoce ove
� ſˀ le Roy demandez sil ad oy quel estoit le priñ auncestꝛ q̃
portast pʳmerment lez armes de monſ Richard Lescroꝓ dit q̃
noun mes come il ad oy dire un hõme de ley demandez du temps
de lour occupacioñ dit qil ne sceit deposer cela demandez sil est
du sanc ou daffinite de monſ Roꝭt Grovenour dit qi oyl ⁊

MONſ RAUF DE VERNON' del age de cynquant anz armeez p   vj.
vynt anz & plus ꝓduct pur la ptie de monſ Richard Lescroꝓ jurrez
& examinez demandez .si lez armes dazure ove un bende dor app-
tiegnent ou deyvent apptiegner du droit au dit monſ Richard dit
qil nad poynt cõnissance du droit de monſ Richard demandez sil
ad oy oũ conu le dit monſ Richard estꝛ en possession luy ou ces
auncesꝑs ou ces braunches des ditz armes dit q̃ noun mes il dit

M

qil ad este armez en di℗sez viages en Fraunce & en Escoce & ne
vist unqes nully del sanc du dit monſ Richard armeez en lez
ditz armes tanꝗ le darrein viage en Escoce/ demandez sil ad oy
p quelle auncestrie lez armez du dit monſ Richard sont a luy
descenduz dit q̃ noun/ demandez sil ad oy p quełł temps les aun-
cesťs du dit monſ Richard ont occupiez lez ditz armes dit q̃ noun/
demandez sil est du sanc ou daffinite de monſ Robert Grovenour
dit q̃ oil ꞏ̷

vij.   MONſ HUGH' BROWE del age de quarant anz armeez p vynt
anz & plus ꝓduct pur la ptie de monſ Richard Lescroꝓ jurrez &
examinez demandez si lez armes dazuꝛ ove un bende dor appteig-
nent ou deyvent appteigner du droit a monſ Richard Lescroꝓ dit
qil ne sceit deposer de droit de dit monſ Richard mes il ad bien
oy q̃ le dit monſ Richard ad occupiez lez ditz armes & ces fitz &
aułs de soñ sanc mes le dit monſ Hugħ nad poynt este en lez
viages ou monſ Richard ad este armez qar il dit qil ad useez lez
guers en garnisouns & en lez compaignez en Fraunce & nemy lez
guers dez gᵘuntz viagez demandez sil ad oy del pⁱmer auncestꝛ del
dit monſ Richard q̃ portast pⁱmerment lez armes ou p quelle temps
ils ount portes lez ditz armes dit qil ne sceit deposer nułł de ceux
deux enťrogatoirs ne ne sceit dorꝝ respounce/ demandez sil est du
sanc ou daffinite de monſ Roᵬt Grovenour dit q̃ oyl ꞏ̷

viij.   MONſ RICHARD DE BYNGHᵃM del age de cynquant anz &
plus armeez p trent anz ꝓduct pur la ptie de monſ Richard Le-
scroꝓ jurrez & examines demandes si lez armes dazuꝛ ove un
bende dor appteignent ou deyvent appteigner du droit a monſ
Richard Lescroꝓ dit qil nad poynt vewe ne conu lez ditz armez de
dit monſ Ric̄ demandez en quelles viages il ad este armeez dit q̃
en la viage du Roy q̃ mort est demandez si il ne vist my tielx
armez dazure ove un bende dor ove un label dargent dit qil luy
sovent bien qil vist tielx armes al viage du Roy q̃ mort est devᵘnt
Parys mes a qi lez armes estoient ne queux estoient lour nounz il
ne sceit mye sils estoient au dit m̀onſ Richard ou a ces auncesťs
ou a ces fitz il ne sceit mye demandez sil ad oy pler del auncestrie
de dit monſ Richard q̃ portast pⁱm̃ment lez armes dazuꝛ ove un
bende dor & quel estoit soñ noun dit q̃ noun demandez sil ad oy p
quelle temps lez auncesťs du dit monſ Richard ount occupiez lez

ditz armes dit q̃ noun demandez sil est du sanc ou daffinite de
monſ Roƀt Grovenour dit q̃ noun & dit outr̃ qil nad demᵉre q̃ petit
temps en le counte de Chestr̃✓

Et pur ceo q̃ monſ WILLIAM DE BRERETON' estoit ꝑduct en
mesme la cause & jurrez solonc la fourme de resoñ & droit devᵃnt
le dit cõmissaire admys en mesme la cause tesmoigne necessarie
ne voudroit en la cause deposer ne porter tesmoigne de Ꝟite
coment qil estoit sovent foitz prie & requis p le ꝓcuroᵉ du dit
monſ Richard diligentement & pur porter tesmoigne en la cause
de soñ meistr̃ Et outr̃ ceo le dit comissarie p Ꝟtu de sa comissioñ
a luy monstrez & direct p ñre Ꝑshonoᵉe ſᵉ le conestable amonesta
le dit monſ William de venir a son examinacioñ pur porter
teismoigne a la Ꝟite le dit monſ Williã se retraiast en la ville & ne
voudroit porter tesmoigne autr̃ foitz le dit comissarie luy amonesta
qil viendroit & tesmoigneroit la Ꝟite en la dit cause le dit monſ
William luy absentoist & ne voudroit my deposer Et la tierce
foitz le dit cõmissaire luy comandast de porter tesmoigne de Ꝟite
en le dit cause le dit monſ William p nuƗ voy obbeissantz a lez
cõmandementz de le dit conestable mes ces comandementz refuseez
& p grande contumace deptis hors du court & de la ville Et pur
ceo contumacez & offencez apptement faitz multast le dit monſ
William en vynt liꝞez dcsƐlynges✓

MON JOH'N DE LEYCESTRE ESQUIER ꝑduct pur la ptie de monſ   ix.
Richard Lescroꝓ jurrez demandez si lez armes dazure ove un bende
dor appteignent ou deyvent appteigner du droit au diꝉ monſ
Richard dit qil ne sceit de tiel chose deposer demande de touz lez
auƐs enᶂrogatoriez dit qil ne sceit deposer de nuƗƖ✓

MONſ JOH'N POLE ꝑduct par la ptie de monſ Richard Le-   x.
scroꝓ jurrez & demandez de lez suisditz inᶂrogatoirs seꝞalment
dit qil ne sceit respondr̃ as tielx demandez ne deposer de nuƗƖ de
ceux✓

Les inᶂrogatoirs ꝑductz a EꝞwyk' le xvij joᵉ de Septembr̃

La ptie de monſ Roƀt Grovenour a vous juges & cõmissairs
fait ꝑduccioñ p voye dez inᶂrogacions en la cause darmeez cest
assavoir dazur̃ ove un bende dor mue & pendant entr̃ monſ

Richard Lescrop̄ ptie actour & le dit monſ Roƀt ptie defendant ⸫
Et requiert le dit mon ſ Roƀt q̃ touz lez tesmoignes p̄ductz ou q̃
sōnt a p̄dure soient examinez & enͬrogez chescun p soy & sͬ loͬ
ſementz faitz sur le livre de dire la ſite en la dit cause.   Primer-
ment soit demande a chescun tesmoigne sil dit q̃ le droit de por-
ter lez ditz armez appteignent a dit monſ Richard p droit ɧitage
soit demande coment & p quoy il sceit & ou & quant & qu⁎nt
de foiz il ad vewe le dit monſ Richard ou cez auncesͭs & le quel
de cez auncesͭs & en queux anz queux lieux en p̄sence de queux
& p comebien du temps soit accompte qil et cez ditz auncesͭs
ount portez lez ditz armes & soit demande de chescun tesmoigne
del quel age il est & la cause de chescun de cez ditz.   Iͭm sil soit
depose p ascun tesmoigne q̃ lez ditz armes apptiegnent de droit
a dit monſ Richard soit demande p quelle droit & coment il sceit
& la cause de chescun dit.   Iͭm sil soyt depose q̃ le dit monſ
Richard & sez auncesͭs ount portez lez ditz armes p droit & p
suffiantz temps come apptient a hōme darmes soit demande qest
sufficient temps pͬ hōme darmes a claymer droit en armes a luy
apptenir & porͭ & soit declare le title p quele il clayme de lez porͭ
le quel fuist le p'mer de cez auncesͭs q̃ lez porta & soit sōn noun
declare & le descent accompte chescuñ p sōn noun & lez queux de
eux lez ount usez & portez depuis encea & en queux ans moys
roalmes & lieux & en p̄sences dez queux.   Iͭm sil soit depose q̃ le
dit monſ Richard ad droit de porͭ lez ditz armez p descent de
lynee soit demande p quele droit & quele title sōn p'mer auncestͬ
lez porta & sil depose p doun soit demande le noun & lestat del
donoͬ & la cause & la condiciōn del doun & la cause de cɧn de sez
ditz.   Iͭm soit demande de chescun tesmoigne sil ad vewe scieiu
ou oie qen ascun temps le dit monſ Richard ou ascuñ de sez aun-
cestͬs fuist chalange ou ascunement inͬrupt del portaciōn dez ditz
armes p le dit monſ Roƀt ou ascun de cez auncesͭs ou p ascun
autͬ en lour noun & qu⁎nt & en quel lieu & quant de foitz.   Et
de touz auͭs chosez soit fait accomplisement p la bone discreciōn
du loial & discrete examinour ⸫

A ſshonoͬe & puissant ſͬ le duc de Gloucestͬ counte de Bukyng-
h⁎m & Desseẍ & conestable Dengliͭre voz cōmissairs William
labbe del monstͬ de n̄re dame Deſwyk' John de Derwentwater
chivaler honoͬs ov toutz mañs des reſencez.   Vos honoͬablez

tres ensealez du seal de v̄re office a nous p John de Gunwardby ꝓcuroʳ & en noun de ꝓcuroʳ de monſ Richard Lescroꝑ chivaler lan du regne le Roy Richard second puis le Conquest disme le xvijᵐᵉ jour de moys de Septembꝭ en lesglice cathedrale de Seint Peer Deꝟwyk' ꝓsentez avons resceuz ove reꝟencez duez soutz le tenoʳ q̃ sensuit⫶ Thomas fitz au Roy duc de Gloucestꝭ counte de Bukyngh*m & Dessex conestable Denglitꝭre as reꝟentz piers en Dieux lercevesq̨ Deꝟwyk' levesq̨ de Duresme levesq̨ de Nichol levesq̨ de Cardoile & reꝟentz & chiers en Dieux labbe de labbeye de ñre dame Deꝟwyk' le priour de Duresme le priour le Carlele le priour de Seint Kaꞇine de Nichole & as noz ꝑchñs & ꝫnamez monſ ·Robt fᵐ de Wylughby monſ Rauf de Hastynges maistr' Richard Wynwyk' monſ Roꞡ Lygon monſ Robt Claveryng' monſ James Pykeryng' monſ John Darwentwater monſ John de Multoñ monſ William Flaumvyle saluz⫶ Come nous solonc droit ꝓcedantz en une cause mue & pendant en ñre courte entꝭ monſ Richard Lescroꝑ ptie actour dun pt & monſ Robt Grovenour ptie defendant dautꝭ pt p cause darmes cest assavoir dazuꝭ ove un bende dor quelez armes mesmes celuy monſ Richard disoit & dit q̃ a luy deyvoent apptinir & apptenont et q̃ ycelles armes le dit monſ Robt countre droit porta come en lez actes du dit cause est continuz Et aꝓs la respouns fait p le dit monſ Robt al entencion du dit monſ Richard en mesme la cause & auxi declare fuist & done pʳ decree⁄ q̃ lez ditz monſ Richard & monſ Robt p sufficeantz ꝓeves duissent ꝓever loʳ entencion eschuantz la bataiꞇ Et pʳ ceo qil ꝫroit gᵃund tᵃvaille & chargeantz despensez damenir p devant nous toutz loʳ ꝓeves & tesmoignes & auꞇs evidencez avons graunte cõmissions a lun ptie & a lautre de ꝓdure & exhibiciõ faire devant vous de touz lez ꝓeves evidences chñres munimentz & auꞇs ꝓeves & evidencez q̃conꝵs en q̃conꝵ paiis q̃ loʳ plerra en Englitꝭre & ailloʳs Pur quoy nous confiantz en v̄re gᵃund descrecion & loialte vous avons cõmys & comittons de receiver & exaïer de & sur la matier avᵃntdit touz lez ꝓves & tesmoignes & auꞇs evidencez q̃conꝵs lez queux le dit monſ Richard entent a ꝓdure & ꝓdurera solonc la fourme del acte de mesme la matier esteant en ñre court la copie du quele nous voꝫ mandons ove ycest pensy q̃ touz lez tesmoignes soient jurrez devᵃnt vous exceptz mes ꝑshonoʳez frers le Roy Despaygne & le duk Deꝟwyk' mon neveu le counte Derby & toutz lez auꞇs countez Denglitꝭre donᵃnt a vous joyntement & seꝟalment

plein poiair de rescevir admittiꝛ & de examiner lez ditz tesmoignes
& lez deposicõns & ditz de mesmes lez tesmoignes oier & de rescevir
touz auꝉs evidences pᵣ la ptie du dit monſ Richard & si mestier
soit eux compeller a tesmoigner la ꝟite en celle ptie & toutz auꝉs
chosez & chescun user qal office de nous comissairs & examinoᵣs
en celle cas apptenont ou pᵣront apptiꝛſ ove ꝓgacion̄ & continu-
acion̄ dez joᵣs & lieux q̃ voᵍ semblera meux en celle cas certifi-
antz a ħous ou a noz lieutenantz a Westm̄ le vynt & pⁱmer joᵣ de
Januer ꝑchein venᵃnt tout ce q̃ vous ferrez ou aꝟez fait touchand
la d̄te matier p voz ꬱtificatoriez enscalez de vos sealx ove lez
tesmoignances & evidences q̃conq̃s devᵃnt voᵍ ewes en celle ptie
closez & a nuꝇt dez ditz ptiez demonstrez   Et pᵣ ce q̃ noᵍ
avons assigne Richard Hereford ñre clerk' a ꝑ̃sent doier & mettꝛ
en escript lez attestacions deposicions & auꝉs evidences suisditz
Si volons & voᵍ mandons q̃ vous nous envoiez p le dit Richard
q̃ voᵍ aꝟetz fait enclosez come desuis as jours & lieu susditz.
Done soutz le seal de ñre office a ñre maison̄ labbeye de Not-
teleye le disme joᵣ Daust lan du reigne monſᵣ le Roy Richard
second puis le Conqueste Dengliꝛre disme ꞉   Puis la ꝓsentacion̄
de quelles ꞇres & la recepcion̄ dycellez nous sumes p lavantdit
Joħn ꝑcuroᵣ & en noun del ꝑcuroᵣ ove grande instance requisez
q̃ al execucion̄ dez ditz ꞇres en la dit busoigne ꝓcedere vorrons
Nous voillantz a voz honoᵣablez ꞇres mandementz reꝟentement
obbeier & droit en toutz poyntz garder comparant devᵃnt nous
levᵃntdit monſ Richard Lescrop & ꝑtestant q̃ p sa apparisaunce
ne entedist mye de revocer ascunz de sez ꝑcuroᵣs ou loᵘr poiair
en ascun poynt   Et lavᵃnt dit monſ Roꞗt Grovenoᵣ duement a lez
avᵃntditz joᵣ & lieu & cest acte sumõne come a nous apparust &
appiert p voz ꞇres citatoriez & ꬱtificatoriez ent fiatz p Richard
Gaiscoigne clerc du marshaꝇt adonꬱ devᵃnt nous ewes & lez ditz
citatoriez & ꬱtificatoriez lieus publikement faisons ꝓconizer le
quel ensy ꝓconize comparust Henry Brittill ꝑcuroᵣ & en noun del
ꝑcuroᵣ du dit monſ Roꞗt eiant son̄ mandement enseale du seal du
dit monſ Roꞗt & desoutz escript lez queux ensy faitz levᵃntdit
Joħn ꝑcuroᵣ & en noun del ꝑcuroᵣ du dit monſ Richard en la dit
cause ꝓduist tesmoignes labbe de Selby labbe de Ryvaux labbe de
Gervax monſ Raufᵣ de Hastynges monſ Brian de Stapilton̄ monſ
Roꞗt Roos de Ingᵉmanthorꝑ & plusours auꝉs abbes pⁱours chiva-
lers esquiers moignes chaignons presꞇes & auꝉs lez nouns dez

queux sont . . . . . en un rolle de lo' examinacion lez queux tes-
moignez ensy ꝓductz nous avons resceux et eux toutz & chescun
deux sur la seint Ewangelys p eux baisez faisoions jurrer en la
fourme due & accustume qils dirroient la pleine & mere ꝟite p' lez
ambideux ptiez en la dit cause & q̃ nulle fauxtee tesmoignerent p'
doun ne p' ꝓmesse p' haiour ne p' favo' ne p' autr̃ ꝓfit q̃conq̃ lez
queux ensy faitz le dit Henr̃ ꝑcuro' du dit monſ Roƀt nous requist
q̃ touz & chescunz tesmoignez av'ntditz p' la ptie du dit monſ Roƀt
examinerons ꝓtestant auxi q̃ sauvez soient a eux lo' excepcions
competentes en celle ptie countr̃ lez ditz dez dits tesmoignez et
bailla ꝯteins enꝓrogatoris en le rolle a y cestes annexe & close
escriptz & en aꝑs la dit cause en lastat qadonq̃s estoit continuames
jesq̃ en le jo' adonq̃s ꝓchein ensuiant cest assavoir le xviij^me jo' del
dit moys de Septembr̃ en lesglice Deꝟwyk' suisdite   Et lan du regne
le Roy & moys av'ntditz cestassavoir le xviij^me jo' du dit moys
comparantz lez ditz ꝑcuro's dez ditz ptiez en mesme la cause en
lesglice Deꝟwyk' av'ntdit dev'nt nous seantz en juggꝰ le ꝑcurato'
du dit monſ Richard ꝓductz tesmoignez en mesme la cause cest-
assavoir monſ Thomas Roos de Kendale Conand de Ask' & auꝑs
lez nouns dez queux sont en un auꝑ rolle de le second examinaꝯ en
ꝑsence du dit Henr̃ ꝑcuro' mesme celuy monſ Roƀt lez queux tes-
moignes nous avons resceuz & fait jurrer touchez p eux lez seint
Ewangeliez & auxi baisez q̃ pleyn & nuire ꝟitee dirrent come en
lez auꝑz clausez de suisꝺtes en fourme due & accustumez   Et ˙de
ceꬴ jo' nous continuamez mesme la cause jesq̃ en le ꝓchein jo'
adonq̃s ensueant cest assavoir le xix jo' du dit moys en la dit
esglice Deꝟwyk' en lestat q̃ adonq̃s estoit   Et outre ceo moy John
de Derwentwaꝉ chivaler cõmissair av'ntdit & en ꝑsence du dit
abbe & dez ptiez suisditz me ay excusez q̃ de ceo en avant ne
p'roy occupier ou ꝓcedr̃ en ceꬴ boisoigne p' diꝟsez busoignez ñre
ſ' le Roy p moy en lointeinez ptiez cestassavoir en le counte
de Appilby a p'suers et exploꝉs dedeins trois jo's adonq̃s ꝓcheins
ensuantz & p' auꝑz diꝟsez impedimentz meut escusablez a moy
apptiegnantz   Et le dit xixme jour du dit moys de Septembr̃ com-
parurent dev'nt moy abbe & comissair̃ suisꝺtes en la dit esglice
Deꝟwyk' seant en juggement le av'nt dit monſ John de Derwent-
waꝉ mon compaignoñ desto'be & excuse come desuis est dit lez
ꝑcuro's dez ditz pties en mesme la cause en noun de ꝑcuro's come
desuis ꞏ John de Gunwardby ꝑcuro' du dit monſ Richard Lescroꝑ

et en noun de luy en p̄sence du dit p̱curoᵣ de dit monſ Roᵇt Gro-
venoᵣ p̱duct le prior de Martoñ le prioᵣ del abbey de Seint Marie
Deꝼwyk' monſ William Murrers monſ Roᵇt Conestable & auꝉz lez
nouns de quex sount mys en un rolle de la tierce examinacioñ en
tesmoignez en mesme la cause lez queux resceux moy abbe &
comissair suisditz ycellez tesmoignez touz & chescun deux fesoy
jurer sᵣ le seint Evᵃngelie q̃ en mesme la cause plein & nuire ꝼitee
dirrent come en lez auꝉz clausez suisditz en fourme due & acus-
tume   Et en aꝑs le dit monſ Richard Lescrop̄ allegia & fesoit foy
q̃ monſ Richard de Roueclif en la ville de Pykeryng' del jurisdic-
cioñ du dean desglise cathedrale Deꝼwyk' monſ William de Atoñ
en le ville de Atoñ chivalere & John de Rythir esquier en la ville
de Scarburgh del jurisdiccoñ de lersdekyn de Estridyng' de mesme
lesglise Deꝼwyk' eiantz lour demurez sount tesmoignez necessariez
au dit monſ Richard Lescrop̄ en ceꝉt ptie & si veilx & impotentz q̃
a ma p̄sence ne poiount verſ en ascun manſ   Et pᵣ ceo le dit monſ
Richard me requist q̃ a lez ditz tesmoignez ꝼroy travaller ou mander
pᵣ eux recesꝼ & examiner & pᵣ ceo q̃ jeo ne pᵣroy tᵃvailler en p̱pꝭ
psoñ ꝼs lez ditz tesmoignez pᵣ diꝼsez impedimentz eneschuablez &
pᵣ debilite & enfirmite de mon corps destoᵣbeꞏ/ Si ay cõmys mon
poair a Richard Hereforth v̄re clerc en ceꝉt cause pᵣ resceyver &
examiner lez veilx & impotentz tesmoignez de suisditz & touz auꝉs
chosez en ceꝉt case necessaris & bosoignablez fair & exploꝉ & en
outῖ jay directe mes ꞇrez de ꝛtein tenure a lez officialx dez ditz
deen & archidene en lesglice Deꝼwyk' suisdit pᵣ eux prier qils p eux
ou p le dit Richard v̄re clerk' ferroient lez ditz tesmoignez estre
resceuz jurrez & examinez sᵣ la matiꝛe suisditꞏ en fourme due &
acostome come p mes ditz ꝛteins ꞇres du ꝛtein tenoᵣ poet appaireir
pluis al pleyn   Et ay assigne le dit Henῖ Brittill p̱curoᵣ du dit
monſ Roᵇt Grovenoᵣ le Lundie adonq̃s p̱chein ensuant cestassavoir
le xxiiijᵐᵉ joᵣ de mesme le moys de Septembῖ pᵣ veer & oier lez
avᵃntditz monſ Richard Roueclif monſ William Atoñ & John de
Rythir a lour meisoñs Pykeryng Atoñ et Scarburgh avantditz estῖ
resceuz & jurrez devᵃnt cõmissairs en ceꝉt ptie deputies ou a depuꝉs
en la fourme suisdit & auꝉz chosez faῖr joust la qualite de mesme
le busoigne   Et en outῖ le dit monſ Richard Lescrop̄ disoit qil
avoit plusoᵣs tesmoignez en lez countez de Nichol & de Notynghᵃm
a luy necessaris en ceꝉt cause lez queux a le dit lieu ne pᵣroient
travailler & pᵣ ceo il me requist q̃ illoeq̃s ꝼroy travaiꝉt pᵣ la recepcioñ

& examinacioñ de mesmes lez tesmoignez   Et moy abbe av*ntdit
adonq̢ continuay mesme le busoigne joust la force & leffecte du
dit comissioñ dedeinz escript tanq̢ le Lundie cestassavoir le p'mer
jo͞r du mois Dо̇́ctob͞r ꝑchein aveñ en lesglise de ñre dame de No-
tyngh*m ove continuacioñ ꝓrogacioñ & mutacioñ des jo͞rs & lieux
adonq̢ ensuantz p͞r lexploit dez bosoignez av*nditz & avons assigne
a Henr̄ Brittiħ ꝑcuro͞r du dit monſ Roƀt Groveno͞r adonq̢ ꝑsent
le dit Lundie p͞r voyr & oyer pluis av*nt ꝑcede͞r en mesme le bu-
soigne joust la qualite dyceħ   Et p͞r ceo q̃ moy abbe av*ntdit p͞r
enfirmite & debilite de mon corps & p͞r bosoignez de ñre monstr̄
seie disto͞rbe q̃ au viħ de Notyngh*m suisditz ne hors de citee
Deꝟwyk' t͞rvailler ne puisse si ay jeo p cestez causez & auℓz a pluis
lointisme occupacioñ en cest busoigne hors du dit citee me resona-
blement excusez & p y cestez excuse   Et lez tesmoignez av*nt
nounez ꝓductz receptz & jurez come desuis est dit celment loial-
ment & duement joust lez inℓrogatoris p͞r la ptie adꝟsar̄ a nous
ministrez & soħnc la matier dont mencioñ est fait en la cо̃missioñ
suisdit en la ꝑsence du dit Richard Herford examinez & mesme
celuy Richard Herford lez ditz & deposiĉо̃ns dez ditz tesmoignez
& auxi dez ditz monſ Richard de Roueclif monſ William de
Atoñ ch͞ir & John de Rythir esquier ensemblement ove lez actes
p le dit Richard Herford cо̃missair en ceħ ptie & dev*nt luy
fait & ewes & a moy abbe & comissair̄ av*ntdit p le dit Richard
Hereford ℓtifie en escript & en le roħ a cest ℓtificatorie annexe
loialment lez ay mys & mesme le roħ ay c'cumlie & enclose & a
c'cumligat'e de mesme le roħ & a cest ñre ℓtificatorie moy abbe &
le chivaler cо̃missair̄s suisditz avons mys no⁹ sealx en foy & tes-
moigñ de touz les av*nditz continuz en le roħ a y cestez annexe
& lez tenourez dez citatoriez & ℓtificatoriez & ꝑcuraciez av*nditz
pleinement ensuyont & sont tielx͘   Thomas fitz au Roy duc de
Glouℓ counte de Bukyngh*m & Dessex conestable Dengli͞tre a
ñre ℓscħ cosyn monſ Thomas Moubray counte marshaħ Dengli͞tre
ou a soun lieutenant salouz vo⁹ mandons q̃ vo⁹ pemptoriement
sumonez ou facez su͞moñ & garñ Roƀt Groveno͞r ch͞ir soñ ꝑcurato͞r
ou soñ atto͞rne qil appier dev*nt nous ou nos comissairs en lesglise
de Seint John de Westchest͞r le quart jo͞r de Septemb͞r ꝑchein
aveñ sil soit jo͞r juridic ou auℓment en le ꝑchein jo͞r juridic adonq̢
ensuant & aussint su͞monez ou facez su͞moner & garñ lavantdit
Roƀt soñ ꝑcurato͞r ou soñ atto͞rñ pemptorement qil appier dev*nt

nous ou nos cõmissairs en lesglise cathedrale de Seint Peer Deꝰ-
wyk' le xvijᵐᵉ joʳ de mesme le moys sil soit jour juridic ou auᵗe-
ment le ꝑchein jour juridic adonꝗs ensuant ove continuaꞓõns &
ꝓgacions dez joʳs southsuiantz a veer & oyer tesmoignez & auᵗs
mañs dez ꝑevez del ꝑtie Richard Lescroꝓ chĩr sʳ la matier devᵃnt
nous pendant en court de Chivalrie ꝑ cause darmez cestassvoir
dazure ove un bende dor queux armez le dit Richard dit a luy
apptiegñl estĩr ꝓduct resceu & jure & lez ditz lieux estĩr changez &
auᵗz lieux covenablez ꝑ lez causez suisditz estre en lez joʳs suis-
ditz assignez ou auᵗs joʳs en yceᵭ ꝑtie a ꝓgiez a tant dez foitz
ꝗ mestĩr serra & outĩr faĩr & resceꝰ ꝗ serrai droit ᵉtifiantz nous ou
noᵍ comissairs as ditz jour & lieux de tout ceo ꝗ voᵍ ferrez en lez
chosez s'ditz.   Doñ souz le seal de ñre office a ñre maisoñ labbeye
de Notteley le disme jour Daugust lan du regne monf le Roy
Richard second puis le Conquest d'Engliĩre disme꞉ le respounce꞉
Thomas count marshaᵭ & de Notynghᵃm fʳ de Moubray & de
Segᵃve ꝑ ꝰtue de cest ꝓsent mandement a nous directe noᵍ avons
fait garñl & sũmoñl pemptoriement Roꞓt Grovenoʳ chivaler en soñ
ꝓꝓĩr psoñ le quart joʳ de Septembĩr lan deinz escript a Westchestĩr
en lesgᵗ de Seint John & outĩr ceo nous avons fait garñl & sũmoñl
pemptoriement John Eskeved ꝑcuratoʳ ou attoʳñ le dit monf Roꞓt
le tierce joʳ de mesme la moys a Westchestĩr ꝑ John de Tybbay
ñre depute a ceo faire ꝑ estĩr devᵃnt moñ ᵗshonoʳee fʳ le duc de
Glouꞓ conestable Dengliĩre ou sez cõmissairs as joʳs & lieux deinz
escᵗptz & outĩr ceo de faiĩr & ꝑforñl ceo ꝗ cest ꝓsent mandement
requert.   A touz ceux ꝗ cestez ĩres ꝰront ou orront Roꞓt Grove-
noʳ chivaler saluz   Saꝰ face que jay ordeignez & assignez & ꝑ
cestez ꝓsentes ordeigne & assigne mes chiers & ben amez meistĩr
John de Duttoñ clerc Henĩr de Brittilez Wiᵭm de Asthuᵭ &
Roꞓt Appultoñ mez ꝑcuroʳez & messagᷓz especialez en touz
causez & busoignez queconꝗ touchant mes armes dazuĩr ove une
bende dor & chescun dieux ꝑ soy devᵃnt & gᵃntant as mesmes ditz
ꝑcuroʳs & a chescun deux sanz revocacioñ daucun auᵗ ꝑcuroʳ ꝑ
moy devᵃnt fait pleine poair en noun de moy en mesme la cause
devᵃnt ꝗconꝗs juges ou comissairs ou ascun dieux as queux ou a
qi conissance ent apptient a ꝑsuir ꝑcedĩr defendĩr & veer tesmoig-
nez ĩres chĩres scripturez evidences & munimentz queconꝗs res-
ceux admiñs & jurez & ꝗ serront rescieux admiñs & jurrez ꝑʳ &
encontĩr le droit & possessioñ us & exꝰcioñ de mes ditz armes en

q̃conq̃ place a ce duement assigne & a p̃duĩ & exhibicioñ fair &
mustrer demander & optiner tesmoignez & aul̃s evidencez q̃ p᷃ ma
ptie serra p̃ductz estĩ admisſ resceu examine & compulsez si
meistĩ soit a tesmoignĩ la ᵹitee en la dit cause & a requerĩ mesmes
lez juges ou comissairs & chescun a p̃cedere duement solonc la
poair a eux comisſ en cel̃ ptie & touz aul̃s chosez & chescun user
q̃ al office dez p̃curo᷃s ou p̃curo᷃ en cest cause apptiegnent ov
plein poair de substitur aul̃z ou aul̃ en lours nouns ou noun dacun
deux & ceo noñ obstañ user ils mesmes ou un deux loffice dez
p̃curo᷃s ou de p̃curo᷃ en la dit cause come desuiz est dit & a jurer
si meistĩ soit en moñ noun ceo q̃ apptiegnent touchand leffecte & la
cause de mez armez suisditz Eiant ferme & estable & p̃mittant
daᵹ tout ceo q̃ mes ditz p̃curo᷃s & p̃curo᷃ ferront ou ferra en moñ
noun en la cause suisdit s᷃ obligacioñ & districc̃oñ de touz mes
biens & a ceo jay mys & mette cauc̃oñ p sez p̃sentz ĩres sealez de
mon seal Doñ a Weryngtoñ le xiij᷃ᵉ jo᷃ dė Septembĩ lan du
regne ñre ſ᷃ le Roy Richard second puis le Conquest disme Queux
touz & chescunz ove noz sealx ensealez come desuiz est dit a vous
l̃shono᷃e & puissant ſ᷃ en la fourme suisdit c̃tifions & envoions p
ycestez p Richard Hereford ᷃vre clerk᷃ desuisdit. Doñ en lez jo᷃s
& lieux avᵉntditz lan du regne ñre ſ᷃ le Roy Richard second puis
le Conquest disme :᷃

Ces sount lez attestacioñs pris a Eᵹwyk᷃ en la maisoñ de cha-
piteĩ de lesglise cathedrale de Seint Pier Deᵹwyk᷃ devᵉnt labbe de
labbey de ñre dame Deᵹwyk᷃ & monſ John Derwentwal̃ cõmissairs
de l̃shono᷃e ſ᷃ le duc de Gloul̃ counte de Bukyngh᷃m & Dessex &
conestable Denglitĩre p̃ductz le xvij᷃ᵉ jour de Septembĩ lan du
regne le Roy Richard second puis le Conquest disme p monſ
Richard Lescrop̃ & John Gunwardby soñ p̃curo᷃ p cause dun plee
darmez cestassavoir dazuĩ ove un bende dor moeue & pendant en
le court de Chivalrie p entĩ le dit monſ Richard ptie acto᷃ & monſ
Rob̃t Grovenour ptie defendant en la mañ q̃ sensuit :᷃

Labbe de Selby del age de .l. anz & plus p̃duct p᷃ la ptie   j.
monſ Richard Lescrop̃ jurrez & examinez le xvij᷃ᵉ jo᷃ de Septembĩ
devᵉnt lez cõmissairs & le dit abbe d̃de sil ad conissance de lez
armez queux devent apptiñ a monſ Richard de Scrop̃ dit q̃ oyl
demandez queux sount les armes de Scrop respond̃ dazuĩ ove un

bende dor ꝺꝺez p qi il sciet qils sount cez armes dit qil ad oy dire
de anciens ꝼᷓs de paiis dez chivalers & esquiers & dez auꝶs q̃ com-
munemēt ount dit q̃ lez armez dazuꝛ̃ ove un bende dor todys ount
este au dit monꝶ Richard & a cez auncesꝶs & unqes ne oiast le
contraire en nulle temps & todys lez ditz armez ount este occupiez
p le dit monꝶ Richard ou p sez frerez ou p sez cosyns ou p sez
uncles en temps du guerre, demandez si lez dit armez sount de-
scenduz a luy p heritage ou p descent de droit lineꝭ dit q̃ oil car
lez ditz armez sount en lour esglice dazure ove un bende dor ove
un label dargent en le South ele de lour esglice en une fenesꝶ verꝛ̃
al auꝶ de Seint John le Baptiste & ount este la depuis la fesance
de loᷓ esglice qest outꝛ̃ memoiꝛ̃ demandez p q̃ il sciet qils sount la
pᷓ lez armes de Scroꝓs & nemy pᷓ ꝼ Roꝸt Grovenoᷓ respounꝺ & dit
qil ad oy dire dez vieux moignez qil estoient en la dit abbey en
temps de sa juvente qils estoient mys la pᷓ les armez de Scroꝓ &
todys lez armes ount portez ceꝶ noun de Scroꝓ & unqes ne oiast
dire le contraire demanꝺ p qi il sciet qils sount descenduz de droit
ꝼitage & de linee dit qil ad bien oy dire dez veux ꝼᷓs dez veux
chꝑrs dez vieux esquiers dez gentz autentikez q̃ cez auncestrez
ount use cestez armez en lez guerrez pᷓ lour droitz armez & tutdys
continuez possession outꝛ̃ temps de memoir, demanꝺ sil ad oy dire
en ascun temꝓs q̃ lez ditz armez ount este chalangez ou enꝷrupt p
ascuns dez auncesꝶ de lez Grovenoᷓs ou p luy mesme ou p ascun
autꝛ̃ en soñ noun dit q̃ noñ & qil ne oiast unꝺ̃es pler del noun de
Grovenoᷓ devᷓnt mesme le joᷓ, demanꝺ sil ad lez ditz armes en soñ
abbey en auꝶ lieu dit q̃ lez ditz armez sount en le porche de lour
fermorie desouꝶe le hoez a haut Et en la chapeꝶ du dit fermorie
mesmes lez armez en un fenesꝶ ꝯree seantz p entꝛ̃ lez armez du sire
de Percy & le siꝛ̃ de Moubray & la ount este en mesme le fenestꝛ̃ &
porche depuis la fesanc̃ du dit fermorie q̃ passe memoire de hõme
Et sont aussi en un veile sale lez ditz armez depeyntes en banꝶ
p entꝛ̃ le ꝼ de Moubray & le ꝼ de Nevyꝶ la fesance du quelle sale
& le peintoᷓe est outꝛ̃ memoiꝛ̃ de conissance Et lez ditz armes
sount appellez & ount este appellez outꝛ̃ memoir en le dit abbey
lez armes de Scroꝓ Iꝶm en le dit abbey est trovez un veiꝶ liꝯ de-
peynteys en colours tout plein dez escochons dez armez dez Roys
dez Princes dez countez dz baroñs banꝶettes chꝑrs esquiers & en
mesme le livꝛ̃ sount lez nouns de schescuñ ꝼᷓ escript pamont &
de chescun baroñ & banꝶette & de chꝑrs & desquiers entꝛ̃ queux

sōnt troves lez armez de Scroƥs dazuꝛ ove un bende dor & lour
noun escript pamont la fesance du quele livꝛ nest poynt en memoir
Et demandez sil ad oy pler de monſ Roƀt Grovenour ou de sez
armez ou qil doit aꝟ ascun droit a lez ditz armez dazure ove un
bend dor ou si aucun de sez auncesꝉ sount ensevelys ou ꝑ payntoʳ
ou ꝑ ascuñ auꝉ conissance en soñ abbey ou en ascun auꝉ lieu dit
qil ne oiast unꝗs pler de luy en nuꝉ temps tanꝗ cest debate
cōmencea mes le dit abbe dit sʳ soñ ſement ꝗ lez ditz armez
sount a dit monſ Richard & a cez auncesꝉs come cōmune & pub-
like vois labour outꝛ memoir de home en cestz ptiez ⸴

LABBE DE RYVAUX del age de xlix anz ꝓduct pʳ la ptie de
monſ Richard Lescroƥ jurrez & examinez demande sil ad conis-
sance de monſ Richard Lescroƥ dit ꝗ oil demanꝺ sil ad conissance
de cez auncestrez dit qil ad vewe monſ Richard monſ Henꝛ de
Scroƥ aucuns de lour enfantes & fitz ꝺdez sil ad conissance de cez
armez dit ꝗ oil & ꝗ le dit monſ Richard porte dazuꝛ ove un bende
dor demanꝺ sil ad oye ꝗ le dit monſ Richard ad droit de porꝉ lez
ditz armez dit ꝗ oil come il ad oye dire dez aunciens ſʳs barons &
banſlettes cꝛhes & esquiers du paiis & de veux moignez qᵃnt il
estoit en sa juvente moigne demandez ꝑ ꝗ il sciet dit ꝗ ꝑ trois cꝛhs
qil ad les queux sount sanz daꝺ dun monſ Henꝛ Lescrop qi donast
diꝟsez possessions a loʳ abbey de Ryvaux ou Neusoᵐ sʳ Tese & ꝑ
le dit ſʳ Henꝛ ensealez du seal de lour armes en blanc cyr le fe-
saunce dez queux cꝛhes ne del dounsoñ ne court pas en memoir de
hōme, demandez si lez ditz armez apptiegnent de droit linee & de
ꝛhitage·a dit monſ Richard dit ꝗ oil demandes sy ces auncesꝉ ount
este todys en possessioñ du dit armez respount & dit ꝗ ensy est cōe
voys & publike fame ꝑ tout le paiis ou le dit abbe demort de-
mandez si ascuns de lez auncesꝉs du dit monſ Richard Lescroƥ
gysount en loʳ abbey dit ꝗ nouyl. Mes il dit qil ount en loʳ abbey
auꝉs cꝛhes ove date de lxx anz passez de loʳ donisoñ al abbey de
Rivaux ensealez de loʳ armez demandez sil ad oye pler del droit de
monſ Roƀt Grovenoʳ qil doit avoir a lez ditz armez dazuꝛ ove un
bende dor dit qil ne oiast unꝗs pler de luy ne de cez auncestꝛs en
la paiis Deꝟwyk' Mes le dit abbe en fyn de sa examinacioñ nous
monstrat deux cꝛhes le queux comencent en tielx poles Oᵐibȝ Xꝓi
fidelibȝ ꝓsentibȝ & futuꝛ Henꝛ filiⁱ Simonis Scroƥ de Flotmanby
salꝉm Sciatⁱ me concessisse & hac ꝓsenti carta mea confirmasse Deo

& monachis Sc̄e Marie RievaꝒ ꝓ salute aīe mee & oīm parentū & heredū meoꝗ totam ꝼram quā Simond paꝒ meus iꝉ dedit in ꝉitorio de Flotmanby & Ꝯ ut in carta⟋ et la d̄te c̄ire est sanz date Mes en le fyn est ensy continuz   Et huic carte sigillū meū apposui hiis testibꝫ d̄no Nic̄ho decano de Settryngton Galfrido fr̄e ej⁹ Rob̄to Ingram Wiꝉꝉmo fr̄e ej⁹ Wiꝉꝉmo de Barton̄ Wiꝉꝉmo Herleseia Rob̄to de HelpthorꝒ Rob̄to de Kylmyngholm̄ Waltero ScroꝒ Waltero Shankes de Flotmanby & aliis Et laut̄r c̄ire ensy comence Om̄ibꝫ sc̄e matris eccꝉie filiis Ꝓsentibꝫ & fut'is Walterus ScroꝒ fiꝉ Gilb̄rti ScroꝒ saꝉm̄ Sciat⁹ me concessisse & hac Ꝓsenti carta mea confirmasse Deo & monachis eccꝉie Sc̄e Marie de Rievaꝉ ꝓ salute aīe mee & oīm parentū & heredū meoꝗ in puram & ꝓpetuam elemosinā donac̄ōem Simonis ScroꝒ de Flotmanby & Ꝯ ut in carta & fine sic hiis testibꝫ Hub̄to priore de Bridlyngton̄ Ada priore de Maꝉton̄ Walꝭo de Folketon̄ Rob̄to de RoyethorꝒ Asce de Flixton̄ Simone Constabulario Rob̄to de Helpthorꝓ Nic̄ho de Bruinn Henr̄ fiꝉ Wiꝉꝉi Rad̄o Nob̄li Walꝭo Shankes Rob̄to de Kereby & aliis⟋

iij.   LABBE DE GERVAUX dage de l. ans & pluis ꝓduct pͬ la ꝑtie de monꝭ Richard LescroꝒ jurrez & examinez demandez sil conust lez armez de monꝭ Richard LescroꝒ dit q̃ oil come il ad conissance en sqn dit abbey ꝑ lez ditz armez en diꝟsez lieux come en ꝼrure dez fenestr̄z & en peyntur̄ en diꝟsez lieux lez armez entiers & ove differencez demandez si le dit abbe ad ascuns munimentz ou c̄ires de Lescroꝭs dit qi oil & la monstra une relesse sanz date enscalez de loͬ seal & comence Om̄ibꝫ hoc scriptū visur̄ vꝉ auditur̄ Galfridus LescroꝒ miles saꝉm̄ in D̄no Cum abbas & conꝟet⁹ Jorevaꝉ michi & heredibꝫ meis ꝑ scͨptū suū teneant͛ in octo marc⁹ argenti quoꝉt anno de minera carbonū de Colstredaꝉ q᷑mdiu dc̄a minera duraꝟit pcipiendo⟋ volo & concedo ꝑ me & her̄ meis qđ ꝑdc̄i abbas & conꝟet⁹ & eoꝗ successores ꝉeant & teneant pacifice & integre totū Colstredaꝉ cum ꝑtiñ & Ꝯ ut in carta. & in fine sic In cuj⁹ rei testiōm huic Ꝓsenti scͨpto sigillū meū apposui hiis testibꝫ d̄nis Joꝉne de Moubray Henr̄ LescroꝒ Thoma de Schefeꝉd militibꝫ Wiꝉꝉmo de Scurneton̄ ballivo Richm̄ Joꝉne de Burton̄ constab̄ Wiꝉꝉmo de Pontfret & mult⁹ aliis⟋ demandez si le dit monꝭ Richard ad droit a lez ditz armez & sils luy veignont ꝑ droit ꝉitage & descent de lynee. dit qil ad bien oy ꝑ tout soñ paiis dez pluis veilx ꝼ's & des

cȟrs & esquiers q̃ ount conuz lez ancesℓ du dit monſ Richard q̃
lez ditz armez sount descenduz au dit monſ Richard p descent & p
droit linee demandez come bien de temps q̃ le dit monſ Richard ad
porte lez ditz armes oue sez ancesťs dev°nt luy le dit abbe dit q̃
le dit monſ Richard & cez ꝑgenito͛s ount portez lez ditz armes
dazur̃ ove un bende dor outr̃ memoir & continuelment en possessioñ
luy & cez ancestrez demandez sil ad en plusoͬs placez lez armez
de monſ Richard Lescroꝑ en soñ abbeye dit q̃ oil q̃ fuist un
Thomas Lescroꝑ moigne & abbe de mesme labbey q̃ fist faire un
table & de peyntur̃ en lesglise sur quele table sont lez armez dazur̃
ove une bende dor & fu fait le dit table $\frac{xx}{viij}$ anz passes come piert
bien p escript demandez sil oiast unꝗs pler dez armez de monſ
Roḃt Grovenoͬ ou de cez ancesťs dit qil ne oiast unqes pler de luy
ne de cez ancesťs en la paiis ou il est⁔

JOH'N LABBE DE SEINT AGACE dage de quarant ans & pluis   iiij.
ꝑduct pͬ la ꝑtie de monſ Richard Lescroꝑ jurrez & examinez
demandez si ascuns portantz lez nouns de Scroꝑ sount enťrez en
soñ abbey ou nemy dit q̃ oyl demanḋ quex y sont & coment ils
sount enťrez ou dedeyns la ťre ou sͬ la ťre dit q̃ la pier de monſ
Richarḋ qore est gist en mesme labbey desouz le quere pluis haut
q̃ lour quere en le un ꝑtie de loͬ esglise enťrez desouz hautez peers
& desur̃ le peer un chivalroit gravez du peer & depeyntéz de
mesmez cestes armes dazur̃ ove un bende dor q̃ hõme appelloit en
soñ vivant monſ Henr̃ Lescroꝑ un dez fundoͬs de messme labbey le
quelle Henr̃ de Scroꝑ avoit un fitz monſ William de Scroꝑ leisne
frere a monſ Richard Lescroꝑ q̃ unqore vist & gist gravez en un
haut toumbe tout armeez & lez armes gravez en un escue pͬtreitz
sur luy sanz depeynt͛re de coloͬs & plusours auťs de loͬ lynage
enťrez platement desoutz plate peers & desure mesmes lez peers
gravez platement lour ymagez p sculpturez & lour escuz pͬtretz p
sculptur̃ ove lez armez & al un costie del escue pͬtreit un espye
tout newe & lour armez en ꝟrure p tout lesglise de Seint Agace en
fenestȓz en tablez dev°nt auťs en vestementz du dit abbey en
salez en ꝟrure des salez en ꝟrure dez fenestrez en loͬ refrettoͬ
& auxi loͬ armez en caas de corporas de soy cousu la fesance du
quele corporas & de le donoͬ passe memoir demanḋ si lez ditz
armez apptiegnent de droit a dit monſ Richard dit q̃ oil qare lez

auncestͬz du dit monſ Richard ount este todys en possessioñ &
ocupiez & laborez en mesmes lez armes en viage du Roy en
France en Escoce publikement & apptement/ demandez ꝑ queux
anz il ad oye dire q̃ le dit monſ Richard ou sez auncesͬs ount
occupiez lez ditz armes dit ils ount occupiez de auncestͬ en au-
cesͭ depuis le Conquest come home trove en le cronyk' de Bryd-
lyngtoñ demanḋ si il sciet ꝑ oy dire q̃ fuist le ꝑⁱṁ auncestrie de
monſ Richard Lescrop̄ dit q̃ noun ꝗar ils sount de tant antiquite
& de si auncien temps ꝗils passent la memoir de hõme demanḋ
sil ad oy diͬ ou pler de lez auncestͬz de monſ Roᵬt Grovenour
dit q̃ en nuⅼⅼ temps il nad oy pler de luy ne de soñ ancestrie ꞉⸍

v.   LABBE DE BYLAND' del age de .l. ans ꝓduct ꝑʳ la ptie de
monſ Richard Lescrop̄ jurrez & examinez demandez si monſ Le-
scrop̄ est fundoʳ ou patroñ de loʳ esglise dit q̃ noun demanḋ si
aucun de sez auncesͭ gisont en sa esglise dit q̃ noun demanḋ quel
conissance il ad de monſ Richard ou de sez auncestͬz & ꝑ quel
voie dit q̃ quªnt il estoit jeofne & de jeofne age moigne il vist monſ
Richard venſ en labbey de Bylanḋ & dit q̃ en soñ abbey de
Bilanḋ sont lez armes du moñ ſ Richard Lescrop̄ en loʳ refrettoʳ
depeyntez sʳ la pareye dazuͬ ove un bende dor demanḋ ꝑ q̃ il
sciet q̃ ils sont lez armes du dit monſ Richard dit ꝗil ad bien
oye dez moignes qªnt il estoit jeofnes ꝗils estoient a dit ſ
Richard & sovent foitz quant lez cõrs du paiis ount este en
labbey ils ount dit regardez la sount lez armes de monſ Richard
Lescrop̄ & le dit abbe dit q̃ lez ditz armez sont en un chapeⅼⅼ de
Marie Maudeleyne ꝓs de la port sʳ la parye depeyntez demanḋ
quele temps depeyntez dit Cent anz passez & plus outͬ memoir
demanḋ sil avoit eu conissance le ꝑⁱṁ q̃ portast lez ditz armez dit
q̃ noun care ils ount este a lez auncestͬz du dit monſ Richard
come il ad oy dire dez aunciens chivalers de temꝑs q̃ passe me-
moire de hõme demanḋ si lez ditz armez veignonͭ ꝑ descent de
droit linee & de ᵬitage a mon dit ſ Richard dit q̃ ꝭteignement
unꝗs en le paiis ou soñ abbey est ne oiast auͭment mez q̃ lez ditz
armez estoient a monſ Richard & sez ꝓgenitoʳs & ꝑʳ sez armez
reputez come comune vois & fame labour & ad labourez en cestz
ptiez ꝭdez sil oiast unꝗs pler si monſ Roᵬt Grovenour avoit droit
a lez ditz armez dazuͬ ove un bende dor dit q̃ unꝗs ne oiast pler
de luy ne de sez auncesͭs ꞉⸍

vj.

LABBE DE LA ROCH' del age de xlvij ans ꝓduct pᵣ la ptie de
monſ Richard Lescroꝓ jurrez & examinez demandez sil ad vewe
ou conu lez armez du monſ Richard Lescroꝓ ou de sez auncestrez
dit q̃ en la Nortħ ptie de lour esglise sount lez armez dun monſ
Geffray Lescroꝓ cosyn a dit monſ Richard dazure ove un bende
dor ov un label dargent depeuyntez en un fenestꝛ Ɐre de quele
peyntuꝛ ħome nad memoir   Et demand p quoy il sciet q̃ lez ditz
armez furont au dit monſ Geffray dit q̃ de pluso'ꝛ vaillantz cħirs
& esquiers & de sez vieux freres qore sount a Dieu comandez ad
oy dire en sa jeofnesse q̃ lez ditz armez fuꝛ lez armez du dit monſ
Geffrey & q̃ lez armez dazuꝛ ove un bende dor apptiegnent de
droit de descent de ħitage & de droit linee a dit monſ Richard
come a la chief du sanc de Scroꝓ du temps du Conquest   Et de-
mandez sil ad conissance de monſ Roꞵt Groveno' ou de sez armez
queux dussent estꝛ dit q̃ noun qare il nad unq̃s oye pler de luy ne
de ces auncesᵗs dev'nt le temps de cest chalang' de cestz armez⸱

vij.

LABBE DE COV'HAM del age de xl ans ꝓduct pᵣ la ptie de
monſ Richard Lescroꝓ jurrez & examinez demand sil ad conis-
sance dez auncestꝛs de monſ Richard le Scroꝓ ou sil ad oye de soñ
p'mer auncestꝛ de quel estat il estoit dit qil ad oy dire dez pluis
veillez & aunciens ħomes du paiis qils sount venuz dez aunciens
gentils ħomez & de noble sanc & de si auncien temps qil passe
memoiꝛ de ħome car ħome dit comunment qils venoient ove le Con-
quero' demand sil ad ascuns sepulturez de lour auncestrez en soñ
abbey dit q̃ oil un monſ Geffrey Lescroꝓ q̃ portast lez armez
dazure ove un bende dor ove un labeꞵ dargent le quel monſ Gef-
frey est enᵗrez en le corps de lour esglise dev'nt le haut croys en
un haute tombe ove un chivalroit armez en mesmez lez armez &
un de sez fitz q̃ gist a bas desoutz un plate peer ove un escochoñ
de sez armez ove differencez de troys cressantz dazuꝛ en la bende
q̃ ħome appelloit Tho'ꝛ Lescroꝓ & un auꞵ de soñ lynag' & noun al
auꞵ costie a bas sur la ᵗre quel Geffray Lescroꝓ est un de lo'
fundo'ꝛ & en sa esglise en pluso'ꝛ placez en Ɐrure dez fenestꝛ lez
armez dazure ove un bende dor ove un labeꞵ dargent demand sil
ad oy dire q̃ cestez armez sont descenduz au dit monſ Richard p
droit linee & descent de ħitage dit qiol qar il ad oy diꝛ todys qils
sount venuz au dit monſ Richard dauncestrie dont memoir ne
court & q̃ cez auncestrez ont este todys en pesible & cõtinuel pos-

sessioñ sanz chalanḡ ou contradiř de nully come cõmune & pub-
like vois laboure & ad labourez demandez sil ad oy de monſ Roƀt
Grovenoʳ ou de sez auncesſ dit q̃ ƀteignement neuyl ne oiast
unqes pler de luy ne de nuƚƚ q̃ port soñ noun:

viij.   LE PRIOUR DE GISBURGH' del age de lxvj. anz ꝓduct pʳ la
ptie de monſ Richard Lescroꝑ jurrez & examinez demanđ si ascun
sepultuř dez auncestrez monſ Richard Lescroꝑ soit en sesglise dit
q̃ noun mes il dit q̃ lour esglise fuist arsez quaƚ vintz & dis & sept
ans passez & leglise refait de noveƚƚ en queƚƚ esglise sont trovez
lez armes de Scroꝑ en un fenestř ꝟre dazuř ove un bende dore ove
un petit lyonceƚƚ de purpir en le cauntoñ descu pamont sur la
bende le quel lyonceƚƚ fuist doñ a un de Scroꝑs p le counte de
Nichoƚƚ a ſme du vie del dit Escroꝑ Et demandez coment il sciet
q̃ lez ditz armez sount lez armes de Scroꝑ dit q̃ p cõe vois & come
il ad oy dire de sez veux freres q̃ sount a Dieu comandez Et le
dit priour dit auxi qen un ele de la croys de loʳ esglise en le
South ptie sount lez armez dun de Scroꝑs dazur ove un bende dor
ove un label blanc en un fenestř ꝟre & dit aussi qil ad vewe lez
ditz armez entiers dazuř ove un benđ dor depeyntez sur un
pareye en la chasteƚƚ de Skeltoñ lez queux ꝟrure & peyntuř sount
faitz outř temps de memoir Et demandez coment il sciet q̃ lez
ditz armes en ꝟrure & peyntuř sount lez armez de Scroꝑ dit q̃ p
cõe & publik vois & fame & unq̃s en nuƚƚ temps nad oy dire mes
q̃ lez dit armez dazuř ove un bende dor apptiegnent & deyvent
apptiegꝛ de droit & de heritaḡ & p descent linee au dit monſ
Richard come le dit priour ad sovent oy diř dez vaillantz gentz
darmez qore sount a Dieu comanđez Et demandez siƚ ad viwe ou
conu lez armes de monſ Roƀt Grovenoʳ dit q̃ devᵉnt cest bate
comēcea ne oiast pler de luy ne de sez armez ne de soñ auncestrie:

ix.   JOH'N DE CLOWORTH' SUBPRIOUR DE WARTIR mys p soñ
priour de age de l. anz & pluis ꝓduct pʳ la ptie de monſ Richard
Lescroꝑ jurrez & examinez demandez sil eit en conissance lez armes
de monſ Richard Lescroꝑ dit qi oil demandez queux sount lez
armes de monſ Richard Lescroꝑ dit dazure ove un bende dor p
qoy conisse vous qils sount lez armez de Scroꝑ dit q̃ lez ditz
armez sount depeyntez sur un parye en un sale deinz lour pᵒourie
la fesance du quele peyntuř ne court pas en memoir de hõme & le

dit suppriour monstrat adounc dev*nt lez comissairs un amyte enbroudez sur rouge velvet enbroudez dez lupards & griffons dor entͬ queux sont assys & cousuez de soy en troys lieux troys escochons lez armes enͭs de monſ Richard Lescroᵽ dazuͬ ove un bende dor & lez ditz armez sount assys en un quatͬ compas dor enbroudez & le dit suppriour dit qils estoient fait ˣˣᵥᵢᵢⱼ anz passez   Et dit aussi le dit suppriour dit q̄ lez Escroᵽs sount patrons dun esglis de Seint Martyn en la citee Deᵛwyk' en Migylgatestrete la quele esglis est enᵱpriez al priour de Wartir en quele esglise gist un auncesͭ de Scroᵽs ensevelys en un tombe & a la teste du dit mort un escochoñ gravez & enbotez de peer ove lez armez de Scroᵽs ove un label sanz depentir & a sez piez un autͫ tiel escochoñ demandez p q̄ il sciet q̄ lez ditz armes sount faitz pͬ lez Escroᵽs dit q̄ comune plaunce est tiel p tout la citee Deᵛwyk' & ad este·passez cent anz de quele sepultuͬ memoir ne court/ demandez sil sciet q̄ fuist le ᵱm̄ auncestͬ de monſ Richard dit q̄ saunz douttance il ne oiast unq̄s q̄ fuist le pⁱm̄ auncestͬ de luy q̄ͬre cõe fame & vois est p tout la paiis q̄ soñ auncesͭ venoit ove le Conqueroͬ/ demandez sil oiast unq̄s pler de monſ Roᵬt Grovenoͬ ou de sez auncestrez il dit q̄ p tout sa vie il ne oiast unq̄s pler de luy ne de soñ auncestͬ

WILLIAM PRIOUR DE LA MAISON' DE LANDERCOST del age x.
de xxxiij. ans ᵱduct pͬ la ᵱtie de monſ Richard Lescroᵽ jurrez & examinez demand sil ad oy pler de lez armez de monſ Richard Lescroᵽ dit q̄ oyl. demandez si lez ditz armez apptiegnent ou deyvent apptiegñ a le dit monſ Richard p droit ᵬitage & p descent de lynee dit q̄ oyl. qare en louͬ esglise en le fenestͬ ᵛre q̄ est en le West sount lez armez de Scroᵽ dazuͬ ove un bende et un bordure dͬr et en lour refrettorie lez ditz armez sont mys p entͬ·lez armez de Vaus & de Moultoñ loͬ fundoͬs p my loͬ refreittoͬ et en loͬ esglis en le West fenestͬ ᵛre sount lez veillez armez du Roy Dengliͭre lez armes du Franͨ lez armez du Escoce & lez·armes du Scroᵽ dazuͬ ove un bende & un bordour dor lez queux armez sount demͬez en lez ditz fenesͭs depuis le fesance de lour esglise le quele esglise fuist fait en le temps du Roy Henͬ le second & cõe voys & dit est en tout·le paiis qils sount lez armez de Scroᵽ. Et aussi sount demͬrez dez entiermentz dez graundez ſs bañez batuz de lour·armez entre queux sount lez·armez de Scroᵽ entiers

dazuꝛ ove un bende dor   Et aussi en un veile chapeꝉ de Kyrke-
oswolđ sount lez ditz armez entiers en Ꝟrue   Iꞇm il depose qils
ount en loꝛ esglise lez ditz armes dazuꝛ ove un bende dor enbrou-
dez en un mors en un cape ov un labeꝉ blanc & ount demꞋez en
mesme la priourie de si long temps q̃ ne court mye en memorie de
hõme˙ demande p q̃ il sciet q̃ lez ditz armez apptienent au dit
monꝶ Richard dit q̃ tiel est la fame dedeyns lour maisoñ tutdys
& il oiast dire de lour prioꝛ qestoit auncien hõme le quel estoit
priour devᵃnt luy qil oyast dire dez aunciens seignoꞋes des chiva-
lers & desquiers q̃ Lescroꝑs estoient venuz dez noblez gentz & du
gᵃunt sanc du temps del Conqueroꝛ come apiert bien p lez evi-
dencez q̃ le pᶦour qestoit devᵃnt luy disoit qare il disoit qils estoient
cosyns a un Gaunt q̃ venoit ove le Conqueroꝛ & q̃ le dit priour
disoit q̃ cestez armez queux sount ore a monꝶ Richard Lescroꝑ
sount descenduz p droit linee & ħitage & nemy auꝉment demande
sil oiast unq̃s pler de lour pᶦm̃ auncestꞃ & quel noun yavoit celuy
q̃ portast lez pᶦm̃iz armez dit qils sount de si aunciens & de si
gᵃunt temps passe qil passe memoire de hõme come publike vois
labouꝛ en touz lez ptiez de North demanđ sil oyast unq̃s pler en
ascun temps de lez auncestres de monꝶ Roꞇt Grovenoꝛ ou de luy
mesmes dit q̃ sur le surment qil ad fait il ne oiast unq̃s pler de luy
ne de nuꝉ de sez auncesꝉ tanq̃ mesme le joꝛ de sa examinacioñ˙

ₓj˙ LE PRIOUR DE NEUBURGH˙ del age de lx anz & pluis pđuct
pꝛ la ptie de monꝶ Richard le Scroꝑ jurrez et examinez demanđ sil
ad conissance de lez armez de monꝶ Richard Lescroꝑ & quels ils
sont dit qil ad bien conu de tout soñ temps q̃ lez armez sont
dazuꝛ ove un bende dor & q̃ lez ditz armes sont a dit monꝶ Richard
& demandez coment il sciet dit qil ad oy ꞇn dire en sa juvente dez
aunceuens chanons de soñ maisoñ q̃ mortz sont q̃ monꝶ Henꞃ le
Scroꝑ porte tielx armez en sa vie & monꝶ Geffrey Lescroꝑ avoit &
portaist en soñ temps mesme lez armes ove un labeꝉ blanc & ceo
bien piert p diꝞsez fenestrez Ꝟres en lour esglise en queux lez
armez entiers dazuꝛ ove un bende dore & ove la labeꝉ auxi sont
faitez & p auncien peyntuꝛ du ditz armez en lour refreitoꝛ en me-
moiꞃ dez auncestrez dez ditz monꝶ Henꞃ & monꝶ Geffrey lez queux
armez ount este la depuis la fesanꞔ de lour esglise & refreitoꝛ dont
memoiꞃ ne court & demandez p qi il sciet q̃ lez ditz armez furent
ensy depeyntez en memoir dez auncesters de dit monꝶ Richard dit

qil sciet bien pᵣ ceo qils ount diꝟsez munimentz ensealez du cell du
dit monꝣ Geffrey q̃est de mesmez lez armez ove la labell & aussi
un acquitànce enseale du seal du dit monꝣ Henꞃ sanz labell & aussi
sont lez ditz armez conuz & appell publiement p tout le paiis ou
il demo'et lez armez de Scroꝑ & demanꝺ si il sciet si le dit monꝣ
Richard ad droit de porꞇ lez ditz armez dit q̃ oil demandez coment
& p quel droit dit pᵣ ceo q̃ lez auncestrez du dit monꝣ Richard lez
ount portez publicment & continualment du temps du Conquest &
a luy sont descenduz p droit line & p heritage & demandez coment
il sciet dit qil ad sovent devᵃnt sez heurez oy pler dez trõp veilx
cħrs esquiers & chanons de sa maisoñ q̃ sont a Dieu cõmandez q̃ le
Scroꝑs vendroient ove le Conquero' & ount continuez pesiblement
possessioñ dez ditz armes depuis encea & demanꝺ sil ad vewe ou
conu monꝣ Roɫt Groveno' oue sez armez quelez sount ou duessent
estꞃ ou en verruꞃ ou en peyntuꞃ ou p autꞃ voie dit q̃ nounpas qare
unq̃s ne oiast pler de luy ne de ces aunꞇ ne de sez armez devᵃnt qil
fuist chalangez p mon dit ꝣ Richard del porte dez armez suisditz ꝝ

JOH'N DE YEV'SLEY chanoñ & celerer del priore de BRYD-   xij.
LYNGTON' del age de .l. ans & JOH'N DE QUELDRIK' chanoñ &   xiij.
segersteyn de mesme le prioure del age de xxxvj. anz envoiez p lour
prio' ꝓductz pᵣ la ptie de monꝣ Richard Lescroꝑ jurrez & seꝟal-
ment examinez demandez sils ount oy pler de lez auncesꞇs de monꝣ
Richard Lescroꝑ diont q̃ oil care lo' priorie ad del dounsoñ posses-
sioñs dez auncesꞇs de monꝣ Richard Lescroꝑ queux chanons de-
monstrent p pluso's cħrez ensealez dez gᵃntz solempnez sealx &
dedeinz lez sealx chivalroitz seantz sur destrez ove espeiez en lour
meins come ceux de Conquest userent adounc de un Wauꝯ de
Gaunt quele cħre est sanz date en quele cħre est mys un de sez
tesmoignez Walꝯ Lescroꝑ auncestꞃ a dit monꝣ Henꞃ le quel Wauꝯ
de Gaunt fuist en le temps du Henꞃ fitz le Conquero' Iɫm demon-
strent diꝟsez cħrez de Gilɫt de Gaunt counte de Nichole Simond
counte de Northamptoñ & Alic̃ sa fẽme file & heire a dit ꝣ Gilbert
& Roɫt de Gaunt frere & heire au dit Gilɫt count de Nichole q̃
un Hugħ Lescroꝑ auncestꞃ au dit monꝣ Richard Lescroꝑ estoit en
lour temps & p croniclez demonstrent qil estoit en lan quintime du
Roy Estepheñ & qils ount enꝯ auꝟz douns dez ditz ꝣrs & dames
devᵃnt escriptz qils eient lez ꝟvicez de dit Hugħ le Scroꝑ & de sez
heirs gᵃuntez a eux & lour successo's dez c̃tein feez & tenement qil

tenoit de lez ſ's & damez dev⁰nt escriptz   Et auxi demonstrent un
chre dun Roƀt Lescroꝑ fitz le dit Hugħ p quel il donast �
ſrez & tenementz a lour esglise la quele chre est ensealez dun chi-
valroit droit ove un espie come de ceux de Conquest & pluso's auſs
munimentz & chrez sanz date de un Philipꝑ le Scroꝑ fitz au dit
Roƀt le queĦ Philipꝑ estoit en temps du Roy John come poet ap-
parier p fyn leve de record Simond frere au dit Philipꝑ Henř fitz
au dit Simond   Et aussi demonstrent un veiĦ chre de Roƀt
Gaunt fitz au Wauſ de Gaunt sanz date en quel un Roƀt Lescroꝑ
est teismoigne   Et aussi lez ditz chanons nous monstront un livř
de cronyks en quel livř troſent lez nouns de lez Escroꝑs de temps
de ceux q̃ portent lez nouns de Gaunt q̃ venoient en Englſtre ove
William le Conquerour   Demanđ sils ount oy q̃ lez armez dazure
ove un bende dore sõnt al dit monſ Richard & cez auncesſs diount
q̃ lez entiers armez dazuř ove un bende dor sount en lour esglise
en fenestrez en ſrure & aussi lez ditz armez ove un labeĦ dargent
sont en la dit esglise en feneſs en ſrure   demandez p q̃ ils scient q̃
lez armez sount au dit monſ Richard & sez auncesſs diount q̃ lez
priours q̃ ount este & lez veux chanons lez tenoient & disoient pur
Ꝯtein q̃ lez ditz armez estoient faitz de si velx temps & tutdys ount
porte les nouns de Scroꝑ & de lo' auncestres   Et les ditz Escroꝑs
& ses auncestres ont este tutdiz en continuel & pesible possession
sanz defaut de heir mal de eux ꝑcreez come ils ount trovez p lour
cronyk' de bien faiso's a lour dit priore depuis le ꝙquest & auxi
come ils ount oy dire dez noblez & vaillantz chrs p'suiantz lez
guerrez qils ount este tutdys armez en mesmez lez armez en ꝑsenč
dez roys princez ducs countez barons & auſs ſ's en lez guerrez
demanđ sils ount ascouns de ꝓgenito's de monſ Roƀt Groveno' en-
sevelys en lour esglys ou qils ount oy pler de dit monſ Roƀt ou de
sez auncestřs diont q̃ en lour priourie il nount poynt nuĦ sepultuř
de sez auncesſz ne en nuĦ auſ lieu qils conoissent ne unꝙs ne
oyerent pler dev⁰nt cest temps de dit monſ Roƀt ne de cez aun-
cestrez ⸴

xiiij.   WILLIAM DE HOLM' chanõn & celerer de WATTON' del ordir
de Sempryngħ⁰m envoyez p sõn priour ꝓduct p' la ꝑtie de monſ
Richard Lescroꝑ jurrez & examinez demanđ sil ad veu ou conu lez
armez de monſ Richard Lescroꝑ dit q̃ en lour priorie de Wattõn
sur lez parys de lo' refreito' sount diſsez armez dez pluso's seigno's

chîrs & esquiers deypeyntez en fenestrez en Ɣrure dauncien temps
enter queux sõnt lez armez de Scroꝑ trovez dazuř ove un bende dor
ove un label dargent & ount este dem'rez la depuis la fesaunce du
dit refreitto' demanð p q̃ il sciet q̃ lez ditz armez sount lez armes
de Scroꝑ dit q̃ ensy sount nomez communement p tout lour priorie
& de cont'rie nad oy dire & dit aussi sur son seurement q̃ luy ount
cronyk' escript en lour maisoñ del temps du Conquerour & dez
f's queux venoient ovesꝗ luy entř queux ils trovoient le noun dun
de Lescroꝑs q̃ venoit ove le dit Conquero' mez de soun ꝑpř noun
ne sovient il my demanð si le dit monſ Richard ad droit doccupier
lez ditz armez dit qil ad oy diř sovent foitz dez seigno's & de ꝑ'lats
& dez chîrs aunciens q̃ sez auncestrez ount occupiez pesiblement &
continuz lour possessioñ dauncestř en auncestř lez ditz armez du
temps de Cõquest come cõe & publike vois & fame labour p tout
la paiis demanð sils ount en ascun lieu en lo' priorie lez armez de
monſ Roƀt Grovenour en Ɣrure ou en peyntuř dit q̃ unꝗs ne oiast
pler de luy ne de sez armez dev'nt cest debate ꝝ

MONſ RAUF DE HASTYNGES del age de lvj ans ꝓduct p' XV.
la ptie de monſ Richard Lescroꝑ jurrez & examinez demandez
come bien dez anz il ad este armez dit q̃ a la batailł de Duresme
p'ffiment armez demandez sil vist la lez armez de monſ Richard
Lescroꝑ ou ascuns de sez braunchez portantz lez armez dit q̃ le
p'mer jour qil estoit armeez a la dit batailł il vist lez armez dazure
ove bende dore ove un labełł dargent a la batailł & a bañ & mesme
le jo' monſ Richard Lescroꝑ armeez en mesmez lez armez entiers
sanz la labełł demanð si il sciet bien q̃ lez ditz armes apptiegnent
de droit & deyvent apptiegñ au dit monſ Richard & a sez auncestrez
dit ꭍteignement il ne oiast unꝗs diř le cont'rie mesꝗ le dit monſ
Richard & sez auncestrez ount este todys en continuełł & pesible
possessioñ demanð si lez ditz armes estoient en aucun temps entᵉ-
ruptz oue chalang̃ p ascun dez auncestrez de monſ Roƀt Groveno'
ou p luy mesmez ou p ascun auł en soñ noun dit qil ne oiast unꝗs
pler mes il dit q̃ le dit monſ Richard & ces auncestřz ount usez
& continuz cestez armez dazuř ove un beude dor outř memoir de
hõme & come hõme entende qil est de Conquest & come cõe voys
& fame labour & ad labouř en cestez ptiez demanð sil ad veu le
dit monſ Richard estř armez en ascun autre lieu dit q̃ oyl yl vyst
le dit monſ Richard estre arme a la batailł de Espaynols sur łe

meer le chaump dazur̄ ove un bende dor en la compaigne de monſʳ
le counte de Warwyc' q̄ mort est   Et depuis le dit monſ Rauf
vist le dit monſ Richard estr̄ armez en le p̄sence de monſ le Prince
en la compaigne de monſʳ de Lancastr̄ al batall de Nazar̄ en
Espaigne demand̄ sil fuist en lez veillez guerrez de Bretaigne ou
en Normandy dit q̄ oil & en tielx lieux & en compaigñ lou furent
pluso'ʳs del counte de Chestr̄ & del counte de Lancastr̄ demand̄ si en
cest lieu ou en ascun aut̄ lieu il avoit en conissance lez armes de
monſ Robt̄ Grovenoʳ ou de sez auncesℓ dit q̄ p̄ ℮teigne il ne oiast
unq̄s pler de luy ne de sez auncestr̄ en null lieu ou il ad este tanq̄
le debate comenceast p entr̄ eux en Escoce.

xvj.

MONſ BRYAN DE STAPILTON' del age de lx ans & pluis
p̄duct pʳ la p̄tie de monſ Richard Lescrōp jurrez et examinez de-
mand̄ p combien dez anz il ad este armez dit q̄ cynquāt anz demand̄
sil ad vewe monſ Richard le Scrōp estr̄ armez en lez armes dazur̄
ove un bend dore ou ascun de sez auncₑstr̄z ou de sez cosyns ou
branches dit q̄ oil q̄ a la siege de Tourney vist monſ Geffrey Le-
scrōp armez en un chaump dazur̄ ove un bende dor ovc un labell
dargent et estoit de la retenu du Roy   Et depuis vist q̄ monſ
Henr̄ Lescrōp fuist ove le counte de Northamptoñ au Caleys a sige
et en touz grosse batailles & viagez ou il ad este il ad vewe le dit
monſ Richard armez en mesmez lez armez entiers ou ascuñ de sez
braunchez ou de soñ linag̃ ove difference p tot soñ temps demand̄
si lez ditz armez apptiegnent ou deyvent apptiñ de droit au dit
monſ Richard dit q̄ ℮teigment il ne oiast unq̄s pler del contrarie
mes q̄ lez ditz armez ount este totdys al dit monſ Richard & a sez
auncesℓ & sount descenduz p droit linee & droit hitage al dit monſ
Richard & q̄ luy & sez auncesℓ ount continuz en graunt honoʳ lez
ditz armez & ount este todys en pesible possessioñ outr̄ memoir de
hōme sicom il ad oy p tout soñ temps & oy pler de sez p̄genitoʳs &
hōme darmez demandez si aucun inℓrupcioñ fuist fait en ascun
temps p monſ Robt̄ Grovenour ou p sez auncestr̄ ou p ascun en
soñ noun en ascun lieu la ou il ad este dit q̄ neuyl mez il dit q̄
Ꝟgroyne est a dir̄ pʳ chivalrie mes pʳ sauver soñ ſement qil ad este
en meyntes bons lieux & bealez en soñ vivant mez de monſ Robt̄
Grovenoʳ ne de sez auncestr̄z ne p nully en soñ noun ne oiast unq̄s
pler q̄ aucun chalang̃ se doit estr̄ fait p eux ne unq̄s navoit il
conissance de monſ Robt̄ Grovenoʳ ne de null de sez auncestr̄z

tanq̖ la chalang̃ fuist fait en Escoce al viage du Roy p monſ
Richard le Scroꝑ⸱

Monſ Roꞵᵗ de Roos de Ingemanthorp' del age de lxxvj.   xvij.
ans ꝑduct pʳ la ptie de monſ Richard le Scroꝑ jurꞧez et exa-
minez demanď sil ad conissance dez auncestⁱz du monſ Richard
le Scroꝑ dit q̃ oyl car quant il estoit jeofnez & de tender age il
sovient bien qil vist le pier de monſ Richard demanď sil ad vewe
monſ Ricħ ou ascun de soñ linag̃ estⁱ armez en lez armez dazuꝛ
ove un bende dor dit q̃ oil qil vist monſ Geffrey le Scroꝑ a And-
warꝑ estⁱ armez en lez armes dazuꝛ ove un bende dor ove un
labeꞁꞁ dargent Et le dit monſ Geffrey fuist uncle au dit monſ
Richard & fuist adount de la retenu du Roy ove dys cħrs en sa
compaigñ Et monſ William le Scroꝑ eisne frere au dit monſ
Richard armez al siege de Tourney en lez armez dazuꝛ ove un
bende dor demande come bien du temps il ad este armez dit qil ad
este armez depuis la bataiꞁꞁ de Dyplyn en Escoce demandez si lez
dit armez sont descenduz a monſ Richard le Scroꝑ p droit linee
& descent de ħitage dit q̃ oil qar il ad oy dire de sez auncestⁱ q̃
lez ditz armez sount de droit heritage & descenduz p droit linee
dauncestⁱ en auncestⁱ du temps de Roy Estepheñ demand si lez
ditz armez en son temps estoient chalangez ou inꝓruꝓ p monſ
Roꞵᵗ Grovenour ou p ascun de sez auncestrez dit qil ne oiast unq̃s
pler de null inꝓrupcioñ p luy ne p sez auncestⁱz ne p nuꞁꞁ en soñ
noun mes il dit qil ad oy bien q̃ lez auncestrez de monſ Richard
ount este noblez & vaillantz psonez & devenuz dez gᵃntz gentils
ħōmez lez queux ount fait grant honoʳ a lour corꝑs en lour armes
& tutdys ount occupiez le ditz armez & tenuz en pesible posses-
sion outⁱ memoir de ħōme⸱

Monſ Gerard de Grymeston' del age de lxviij anz ꝑduct   xviij.
pʳ la ptie de monſ Richard Lescroꝑ jurrez & examinez demanď si
lez armes dazure ove un bende dor apptiegnont a monſ Richard
Lescroꝑ dit q̃ oiꞁ demanď p qi il sciet dit qil ad veu & conu le dit
monſ Richard Lescroꝑ estⁱ armez en mesmes lez armez quᵃnt le
chasteꞁꞁ de Strivelyn estoit vittaillez p le counte de Warwyk' &
a la bataiꞁꞁ de Duresme & monſ Henⁱ soñ cosyn a banſ a la siege
du Caleys armez en mesmez lez armez ove un label dargent Et
a la gᵃunt chivache q̃ le Roy q̃ mort est fist devant Parys quᵃnt lez

P

trewes estoient pris & le pees fait a cell viage estoit monſ Richard
Lescroꝑ ove monſʳ de Rychemond qore est monſʳ de Lancastr̃ &
armez en mesme lez armez & monſ Henr̃ Lescroꝑ a mesme la viage
armeez & a bañ en lez ditz armez dazur̃ ove un bende dor ove un
label dargent demandez come bien dez anz il ad este armez dit q̃
xlvj ans demand̃ dez queux il ad oy dire q̃ lez armez dazur̃ ove un
bende dor sount au dit monſ Richard Lescroꝑ dit q̃ cõmunement
il ad oy dir̃ de sez auncestr̃ & sez auncestr̃ ount oy dire de lour
auncestr̃ dit q̃ ꝑ tout soñ temps il ad oy dir̃ & repute publikement
& pesiblement q̃ lez ditz armez sont au dit monſ Richard & unq̃s
ne oiast dire le cont̃rie ne cez auncesters dev°nt luy mes ount
dem'rez en pesible & continuel possessioñ come il ad oy dir̃ & come
cõe & publike vois & fame labour & ad labour̃ en ceste ptiez
demand̃ ꝑ quel droit il doit porſ lez ditz armez dit q̃ lez ditz armez
sount descenduz de droit linee & ꝑ droit ħitage al dit monſ
Richard & du temps du Conquest come il ad oy dire de sez ꝓge-
nito'ṣ & dit q̃ Gilbt de Gaunt q̃ venoit ove le Cõquero' feoffa
William fitz Roꝟ auncesſ au dit Gerard de Grymstoñ ꝑ cħre en
quel cħre Simond de Scroꝑ est tesmoigne demand̃ si lez ditz
armes estoient chalang̃ ou entruptz ꝑ ascun auncestr̃ de monſ
Robt Groveno' ou ꝑ monſ Robt Grovenour ou ꝑ ascun en soñ
noun dit qil ne oiast unq̃s de infrupcioñ ne chalang̃ ne unq̃s navoit
conissance de monſ Robt Grovenour ne null de sez auncestrez:ꝰ

xix.   MONſ ROB'T DE NEVILL' del age de cynquant anz ꝓduct
ꝑʳ la ptie de monſ Richard Lescroꝑ jurrez & examinez demand si
lez armez dazur̃ ove un bende dore apptiegnent de droit au dit
monſ Richard le Scroꝑ dit q̃ oil demand̃ ꝑ qi il sciet dit car il ad
vewe & conu le dit monſ Richard estre armeez soñ corps dazure
ove un bende dor & monſ Henr̃ Lescroꝑ aussi armez en mesmes
lez armez & a bañ ove un labell blanc en Escoce & en Franc̃
dev°nt Párys & aillo'ṣ en ꝑsenc̃ du Roy Edward q̃ Dieu assoill &
vist aussi monſ Richard Lescroꝑ en Espaigne armez en mesmez
lez armes ovesq, le duc de Lancastr̃ & ad vewe plusours aulz de
soñ noun et de soñ lynage armeez en mesmez lez armez ove diffe-
rencez en diꝟsez viagez & journeez ou il ad este & ad oy dire de
cez auncesſs dev°nt luy q̃ lez ditz armez sont descenduz au dit
monſ Richard ꝑ descent linee & ꝑ droit̃le ħitage dont memoir ne
court & q̃ le dit monſ Richard & sez auncestrez & cosyns ount

usez & continuez lez ditz armez en pesible possessioñ du temps du
Conquest come cõe voys & fame labour p tout le paiis demanð p
qu*nt temps il ad este armez dit q̃ p vinct & quatr̃ anz demanð sil
ad oy dir̃ q̃ lez ditz armez ount este infruptz dev*nt sez houres p
monſ Roƀt Grovenoᵣ ou p ascun en soñ noun dit q̃ unqs dev*nt cest
debate nad oy pler du dit monſ Roƀt ne de cez auncestrez ne de
nuꝉ enfrupcioñ p eux fait dez ditz armez :'

Monſ Joh'n Bosevylе dage de lxiiij anz ꝓduct pᵣ la ptie
de monſ Richard Lescroꝓ jurrez & examinez demandez si lez
armez dazur̃ ove un bende dore appteignent de droit a monſ
Richard Lescroꝓ dit q̃ oil come il ad oy dire de sez ꝑgenito'ₛ de-
mandez p q̃ il sciet dit qil ad vewe mon dit ſ Richard estr̃ armeez
en les armes dazur̃ ove un bende dor a la bataiꝉ dez Espenyols sur
le meer & monſ Henr̃ Lescroꝓ armeez en mesmez les armes ove
un label dargent & aufₛ de soñ lynag̃ ove differencez demandez si
il oy ad dir̃ quele fuist le pᵢmer auncestr̃ de monſ Richard q̃
portast lez armez dit q̃ noun qar ils sount de sy aunciens auncesꝉ
come il ad oy dire de cez auncesꝉs qils passent lez memoirs dez
hõmez come sez auncesꝉs ount oy de loᵣs auncesꝉ & p tout le paiis
Defwyk' & de Rychemond tenuz & reputez de auncien auncestrie
demanð sil ad vewe lez ditz armez en ascun autr̃ lieu p le dit monſ
Richard ou p aufₛ de soñ linee dit q̃ al darrein viage q̃ le Roy q̃
mort est fist en France dev*nt Parys la fuist monſ Richard Lescroꝓ
armeez en lez armez dazur̃ ove un bende dor & monſ Henr̃ Le-
scroꝓ a barſ ove lez ditz armez ove un labeꝉ dargent sa barſ pub-
likement & notoyrment portez & le dit monſ Richard en sez
entiers armes pesiblement & luy & touz cez auncestrez continuel-
ment estr̃ en ꝟray possessioñ dez ditz armez demanð sil ad oy dire
come long temps il est depuis q̃ sez auncesꝉs ont portez lez ditz
armez dit q̃il ad oy dir̃ sovent foitz de cez auncesꝉs & dez auncesꝉs
dez aufₛ chᵢrs qils ount portez lour ditz armez depuis le Conquest
come cõe vois et publike fame labour̃ & ad laboure. Et auxi le
dit monſ Richard fuit armeez en lez ditz armez a la bataiꝉ de
Nazer en Espaigne en ꝑsence de monſᵣ le prince demanð sil oiast
dascun infrupcioñ ou chalange q̃ fuist fait p lez auncesꝉs de monſ
Roƀt Grovenour ou p luy mesmes ou p ascun en soñ noun dit q̃
dev*nt le temps q̃ le Roy fit soñ viage en Escoce il ne oiast unq̃s
pler de luy ne de cez auncesꝉs :'

xxj.　**Monſ Joh'n Conestable de Halsh*m** dage de xl. anz &
pluis ꝑduct pʳ la ptie de monſ Richard Lescroꝑ jurrez & examinez
demandez p combien dez anz il ad este armez dit ꝗ p xx & iiij ans
demanꝺ sil ad veu monſ Richard Lescroꝑ estre armeez dit qil ad
veu & conu le dit monſ Richard estr̄ armeez soñ corps dazure ove
un bende dor al darrein viage ꝗ le Roy Edward ꝗ Dieu assoille fist
dev*nt Parys & la vist monſ Henr̄ Lescroꝑ ove qi il fuist retenuz
pʳ mesme la viage armeez en mesmez lez armes ove un label dar-
gent & sa bañe de mesmez lez armez publikement portez en ꝓsence
du Roy & tout soñ host sanz chalange de nully　demanꝺ ove qi le
dit monſ Richard fuist adonꝗs de retenue dit qil fuist ove le counte
de Richemond ꝗ est meyntenant duc de Lancastr̄ & dit ꝗ en touz
lez guerrez ou il ad este il ad vewe & conu le dit monſ Richard ou
ascun aultr̄ de soñ noun & linage armeez en mesmez lez armes
entiers ou ove differencez come branchys & cosyns au dit monſ
Richard　Et demanꝺ si le dit monſ Richard ad droit de porꝉ
lez ditz armes dit qil ad boñ droit demanꝺ qꝉ droit dit pʳ ceo ꝗ lez
ditz armez sont descenduz au dit monſ Richard p descent de
heritage & p droit linee demandez coment il sciet dit qar luy & cez
auncesꝉs ount portez lez ditz armez pesiblement & continuelment
& ount continuz lour possessioñ dount memoire ne court & come
comune voys & fame labour̄ en abbeyes & priories ou cronyks
sount du temps du Conquest　demandez ꝗ fuist le pᶦmer auncestr̄
de monſ Richard ꝗ portast lez ditz armez dazur̄ ove un bende dor
dit ꝗ ceo ne court pas en memoire de hōme qar ils sount de trōp
veille auncestrie demanꝺ sil ad vewe ou oy dire ꝗ ascun inꞇrup-
cioñ dez ditz armez ad este fait p monſ Roꞟt Grovenoʳ ou p ascun
en soñ noun dit ꝗ noun dev*nt cest debate en Escoce qar il ne oyast
unꝗs av*nt pler de dit monſ Roꞟt ne de nuꝉ de soñ auncestrie⸗

xxij.　**Monſ Gerard de Lound** dage de liiij. ans armes xxvj. ans
ꝑduct pʳ la ptie de monſ Richard Lescroꝑ jurrez & examinez
demandez si cestez armez dazure ove un bende dor appteigne de
droit a monſ Richard Lescroꝑ dit ꝗ oil qare il ad veu & conu le
dit monſ Richard estre armeez dazur̄ ove un bende dore a Blaun-
gee al chivachee du Roy en compaignie del counte de North*mtoñ
& de dela pʳ lez novellez ꝗ le Roy eust de la ꝑde de Berwyk' se
retreya a rere en Englir̄re & as ptiez Descoce & la estoit le dit
monſ Richard armees en mesmez lez armez　Et le Roy lessa en la

marcħ de Escoce soñ lieutenant pᵣ garder la marche le counte de
Norħᵃmtoñ   Et le dit monſ Richard en sa compaigne sovent
foitz armez en sez armez dazuꞃ ove un bende dor & a la gᵃunde
chivache q̃ le Roy q̃ mort est q̃ Dieu assoille fist devᵃnt Parys le dit
monſ Richard Lescroꝓ fuist armeez en sez armez dazuꞃ ove un
bende dore publikement portez en p̃sence du Roy & de touz lez ſᵣs
princes duk' countes barons & auᵗs ſᵣs & auxi monſ Henꞃ Le-
scroꝓ cousyn au dit monſ Richard estoit la armez en mesmez lez
armez ove un labeɫɫ dargent & a barꞃ & auᵗs de soñ lynage ove
differencez   Et a Balynghᵃmhiɫɫ & en la chivache de Caux &
totdys le dit monſ Richard armees en mesmez lez armez & en
Escoce ꝑ dieux foitz & armeez en mesme lez armez dazuꞃ ove un
bende dor & a cestez deux foitz a barꞃ demanđ ꝑ q̃ il sciet qils
sount lez armez du droit au dit monſ Richard dit qil ad oy dire
de sez auncestꞃs q̃ le dit monſ Richard Lescroꝓ & sez auncestꞃs
ount todys usez lez ditz armez & toutdys continuez en pessible
possessioñ ꝑ tout soñ temps & unq̃s devᵃnt nad oy dire le con-
tᵃrie de nuɫɫ hōme demandez sil ad oy le quel fuist soñ p'mer
auncestꞃ dit q̃ ꝉteynement neuyl il nad poynt oy de soñ p'mer
auncestꞃ mes come il ad oy diꞃ dez veillez hōmez & de pluis veillez
chꞇrs & esq'ers queux sount en lez ptiez de North & especialment
de cez auncestꞃs q̃ le dit monſ Richard ad grant droit de porter
lez ditz armez & a luy sount descendus ꝑ droit lynee & descente
& du temps du Conquest & unq̃s nad oy dire le contrarie come
cōe fame & publike vois labouꞃ & ad laboure en cestes ptiez
demanđ si ascun chalange ou inꞇrupcion fuist fait a le dit monſ
Richard pᵣ lez ditz armez en ascun temps ꝑ monſ Roꞇt Grove-
noᵣ ou ꝑ sez auncestꞃs ou ꝑ ascun auᵗ en soñ noun dit q̃ ꝉteygne-
ment il ne oiast unq̃s pler de luy ne de cez auncestꞃs tanq̖ la
comencement de ceste debate꞉ʼ

MONſ JOH'N MAULIV'ER dage de *xliiij. ans ꝑduct pᵣ la ptie   xxiij.
de monſ Richard Lescroꝓ jurrez & examinez demandez sil ad   *quere.
conissance dez armez de monſ Ricħ Lescroꝓ dit qil sciet bien q̃
cez armez sount dazuꞃ ove un bende dore demandez ꝑ qi il sciet
dit qare il ad este deux foitz en Escoce ove monſ Henꞃ Lescroꝓ
cousyn au dit monſ Richard q̃ fuist armeez en mesmez lez armez
ove un labeɫɫ dargent demanđ ove q̃ le dit monſ Henꞃ fuist adonq̃
dit q̃ ovesq̖ le count de Norħᵃmpton & sa barꞃ de mesmez lez

· armez ove la dit labell publikement portez demandez quele droit
le dit monſ Richard ad de porter lez ditz armez dit q̃ p descent de
droit lynee & de ħitage come sez auncesſs eux porẗront dev'nt
luy dount memoir ne court come il ad oy dire de ʋoñ pier & dez
vaillantz cħrs & esquiers q̃ sount a Dieu cõmandez demandez q̃ fuist
le p'mer auncestr̃ de monſ Richard q̃ portast lez ditz armez dit
qil ne sciet pas qare ils sount de trõp veille auncestrie demanď
si le dit monſ Richard & cez auncestr̃s ount este en pesible pos-
sessioñ dez ditz armez sanz inẗrupcioñ de monſ Roħt Grovenoʳ
ou de cez auncesſs ou dautr̃ en soñ noñ dit q̃ le dit monſ Richard
& cez auncesſs ount este en pesible & continuel possessioñ dez
ditz armez du temps du Conquest sanz inẗrupcion del dit monſ
Roħt de cez auncestr̃s ou dascun autr̃ en lour noun come cõe &
publik- voys & fame laboure & ad labourez p tot soñ temps & del
conẗrie nad oy dire⸴

xiiij.   MONſ ROB'T DE LATON' dage de lij. anz armeez p xxxij. anz
ᵽduct pʳ la ptie de monſ Richard Lescroᵽ jurrez & examinez
demanď si lez armez dazur ove un bende dor apptiegnent de droit
a monſ Richard Lescroᵽ dit q̃ lez ditz armes sount & ount totdys
este a luy & a cez auncestres & unq̃s ne oiast dire la conẗrie
demandez p qi il sciet q̃ lez ditz armez sont au dit monſ Richard
dit pʳ ceọ qil ad vewe & conu p tout soñ temps le dit monſ Ri-
chard estr̃ armez en mesmez lez armez & toutdiz usez & continuez
& luy & cez auncesſs ount totdys esteez en pessible possession &
lez ount portez publikement & notairm̃ent en ᵽsence dez roys
duks countes barons & auẗs ſ's cħrs & esquiers & totdys ount
este reputez & tenuz pʳ lez armez de monſ Richard Lescroᵽ & de
cez auncesſs demandez en quelx lieux il ad veu le dit monſ Ri-
chard estr̃ armeez dit qil ad viewe le dit monſ Richard estr̃ armez
en Escoce en la compaigne du Roy q̃ mort est quant le Roy chi-
vachaʃt & gaynast le chastell de Edyngburgħ & la il vist monſ
Henr̃ Lescroᵽ a banſ ove le counte de Norh"mptoñ   Et depuis il
vist le dit monſ Richard estre armez en mesmez lez armez al viage
quant le noble Roy Edward q̃ Dieu assoille fuist dev'nt Parys & la
il vist monſ Henr̃ Lescroᵽ armeez en mesmez les armez ove un
labell & depuis encea en toutez lez viagez faitz p monſʳ de Lan-
castr̃ & p ñre ſʳ le Roy le dit monſʳ Richard estre armeez en
mesmez lez armez entiers & auẗs de soñ lynage ove differencez lez

queux armez ount este usez & ocupiez & continuez totdys p lez
auncesꝪs du dit monꝭ Richard come cez auncesꝪs luy avoient
monstr'z & cez auncesꝪs dev⁰nt eux   Iͤm le dit monꝭ RoꝪt de
Laton dit p le ꝭement qil ad fait q̃ son pier q̃ fuist veil hõme del
age de lxx anz & de lonḡ temps travallez en estraungez guerrez &
en temps du pees en tournaments me cõmanda descruire en un
cedule touz lez armez quils avoit apris de cez auncesꝪs dez roys
princez ducs countez baron̄s & lez ꝭꝪs & chꝲrs & esquiers qils
avoit dount en conissance & en memoir & lez queux venoient &
portoient lez nouns del Conquest entier queux il me fist escrier lez
armez de monꝭ Richard Lescroꝓ & plusours auꝪs demandez sil ad
oy en ascun temps q̃ lez ditz armez de monꝭ Richard estoient en
ascun temps esteyntes p defaut de heyꝲ mal dit q̃ unq̃s il ne oyast
pler de cez auncesꝪs ne de nuꝪ auꝪ mes qils ount toutdys occu-
piez lez ditz armes & p discent du droit linee sanz *chalanger de
lour noun & lez ditz armez & loͬ nons̄ totdys Lescroꝓs totdys
ensemble demandez si ascun inꝲrupcioñ ou chalange fuist fait p
monꝭ RoꝪt Grovenour ou p cez auncestrez ou p ascun autre en
soñ noun dit q̃ Ꝙaignement tancꝗ le comencement de ceste debate
il ne oyast unq̃s pler de luy ne de cez auncesꝪs ꞏ⸝

* quere.

Monꝭ William de Melton' del age de xl. ans ꝓduct pͬ la
ꝑtie de monꝭ Richard Lescroꝓ jurrez & examinez demandez si lez
armez dazur ove un bende dor appteignent du droit au dit monꝭ
Richard dit q̃ oil demandez p qi il sciet dit qil ad veu & conu le
dit monꝭ Richard estꝲ armees en un chaͧp dazuꝲ ove un bende
dor & plusoͬs auꝪs de son noun & lynage armeez en mesmez lez
armez ove differencez en bataillez & journeez ou il ad este deman-
dez ou il ad veu le dit monꝭ Richard armeez en lez ditz armez
dit qil vist le dit monꝭ Richard armeez en mesmez lez armez al
darreyn viage q̃ le Roy Edward fist en Fraunce dev⁰nt Parys &
la darrein viage q̃ le duc de Launcastꝲ fist en France- & as deux
viagez en Escoce une ove monꝭ de Lancastꝲ & lauꝪ ove ꞟre ꝭͬ le
Roy as queux le dit monꝭ Richard portast sa banꝪ publikement de
mesmez lez armez & auxi sciet bien pͬ ceo qil ad oy dire sovent de
cez auncesꝪs & dautres vaillantz chꝲrs & gentz darmez q̃ lez ditz
armez sont descenduz au dit monꝭ Richard p descent de heritage
& p droit lynee & q̃ lez auncestꝲs du dit monꝭ Richard vendroient
ove le Conqueroͬ & qils ount usez & continuez pesiblement & con-

xxv.

tinuelment lez ditz armez dount memoire ne ad come cõe & pub-
like voys unqore labour   Et demandez comeõn dez ans il ad este
armez dit q̃ p xxiiij ans demandez si lez ditz armez estoient cha-
langez ou inᵗruptz p monſ Roƀt Grovenoʳ ou p ascun soun aun-
cestr̃ ou p autr̃ en soñ noun dit qil ne oiast unq̃s de chalange ne
inᵗrupcioñ de p le dit monſ Roƀt ne unq̃es ne avoit conissance de
luy ne de cez aũncestr'z dev^nt cest debate⸱⸍

xxvj.　　MONſ JOH'N SAYVYLL dage de lx. ans & pluis p̄duct pʳ la
ptie de monſ Richard Lescroꝑ jurrez & examinez demandez sil
vist unq̃s monſ Richard Lescroꝑ estr̃ armeez en lez armez dazur
ove un bende dore dit q̃ il ad veu monſ Richard Lescroꝑ estre
armeez en lez armes dazure ove un bende dore en compaigne du
monſ de Lancastr̃ en Espaigne al bataill̃ de Nazar demand̃ sil
sciet q̃ lez armes dazur ov un bend dor devient apptiñ a dit monſ
Richard dit qil ad oy pler q̃ le dit monſ Richard & cez auncesſs
ount totdys occupiez cestez armez pʳ loʳ armez & ount este totdys
en continuel & pessible possessioñ come il ad oy dire de cez aun-
cesſs dev^nt luy & come cõe & publike voys & fame laboure p
tout la paiis de North̃ & qils sount descenduz p droit lynee del
Conquest come ces auncesſs ount oy de leur auncestr̃z & p droit
noun del Conquest demand̃ sil sciet le noun de soñ p^m̃ auncestr̃
dit qil ne poet souvenier soñ p^mer auncestrie ne null̃ hõme tant
scount ils de auncien temps & de temps outr̃ memoir come il ad oy
dir' de cez auncestrez demandez sil ad oy en ascun temps de inᵗ-
rupcion ou chalange fait p monſ Roƀt Grovenoʳ ou p ascun de
cez auncesſs ou p ascun en soñ noun dit q̃ dev^nt le temps de cest
debate il ne oiast pler de luy ne de cez auncesſs unqore il dit qil
ad dez ᵗrez en la counte de Chestr̃ & en la counte de Lancastr̃
demand̃ sil ad este en ascun lieu ou lez cousyns de monſ Richard
ount este armez dit q̃ oil qar il ad veu monſ Henr̃ Lescroꝑ armez
en compaignie du Roy & a barß al siege de Caleys en Escoce ove
le counte de Norh^mpton & armez la chaump dazur ove un bende
dore ove un label dargent & autres de son lynage ove differencez⸱⸍

xxvij.　　MONſ WILLIAM CHAUNCY dage de xliiij. ans p̄duct pʳ la
ptie de monſ Richard Lescroꝑ jurrez & examinez demandez si lez
armez dazur̃ ove un bende dore appteignent a monſ Richard Le-
scroꝑ de droit dit qil ad este armeez p trent anz en lez guerrez de

Fraunce de Breitaigne & en Normandye en lez veillez guerrez en compaignez quant lez compaignez estoient deinz le roiame de Fraunce & en lez noveillez guerrez auxi il ne vist unⱥs autr̄ hŏme porter lez ditz armez entiers q̃ monſ Richard Lescroꝑ, ne lez user ne faire si g°und hono' a lez ditz armez come il ad fet & ceux de soun sanc & lynage, demand p q̃ il sciet q̃ lez ditz armez sount a mon dit ſ Richard. dit, qil ad veu & conu le dit monſ Richard estre armeez en mesmez lez armez dazur̄ ove un bende dor dev°nt Parys en p̃sence du Roy & en p̃sence de toutz lez ſ°s publikement & apptement, & le dit monſ Richard estoit adount de la retenue de monſ le counte de Rychemond & en le bataiłł du Roy & adount estoit monſ Henr̄ Lescroꝑ a mesme la viage armeez en mesmez lez armez ove un label dargent & a bard̃ tout la viage en p̃sence du Roy & auł°s de soñ lynage ount este armeez en lez armez ove differencez & en la viage de Caux ove monſ de Lancastr̄ & a Balyngh°mhiłł q̃ estoit dev°nt & le dit monſ William Chauncy estoit de la retenue adount monſ Henr̄ Lescroꝑ & desoutz sa bard̃, demand si lez ditz armez sont descenduz a dit monſ Richard p discent & droit lynee. dit, q̃ oil qar il ad oy dire p tout soñ temps de sez auncestr̃s & lo' auncest°s dev°nt eux q̃ lez auncest°s du dit monſ Richard ont portez lez ditz armez pessiblement publikement & cŏmunement & q̃ cestez armez sont reputez & descĕduz au dit monſ Richard p droit lynee du temps du Conquest come cŏe voys & fame laboure & ad labour̄ toutdys en cestez ptiez & unⱥs en nułł temps ne oyerent dir̄ la contrarie, demand sil ad conissance de soñ p'mer auncestr̄ ou de soñ noun ou sil ad oy dir̄ soñ noun de sez ꝑgenito's dit q̃ noun qar cez auncestr̃s ount este de si aunciens temps qils passent lez memoirs dez hŏmes   It̄m dit le dit William Chauncy q̃ Roɓt Chauncy auncestr̄ au dit William espousa Margarete une dez filez de Lescroꝑ lez queux sount ensevelys en lesglise de Skyrpenbek' & sur la toumbe du dit Margaret g°vez lez armez de soñ baroun de Chauncy en bard̃ de goulez ove un crois pates dargent le chief dor ove un leopard̄ dazur̄ & lautr̄ moite de bard̃ lez armeez dè Scroꝑ dazur̄ ove un bende dor et sont en cronyke escriꝑ q̃ mesme celuy Roɓt Chauncy estoit adount le baroñ de Skyrpenbek' en mesme lesglise de Skyrpenbek' ou ils sont ensevylys & depuis q̃ lour sepulture fuit fait sount trovez dez anz cent quatr̄ vintz & troys anz, demandez sil oiast unⱥs pler dascun chalange fait p lez auncestrez de monſ Roɓt Grovenour ou

p le dit monſ Roƀt oue p ascun de soñ noun ou en soñ noun dit
q̃ unq̃s en lieu ou il ad este armeez ne en lieu de pees il ne oiast
unꝗes pler de monſ Roƀt Grovenoʳ ne nuꝉ de sez auncestrez tancq̧
cest debate comenceast en Escoce⁓

xxviij. MONſ JOH'N DE HOTHOM' dage de xlv. ans ꝓduct pʳ la ptie
de monſ Richard Lescroꝓ jurrez & examinez demandez si lez
armez dazuꝛ ove un bende dor apptiegnent de droit a diꞇ monſ
Richard Lescroꝓ dit q̃ oil⁄ demandez p qi il sciet dit pʳ ceo qil
vist le dit monſ Richard armees en lez ditz armes dazuꝛ ove un
bende dore en la darrein viage quelle le noble Roy Edward q̃ Dieu
assoiꞇ fist en Fraunce⁓ & la vist auxi monſ Henꝛ Lescroꝓ cousyn
au dit monſ Richard armeez soñ corꝑs dazuꝛ ove un bende dor &
un labeꞇ dargent & sa bañ de mesmez lez armez ove la labeꞇ pub-
likement portez p tout loste & ad oy diꝛ p tout soñ temps q̃ lez
ditz armez dazuꝛ ove uꞃ bende dore appteignent & deyvent app-
tiegñ au dit monſ Richard & cez ꝓgenitoʳs p descent de lynee &
p droit de ƕitage du temps dount la contᵉrie ne court en memoir
de hõme⁄ & ad oy diꝛ de cez auncestꝛs & vieux cƕꞇrs & esquiers
& plusoᵉs vaillantz gentz darmez q̃ morts sount qils eient oy diꝛ
p tout⋅ son temps de loʳ ꝓgenitoʳs devᵉnt eux q̃ lez ditz armez
appteignent cõmunement & publekement a lez auncestꝛs du dit
monſ Richard & de contᵉrie ne oyerent en nuꞇ temps⁄ & demandez
de le dit Joƕn p quant du temps il ad esꞇe armeez dit q̃ p vynt &
quatꝛ anz & pluis p quelle temps il ad veu & conu le dit monſ
Richard ou ascun autꝛ de soñ noun & lynagee armeez en mesmez
lez armez entiers ou ove differencez come braunchez de mesme
celuy Richard⋅ en toutz lez guerrez & viage ou il ad este & ount
este le dit monſ Richard & cez auncestres & cousyns en pessible
possessioñ dez ditz armes continuelment en toutz lez guerrez de
le dit noble Roy Edward & de ñre ſʳ le Roy qore est come il ad
oy diꝛ sovent de cez auncestꝛz en sa juvent Et demandez sil
ad oy unꝗs dire de ascun inſrupc̃õn fait p monſ Roƀt Grovenoʳ
ou p ascun de cez auncestꝛz dez ditz armez dit q̃ noun pas ne⋅
unqs oiast pler de luy ne de cez auncestꝛs devᵉnt le comencement
de ceste debate⁓

∶

xxix. MONſ THOMAS DE RERESBY dage de lx ans & plus ꝓduct
pʳ la ptie de monſ Richard Lescroꝓ jurrez et examinez demandez

si lez armez dazuꝛ ove un bende dor apptiegnent de droit a monſ Richard Lescroꝑ dit q̃ oil qar il ad veu & conu le dit monſ Richard estꝛ tout dys armeez en mesmez lez armes dazuꝛ ove un bende dor & auꝭs de soñ sanc cousyns au dit monſ Richard ascuns a barꝰ ove differencez & autꝛs armez ove differencez & lez ount portez publikement & cõmunement demandez ꝑ qi il sciet q̃ lez armez apptiegnent au dit monſ Richard dit/ qil fuist dem'rez ovesꝗ monſ Henꝛ Lescrop p' la viage en le meer quant le prince de Gales passa primerment en Gyene.' & le dit ꝼ Henꝛ fuist a barꝰ ovesꝗ le count de Norhᵃmptoñ Et le Roy Edwarde q̃ mort est q̃ Dieu assoiꝉꝉ gardast le meer adount ovesꝗ le duke de Lancastꝛ q̃ mort est & ove soñ fitz le counte de Rychemonꝺ monſ Lioneꝉꝉ soñ fitz monſ Edmonꝺ de Langeley son fitz & auꝭs entꝛ queux monſ Henꝛ Lescroꝑ fuist armez sovent foitz en lez armez dazuꝛ ove un bende dor ove un label dargent Et auxi dev'nt Parys en la viage du bone Roy q̃ mort est le dit monſ Richard fuist armeez dazuꝛ ove un bende dor toutdys quant ils ount este armez luy & cez consyns ount usez cestez armez & nulles auꝭs ne lour auncesꝭs dev'nt eux come jay oy dire de mes auncestrez & mes auncestrez ount dit de lour auncesꝭs ils ount usez cestez armez continuelment & pessiblement come ils ount dit ꝑ tout lo' temps si bien en temps du pees en tornementz come en temps de guerre & come il ad oy diꝛ ꝑ tout soñ temps q̃ lez ditz armez sount descenduz ꝑ droit linee & de ħitage a dit monſ Richard du temps de Conquest & toutdys entꝛ nous & noz ꝑgenito's reputez & noⁱᵘ ꝑ tout ñre temps ne oyas- mez diꝛ la contrarie dd sil ad oy de cez auncesꝭs le prim̃ noun dez auncesꝭs de monſ Richard ou de celuy q̃ p'merment portast lez armez dit q̃ le p'mer auncestꝛ de monſ Richard est outꝛ memoir de hõme & outꝛ memoiꝛ de cez auncestꝛs come il ad oy diꝛ de cez auncestrez mez come il ad oy diꝛ q̃ le dit monſ Richard & cez auncestꝛs dev'nt luy ount totdys tenuz lo' noun saunz chaung' & lo' armez depuis le temps de Conquest come cõe fame & publike voys laboure demandez sil ad oy de cez auncestꝛs si ascun inꝛupcioñ ou chalange fuiꝼ fet dez ditz armez ꝑ aucun dez auncestꝛs de monſ Roꝫt Grovenoꝛ ou ꝑ luy mesmes ou ꝑ ascun en soñ noun dit q̃ noun qar il ad este armez ꝑ xxxix anz en meyntz bons lieux en temps du boñ Roy q̃ mort est en Fraunce en Gascoigne en Bretaigne & en Escoce unꝗs en nuꝉꝉ temps ne oyast ꝑler de lez

auncestrez de Grovenour ne de nułł chalange fait p luy ne p‍ʳ luy
ne p‍ʳ nułł de cez auncestrez ne unꝗ̃s en nułł temps ne luy avoit en
conissance.‍⸝

xxx.   MONꝲ THOMAS DE ROKEBY neez quatᷓ anz devᵃnt la bataiłł
de Stryvelyn armez p lx anz et pluis ꝑduct p‍ʳ la ptie de monꝲ
Richard Lescroꝑ jurrez et examinez demandez si lez armez dazuᷓ
ove un bende dor apptiegnent de droit a monꝲ Richard Lescroꝑ
dit q̃ oil qar il ad veu & conu le dit monꝲ Richard estᷓ armeez a la
bataiłł de Durisme dazuᷓ ove un bende dore quelez armez le dit
monꝲ Richard ad occupes & ad este en continuel possession tout
son temps qil ad este armez Et ad oy dire de cez auncestrez q̃
cestez armez apptiegnent a dit monꝲ Richard & a cez ꝑgenitours
p droit lynee de droit ħitage a luy descenduz & p tout soñ temps
unꝗ̃s nad oy pler del contrarie demandez sil ad oy del p‍ᶦmer aun-
cestᷓ de monꝲ Richard Lescroꝑ quel il fuist & coment il avoit a
noun dit qil est descenduz linealment de veille auncestrie & de
noblez come il ad oy dire de cez auncestrez qil passe memoir de
ħome mes il ad oy diᷓ de cez auncestᷓs q̃ lez ditz armez dazure
ove un bende dor sont au dit monꝲ Richard & ount este toutdys a
cez ꝑgenitoᷓs depuis le Conquest come aunciens ꝲᶦs & chᶦrs & cez
ꝑgenitoᷓs ount dit demandez en ꝑsence dez queux ꝲᶦs le dit monꝲ
Richard ad este armeez dit q̃ en ꝑsence du Roy Dengliᷓre devᵃnt
Parys en ꝑsence du prince en ꝑsence de duc de Lancastᷓ en ꝑsence
des counts & barouns & en Escoce al arsure de Dounfrese Et dit
qil ad veu monꝲ Henᷓ Lescroꝑ armeez en Escoce en mesmez lez
armez ove un labełł dargent Et auxi dit qil ad veu monꝲ Wil-
liam Lescroꝑ eisne frere au dit monꝲ Richard Lescroꝑ qore est
armez son corꝑs le chaumꝑ dazure ove un bende dor en la com-
paigne du Roy al siege de Fanez en Bretaigne & plousours autres de
soñ lynage ove differences lez queux armez ont este usez p le dit
monꝲ Richard & sez auncestᷓz outᷓ temps du memoiᷓ come cõe·
fame & publike voys laboure & ad labourez en cestez ptiez deman-
dez sil oyast unꝗ̃s q̃ lez armez du dit monꝲ Richard estoient cha-
langez ou enᷓruptz p ascuns des auncestᷓs de monꝲ Robᵗt Grovenoᷓ
ou p le dit monꝲ Robᵗt ou p ascun en soñ noun dit qil ne oiast
unꝗ̃s pler de monꝲ Robᵗt Grovenoᷓ ne de cez auncestᷓz en nułł lieu
ou il ad este tancꝗ a ꝑsente debate.‍⸝

Monſ Thomas de Boynton' del age de xl anz armeez p   xxxj.
xviij anz & plus ꝓductz pᵣ la ptie de monſ Richard Lescroꝑ jurrez
& examinez demandez sil ad coꜵssance de monſ Richard Lescroꝑ
& de cez armez dit qil ad veu & conu le dit monſ Richard estre
armeez son corꝑs en un chaumꝓ dazuᵣ ove un bende dor & plusoᵣs
auꝉs de cez cousyns ove differencez, demanꝺ ou il ad veu le dit
monſ Richard ensy armeez dit q̃ luy vist ove monſ de Lancastᵣ en
Caux armeez en lez armez suisditz & dit qil ad veu auxi monſ Gef-
fray Lescroꝑ fitz & heyᵣ a monſ Henᵣ Lescroꝑ enᵗretz a Conynges-
burgh en Pruce desoutz lez ditz armez ove un difference⁏ Et de-
mandez si le dit monſ Richard ad droit as ditz armez dit q̃ les ditz
armes sount descenduz a luy p descent de ꜧitage de auncestrie en
auncestrie du temps qest outᵣ memoir come il ad oy dire des aun-
ciens & vaillantz chᵗrs q̃ore sount a Dieu comandez dez queux il ad
oy dire q̃ le dit monſ Richard cez auncestᵣs & cousyns ount por-
tez pesiblement & publikement lez ditz armez en plusoᵣs gᵘundez
batallez & journez en ꝓsence du Roy pᵣnce ducs & as auꝉs grandez
ſᵣs & ce en banꝰ penoꜵ & cotearmuᵣ saunz chalange ou inᵗrupcioꜵ
de nulli⁏ demandez sil ad conu ou oy diᵣ q̃ lez ditz armez ount
este inᵗruptz p monſ Roꜵt Grovenoᵣ ou p ascun de cez auncestrez
dist q̃ devᵃnt cest debate comenceast en Escoce ne conust ne oiast
pler del dit monſ Roꜵt ne de cez auncestrez ne quellez armes ils
ount portez ou deussent porter⁏

Monſ Roꜵ'T Plumpton' del age de xlv. ans ꝓduct pᵣ la ptie   xxxij.
de monſ Richard Lescroꝑ jurrez & examinez demandez sil ad veu
monſ Richard Lescroꝑ estre armeez dazuᵣ ove un bende dor dit
qil ad bien vewe le dit monſ Richard estᵣ armez en lez ditz armez
& auꝉs de sez cousyns en mesmez lez armez ove differencez de-
mandez ou lez ad vewe & en ꝓsence dez queux dit qil ad veu le
dit monſ Richard armeez en lez ditz armez entiers & monſ Henᵣ
Lescroꝑ en lez ditz armes ove un labeꝉ blanc & soꜵ banꝰ publike-
ment portez en Fraunce devᵃnt Parys & ailloᵣs & ce en ꝓsence du
noble Roy q̃ mort est & dez auꝉs gᵘundez ſᵣs Dengliᵗre & ad veu
auxi le dit monſ Richard deux foitz en Escoce armeez en lez
armes desuisditz & a banꝰ en ꝓsence du Roy q̃ orest & de duc de
Lancastᵣ & toutz lez viagez joᵣnez ou il ad este p cestez vynt &
quatᵣ ans p quele temps il ad este armez il ad vewe le dit monſ

Richard ove autřs de ses cousyns armeez en mesme lez armez ove
difference demandez si lez ditz armez apptiegnent de droit au dit
monſ Richard dit qils apptiegnent a luy de droit lynee & p
descent de heritage come il ad oy dire de cez auncestrez & come
bien semble p lez toumbez de lez auncestrez du dit monſ Richard
queux sount ensevelez en labbeye de Seint Agath desoutz lez ditz
armez Et demandez si le dit monſ Richard & cez auncestrez
ount este en possession dez ditz armez & p quelle temps ou sils
ount este inťruptz dez ditz armez p monſ Roťt Grovenoʳ ou p
autre en soñ noun dit q̃ le dit monſ Richard & cez auncestrez
ount este en pesible poss̃ioñ & eux usez & continuez publikement
depuis le Conquest encea sanz inťrupcioñ du dit monſ Roťt ou
dautř en soñ noun come il ad oy diř dez pluso's vaillantz & come
c̃oe voys & fame toutdys laboure & ad labouř & de conťᵃrie nad
oy unq̃s pler ⫶

xxxiij.   MONſ JOH'N WARDE del age de xlvj. ans & pluis ꝓduct pʳ la
ptie de monſ Richard Lescroꝑ jurrez et examinez sil ad veu monſ
Richard Lescroꝑ armez & en queux armez dit qil ad vewe & conu
le dit monſ Richard estre armez soñ corps dazuř ove un bende dor
demandez ou luy ad veu & en ꝑsence dez queux dit q̃ en Escoce en
le voiage de monſ de Lancastř & al darrein voiage du Roy en Escoce
& auxi dit qil ad este de retenue p la dimy an ovesq₂ monſ William
Lescroꝑ fitz au dit monſ Richard en Gascoigne & la ad vewe le dit
monſ William estř armez sovent en mesmez lez armez ove un
labełł Et dit auxi qil ad une chambre en un manoir q̃ h̄ome
appelle Gynendale oue lez armez de Scroꝑ sont mys & depeyntez
sʳ la pareye en quelle chaumbř sount lez armez du ſ de Nevyłł lez
armez du ſ de Percy lez armez du ſ de Clifforď & de autrez qi
ount este en mesme la chaumbre cent & cessantz ans passez c̄ome
soñ pier luy disoit demandez si lez ditz armez apptiegnent du droit
au dit monſ Richard dit q̃ lez ditz armez apptiegnent & deyvent
apptiñ de resoñ au dit monſ Richard p discent de droit lynee &
heritage depuis le Conquest come soñ pier luy disoit qil avoit ensy
oy dire dez pluso's aunciens chivalers & esquiers q̃ mortz sount Et
demandez si le dit monſ Richard & cez auncestřs ount continuez
lour possessioñ dez ditz armez sanz inťrupcioñ dc monſ Roťt
Grovenoʳ ou de cez auncestřs dit q̃ le dit monſ Richard & cez
auncestřz ount este en continuel & pesible possessioñ toutdys outř

memoir sanz contrediꝑ ou inꞇrupcioñ du dit monſ Roᵬt ou de cez
auncestꝛs ou dascun en soñ noun ⸴

MONſ RANDOLF PYGOT del age de xlvj. ans ꝑduct pʳ la
ptie de monſ Richard Lescroꝑ jurrez & examinez demandez si lez
armez dazuꝛ ov un bende dor apptiegnent de droit al dit monſ
Richard Lescroꝑ dit q̃ oil demandz p q̃ il sciet dit qil ad este
armez de vynt anz & il ad veu & conu le dit monſ Ricħ estꝛ armez
dazuꝛ ov un bende dor en le compaigne de monſ de Lancastꝛ a
Balyngh*mhiꞇ Et auxi luy vist armez en mesmez lez armez al
arsure de Dounfrese en Escoce qaꝛ la il fuist desouz la banſ du dit
monſ Richard & a la viage de monſ de Lancastꝛ en Escoce & al
viage darreinement en Escoce ove ñre ſʳ le Roy & pluso'rs de soñ
noun & lynage estꝛ armez en mesme lez armez ove differencez en
diꝟsez viages & jo'rnez ou il ad este⸴ demandez quel droit le dit
monſ Richard ad a lez ditz armez dit qil ad oý dire de sez aun-
cesꝑs q̃ lour auncestrez dev*nt eux disoient q̃ lez ditz armez sont
descēduz al dit monſ Richard p descent de lynee & p droit de
ħitage dont memoir ne court & q̃ le dit monſ Richard & cez aun-
cestꝛs & cousyns lez ditz armez ount usez & continuez en pesible
possessioñ du temps outꝛ memoir come cõe voys et fame labouꝛ p
tout le paiis Et demandez sil ad scieu ou oy diꝛ q̃ lez ditz armez
ount este inꞇruptz p monſ Roᵬt Grovenoꝛ ou p ascun en soñ noun
dit q̃ unꝗs dev*nt cest debate nad oy pler du dit monſ Roᵬt ne de
cez auncesꝑs ne de nuꞇ inꞇrupcioñ p eux fait dez ditz armez Et
dit qil ad veu en abbeys sepulturs dez auncestꝛs du dit monſ
Richard depeyntez en chevalrotz dez ditz armez Et auxi de-
peyntures en verurs en fenestꝛs en abbeys en prioriez en esglisez
cathedralez & auꝑs esglisez p tout soñ paiis ⸴

MONſ EDMUD DE KYLYNGWYK' del age de xlij ans ꝑduct
pʳ la ptie de monſ Richard Lescroꝑ jurrez et examinez demandez
si le dit monſ Richard ad droit de porter armez dazuꝛ ove un
bende dor dit q̃ oil demandez p quel droit dit q̃ p droit & de de-
scent de ħitage & p droit lynee dauncestrie demanꝺ p qi il sciet dit
q̃ lez auncestres du dit monſ Richard ount usez & publikement
portez lez ditz armez dazuꝛ ove un bende dor du temps outꝛ
memoir come il ad oy dire dez vieux cħᵗrs & esquiers queux sont
a Dieu comandez & del cont*rie nad oy dire come cõe voys &

xxxiiij.

xxxv.

publike fame laboure demandez si le dit monſ Richard ad conti-
nuez possessioñ dez ditz armez sanz inťrupcioñ de monſ Roƀt
Grovenoʳ ou de ascun autre en soñ noun dit qil ad este armez
xviij. ans & en toutez journez & viagez ou il ad este il ad veu &
conu le dit monſ Richard armez en mesmez lez armez ou autres
de soñ noun & lynage ove differencez come branchez au dit monſ
Richard & en pesible possessioñ dyceux sanz inťrupcion ou contre-
dit du dit monſ Roƀt ou dascuny ꞉⸍

xxxvj. Monſ Rauf de Ivre del age de xxxvj. ans et pluis ꝓduct
ꝑ la ꝑtie de monſ Richard Lescroꝓ jurrez & examinez demandez
si lez armez dazuř ove un bende dor apptiegnent du droit a monſ
Richard Lescroꝓ dit q̃ oil qare il ad este armeez xviij. ans & il ad
veu & conu le dit monſ Richard estř armez deux foitz en Escoce
en lez ditz armez & ce en barſ penoun & cotearmuř & plusoʳs aufs
de soñ noun & lynage armeez en mesmez lez armez ove difference
Et auxi ad vewe monſ Henry Lescroꝓ armez en mesmez lez
armez ove un labeꝉ dargent & a barſ a Caleys demandez quele
droit le dit monſ Richard ad a lez ditz armez dit qil ad oy diř
de cez auncesʒs q̃ lour auncesʒs devⁿt eux disoient q̃ lez ditz
armez sont descenduz au dit monſ Richard p droit lynee & p
descent de ħitage dount memoir ne court & q̃ le dit monſ Richard
& cez auncestřs & cousyns ount usez & continuez lez ditz armez
en pessible possessioñ du temps outř memoir de ħome come cõe
voys & fame laboure & ad laboure p tout la paiis & unq̃s ne oyast
dire del contⁿirie demandez sil ad conu ou oy dire q̃ lez ditz
armez ount este inťruptz ou chalangez p lez auncesʒs du monſ
Roƀt Grovenoʳ ou p luy mesmes ou p ascun autř en soñ noun dit q̃
unq̃s devⁿt ceste debate nad oy pler du dit monſ Roƀt ne de cez
auncesʒs ne de nuꝉ inťrupcioñ ou chalange p eux faitz dez ditz
armez ꞉⸍

xxxvij. Monſ Roƀ'ᵗ Conyers leisne del age de lxj. ans & pluis
armez de xliij. ans ꝓduct ꝑ la ꝑtie de monſ Richard Lescroꝓ
jurrez & examinez demandez si lez armez dazuř ove un bende dor
apptiegnent de droit a monſ Richard Lescroꝓ dit q̃ oil qar il ad
veu & conu le dit monſ Richard estř armez dazuř ove un bende
dor & lez ad usez & portez publikement & cõmunement demand
ou lad veu & en ꝑsence dez queux dit q̃ a la bataiꝉ dez Espaig-

nols sur la meer et en la compaignie del counte de Warwyk' & ad
veu & conu pluso's auʟs de soñ sanc & lynage armez en mesmez
lez armez ove differencez en diſſe bataillez & journez ou il ad
este demanꝺ p q̃ il sciet q̃ lez ditz armez apptiegnent du droit au
dit monſ Richard dit q̃ il ad sovent foitz oy dire de cez auncestr̃s
en sa jeoffnese & dez aunciens & vaillantz gentz darmez qore
sount a Dieu comandez q̃ lez ditz armees dazur̃ ove un bende dor
sont descenduz au dit monſ Richard p droit de ħitage & p discent
de lynee dauncestr̃ en auncesʟ & luy & sez auncesʟs ount conti-
nuez pesible & continuel possessioñ dez ditz armez dont memoir
ne court demanꝺ qi fuist le p'ꬶ auncestr̃ du dit monſ Richard q̃
portast lez ditz armez dit q̃ ceo nest poynt en memoir de ħome
qare cez auncestr̃z venoient ove le Conquero' come il ad oy dire
de sez ꝑgenito's & del cont°rie unq̃s nad oy dir̃ demanꝺz si ascun
chalange ou enſrupcioñ ad este fait dez ditz armez p monſ Roꝫt
Groveno' ou p ascun autr̃ en soñ noun dit qil nad unq̃s oy dire de
nulle inſrupcioñ nad oy pler du dit monſ Roꝫt dev°nt la darrain
viage ove ñre ſ' le Roy en Escoce ꞏ'

MONſ THOMAS MERKYNGFELD del age de xxxix. ans & xxxviꝫ.
pluis ꝓduct p' la ptie de monſ Richard Lescroꝑ jurrez & exa-
minez demandez sil ad en conissance lez armez de monſ Richard
Lescroꝑ dit q̃ cez armez sount dazur̃ ove un bend dor demandez
p q̃ il sciet dit qil ad este armeez vynt ans & pluis & ad veu &
conu le dit monſ Richard armez en un chaump dazur̃ ove un
bende dor a Balyngh°mhiꝇ & en Caux en Normandy & deux foitz
en Escoce & la soñ bañ publikement portez de mesmez lez armez
& auxi il ad vewe monſ Henr̃ Lescroꝑ a Caleys a bañ quant il
estoit goꬹnour de Gynes armez en mesmez lez armez ove un label
dargent & pluso's auʟs de sez cousyns & lynage armez en mesmez
lez armez ove differencez demandez si lez ditz armez apptiegnent
de droit au dit monſ Richard dit q̃ ensy est le cõe voys p tout
soñ paiis & del cont°rie nad oy dir̃ demanꝺ p quelle droit il port
lez ditz armez dit p droit lynee & descent de ħitage come il ad oy
cez auncesʟs dire qilz furent ensy ap's de lo' auncesʟs dev°nt eux,
demanꝺ qi fuist le p'mer auncestr̃ du dit monſ Richard q̃ usast
lez ditz armez dit q̃ ceo nest ꝑ en memoir de ħome qar il est venuz
de trõp veille auncestrie & come sez auncesʟs ount dit descenduz
ov un Roꝫt de Gaunt ove la Conquest le quel Gaunt estoit granꝺ

ſ' ove le Conquero' demand̄ sil ad veu scieu ou oye q̄ en ascun
temps le dit monſ Richard ou ascun de cez auncesɫs fuist cha-
lange ou ascunment inſrupt del portacioñ dez ditz armez p monſ
Roꝛt Groveno' ou de ascun de sez auncesɫs ou p ascun autre en
soñ noun dit q̄ nounpas ne unq̄s dev⁰nt ceste debate nad oy del
dit monſ Roꝛt ne de nuꝉ de sez auncestrez ꞏ/

MONſ NICHOL DE MIDYLTON' del age de xxxviij ans p̄duct
p' la ptie de monſ Richard Lescroꝑ jurrez & examinez demandez
si lez armeez dazuꞧ ove un bende dor apptiegnent de droit a dit
monſ Richard Lescroꝑ dit q̄ oil demand̄ p qi il sciet dit qil ad
este armez xviij anz & il ad vewe & conu le dit monſ Richard
estꞧ armez dazuꞧ ove un bende dor a Balyngh⁰mhiꝉ en la com-
paignie monſ' de Lancastꞧ & la vist auxi monſ Henꞧ Lescroꝑ
armez en mesmez lez armez ove un label dargent & soñ banꝉ pub-
likement portez p tot le host le dit monſ Henꞧ adonq̄s goꝟnour de
Pykardy de p le Roy & ad veu monſ William Lescroꝑ fitz au dit
monſ Richard en Gascoigne armez en mesmez lez armez ove un
labeꝉ & vist q⁰nt monſ de Lancastꞧ chevacha toute outꞧ Fraunce
ascuns de lez nouns de Scroꝑ armez en mesmez lez armez mes ne
court en sa memoir qils fuerent & ad veu lez ditz armez de Scroꝑ
dazuꞧ ove un bende dor en veillez fenestꞧs ꝟrez & en peyntuꞧ sur
pareys en pluso's abbeys esglises & chapells en lez countez Deꝟ-
wyk' Rychemond̄ Appelby & de Carleꝉ & a Boltoñ en Craveñ
demandez coment il sciet q̄ lez ditz armez sount faitz p' lez armez
de Scroꝑ dit q̄ p lez gardeins dez ditz esglise & chapells q̄ luy
ensy ount countez & p cōe pole de tout le paiis demandez p quele
droit le dit monſ Richard porte lez ditz armez dit q̄ p droit lynee
& p descent de ꝁitage qare lez ditz armez dazuꞧ ove un bende dor
sount descenduz au dit monſ Richard de auncestꞧ en auncestre
du temps outꞧ memoir & luy & cez auncestꞧs eux ount usez con-
tinuelment & notoiꞧment cōme cōe voys & fame laboure & ad
labouꞧ demandez si ascun inſrupcioñ ou chalange ad este faitz a
le dit monſ Richard ou a sez auncesɫs en ascun temps p' lez ditz
armez p monſ Roꝛt Groveno' ou p sez auncesɫs ou p ascun autꞧ
en soñ noun dit q̄ ꝭteignement unq̄s ne vist ne oyast pler de monſ
Roꝛt ne de cez auncesɫs dev⁰nt le darrein viage en Escoce ove ñre
ſ' le Roy ꞏ/

Monſ Thomas Fitz Henr' del age de xxxix ans & pluis xl.
ꝑduct pᵣ la ptie de monſ Richard Lescroꝑ jurrez & examinez
demandez sil ad vewe monſ Richard le Scroꝑ estᵣ armez dazure
ove un bende dor dit qil ad bien veu le dit monſ Richard estᵣ
armez soñ corps dazure ove un bende dor & pluso'rs auꝉs de soñ
noun & lynage estre armeez en mesmez lez armez ove differencez
demandez ou lez ad vewe & en ꝑsence dez queux dit qil ad vewe
le dit monſ Richard armeez en lez ditz armez a Balyngh·mhiꝉ
in Pycardy en ꝑsence du monſ de Lancastᵣ & auxi deux foitz en
Escoce & soñ barꝰ de mesmes lez armez publikement portez en
ꝑsence du dit monſ de Lancastᵣ & ore tarde en ꝑsence de ũre ſᵣ le
Roy qorest & dit auxi qil ad este en Pruce & la ad veu un monſ
Geffrey Lescroꝑ ensevelyz & enᵗrez desoutz lez ditz armez dazuᵣ
ove un bende dor ove un difference & ad vewe lez ditz armez de
Scroꝑ en lesglise de Croft en feneſᵗs verrez & en pluso'rs auꝉs
esglise en le counte Deᵣwyk' demanđ si lez ditz armez appteignent de droit au dit monſ Richard dit qils appteignent a luy de
droit lynee & ꝑ descent de ɧitage come il ad oy dire de cez auncesters & del contᵃrie nad oy pler demandez si le dit monſ Richard
& cez auncesꝉs ount este en continuel possessioñ dez ditz armez
sanz ascun inᵗrupcioñ fait ꝑ monſ Roɓt Groveno' ou ꝑ sez auncestres ou ꝑ autᵣ en soñ noun dit q̃ le dit monſ Richard & cez
auncesters ount este en pessible possessioñ dez ditz armez & eux
ount usez & continuez publikement depuis la Conquest encea
come il ad oy dire de pluso'rs vaillantz chivaillers & esquiers qore
sount a Dieu comandez & q̃ ascun inᵗrupcioñ dez ditz armez ad
este fait ꝑ le dit monſ Roɓt ou ꝑ cez auncestrez ou ꝑ auꝉs en lo'
noun unꝗs nad oy pler en nuꝉ temps sinoñ de cest ꝑsent debate·ᵣ

Monſ William Malore del age de xxxiiij. ans armes xvj. xlj.
ans & pluis ꝑduct pᵣ la ptie de monſ Richard Lescroꝑ jurrez &
examinez demandez si lez armez dazuᵣ ove un bende dore appᵗiegnent du droit au dit monſ Richard Lescroꝑ dit q̃ lez ditz armez
sount & ount tutdys este a luy & a cez auncesꝉs & unꝗs ne oiast
dire la contᵃrie demanđ ꝑ q̃ il sciet q̃ lez ditz armez sõnt au dit
monſ Richard dit pᵣ ceo qil ad veu & conu le dit monſ Richard
estᵣ armeez en mesmez lez armez a la viage de monſᵣ de Lancastᵣ
tout outᵣ Fraunce & en Escoce a barꝰ ove mon dit ſᵣ de Lancastᵣ

& ove ūre ſr le Roy qorest darreynement & pluſoꝛs auſs de soñ
noun & lynage armeez en mesmez lez armez ove differencez come
braunchez au mon dit ſ Richard & dit auxi q̄ a Houtoñ Conyers
la ou le dit monſ William Malore demoert est un chapelle de veil
faisoñ ordeinez pᵣ ꝭteins p̄stez dun chauntrie en quele chapeꝉ sont
depeyntez lez armez dez Scroꝑ dazuꝛ ove une bende dor lez armez
de monſ Roƀt Conyers & lez armez de monſ Simond Warde & la
ount este depeyntez depuis la faisance du dit chapeꝉ qest outꝛ me-
moir de hōme demandez quel droit le dit monſ Richard ad a lez
ditz armez dit q̄ le dit monſ Richard Lescroꝑ & cez auncesſs
ount totdys usez lez ditz armez & totdys continuez en pesible
possessioñ come cōmune pole est p toutz lez ptiez del North de-
mandez sil ad oy q̄ fuist le primᵣ auncestꝛ du dit monſ Richard q̄
portast lez ditz armez dit ꝭteignement qil nad poynt oy q̄ fuist soñ
prim̄ auncestꝛ mes cōme il ad oy ꝺire dez ~~cez auncestꝛs~~ vaillantz
hōmes & de pluis veillez chivalers & esquiers du North q̄ le dit
monſ Richard ad g^und droit de porꝉ lez ditz armes & a luy sount
descenduz p droit lynee & descent de temps de Conquest come il ad
oy dire de cez auncesſs & dez auſs gentz vaillantz q̄ sont a Dieu
comandez demanꝺ sil ad oy q̄ ascun chalange ou enꝼrupcioñ fuist
fait p monſᵣ Roƀt Grovenoꝛ ou p cez auncesſs ou p autꝛ en loꝛ noun
enꝰs le dit monſ Richard pᵣ la portacioñ dez ditz armez dit q̄
neuyl ne unꝗs ad veu ne oy pler del dit monſ Roƀt ne de cez aun-
cestres devᵃnt le comencement de cest debate en Escoce ⫏

xlij.   Nicholas Sabrahᵃm Esquier del age de lx anz & pluis
armez de xxxix ans ꝓduct pᵣ la ptie de monſ Richard Lescroꝑ
jurrez & examinez demandez si lez armez dazuꝛ ove un bende dor
apptiegnent ou devent appteigñ de droit & p descent de ꭕitage a
monſ Richard Lescroꝑ dit, q̄ oil qar il ad veu lez armez de Scroꝑ
en barꝰ & en cotearmuꝛ al chivache de sire Edward Bailliof en
Escoce,   Et auxi il vist lez armez du Scroꝑ dazuꝛ ove un bende
dor en barꝰ en le compaigne de counte de Norhᵃmptoñ quant il
chivachast p torche hors de Loghmaban tanꝗ al Peblys & en soñ
compaignie monſ Henꝛ le Scroꝑ a barꝰ   Iꞇm le dit Nicholas dit q̄
a un assemble q̄ le Roy de Cypre fist de touz regions Cristiens
come il quide a la joꝛnee qil fist a Alisaundꝛ p nefs & p galeys
Et droit sᵣ lez arryvals un monſ Estepheñ Lescroꝑ armeez en lez
armez de Lescroꝑ dazuꝛ ove un bende dor ove un labeꝉ dargent

ove difference prist lordre du chivaler du Roy de Cypre en mes-
mez lez armez   Itm le dit Nicholas dit qil ad este armez en
Pruce en Hungarye a Constantynople a la bras de Seint Jorge &
a Messembre & a le dit Messembre en un esglise & dedeins lesglise
gist un de lez Escrop̄s entrez & desour luy s̄ʳ le pareys depeyntez
lez armez du Scrop̄ dazuř ove un bende dor ove un labeℓℓ & en la
labeℓℓ trois besantz de goulez demanđ p qil sciet qil estoit lez
armez du Scrop̄ & soñ noun dit q̄ lez gardeyns de mesme lesglise
luy disoient & qil avoit le noun de Scrop̄ Auxi le dit Nicholas ad
veu monꝼ Henř Lescrop̄ armez en Fraunce & a bañꝩ en compaignie
del counte de Norhamptoñ monꝼ William Lescrop̄ eisne frere a
dit monꝼ Richard en mesme la compaignie toutz armez en lez
entiers armez & ove differencez a la bataille du Crescy al siege du
Caleys en Normandie en Bretaigne en Gascoigne & en Espaigne &
outř le gᵃund meer en meyntz lieux ou meyntz chosez de chivalrie
ount este faitz & p touz lez lieux ou il ad este il ne oiast unq̄s pler
de monꝼ Rob̄t Grovenoʳ ne nuℓℓ de cez auncestrez demandez p qi
il sciet qil sount lez armez du Scrop̄ dit q̄ sovent foitz il ad oy
dire de cez auncesℓs qils sount lez armez du Scrop̄ & q̄ lez aun-
cesℓs de monꝼ Richard Lescrop̄ ount usez & occupiez lez dit
armez & ount estez en continuel & pessible possessioñ outre le
temps de memoiř & p oy dire de cez auncesℓs & p dit dez veillez
hômes ꝼᵗs chivalers & esquiers en ñre paiis queux sount a Dieu
comandez qils sont descenduz p droit lynee de temps du Conquest
demandez sil oyast unq̄s q̄ lez ditz armez estoient en ascun temps
chalangez ou entruptz p le dit monꝼ Rob̄t Grovenoʳ ou p cez aun-
cesℓs ou pʳ ascun pʳ luy dit q̄ il ne oiast unq̄s pler de monꝼ Rob̄t
Grovenoʳ ne nuℓℓ de cez auncesters Mes du chalange qi Carmy-
nau fist a monꝼ Richard Lescrop̄ devᵃnt Parys lez queux estoient
acordez p le Roy & p le duc de Lancastř q̄ mort est q̄ chescun deux
deyvent porter lez armez entiers tutdys avᵃnt & issint fuist fynyz
& dautř chalange le dit Nicholꝰ nad poynt oy ꝛ

WILLIAM BISET ESQUIER del age de lxx ans & armez priꝼm-
ment a la bataille de Lesclusse retenuz ove le ꝼʳ de Couucy ꝓduct
pʳ la ptie de monꝼ Richard Lescrop̄ jurrez & examinez demandez
si lez armez dazuř ove un bende dore apptiegnent ou devent app-
teigñꝩ du droit p descent de ħitage a monꝼ Richard Lescrop̄ dit q̄
oil qar p tout soñ temps en diꝩsez lieux ou il ad este armez il ne

xliij.

vist unq̃s aul̃s user ne ocuper lez ditz armez mes ceux del noñ dez
Escroᵽs & la ou il fuist prim̃ment armez a la bataille de Escluse
la il vist monſ Henr̃ Lescroᵽ armez en lez armez dazure ove un
bende dor ove un label dargent   Et il ad veu le dit monſ Henr̃
Lescroᵽ armez en cez armez a bañ a la bataille de Espaignols sᵣ
la meer en la compaignie del counte de Norhamptoñ et la counte
de Northampton en la compaignie du Roy   Et auxi il lez vist
armez ove monſᵣ de Lancastr̃ a Balyngh°mhill & de dela en Caux
Et auxi dev°nt Parys qu°nt le Roy q̃ mort est y fuist pᵣ la trete
adount il vist monſ Henr̃ Lescroᵽ a bañ & armez en cez armez
ove un label dargent & la estoit monſ Richard armez en lez
armez dazur̃ ove un bende dor & cestez armez ount este usez &
diliageament ocupez ᵽ tout soñ temps en le noũn de Scroᵽs & pᵣ
lour armez reputez demandez ᵽ quelle descent lez ditz armez
sount descenduz au dit monſ Richard dit q̃ ᵽ descent dauncestr̃e
en auncesl̃e come il ad oy dire dez veux chtrs & veux esquiers &
de cez auncestrez queux sount a Dieu comandez & come cõe &
publike voys & fame labour & ad labouree en cestez ᵽtiez demand̃
sil ad oy dire de prim̃ auncestrie de dit monſ Richard & quel
estoit soñ noun dit q̃ noun qar il est descenduz de si veil aunces-
trie qil passe la memoir de hõme   Et come il ad este dit en temps
de cez auncesl̃s queux sount mortz qils sount venuz de la Con-
quest demand̃ sil oiast unq̃s q̃ monſ Roᵬt Grovenoᵣ chalangeast lez
ditz armez ou cez auncesl̃s ou ascun pᵣ luy dit q̃ l̃teignement il
ne oiast unq̃s pler de luy ne de cez auncestres en null lieu ⟋

xliiij.   WILLIAM HESILRIGG⟩ ESQUIER del age de lxx ans armez l.
ans ᵱduct pᵣ la ᵽtie de monſ Richard Lescroᵽ jurrez & examinez
demandez si lez armez dazure ove un bende dor apᵽtiegnent de
droit & de descent de l̃itage a monſ Richard Lescroᵽ dit q̃ oil qar
ᵽ tout le temps qil ad este armez il ad veu & conu le dit monſ
Richard estr̃ armez ou monſ Henr̃ ou monſ William eisne frere
a dit monſ Richard ou Estepheñ du Scroᵽ frier au dit monſ Henr̃
en lez guerrez de Escoce a Halydoñhill en ᵱsence du Roy & Este-
pheñ du Scroᵽ en lez guerrez Descoce & ceo estoit dev°nt lez
guerrez en Fraunce q̃ le Roy q̃ mort est q̃ Dieu assoille cõmenceast
le guerrez en Fraunce & la estoient armez ascuns en lez enl̃es
armẹez ascuns ove differencez & ᵽ tout le temps qil ad este armez
ils ount usez & continuez lez ditz armez & loᵣ auncestr̃z dev°nt eux

come il ad oy dire de cez auncestrez devᵃnt luy & ount acquys en
loʳ armez gᵃnd honoʳ meyntz foitz & bien & loialment usez lour
armez en continuel possessioñ dount memoïr ne court demandez
en p̃sencez dez queux ils ount usez loʳ armez dit qil aɗ veu monſ
William Lescrop̄ armes en la compaignie del counte de Norhamp-
toñ a la rescous del siege de Fanes quant le Roy y estoit   Et de-
la le Roy fist soñ cosyn germayn le counte de Norhamptoñ gar-
deigne en Bretaigne & de dela en alant al siege de Morlees & a la
siege de Morlez le dit monſ William estoit armes en lez entiers
armes dazuȓ ove un bende dor & a cest siege estoit monſ Henry
Lescrop̄ a bañ & la le dit monſ William Lescrop̄ estoit blessez
dun quareⁱⁱ de quelle blessuȓ il morust en poy dez ans ap̃s   Et il
vist ap̃s a la bataiⁱⁱ de Crescy monſ Henȓ a bañ & Estepheñ du
Scrop̄ armez tout dieux en lez armez ove differencez & monſ
William Lescrop̄ armez en lez entiers armez en lavant garɗ ove
monſ le counte de Norhamptoñ & en p̃sence de monſ le prince
adonq̃s chevetyn de lavant garɗ & ove luy meyntz bones chivalers
del counte de Cestre & meyntz bones archiers q̃ unq̃s en le temps
ne soverent pole ne mot de lez ditz armez de monſ William ne de
monſ Henȓ Lescrop̄   Et depuis a le sige de Caleys le dit monſ
Henȓ estoit armez en cez armes joʳ & noet & soñ bañ oves q̃ luy
& monſ William Lescrop̄ armez & joʳ & noet a mesme la siege
& de la blessuȓ qil avoit al siege de Morlez il morust & fuist
amesnez en Englit̃re p̃ meer demandez sil ad oy de cez auncestȓz le
quelle auncestȓ de monſ Richard Lescrop̄ estoit la prim̃ q̃ usast
cestez armez dazuȓ ove un bende dor dit q̃ lez auncestrez de dit
monſ Richard sount de si auncien temps & de temps outre me-
moire de hõme & come cez auncesſs ount dit devᵃnt en soñ joefne
age q̃ Lescrop̃s sount de la Conquest   demandez sil ad oy dire en
ascun temps q̃ ascun chalange ou inȓrupcioñ fuist fait p̃ monſ
Roƀt Grovenoʳ ou p̃ ascun de sez auncestrez ou ascun en soñ noun
dit qil ne oiast unq̃s pler en nul temps du dit monſ Roƀt ne de
cez auncestrez devᵃnt cest temps

WILLIAM SPENſ ESQUIER del age de l. ans & pluis armeez   xlv.
de xxx ans p̃duct p̃ʳ la p̃tie de monſ Richard Lescrop̄ jurrez &
examinez demandez sil ad conissance quellez armez appteigneȓ
ou deivent appteigneȓ au monſ Richard Lescrop̄ dit q̃ lez armes
dazuȓ ove un bend dor demandez p̃ qi il sciet dit qar il ad veu &

conu le dit monſ Richard estr̃ armez en lez ditz armez & pluso͛s
auſs de soñ noun & lynage armez en mesmez lez armes ove diffe-
rencez dd͂ ou il ad veu & en p̃sencez dez queux dit qil ad bone me-
moir̃ qil vist lez armez de Scroꝑ a Blaungee a la chivache du Roy
qi mort est & quant le Roy oiast del gaigne de Barwyk' p lez
Escotez prist soñ chimyn arer en Englir̃re & venoit a Berwyk' pr
fair̃ la rescous a quelle chivache le dit monſ Richard Lescroꝑ fuist
armez en cez armez dazur̃ ove un bende dor & aꝑs a Balyngh͛m-
hitt & a la batailt de Spaigne en la compaignie de monſr de Lan-
castr̃ armez notoir̃ment & publikement en mesmez lez armez &
depuis en Escoce armez en lez ditz armez & a ban͛ ove le dit
monſr de Lancastr̃ & auxi a le darrein voiage en Escoce ovesq͛ nr̃e
ſr le Roy demandez p combien de temps le dit monſ Richard ou
cez auncesſs ount portez lez ditz armes dit q͂ il ad oy dire de cez
auncestrez & de pluso͛s vaillantz ſ͛s chivalers & esquiers q͂ mortz
sount q͂ lez auncesſs du dit monſ Richard venoient ove le ꝯquero͛r
& de yceĩt temps portez lez ditz armez & lez usez cõmunement &
continuez en pessible possessioñ demandez p quelle droit le dit
monſ Richard porte lez ditz armez dit q͂ p droit de heritage & p
discent lynee dauncestrie demandez qi fuist le p͛mer auncestr̃ del
dit monſ Richard q͂ portast lez ditz armez dit q͂ nest p̃ en memoir
de hõme demandez sil ad oy dascun inſrupcioñ ou chalange qast
este fait dez ditz armez p monſ Roƀt Groveno͛r ou p cez aunces-
ters ou p ascun en soñ noun dit q͂ dev̈nt cest debate il nad oy pler
de luy ne de cez auncestr̃s.

xlvj. JOH'N CRESSEWELL' ESQUIER del age de xxx ans & pluis
armez xvij ans ꝓduct pr la ꝑtie de monſ Richard Lescroꝑ jurrez &
examinez demandez si lez armez dazur̃ ove un bende dor appteig-
nent du droit a monſ Richard Lescroꝑ dit q͂ oyl demandez p qi il
sciet dit qil ad veu & conu le dit monſ Richard estr̃ armeez en
mesmez lez armez & pluso͛s auſs de soñ noun & lynage ove diffe-
rencez & sciet auxi pr ceo q͂ lez ditz armez sount descenduz au dit
monſ Richard p descent de heritage dauncestrie come cõe voys &
fame labour̃ p tout la paiis de North & luy & cez auncestr̃z eux
ount usez continuelment & ount este en pessible possessioñ dy
ceux dont memoir ne court demandez sil ad oy q͂ fuist le p͛mer
auncestr̃ de dit monſ Richard q͂ portast lez ditz armez dit q͂ noñ
qar̃ il est devenuz de veille auncestrie & soñ p͛mer auncestr̃ est

outr̃ memoir̃ de hõme demandez sil ad oy ou conu dascun inr̃rup-
cioñ faıt dez ditz armez p monſ Roƀt Grovenoᵣ ou p cez aunces-
trez ou p autre en loᵣ noun dit q̃ unꝗs nad conu ne oy dire de
nuℓℓ inr̃rupcioñ fait dez ditz armez p le dit monſ Roƀt ne p cez
auncesꝑs ne pᵣ nuℓℓ autr̃ en loᵣ noun ne oyast pler de luy ne de cez
ditz auncestr̃z devᵚnt le debate ore de noveℓℓ ⁒

Et cez sount lez attestacions pris a mesme le lieu devant lez
ditz cõmissairs le xviıjᵐᵉ jour du dit moys lan suisdit ꝑducts p le
dit monſ Richard Lescroꝑ & son dit ꝑcurour en la mañſe desouz
escripte ⁒

SIR SIMOND' Pſon DEL ESGLISE DE WYNSSELOWE del age xlvıj.
de lx. ans & pluis ꝑduct pᵣ la ptie de monſ Richard Lescroꝑ jurrez
& examinez demandez ſi lez armez dazure ove un bende dor app-
teignent ou deyvent apptıñ a monſ Richard Lescroꝑ de droit dit
q̃ oyl qar ℮teignement larmez dazur̃ ove bende dor sõnt en sa
esglise de Wynsselowe en ℮teinez fenestrez fᵣez de quelle esglise
monſ Richard est patroun Et en la westegable du dit esglise
sont lez entiers armez de monſ Richard Lescroꝑ en un fenestr̃ fᵣe
la fesaunce de queux armez est outr̃ memoir de hõme auxi lez ditz
armez sount en difᵥsez auℓꝑs lieux de sa esglise & en soñ chanceℓℓ en
un fenestr̃ fᵣe & en le estgable auxi sount lez ditz armez mys p
entr̃ lez armez dez grandz ſᵣs come le Roy le counte de Nor-
thumbr̃ le sire de Nevyℓℓ le counte de Waryene demandez ſil
ad ascuns sepultᵣrez en sa esglise dez auncesꝑs du dit monſ
Richard dit q̃ oil qar il ad en sepultur̃ q̃ gist en soñ cimiter̃ Sy-
mond Lescroꝑ q̃ unꝗore monstr̃ p escripture sur le pere & sount
ensevelys en la veille mañſe en un cooffre de pere et un pere amont
ove lescriptur̃ desoure cy gist Simond Lescroꝑ sanz date Et aꝑs
Simond Lescroꝑ gist un Henr̃ Lescroꝑ fitz au dit Simond en
mesme la mañſe come soñ piere ꝑs a coste soñ piere en mesme le
cimiter̃ Et aꝑs git William fitz au dit Henr̃'Lescroꝑ q̃ gist en
mesme le mañſe escript desoure le pere & entaillez & gᵛvez p
sculpture ycy gist William Lescroꝑ sanz date qar̃ le mal temps de
vent de neyf & de pluvye lez ad deface issint q̃ hõme ne poiet
conoistr̃ la remenant del escriptur̃ tant sont ils veux & defacez &
la sount ensevelys plusoᵣs auℓꝑs de soñ lynage & de loᵣ noun ches-
cun aꝑs autr̃ desoutz gᵉntz perez quarrez & sont pᵣ la pesaunce de

lez grant peres founduez dedeinz le ſre q̃ hõme ne poet veire pluis del pere q̃ le crest du pere amount & plusours auſs de loʳ fitz & filles ensevelys desouz grandz piers: Et de William venoit Henr̃ Lescroꝑ cĥr q̃ gist al abbey de Seint Agas armez en lez armes dasur̃ ove un bende dor quele monſ Henr̃ est fundoʳ de mesme labbey Et monſ William Lescroꝑ eisne frier a monſ Richard qorest gist en mesme labbeye armes en mesmez lez armes portret & nemy depeyntez Et le dit ſ Simond psoñ del esglise mettot avant devᵃnt lez comissairs une aube ove pairuers sur quellez pai-rueres estoient enbroudes lez armez de Lescroꝑs entiers le fesance de lez ditz armez ne le noun del donoʳ ne court pas en memoir de hõme demandez ꝑ qi il sciet q̃ lez armez apptiegnent au dit monſ Richard dit q̃ le patronage de ceste esglise de Wynsselowe ad este tout dys a monſ Richard Lescroꝑ & a cez auncesſs portantz le noun de Lescroꝑs outr̃ memoir̃ de hõme & lez armez dasur̃ ove un bende dor toutdys reputez pʳ lez soens & pʳ cez auncesters devᵃnt luy & unq̃s ne oiasmes dire le contᵃrie ꝑ ñre temps ne en le temps de noz auncesters demand sil oiast unq̃s pler de monſ Roƀt Grovenour ou q̃ lez auncesſs de dit monſ Roƀt avoient fait ascun chalange ou inſrupcioñ de lez ditz armez dasur̃ ove un bende dor dit q̃ ſtes il ne oiast unq̃s pler de luy ne de cez auncesſs:

xlviij. **Meistr' William de Irby official de Richemond'** del age de lx ans & pluis ꝓduct pʳ la ptie de monſ Richard Lescroꝑ jurrez & examinez demandez si lez armez dazure ove un bende dor appteignent ou deyvent appteigñ a monſ Richard Lescroꝑ de droit dit qil ad veu lez armez dasur̃ ove un bende dor en verrure & peyntur̃ en pluis q̃ en quarant esglise ascuns entiers & ascuns ove labelles conuz & tenuz pʳ lez armez de monſ Richard Lescroꝑ & de sez cosyns & de nul autr̃ & demandez ꝑ qi il sciet q̃ lez ditz armez sount conuz & tenuz pʳ lez armez de Scroꝑ dit q̃ ꝑ ceux qi ore ocupiont lez ditz esglisez q̃ ount oiez dez auſs veilx hõmes q̃ ount este devᵃnt eux q̃ lez armez suisditz ount estez lez armez dez auncesſs du dit monſ Richard du temps dont memoir ny ad & ensy est cõe voys & fame en tout le paiis Et dit auxi qil ad veu en la nunrye de Marrygg' ſteyns munimentz dez auncesſs du dit monſ Richard enseallez ove le seale de lez ditz armez entiers du date de lxviij. anz passez Et dit qil ad en un hospitaꝇ de Seint Nicholas ꝑs de Rychemoñd dount il est meistr̃ un frountel cousu

de soy dev⁺nt un autr̃ en quelle frountel sont lez ditz armez de
Scroꝑ cousuz dazur̃ ove un bende dor la fesance de quelle passe
memoir & demād̃ coment il sciet q̄ lez ditz armez ensy cousuz sont
lez armes de Scroꝑ dit q̄ ꝑ veilx hŏmes del dit hospitail q̄ lez
appellent lez armez de Scroꝑ & q̄ unꝗs ne oyent eux aut̃ment
appellez et demandez si le dit monſ Richard ad droit de porter lez
ditz armez dit q̄ ensy est cŏe voys & fame ꝑ tout le païis qar luy
& cez aunces̃ꝰs ount este armeez en mesme lez armez du temps q̄
passe memoir   Et demand̃ sil ad conu ou oy dire de monſ Roꝗt
Groveno⸲ ou veu cez armez en Vrure ou en peyntur̃ dit ꝑ soñ
ſement q̄ dev⁺nt cest plee darmez comenceast nad oy pler de luy
ne de cez armez ne de nuꝉ de soñ auncestrie⸝

CONAND' DE ASK' del age de xxxviij. ans armeez de xx ans xlix.
ꝑduct p⸲ la ptie de monſ Richard Lescroꝑ jurrez & examinez
demandez si lez armez dazur̃ ove un bende dor appteignent du
droit al dit mon ſ Richard Lescroꝑ dit q̄ oil qar il ad veu & conu
le dit monſ Richard est̃r armez en mesmez lez armez en Espaigne
en ꝑsence & de retenue de monſ de Lañcast̃r & en Fraunce auxi a
la chivache q̄ dit monſ⸲ de Lancast̃r fist tut outr̃ Fraunce & deux
foitz en Escoce le prim̃ foitz ove mon dit ſ⸲ de Lancastr̃ le dit
monſ Richard adonꝗs a bañ de mesmez lez armez & lautr̃ foitz al
darrein viage en Escoce ove ñre ſ⸲ le Roy & lez queux armez le
dit monſ Richard ad occupiez & ad este en continuel possessioñ di
ceux ꝑ tout le temps qil ad este armez & ad oy dir̃ de cez aun-
cesters q̄ cestes armez apptiegnent au dit monſ Richard & appteig-
noient a cez ꝑgenito⸲s ꝑ droit lynee & ꝑ droitule ꝉitage a eux de-
scenduz dauncestrie en auncestrie du temps de Conquest & del
cont̃rie nad oy dire & dit q̄ pluso⸲s dez aunces̃ꝰs du dit monſ
Richard gysent ensevelys en lez abbeys de Seint Agas & de Coꝟ-
ham desoutz lez ditz armes demand̃ sil ad conu ou oy dire q̄ lez
ditz armez ount este int̃ruptz ꝑ monſ Roꝗt Groveno⸲ ou ꝑ ascun
de cez auncesters ou ꝑ autre en soñ noun dit ꝑ soñ ſement q̄ dev⁺nt
cest debate comenceast en Escoce ne conust ne oiast pler del dit
monſ Roꝗt ne de cez auncestres ne de nulle debate ne int̃rupcioñ
ꝑ eux fait dez ditz armez⸝

SIRE JOH'N DE BRERETON' CHAPPELLAYN envoiez a Eꝟwyk' l.
ꝑ le priorisse & nonneȳs de Marrygg' ꝑduct p⸲ la ptie de monſ

Richard Lescrop̃ jurrez & examinez demandez sil ad en conissance
quellez armez appteignent de droit au dit monſ Richard Lescrop̃
dit q̃ lez armez dazure ove un bende dor demandez p qil sciet dit
q̃ en lesglise de Marrygg' sount deux fenestrez verrez un a la
frountuͬ de la haut autͬ & lautͬ en la porche de Seint Thomas
en queux sount lez armez dun de Lescrop̃s cest assavoir dazure
ove un bende dor ov un labeʱ dargent & lez ditz armez entiers
sanz labeʱ en un fenestͬ ꝟre en le dortuͬ del dit nonneyns en la
South ptie lez queux armez ensi en ꝟrure ount este la depuis la
fesaunce dez ditz esglisez & del dortuͬ qest outͬ memoir de hõme
& demandez p qi il sciet q̃ lez ditz armez sont lez armes de Scrop̃
dit q̃ ensy sount & ount este tutdys appellez en le dit p̕ourie
dount memoir ne court Et le dit chapelleyn ad porte & demonstͬ
un charʱ endente fait p entre Margarett priorisse de Marrygg' &
la covent de mesme le lieu dun pt & monſ Henry Lescrop̃ dautͬ
pte tesmoignant q̃ lez avᵃntditz prioresse & covent ount donez &
grauntez & p loͬ dit chͬ ꝯfermez a mon dit ſ Henͬ dys acres du
ꝟre ove lez app̕tenauncez en Staynescogh en domĩo souz ꝑteins
condicioñs lune pt du dit chͬre enseale du blanc ove un escochoñ
dez ditz armez de Scrop̃ & en la cauntoñ p amount un petit leon-
ceʱ ov le scriptuͬ de soñ noñ suisdit & est la date du dit chͬre
ensy doñ a Marrygg' le quint joͬ de Apriʱ lan du regne le Roy
Edward fitz au Roy Edward quatorszime Et demandez sils
ount en la dite prioure ascuns armez de monſ Roᵬt Groveno̍ ou
de cez auncesʱs en ꝟrure ou en peynture dit q̃ nemye ne unq̃s
ne oyast pler de luy ne de cez auncesʱs tauntq̖ la comencement
de cest debate ꞏ⸝

lj. Monſ Thomas de Roos de Kendale del age de $\frac{xx}{iiij}$ ans
& pluis armez de lx ans ꝑduct p̕ la ptie de monſ Richard Le-
scrop̃ jurrez & examinez demandez si lez armez dazure ove un
bende dor appteignent ou deyvent appteigñ du droit & de ꝯitage
a monſ Richard Lescrop̃ dit q̃ oil qar il dit qil ad veu monſ Gef-
fray Lescrop̃ armez en mesmez lez armes & ceo en penoun a
Stanowpark' Et celuy monſ Geffrey avoit a soñ pier William
Lescrop̃ come il ad oy dire de cez auncesʱs celuy monſ William
Lescrop̃ estoit le pluis noble tourneo̍ en soñ temps & tourneast en
cez armez dazuͬ ove un bende dor q̃ hõme troveroit en un païs &

come il ad oy dire de cez auncesťs devᵃnt qil estoit fait chῙr un dez pluis noblez bohordurez q̃ hõme troverait en un paiis & noble ſvāt & esquier pʳ lez armez en toʳnementz   Et auxi il ad veu la banſ de monſ HenῙ Lescrop̄ al chivache del Bailloilſ & armeez en mesmez lez armes ove un labeℓℓ dargent & auxi il ad veu al siege de Barwyk' quᵃnt le Roy q̃ mort est fist la rescous monſ William Lescrop̄ frere au dit monſ Richard armeez en lez entiers armez q̃ venoit adont a mesme le rescous en la compaignie del counte de Northamptoñ & monſ HenῙ Lescrop̄ a banſ & armez en mesmez lez armez ove la labeℓℓ q̃ venoit en la compaignie del dit counte & p tout le temps depuis le temps de Stanowpark' ad veu & conu lez ditz armez en lez guerrez Descoce estῙ portez p lez nouns de Scrop̄s p tout soñ temps & devᵃnt come il ad oy dire de cez auncesťs & de temps outre memoir & come ascun de cez auncesťs ount dit quant il estoit joefnez qils sount descenduz del Conquest & toutdys ount continuez loʳ armez en grant honoʳ & en pessible possessioñ & toutdys reputez pʳ lour armez come cõe & publik voys & fame laboure & ad toutdys laboure en cestez ptiez demanď sil oiast unq̃s pler del prim̃ auncestῙ de monſ Richard ou de celuy q̃ portast prim̃ment lez armez dit q̃ noun qar il dist qil est veux hõme mes nemy tant veux ne auncien qil poet sovener de soñ prim̃ auncesť tantz sount lez auncesťs de monſ Richard aunciens & de grant antiquite & come il ad oy dire toutdys de cez auncesťs auncesťs du dit monſ Richard ount usez lez armez dount memoir ne court demandez sil ad conissance en ascun temps q̃ lez ditz armez ount este chalangez ou inťrupcioñ fait p le dit monſ Rob̃t Grovenoʳ ou p cez auncesťs ou p ascun en soñ noun dit q̃ il ne oyast unq̃s pler dez auncesťs du dit monſ Rob̃t ne de nuℓℓ portant le noun de Grovenoʳ tauntq̵ a cest temps   Et il dit auxi qil ad este en diᵛsez toʳnementz en Engliťre a Dunstaple a la Neumarket & a Gylforď & la il ad veu & conu monſ Geffrey Lescrop̄ tourneyer en cez armez a la tournament de Gilford & estre a banſ & a la p̃chein toʳnement de Neumarket le dit monſ Geffrey Lescrop̄ armeez en cez armez dazure ove un bende dor ove un labeℓℓ blanc Et ap̄s a Dunstaple & la fuist monſ HenῙ Lescrop̄ q̃ ore est armez en cez armez dazure & tourneast la molt bien & avoit gᵃunt gre du noble Roy q̃ mort est & a cestez tournamentz estoit le Roy q̃ mort est & lez grandez ſʳs de tut le roialme   Et si ascun braunche

eust este q̃ eust porte lez armez p le noun dez Groveno's le Roy &
lez f̃'s & lez chr̃s eussent eu en conissance le noun de dit Grove-
no' & de cez armez ̷ ou ascun de cez auncesf's p mesme la tourna-
ment ou p ſvice qar la est la conissance de chivalrie ̷

lij. AMAND DE MOUNCEAUX ESQUIER del age de l. anz & pluis
armez p xxxviij ans ꝓduct p' la ptie de monf Richard Lescroꝓ
jurrez & examinez demandez si lez armez dazur̃ ove un bende dor
appteignent du droit & de droit h̃itage descenduz a monf Richard
Lescroꝓ dit q̃ oil qar il ad veu & conu le dit monf Richard estre
armez en lez armez dazure ove un bende dor en Escoce a un jo'
de Marche dev'nt la bataille de Duresme en compaigne de monf
Henr̃ de Percy aiel a le counte de Northumbr̃ Et depuis
dev'nt Parys ove le Roy come conu chose est a toux le Roy le
prince le duc de Lancastr̃ & touz lez f̃'s quex estoient a mesme la
voiage ove le Roy & la estoit monf Henry a banſ armez en mesmez
lez armez ove un label blanc & p diſsez foitz en Escocez a lez
voiagez du Roy armez en lour armez & pluso's auſs de soñ lynage
armez en mesmez lez armez ove differencez demandez p qi il sciet
q̃ lez ditz armez sount a dit monf Richard dit qil ad oy dire de
cez auncesf's & dez veux chr̃s queux sount a Dieu comandez q̃ lez
ditz armez sont descenduz p droit lynee & h̃itage au dit monf
Richard & unq̃s en nuſt temps ad oy dire le contrairie mes q̃ le dit
monf Richard & cez auncesf's ount continuez & usez lo' possessioñ
tout dys dount memoir ne court ̷ It̃m dit le dit Amand q̃ monf
Roƀt de Hiltoñ avoit un fille a marier s' quelle mariage le dit
monf Richard treta p' la dit mariage/ Et p' cause qils ne p'roient
acorder le dit f̃' Richard treta de mariage ovesq̧ monf Williã de
la Pole & le espousast la fille du dit William Et le dit monf
Roƀt de Hiltoñ fuist corucez p' cause qil eust mariez la fille du
dit monf William & disoit unqor jeo sue leez qil nad my espouse
ma fille qar je oy dire qil nest my g'nt gentil hõme a q̃ monf
John Hasethorꝓ del age de cent ans & pluis respondist & dite A
Sire ne ditez pas qare ſteynement & s' malme il est venuz dez
grauntz gentils hõmes de le temps du Conquest demandez sil ad
oy pler q̃ ascun chalang' ou inſrupcioñ fuist fait p le dit monf
Roƀt Groveno' ou p ascun de cez auncesf's dit q̃ noun qar il ne
oiast unq̃s pler de dit monf Roƀt Grovenour ne de cez auncestrez
ne de nuſt autr̃ del noun de Groveno's ̷

Et ces sount lez attestacions pris a mesme la lieu dev⋅nt lez ditz comissairs le xixme jo^r du dit moys lan suisdit ꝑducts p le dit monſ Richard Lescroꝑ & soñ dit ꝑcuro^r en la manſe desouth escript.⁄

Monſ WILLIAM MURRERS del age de lxiiij ans & pluis   liij.
armez priñment a Andwarꝑ dev⋅nt q̃ lez Roy q̃ mort est alast a la siege de Tourney ꝑduct p le ꝑcuro^r de monſ Richard Lescroꝑ jurez & examinez demandez si lez armez dazure ove un bende dor appteignent de droit au dit monſ Richard Lescroꝑ dit q̃ oil qar il ad veu & conu le dit monſ Richard estre armez en un chaump dazu̅r ove un bende dor & ce en Fraunce quant le noble Roy q̃ Dieu assoile fuist dev⋅nt Parys & la pees feust fermez a Charters & depuis en Espaigne ovesꝗ monſ^r de Lancastr̃ a la ba-taille de Nazar & auſ̃s de soñ lynage armez en mesmez lez armez ove differencez en diνsez viagez & journez ou il ad este demandez p qi il sciet qils sont lez armez du droit a monſ Richard dit qil ad oy dire de cez auncesſ̃s & de lez pluis veillez chȋrs & esquiers de lez ptiez del North q̃ le dit monſ Richard & cez auncesſ̃s ount usez lez ditz armez tutdys en mon temps & tutdys continuez en pessible possession p tout soñ temps & unꝗs dev⋅nt cest debate ne oiast dire le cont⋅rie de nuꝉ hõme demandez sil ad eu ascun temps oy dyre qi fuist le priñ auncestre du dit monſ Richard qi usast & portast lez ditz armez dit qil nad poynt oy de soñ p^ier auncestr̃ qar il ad oy soñ piere dire qil oiast de soñ piere dev⋅nt & dez auſ̃s vielx chȋrs q̃ ceux de Scroꝑs feurent venuz dez noblez et gentilx gentz & feʃoyent g⋅unt hono^r a lez ditz armez dazure ove un bende dore & cõe voys & fame laboure p toutz lez ptiez del North q̃ lez ditz armez sont descenduz au dit monſ Richard p descent de ꜧitage & p droit lynee demandez sil ad veu oy ou ʃcieu q̃ ascun infrupcioñ dez ditz armez ad este fait en ascun temps p monſ Roꝉt Groveno^r ou p cez auncesſ̃s ou p ascun autre en lo^r noun dit qil ad bien oy le noun de Groveno^r mes de quelle condi-cion ou de quele estate ils feurent unꝗs nad oy dire ne unꝗs vist le dit monſ Roꝉt ne nulle de cez auncesſ̃s armeez en nuꝉ armez ne oiast ꝑler de nuꝉ infrupcioñ p eux fait dez ditz armez dev⋅nt cest debate ore de noveꝉ.⁄

Monſ ROB⋅T CONESTABLE del age de xxxiij. ans & pluis   liiij.
armez de xiij ans ꝑduct p^r la ptie de monſ Richard Lescroꝑ

jurrez & examinez demandez si lez armez dazure ove un bende
dor appteignent de droit au dit monſ Richard dit q̃ oil demandez
p q̃ il sciet dit qil ad sovent oye de cez auncesters & de vaillantz
gentz darmez q̃ mortz sount q̃ lez ditz armez apptiegnent au dit
monſ Richard de droit de ħitage p descent lynee & le dit monſ
Richard & cez ꝑgenitoͬs devᵃnt luy linealment usez & occupez lez
dit armez peisiblement & notoirment & del contͥire nad oy dire
demandez q̃ fuist le priñ auncestrie du dit monſ Richard q̃ usast
lez ditz armez dit qil ne sciet my qare come il ad oy dire ils ven-
dront ove le Conqueroͬ & ount este depuis le Conquest demã̃d sil
ad vewe le dit monſ Richard armez en lez ditz armez dazure ove
un bende dor dit qil vist le dit monſ Richard armez en lez ditz
armes en Escoce ove monſͬ de Lancastͬ & soñ bañ de mesmez lez
armez publikement portez & luy vist auxi a la darrein viage en
Escoce ove ñre ſ le Roy armes en mesmez lez armez & plusoͬs
auͬs de soñ noun & lynage ove difference come braunches au dit
monſ Richard & dit qil ad vewe & conu monſ William Lescroꝑ
leisne fitz au dit monſ Richard & monſ Estepheñ Lescroꝑ armes
en mesmez lez armez ove difference en la compaignie de monſͬ de
Lancastre a soñ gᵃnt chivache outͬ Fraunce en Gyan & vist auxi
monſ John Lescroꝑ fitz monſ Henͬ Lescroꝑ armez en mesmez lez
armez ove un difference en la compaignie de monſͬ de Gloucestͬ
adonq̃s le counte Bukynghᵃm a la viage qil fist en Breitaigne & ad
veu auxi sovent lez ditz armez dazuͬ ove un bende dor en fenesͬs
ꝟrez & en peyntoͬs abbeys & en esglisez & en plusoͬs auͬs lieux ou
il ad este & unq̃s ne oiast pler dautre hõme q̃ avoit droit a lez ditz
armez sinoñ le dit monſ Richard Lescroꝑ & cez cousyns q̃ ount la
noun de Scroꝑ & lour auncestͬz demandez sil ad conu ou oy q̃ le
dit monſ Richard ou cez auncesͬs ount este chalangez ou inͬruptz
del portacioñ dez ditz armez p monſ Robͭt Grovenoͬ ou p cez aun-
cesͬz ou p ascun autre en lour noun dit ꝫteygnement q̃ noun ne
unq̃s devᵃnt ceste debate en Escoce ne oiast pler du dit monſ Robͭt
ne de nuͭt de cez auncesͬs ː

lv.   MONſ GERARD SALVAYN de age xxviij. ans armez de ix anz
ꝑduct pͬ la ꝑtie de monſ Richard Lescroꝑ jurrez & examinez de-
mandez quelles armes sont & deussent appteigner du droit au dit
monſ Richard Lescroꝑ dit q̃ lez armez dazuͬ ove un bende dor
demandez p q̃ il sciet dit qil ad oy dire dez veillez gentz darmes q̃

le dit monſ Richard & cez aunceſts ount toutdys usez & occupiez lez ditz armez cõmunement & publikement & tutdys estez en possessioñ dez ditz armez & lez ditz armes sount descendus au dit monſ Richard p droit noun & ħitage dount memoĩr ne court & del cont*rie nad oy pler & auxi il ad veu & conu le dit monſ* Richard estĩ armez deux foitz en Escoce en lez ditz armez dazuĩ ove un bende dor & pluso's auſs de soñ noun & lynage armez en mesme lez armez ove differencez & ad veu sovent lez ditz armez en Vrurez & en peynturz nomez & appellez notoirement lez armez de Scroꝑ demandez sil ad oy le noun del primer aunceſtr du dit monſ Richard dit q̃ hõme ne poet sovener taunt sount ils de noun de Scroꝑ dauncien temps demandez sil ad oy de ascun chalange ou inꝸrupcion dez ditz armez fait au dit monſ Richard ou a cez aunceſts p monſ Roꝰt Groveno' ou p cez aunceſts ou p autĩ en soñ noun dit q̃ neuyl ne unq̃s oiast pler del dit monſ Roꝰt ne de cez auncesters dev*nt la darrein viage en Escoce ove ñre ſ' le Roy ꞏ⸜

THOMAS DE SALTMERSSH' ESQUIER del age de xl anz & pluis ꝓduct p' la ptie de monſ Richard Lescroꝑ jurrez & examinez demandez si lez armez dazuĩ ove un bende dor appteignent du droit au dit monſ Richard dit q̃ oil demandez p q̃ il sciet dit qil ad este armez de xxv ans & il ad veu & conu le dit monſ Richard estre armez soñ corꝑs dazuĩ ove un bende dor & plusours auſs de soñ noun & lynage armeez en mesmes lez armez ove differencez demandez ou lad veu dit qil ad veu le dit monſ Richard armez en lez ditz armes dev*nt Parys en ꝑsence du Roy q̃ mort est & monſ Henĩ Lescroꝑ illoq̃s armez en mesmez lez armez ove un labeꝈ blanc a soñ banſ de mesmez lez armez publikement & notoirement portez & vist auxi lez av*ntditz monſ Richard & monſ Henĩ armez en lez armez suisditz en Escoce ove le counte de Warwyk' qi mort est & dit auxi qil ad un cħre fait p un de cez aunceſts le dit monſ Richard & de noun de Scroꝑ ꝑ quelle cħre le dit Thomas tient uncore pcelle del manoir de Appelby de monſ Richard Lescroꝑ qorest & la dit cħre port date de viij^{xx} ans & plutis & il ad auxi diⱱsez veillez munimentz en queux sõnt lez nouns de Scroꝑ en tesmoigne & dit qil ad oy dire de cez aunceſts & de pluso's vaillantz gentz darmez qore sount a Dieu comandez & q̃ le dit monſ Richard & cez ꝓgenito's ount portez lez ditz armez & continuez lo' possessioñ lynealment du temps de

lvj.

Conquest & dit auxi q̃ cõe voys & fame est en tout soun paiis q̃
lez ditz armez sount descenduz au dit monſ Richard p droit lynee
& p descent de ħitage demandez sil ad veu scieu ou oie q̃ en ascun
temps le dit monſ Richard ou ascun de cez auncesťs fuist chalange
ou ascunment inťrupt del portacioñ dez ditz armez p monſ Roħt
Grovenoͬ ou ascun de cez auncesťs ou p ascun autre en loͬ noun
dit p son ſͨement q̃ noun ne unq̃s ne oiast pler de luy ne de cez
auncesťs ne quellez armez ils ount ou deussent avoir devͨnt q̃ ceste
debate fuit comēcez ⸗

lvij.   JOH'N DE NEULAND' ESQUIER de age de lx ans & pluis
armez de xl ans ₚduct pͬ la ptie de monſ Richard Lescroꝑ jurrez
& examinez demandez si lez armez dazure ove un bende dor app-
tiegnent du droit au dit monſ Richard Lescroꝑ dit q̃ oil demandez
p qi il sciet dit q̃ p droit de ħitage & p discent lynee sont lez ditz
armez dazure ove un bende dor descenduz au dit monſ Richard &
luy & cez auncesťs eux usez & ent continuez loͬ possessioñ dont
memoir ne court come cõe & publike voys & fame laboure & ad
labouͬ p tout soñ temps demandez sil ad veu le dit monſ Richard
armez en lez ditz armez dit qil ad veu le dit monſ Richard deux
foitz en Escoce armez en lez ditz armez dazuͬ ove un bende dor
& soñ banͬ de mesmez lez armez publikement portez le pͬm̃ foitz
ove monſͬ de Lancastͬ & lautͬ foitz ore tarde ove n̄re ſͬ le Roy
qorest & auxi il ad veu monſ William Lescroꝑ en Gascoigne
armez en mesmez lez armez ove un labełł & ne court pas a sa me-
moir qil ad veu le dit monſ Richard oue auťs de sa lynage armez
aillours qar p toux lez gͨundez bataillez & journez de noble Roy q̃
mort est le dit John estoit en garnisoñ en Normandie en Bretaigne
en Burgoyne & en lez gͨuntez compaignies qu̾nt ils estoient de-
mandez sil ad oy qi fuist le pͬmer auncestrie du dit monſ Richard
q̃ usast lez ditz armez dit q̃ noun mes il ad oy dire en sa joefnesse
dez aunciens chͨrs & esquiers q̃ lez auncesťs du Scroꝑ feurent
nobles & gentils & venoient ove le Conqueroͬ demandez sil ad veu
scieu ou oy q̃ le dit monſ Richard ou ascun de sez auncesťs ount
este en ascun temps chalangez ou inťruptz del portacioñ dez ditz
armez p monſ Roħt Grovenoͬ ou p ascun de sez auncesťs ou p
ascun autre en loͬ noun dit ͨteignement q̃ nouyl ne unq̃s vist le dit
monſ Roħt ne nułł de cez auncesťs armez en nułł lieu devͨnt la
darrein viage en Escoce ove n̄re ſͬ le Roy ⸗

THOMAS DE COTYNGHAM PRIOUR DEL ABBEY DE SEINT lviij.
MARIE DEV'WYK' del age de lx ans & pluis ꝓduct pᵣ la ptie de
monſ Richard Lescroꝑ jurrez & examinez demandez sil ad conis-
sance quelles armez se deyvent estre a monſ Richard Lescroꝑ dit q̄
oil qare lez armez de monſ Richard sount de veille temps en ñre
abbey & estoient faitz pᵣ lez auncesꝪs de monſ Richard lez queux
sount dazuꝩ ove un bende dore & un labeħ dargent & auxi lez
entiers armez sount en un chapelle en loᵣ fermorie en un fenestꝴ
Ꝟre demandez sil ad oy dire q̄ lez ditz armez appteignent du droit
& de ħitage & p descent de lynee a dit monſ Richard dit q̄ oyl
qare il ne oyast dire unq̄s le contᵣrie de nuħ hōme   Et pᵣ lez
armez du dit monſ Richard Lescroꝑ & pᵣ cez auncesꝪs lez ditz
armes sount mys en fenesꝪs en verrurez en depeynturez & en ves-
timentz p tut & nemy pᵣ autꝴ hōme   Iīm le dit prioᵣ monstra un
veille acquitance desouz le seal de Geffray Lescroꝑ queux sount
lez armez entiers quelle acquitance est sanz date & ount mys le
noun Edward le Roy mes nemy le secund ne le tierce & p ceħ
cause appiert bien q̄ la quitance fuist fait en le temps de priꝛ
Edward demandez sils ount ascuns dez auncesꝪs de monſ Roꝰt
Grovenoᵣ ensevelys en loᵣ esglisez ou sil oiast unq̄s pler de luy ou
de cez auncesꝪs dit q̄ neuyl il ne oiast unq̄s pler de luy ne de cez
auncesꝪs ne sount my ensevelys en ñre esglise ne en nuħ lieu
de ñre ꝛ

LE PRIOᵣ DE MARTON' dage de lxvj. ans ꝓduct pᵣ la ptie de lix.
monſ Richard Lescroꝑ jurrez & examinez dit q̄ en loᵣ esglise sont
lez armez de Scroꝑ le aieħ de monſ Richard qorest queux armez
sount mys en le South costie de loᵣ esglise demandez queux sount
lez entiers armez du Scroꝑ dit q̄ lez armes de Scroꝑ sount dazure
ove un bende dor lez queux armez sount mys en un fenestꝴ Ꝟre de-
soure lautre du Seint Cuthebert demandez p qi il sciet qils sount
lez armez de monſ Richard Lescroꝑ dit qi issint ount ils portez le
noun depuis qil ad este en le dit priorie   Iīm le dit prior dit q̄
monſ Alisaundre de Nevyħ uncle a sire de Nevyħ qorest le fist
faire un cote darmez enbroudez de cez armez ꝓprez & fist faire lez
quarters tut pleyne de petitz escochōns de lez armez de cez amys
en queħ cote sount trovez lez armez de lez auncesꝪs de monſ Rauf
de Hastyng' lez escochōns dez armez de monſ William Datoñ lez
escochōns dez auncesꝪs de Seynt Quyntyn & lez escochōns dez

auncest̃s de Marmyoñ & aut̃s tout pleyn entr̃ queux sont lez armez de mon ̷s Henr̃ Lescrop̃ ove un blanc labell en mesme le cote & mesmez lez armez entiers dazur̃ ove un bende dor en mesme le cote quelle cote est en la tresore del dit priorie de Martoñ en le forest de Galtris en quele cote le dit mon ̷s Alisandre fuist armez a la bataill de Kynchorñ & a la bataill de Halydōnhill & a la bataille de Duresme Itm̃ le dit priour dit q̃ en veille temps passez deux cent anz al prim̃ fundacioñ del lo^r esglise fuist un chl̃r mon ̷s Rob̃t Haket ̷s^r de Quenby & de la moitee de ̷s^re de Cornburgh̃ amast tant un de lez Escrop̃s & celuy dez Escrop̃s amast tant le ̷s^r de Quenby q̃ p^r amo^r le un fist fair un fenester̃ en lo^r esglise de lez armez de ̷s^r de Quenby & le ̷s^r de Quenby fist fair un fenestr̃ de lez armez du Scrop̃ & lez armez du ̷s^r de Quenby sont en un fenestr̃ ʼvre dargent ov un sauto^r de sable & en lautr̃ fenestr̃ sont lez armez du Scrop̃ dazure ove un bende dor & come il ad oy dire dez veux ̷s^rs & cl̃rs & dez aunciens prio^rs en la dite mesoñ q̃ le dit mon ̷s Richard est descenduz p droit lynee & del h̃itage & tutdys continuez lo^r possessioñ dez ditz armez & tutdys p^r lo^r armez reputez & unq̃s il nad oy dire la cont^erie & come lez veuz priours du dit priorie ount dit q̃ lez ditz Escrop̃s venoient ove le Conquest dez armez & de noun demandez sil ad ascun sepulture en le priorie de Martoñ de lez auncest̃s de mon ̷s Rob̃t Groveno^r ove cez armez en ascun lieu en le prio^rrie dit q̃ noun qar dev^ant cest temps il ne oiast unq̃s pler de luy ne de cez auncesters :/

lx. ROGER DE QUIXLEY celerer del abbeye de FONTAYNES mys p labbe de Fountaynes p̃duct p^r la ptie de mon ̷s Richard Lescrop̃ jurrez & examinez demandez sil ad conissance de lez armez de mon ̷s Richard Lescrop̃ dit q̃ oil qar a une autre de Seint Laurence dedyns lo^r esglise pamont del haut auter de la South̃ ptie sount lez armez de Scrop̃ dazur̃ ove un bende dor Et auxint lez ditz armez sont depeyntez s^r un table ove un labell dargent Et auxi en un bas chambre appelle la chaumbre del abbe sount lez ditz armez ove un labell en ʼvrure & ount este la p le temps de .v. abbez ou pluis Et il monstra auxi une cl̃re sanz date p quelle mon ̷s Geffrey le Scrop̃ feoffa la dite mesoñ de Fountaynez dun mees en Northstret dedeins le cite Deʼvwyk' p cestez tesmoignez mon ̷s John Mauleʼver John de Donkast̃ chl̃rs Thomas de Redenesse adonq̃s meir Deʼvwyk' Nicholas Flemmyg' Rog̃ Basy

& Joħn de Sesre baleyes & auɭs ensealez de vert cere de lez armez
entiers sanz label demandez si lez ditz armez sont descenduz p
droit heritage & de lynee al dit monſ Richard dit q̃ oil qar il nad
poynt oy dire la contᵃrie en nuɫɫ temps mes q̃ lez ditz armez sont
descenduz de droit heritage & lynee al dit monſ Richard deman.
dez sils ount ascuns sepulturez ou armez dez auncesɭs de monſ
Roƀt Grovenoᵣ dit q̃ noun/ qar ils ne oyerent unqes pler de luy ne
de cez auncesters ⸴

SIR JOH'N DE MANFELD Pson' DEL ESGLISE DE SEINT MA-   lxj.
RIE Sʳ RYCHILL' EN EVᵛWYK' del age de lxiiij anz pduct pᵣ la
ptie de monſ Richard Lescroꝑ jurrez & examinez demandez si lez
armez dazure ove un bende dor apptiegnent de droit au dit moñ ſ
Richard Lescroꝑ dit q̃ oyl demandez p qi il sciet dit q̃ lez armez
de Scroꝑ sont en diᵛsez lieux en sesglise cest assavoir en une
fenestᵣ ᵛre de la South pt desglise sõnt lez armez du Scroꝑ da-
zure ove un bende dor & en le cauntoñ descu pamont sʳ le bende
un petit leonceɫ de purpre en la dit esglise sount auxi diᵛsez
veux vestementz en queux sount cousuz de soy de veille temps
dont memoir ne court lez entiers armez de Scroꝑ dazuᵣ ove un
bende dor la fesaunce du quelles armes passent memoir de hõme
demandez coment il sciet q̃ lez ditz armez sount lez armez du
Scroꝑ dit q̃ ensy sount cõmunement appellez & del contᵃrie unq̃s
nad oy dire mes q̃ lez ditz armez dazure ove un bende dore sount
& ount tutdys reputez lez armez du Scroꝑ & le dit monſ Richard
& cez auncesɭs eux usez publikement & a le dit monſ Richard
descenduz linealment p droit de ħitage come cõe voys & fame
laboure ⸴

SIRE JOH'N DE FERYBY SOUZTRESORER DE LESGLISE CA-   lxij.
THEDRAIL DEVᵛWYK' del age de liiij. ans pduct pᵣ la ptie de monſ
Richard Lescroꝑ jurrez & examinez demandez sil ad veu ou conu
lez armez de monſ Richard Lescroꝑ dit q̃ en lesglise cathedrale
Deᵛwyk' sʳ lez pareis des orgons sont lez armez de monſ Richard
Lescroꝑ ou de sez auncesɭs ove un labeɫɫ dargent & auxi en lois-
teɫɫ dun chanon del dit esglise q̃ hõme appelloit meistᵣ William
de la Mare sount lez armez de monſ Henᵣ Lescroꝑ ou de cez aun-
cesɭs dazure ove un bende dor ove un labeɫɫ dargent quellez armez
ount este la puis la fesaunce du dit hosteɫɫ qest outᵣ memoir de

hõme qore vist & sount auxi en un auncien fenestͬ Ѵre del Norṫẖ
coste deinz la sale del dit hosteɫ demandez p qi il sciet q̃ lez ditz
armez sount lez armez de Scroꝑs dit p cõe pol & ensy ad oy eux
este appellez & del contͣrie nad oy dire demandez sil ad veu ou
conu lez armez de monꝼ Roᵬt Grovenoͬ ou de cez auncestres en
Ѵrure ou en peyntuͬ dit q̃ noun pas ne unq̃s ne oiast pler de luy
ne de cez auncesͭs devͣnt cest examinacion̄ qorest fait a EѴwyk'⸴

Ces trois attestacions desouz escriptz feurent pris a Atoñ
Pykeryng' & a Scardeburgẖ eɽ la maner' qe sensuist⸴

lxiij.

Monꝼ WILLIAM ATON' de age de $\frac{xx}{iiij}$ & vij. anz armez de lxvj.
ans ꝓduct pͬ la ptie de monꝼ Richard Lescroꝑ jurrez & examinez
demandez si lez armez dazure ove un bend dor appteignent de
droit a monꝼ Richard Lescroꝑ dit q̃ oyl & q̃ en le temps il ad este
armeez il ne oyast dire autre ne le countrarie nestoit unq̃s dit en
nuɫ ptie ou il ad este demandez sils sount descenduz p droit lynee
& heritage au dit monꝼ Richard dit q̃ en soñ temps monꝼ Henͬ
Lescroꝑ pier a monꝼ Richard Lescroꝑ qorest estoit venuz de
noblez & du gentils hõmes & fuist p assent de cez parentes mys al
le ley & fuist justice du Roy ne pͬ tͣunt en cez sales en sez litz &
en fenestrez & en vesselment il usat lez avͣntditz armez dazure ove
un bende dor   Et le dit monꝼ Henry usast cestez armez pͬ lez
soens come soñ pier avoit usez devͣnt luy en toͬnamentz & en
autrez lieux come la mañe estoit adount qar come il ad oy dire de
soun piere & de cez unclez & de cez auncesͭs q̃ le pier de monꝼ
Henͬ Lescroꝑ q̃ fuist justice le quele Henͬ estoit pier a monꝼ
Richard q̄orest & le piere de monꝼ Geffrey Lescroꝑ frier au dit
Henͬ Lescroꝑ q̃ fuist auxi justice du Roy q̃ loͬ pier avoit a noun
monꝼ William Lescroꝑ & il estoit en soñ temps le pluis fort toͬne-
our de tout ñre paiis & tutdys toͬneast en cez armez dazure ove un
bende dor & estoit bone esquier & boñ ꝼvant en armez quͣnt il
estoit esquier & boñ bohourdeoͬ   Et outre ceo il vist le dit frer
monꝼ Geffrey Lescroꝑ q̃ fuist fait chivaler a la toͬnement de
Northamptoñ en temps le Roy Edward le second celuy Geffrey en
soñ temps estoit noble cῐr & toͬnea a ceɫ toͬnement en mesmez
lez armez ove un labeɫ blanc & fist molt noblement & a bañ &
desouz sa bañ toͬneyrent auɫs chῐrs dez queux loͬ nouns ne sount
my meytenant en memoir   Et aꝑs le temps du Roy Edward le

secund Edward le tierce q̃ mort est q̃ Dieu assoiłł comenceast a
guerrer en Escoce & la estoit armez le dit monſ Geffrey & a barſ
& de dela lez guerrez cõmencerent en Fraunce al voiage du Roy
a Borenfos & de Burenfos le Roy alast al siege de Turney & la
estoit de la retenu du Roy le dit monſ Geffrey a barſ armeez en
mesmez lez armez ove un labełł blanc demandez p qi il sciet q̃ lez
armez sount a dit monſ Richard dit q̃ en tout soñ temps quant il
se arma il vist un ou deux del noun de Scroꝑs portantz lez ditz
armez & come il ad oy dire depuis qil ne mye est armez ils ount
continuez pesiblement loʳ possessioñ en gᵃnd honoʳ & come il ad oy
dire de cez auncesťs le noun dez Scroꝑs & loʳ armez venoient ove
Roƀt de Gaunt q̃ venoit ove le Conqueroʳ demandez si ascun cha-
lange ou inťrupcioñ fuist fait p monſ Roƀt Grovenoʳ ou p cez
auncesťs ou p ascun en soun noun en soñ temps ou qil ad oy
dire dit q̃ noun qar il ne oyast unq̃s plere en nułł temps de tiel
noun ne conissance nad il poynt de cez armez qar il ne vist unq̃s
lez armez portez en nułł lieu en lez nouns dez Grovenoʳs en lez
primes guerrez en Fraunce ne en Escoce ne en toʳneaymentz ne en
nułł auťr lieu ne unq̃s oyast pler de cez auncesťs꞉

Monſ Richard de Rouclif del age de lxv. ans armez lij.   lxiiij.
anz ꝓduct pʳ la ꝑtie de monſ Richard Lescroꝑ jurrez & examinez
demandez si lez armez dazure ove un bende dor appteignent ou
deyvent apptinſ du droit & de ħitage a monſ Richard Lescroꝑ dit
q̃ oyl & qil ne oyast unq̃s dire la contrarie qar en toutz lez viagez
ou journez & batailles il ad veu & conu Lescroꝑs portantz lez
armez dazure ove un bende dor ascuns entiers & ascuns ove diffe-
rencez depuis lez guerre del Balloif en Escoce tanꝗ encea & pʳ
nomer touz lez lieux ou ils ount este depuis qil ad este armez il
ſroit trõp lung' Mes pʳ dire sʳ le ſment qil ad fait ils lez teignent
en la paiis DeᏌwyk' & p tout la paiis de Richemond pʳ gentils
ħõmes & p descent lynee & de ħitage descenduz come il ad oy dire
de cez auncesťs & p tout soñ temps pʳ tielx reputez & de veille
auncestrie demandez p q̃ il sciet & sil unq̃s oyast de noun de
soñ primſ auncestř dit q̃ neuyłł qar ils sount dez gᵃundez gentilx
ħõmez devenuz & descenduz & come ħõme dit qil sount del Con-
quest & qils ount este de si long temps qils passent memoire de
ħõme demandez en ꝑsence dez queux ſ'ʳs ount ils portez & conti-
nuez loʳ armez dit qils ount este en possessioñ & continuez &

armez toutdys en p̄sence du Roys & en p̄sence de monſ le prince
& dev⁎nt lez ducs countez barones & auſs ſ⁎s Dengliſͬe demandez
si lez ditz armez ount este chalangez p lez auncesſs de monſ Roƀt
Grovenoʳ ou p le dit monſ Roƀt ou p ascun en soñ noun dit q̃ en
touz lez voiagez qil ad este en Fraunce en Escoce en Bretaigne en
Normandye en Espaigne en Gascoigne il ne oyast unq̃s pler de lez
auncesſs des Grovenoʳs ne del dit monſ Roƀt ne de nuſt de soñ
lynage portant le noun de Grovenoʳ tanq̃ en le temps du ceste
debate ⸴

<lxv.> JOH'N DE RITHER ESQUIER dage de lxvj. ans armez du temps
qu⁎nt le Roy q̃ mort est fist soñ chivaches a Burenfos en Picardye
p̄duct pʳ la ptie de monſ Richard Lescroρ̄ jurez & examinez de-
mandez si lez armez dazure ove un bende dor apptiegnent ou
pʳront apptiegner du droit & de ħitage au dit monſ Richard & si
lez auncesſs du dit monſ Richard ount occupez lez ditz armez dit
q̃ oyl qar le contᵃrie ne oyast il unq̃s en nuſt lieu & come il ad oy
dire q̃ le dit monſ Richard & cez auncesſs dev⁎nt luy ount occu-
piez & continuez lez ditz armez tutdys en possessioñ honʳablement
p tout soñ temps   Et il dit qil ne vist unq̃s ħome fair honoʳ a lez
ditz armez mes ceux q̃ portent lez nouns de Scroρ̄s ne ne oyast
pler mes per oy dyre de cez auncesſs & dez veux cħrs & esquiers
coment q̃ monſ Henͬ pier al dit monſ Richard estoit justice du
Roy & le dit monſ Henͬ estoit venuz dez noblez & dez gentilx
ħomes & ount demʳrez toutdys pʳ tielx & pʳ tilx reputez en le paiis
Deſᵛwyk' & de Richemond outre temps de memoir & continuez
dauncestrie loʳ armez en possessioñ de noun & de armez demandez
sil ad oy dire de cez prim̃s auncesſs & quelez nouns ils avoient &
porterent dit q̃ noun qar lez auncesſs du dit monſ Richard ount
este si longement & sount de si veille temps qille passe memoire de
ħome & le noun ne poet ħome soveñ de soñ prim̃ auncestͬ mes
come cez auncesters ount dit dev⁎nt eux demandez en p̄sencez dez
queux ſ⁎s le dit monſ Richard ou cez auncesſs ount occupez lez
ditz armez dit q̃ lez auncesſs de monſ Richard ount continuez loʳ
possessioñ come il ad oy dire de cez auncesſs en toʳnementz come
ils estoient usez adount a Norhamptoñ a un toʳnement fait en le
temps le Roy Edward le secund toʳneast un monſ Geffray Lescroρ̄
q̃ fuist fait cħr adount & la fuist a bañ & cez armez estoient
dazure ove un bende dor ove un label dargent & desouz luy & cez

armez estoient faitz chɪrs monſ Joħn Hodōm del counte de Caun-
tebrigg' monſ Joħn Tempest frier a monſ Richard Tempest &
monſ Thomas de Blount tourneya adount desouz luy & estoit
cousyn a counte de Warwyk' Et le dit monſ Geffrey Lescroᵽ
avoit graunt pris & portoit gᵘund noun pʳ soñ fait a cel toʳnament
Et en lez guerrez q̄ le noble Roy Edward qi morrust darrein alast
pⁱmerment pʳ guerrer le Roy de Fraunce fist un voiage en Pycar-
die a Burenfos & la le dyt Joħn Ryther vist monſ Geffrey Le-
scroᵽ a barſ & armez en lez armez dazure ove un bende dor ove
un labeħ dargent & estoit de retenue de Roy puis aᵽs al siege de
Tourney le dit monſ Geffrey estoit aħ dit siege armez en mesmez
lez armez aᵽs le Roy Edward alast al siege de Fanes & la estoit
monſ Henr̄ Lescroᵽ fitz a monſ Geffrey armez en lez armez de son
pier & monſ William Lescroᵽ eisne frier au dit monſ Richard
armez en lez entiers armez & quᵘnt la siege fuist levez le Roy fist
gardein de Bretaigne le counte de Northamptoñ & alast a la siege
de Morlees & a la bataille de Morlees estoit blessez le dit monſ
William Lescroᵽ armez en mesmez lez armez de quelle blessure il
morust aᵽs & le Roy Edward venoit en Engliᵗre & aᵽs le Roy
alast a Mewrose en Escoce & la estoit monſ Thomas Ughtred &
come il quide monſ William Lescroᵽ frier a monſ Henr̄ Lescroᵽ
estoit desouz sa barſ Et aᵽs estoit la bataille de Lescluse & la
estoit monſ Henr̄ Lescroᵽ a barſ en la compaignie de counte de
Norhamptoñ & le dit monſ William frier au dit monſ Henry
estoit la & armez en cez armez en le compaignie del dit counte
Et le ꝑcheine viage aᵽs le Roy fist soñ viage a Hogges & de
Hogges a Cressy a la bataiħ Et a ceste bataille estoit Estephein
Lescroᵽ q̄ fuist frier a monſ Henr̄ & monſ Williã Lescroᵽ frere
auxi au dit monſ Henr̄ armez en lez armez ove differencez Et
monſfʳ le prince adount esteant en lavᵘntgarde & capitaigne &
ove luy en sa compaigny dez chivalers & dez esquiers gᵘunt foisoñ
de ceux de Chesſschire & dez noblez archers auxi & le dit monſ
William armez en lez armez & Estepheñ de Scroᵽ auxi sanz cha-
lange ou moot pler ou soꝟ p tout le host de mesmez lez armez
Et de dela le Roy alast al siege du Caleys & a la siege du Caleys
estoit monſ Henr̄ ove sa barſ apptement & publikement & monſ
William Lescroᵽ armez p joʳ & noet a mesme le siege & Estepheñ
Lescroᵽ auxi Et en temps q̄ monſ Rauf Dufford estoit gardein
en Irlond il avoit ove luy chivalers & esquiers plusoʳs en sa com-

paigne dèl counte de Chestr̃ & noblez archers g°und pleinte & le
dit monſ Henr̃ estoit la ove sa banῆ & soῆ cote armez en mesmez
cez armez sur lez yroys   Et al siege de Barwyk' estoit monſ
Henr̃ Lescrop̄ ove son banῆ & Estepheῆ Lescrop̄ armez en lo͏ͬ
armez   Et ap̃s la rescous de cel siege monſ de Lancastr̃ qi mort
est alast en Bretaigne & estoit gardein du Bretaigne & fist en
sieger la ville de Reyns en Bretaigne & a cel siege estoit monſ
Geffrey Lescrop̄ eisne fitz au dit monſ Henr̃ le quelle monſ Gef-
frey estoit armez en mesmez lez armez ove label blanc gobonne de
rouge   Et ap̃s le noble Roy fist soῆ viage dev°nt Parys & la
estoit monſ Henr̃ a banῆ & la estoit monſ Richard Lescrop̄ qorest
armez en cez entiers armez en la compaignie de counte de Ryche-
monde & la estoit monſ Geffrey Lescrop̄ armez en mesmez lez
armez ove differencez en la compaignie de monſ͏ͬ de Lancastr̃ q̃
mort est   Et ap̃s cest voiage la pes fuist fait le dit monſ Geffray
Lescrop̄ alast en la compaignie dez chivalers en Pruce & la a une
reise a la saute de Welloῆ en Leitowe estoit mort en cez armez le
quelle monſ Geffray est ensevelys al dom de Conyngburgh & cez
armez depeyntez en une fenestre ſre q̃ le dit John Rither fist faire
luy mesmez de cez p̃prez armez sur luy   Et ap̃s qu°nt mõſ͏ͬ le
prince alast en Espaigne a la bataille de Nazar monſ Richard
estoit a mesme la bataille armez dazure ove un bende dor. Et
depuis en la voiage de monſ͏ͬ de Lancastr̃ outr̃ Fraunce en Gas-
coigne le dit monſ Richard armez p̃ tout cele viage en compaignie
de monſ͏ͬ de Lancastr̃ & dev°nt a Balȳgh°mhiłł & al chivache en
Caus en Normandye demandez si ascun chalange ou int̃rupcioῆ
fuist fait p̃ monſ Rob̃t Groveno͏ͬ ou p̃ ascun de cez auncestres ou p̃
ascun en soῆ noun dit q̃ neuyl & qil ne oyast unq̃s pler de monſ
Rob̃t Groveno͏ͬ ne de nułł de cez auncest̃s ne de nułł chalange en
soῆ noun Mes de un Carmynawe de Cornwale q̃ chalangea le dit
monſ Richard a la voiage dev°nt Parys & le Roy q̃ mort est &
monſ͏ͬ de Lancastr̃ q̃ mort est lez accorderent p̃ til manῆe q̃ le dit
monſ Richard doit porter lez entiers armez & le dit Cormynaue
lez doit porter auxi⸴ dautre chalange il ne oiast unq̃s⸝

   Et fait a remēbre q̃ Richard Herford fuist deputez duement
cõmissaiⸯ p̃ labbe de labbeye de ῆre dame Deſwyk' p͏ͬ aler &
p̃ndre cez trois attestacions p̃ conge de lofficiałł du dean de lesglise
cathedrale Deſwyk' a Pekeryng' & p̃ conge de lofficiałł de larsde-

kene de Estrydyng' en mesme leaglise a Atoñ & a Scarburgħ come
piert pleinement p lact du dit abbe & lez trez dez ditz officials cest
assavoir le Lundy le vynt & quart jo͞r du dit moys de Septemb͞r lan
suisdit venoit le dit Richard Herford au dit ville de Atoñ & la en
la manoir du dit monſ William de Atoñ le dit Richard Herford
seant en la fourme suisdit alt instance de John Gunwardby ꝓcuro͞r
de dit monſ Richard Lescroꝑ fesoit publikement appeller monſ
Robt Groveno͞r & Hen͞r Britles soñ ꝓcuro͞r sūmonez & garnez loialm-
ment dest͞r a cest act/ lez queux ensy appellez & longement atten-
duz & nient comparantz eux reputast p͞r contumas & en lo͞r contu-
mace receyvoist le dit monſ William de Atoñ en tesmoigne ꝓduct
en yceł cause p le ꝓcuro͞r de monſ Richard Lescroꝑ av͞nt dit en
la fourme & cãe desuisditz touchez prim͞ement p le dit tesmoigne
lez seintz Ewangelys le dit Richard Herford luy feisoit jurer qil
dirroit pleyne & mere Ϩite en celle cause a luy demonstrez en due
forme & acustume & depuis p͞vement examinast le dit tesmoigne
& son dit escrivast come desuiz est continuz pluis au pleyne   Et
depuis mesmez lez jours & an le dit Richard Herford aloit a la dit
ville de Pikeryng' & la en la maisoñ de monſ Richard Rouclif
seant en la fourme suisdit al instance de la ꝓcuro͞r du dit monſ
Richard Lescroꝑ fesoit appeller monſ Robt Groveno͞r & Hen͞r Bri-
tles soñ ꝓcuro͞r sūmonez & garnez loialment destre a c̀est act/ lez
queux ensy appellez & longement attenduz & nient comparantz
eux reputast p͞r contumas & en lour contumace resceyvoist le dit
monſ Richard de Rouclif en tesmoigne ꝓduct en celle cause p le
ꝓcuro͞r de monſ Richard Lescroꝑ av͞ntdit en la fourme & cause de
suisditz touchez prim͞ment p le dit tesmoigne lez seintz Ev͞ngelys
le dit Richard Herford luy fesoit jurer qil dirroit pleyne & mere
Ϩite en ycelle cause a luy demonstrez en due fourme & acustume
& depuis privement examinast le dit tesmoigne & soñ dit escrivast
come desuis est continuez   Et depuis mesmez lez jo͞rs & an le dit
Richard Herford alast a la ville de Scarburgħ & la en la meisoñ
de John de Rither seant en la fourme suisditz al instance del
ꝓcuro͞r de monſ Richard Lescroꝑ fesoit appeller monſ Robt Gro-
veno͞r & Hen͞r Britlez soñ ꝓcuro͞r sūmonez & garnez loialment
destre a cest act/ lez queux ensy appellez & longement attenduz &
nient comparantz eux reputast p͞r contumas & en lo͞r contumacie
resceyvoit le dit John de Rither en tesmoigne ꝓduct en yceł cause
p le ꝓcuro͞r de monſ Richard Lescroꝑ av͞ntdit en la fourme &

cause desuisditz touchez p'merment p le dit tesmoigne lez seintz
Ev'ngelys le dit Richard Herford luy fesoit jurrer qil dirroit
pleine & mere Ꝟite en yceꝝ cause a luy demonstrez en due fourme
& acustume & depuis examinast p'vement le dit tesmoigne & soñ
dit escrivast come desuiz est continuez pluis au pleyn   Et aꝓs le
Joefdy le xxvij^me jo^r du dit moys de Septembr̃ lan suisdit le dit
Richard Herford ad Ꝛtifie au dit abbe de lez chosez & chescun dy
ceux av'ntditz ensi faitz en la fourme suisdite, le dit Richard Her-
ford fesant foy de la Ꝟrite dez chosez av'ntditz   Et p^r ceo le dit
abbe ad fait mettre en escript p le dit Richard Herford ces trois
depusicions suisescriptz resceuz come dit est entr̃ auꝝs depusiꝏns
& attestacions p le dit abbe & soñ compaignoñ resceuz en la mañ
av'ntdite꞉

A ꝉshonure & redoute ꝑ monꝯ le duc de Gloucestr̃ count
Desseẍ de Bukyngham & conestable Denglitre ou a Ꝟre lieute-
nant en la court de chivalrie James de Pykeryng' chivalire hono^s
ove touz mañꝯs dez reꝶencez   voz hono^rablez ꞉res ensealez du seal
du Ꝟre office a moy p monꝯ Richard Lescroꝑ chr̃ la Lundy le
prim̃ jour Doctobr̃ ꝯn lesglise parochel de ñre dame de Notyng-
h'm lan du reigne le Roy Richard secund puis le Conquest Dengli-
꞉re disme ꝓsentez꞉ ay resceu ove reꝶencez duez la teno^r de quelez
꞉res en la Ꝛtificatorie du reꝶent pier labbe del monstr̃ de ñre dame
Deꝶwyk' mon college en ceꝉꝉ ptie pleynement est continuez   Puis
la ꝓsentacioñ de quellez ꞉res & recepcioñ dycellez jestoie requis p
le dit monꝯ Richard q̃ al execucioñ dez ditz ꞉res & en la busoigne
dedeinz esc'pt vorroi ꝑceder en due fourme   Et moy voillant a voz
hono^rablez mandementz reꝶentment obbeier & droit en touz pointz
garder en lez ditz jour & lieu en due hour seant en juggement &
veuez & entenduz lez actez du dit abbe & q̃ il en mesme le bo-
soigne au ꝓsent resonablement destourbe as ditz jour & lieu ꝑce-
dere ne p'roit jeo fesoie demander publikement monꝯ Robt̃ Gro-
veno^r & Henr̃ Britiꝉꝉ soñ ꝑcuro^r a cest act & as dedeinz escriptz
droiteilm̃t sũmonez cõme p lez actz du dit abbe a moy demon-
strez pluis pleinement apparoit, lez queux ensy demandez & nuꝉꝉ
mañꝉe comparantz lez ay ꝑnonce contumacez & en la contumacie
dycelle pluis av'nt ꝑcedant lez queux ensi faitz jay resceu monꝯ
John de Loudeh'm chr̃ & auꝝs tesmoignez p le dit monꝯ Richard
en mesme la cause ꝓductz & eux fesoie jurrer touchez p eux lez

seintz Evᵃngelys & beysez q̃ pleyne & mere droit & Ᵽitee distrent
en fourme due & coustume lez queux ensi faitz jeo continua mesme
la bosoigne en mesme lestat qadonq̃s estoit tanq aᵽs la houre de
none de mesme le joʳ en le freitoʳ dez Friers Minours de mesme la
ville de Notynghᵃm & lez ditz freitoʳ & houre pʳ Ꝼteinz causez
resonablez ay lymite & assigne pʳ pluis outre expedicioñ dez bu-
soignz suisditz   Et depuis aᵽs le houre de none de mesme le joʳ
entour le tierce houꞃ devᵃnt moy illoeq̃s seant en jugemēt & de-
mandez le dit monꝭ Roꞗt Grovenoʳ & Henry Britiꝉꝉ publikement
& en nuꝉꝉ manꝭ comparantz & lez contumaciez recordez le dit
monꝭ Richard ꝑduct monꝭ Samsoñ de Strylley cꞖr en tesmoigne
en mesme le cause queux ensi faitz luy ad resceu & fait jurrer
touchez p luy les seintz Ewangelies & beisez q̃ pleyn & mere
Ᵽite dirroit en mesme la cause a luy declare en fourme due &
accustume   Et en aᵽs jeo continua mesme le busoigne a le Mardy
adonq̃s ꝓchin ensuant en mesme lestat qadonq̃s estoit en lesglise
conventual dez ditz Frerez Minours le quel Mardy envenant en le
dit esglise conventuel dez Friers Minours moy seant en juggement
en ᵱsence du dit monꝭ Richard Lescroꝑ & a sa instance jeo fesoi
demander le dit monꝭ Roꞗt Grovenoʳ & Henꞃ Britiꝉꝉ soñ ꝓcuroʳ
& eux en nuꝉꝉ manꝭe apparantz lez recorday contumacez & en outꞃ
continua mesme le boisoigne jesq̃s aᵽs la houre de none de mesme
le Mardy en leglise conventuel dez Frez Minours a Leyscestꞃ Et
enaᵽs jeo tᵃvallay a la dit esglise conventuel de Frierz Minours de
Leycestꞃ & illoeq̃s seant en jugement al instance du dit monꝭ
Richard Lescroꝑ devᵃnt moy esteant en ꝓpre psoñ jeo fesoye pub-
likement demander le dit monꝭ Roꞗt Grovenoʳ & Henꞃ Brittyꝉꝉ
soñ ꝓcuroʳꞏ lez queux ensy demandez & p long temps attenduz &
en nuꝉꝉ manꝭe comparantz recorday contumacez et en outre con-
tinua mesme la bosoigne jesq̃s a lendemayn cest assavoir a Mes-
kerdy le tierce joʳ de mesme le moys en mesme lestat q̃ adonq̃s
estoit en la dit esglise conventuel dez Friez Minoirs de Leycestꞃ le
quelle Meskerdy envenant & moy seant en jugement en lesglise de
Leyscesꝉ suisdit en ᵱsence & al instance du dit monꝭ Richard jeo
fesoy publikement demander le dit monꝭ Roꞗt & Henꞃ Brityꝉꝉ
soñ ꝓcuroʳ lez queux ensi demandez & en nuꝉꝉ manꝭ apparantz lez
recorday contumacez & en peyne de contumacie en outꞃ ꝓcedant
lez queux ensi faitz le dit monꝭ Richard ꝑdust devᵃnt moy monꝭ
Rauf de Ferers cꞖr en tesmoigne en mesme la cause le quele ensy

ₚduct ay resceu & fait jurrer q̄ pleine & mere ʋite dirroit en la
cause suisdit touchez p mesme le tesmoigne lez seintz Evᵃngelis en
fourme due & accustume   Et lez ditz tesmoignez touz & chescun
en ꝑsence de Richard Herford ʋre clerk en ycelle cause selement &
singulerement joust lez inꝓogatoirs du ptie adʋsarie ay examine &
lez deposicōns de mesmez lez tesmoignez p le dit Richard en un
rolle a ycestez annexez loialment ay fait escriʋ & le dit rolle ay
enclose & circūlie & a la circumligatuꝛ dyceꝇ & a cest mon ꝯtifica-
torie jay myse moñ seal en foy & tesmoignance de toux lez avᵃnt-
ditz en mesme le rolle annexe continuez queux toux & chescun
a vous mon ᶴshonoʳe & redoute ꝼʳ ou a ʋre lieutenant p le dit
Richard Herford mauk' & ꝯtifie p ycestez   done a Leycestꝛ le
tierce jour de Octobꝛ lan du reigne le Roy Richard second puis le
Conquest Dengliꝉre disme ⸪

   Ces sount lez attestaciōns pris a Notynghᵃm devᵃnt monꝼ
James de Pykeryng' cōmissaiꝛ de ᶴshonoʳe ꝼʳ le duc de Gloucestꝛ
count de Bukynghᵃm & Desseẍ & constable Dengliꝉre ₚducts le
secund jour Doctobꝛ lan du reigne le Roy Richard puis le Con-
quest disme p monꝼ Richard Lescroꝓ & John Gunwardby soñ
ₚcuroʳ p cause dun plee darmez cest assavoir dazure ove un bende
dor moeve & pendant en la court de chivalrie p entꝛ le dit monꝼ
Richard ptie actour & monꝼ Roꬱt Grovenoʳ ptie defendant en la
maꬱle q̄ sensuit & come piert p lact ent fait ⸪

j.   Monꝼ Joh'n de Loudham leisne de age de lxx ans & pluis
armez de l. ans ₚduct pʳ la ptie de monꝼ Richard Lescroꝓ jurrez &
examinez demandez si lez armez dazure ove un bende dor app-
tiegnent ou deyvent apptiegner au dit monꝼ Richard p ᶴitage &
p descent de lynee dit q̄ ensy ad oy dire en soñ joefnez age de cez
auncesꝉs & de vieux chꝉrs & unq̄s en nuꝉ temps nad oy dire la con-
tᵃrie ne p cez auncestres ne p nuꝉ autꝛ & le dit monꝼ Richard &
auters de sa lyne come uncles & cousyns ount occupiez & usez &
armez lez ditz armez & toutdys continuez en possessiōn lez ditz
armez & luy & ces auncesꝉs ount acquis gᵃundez honoʳs en meyntez
bonez lieux en lez ditz armez dazure ove un bende dor demandez
p quelle droit le dit monꝼ Richard port lez avᵃntditz armez dit q̄ p
droit de auncestrie & descent de ᶴitage & ceo du temps outre me-
moir & unq̄s ne oyast pler dez autrez q̇avoient occupiez ne usez lez

ditz armez mez ceux de noun de Lescrop̄ demandez sil oyast unq̄s q̄ fuist le prim̄ auncestre du dit mon̄ Richard q̄ usast lez ditz armez dit q̄ noun qar ils sount de si veille auncestr̄ & de si auncien temps q̄ null ne poet penser de cez prim̄s auncest̄s demandez sil vist unq̄s le dit mon̄ Richard estr̄ armez en lez ditz armez dazure ove un bende dor dyt q̄ oyl qar luy vist armez en mesme lez armez en le temps du Roy qi mort est & en sa p̄sence devᵃnt Parys & mon̄ Henr̄ Lescrop̄ armez illeoq̄s en mesmez lez armez dazur̄ ove un bende dor ove un labell dargent demandez sil ad oy dire dascun droit q̄ mon̄ Rob̄t Grovenoʳ doit av̄ a cez armez dazur̄ ove un bende dor dit q̄ noun ne ne oyast p̲ler du dit mon̄ Rob̄t ne de cez auncest̄s devᵃnt la cōmencement de cest debate:

Mon̄ William Marmyon dage de lxxviij ans armez p̲ lxiiij. ans p̲duct pʳ la p̲tie de mon̄ Richard Lescrop̄ jurrez & examinez demandez si lez armes dazur̄ ove un bende dor appteignent du droit & p̲ descent de lynee & de h̄itage au dit mon̄ Richard Lescrop̄ dit q̄ oyl qar il ad veu & conu mon̄ William Lescrop̄ eisne friere au dit mon̄ Richard estre armez en lez entiers armez dazure ove un bende dor all siege de Fanes & le dit mon̄ Richard estre armez en mesmez lez armes devᵃnt Parys en p̄sence du Roy & de touz lez s̄ʳs & le dit mon̄ Richard & cez auncest̄s ount continuez lez avᵃntditz armez & usez en bataillez en journez p̲ tout le temps le dit mon̄ William Marmyon & en temps de cez auncest̄s come il ad oy dire de cez ditz auncest̄s q̄ lez auncest̄s de lez Escrop̄s ount continuez loʳ possessiōn dez ditz armez de temps q̄ passe memoir de hōme & unq̄s en nulle temps nad oy dire la contrarie & dit auxi qil ad veu mon̄ Henr̄ Lescrop̄ cousyn au dit mon̄ Richard a ban̄ armez en lez ditz armez dazure ove un bende dor ove un labell blanc en Fraunce devᵃnt Parys & en Escoce al rescouse de Berwyk' & aut̄s de soñ lynage en div̄sez viagez armez en mesmez lez armez ove difference demandez sil ad oy dire del prim̄ auncest̄ qi portast lez armez de Lescrop̄ dit q̄ noun qar ils sount de cy auncien temps & du temps du velle auncestr̄ q̄ nulle de cez auncest̄s del dit mon̄ William Marmyon purroient en loʳ temps penser ne oierount dez pⁱmers auncest̄s de Lescrop̄ mes q̄ lez auncest̄s du Scrop̄ ount este en pessible possession & continuel dez ditz armez dazure ove un bende dor dount memoir ne court & ensy ay oy dire sovent des veilx chivalers & esquiers qore sount a ij.

Dieu cõmandez demanⷣ si il ad oy dire q̃ ascun chalange ou inⱦ-
rupcioñ dez ditz armez ount este faite p lez auncesⱡs de monſ
Roᵬt Grovenoʳ ou p luy mesmez ou p ascun en soñ noun en ascun
temps dit q̃ noun ne unq̃s ne oyast pler de luy ne de cez auncesⱡs
tanq̗ ore de noveⱦ ⸴

iij.   Monſ GERVEYS DE CLIFTON' dage de lxxiiij ans envenant
le temps de Seint Martyn ℘chein avenir armez p lij ans ℘duct pʳ
la ℘tie de monſ Richard Lescrop̄ jurrez & examinez demandez si
lez armez dazure ove un bende dor appteignent ou deyvent app-
teigⁿꝯ de droit & de ħitage au dit monſ Richard Lescrop̄ dit q̃ oyl
qar il ad veu a Andwarp̄ monſ Geffrey Lescrop̄ armez en lez
armez dazuꝛ ove un bende dor ov un labeⱦ dargent & fuist adount
de la retenu de Roy ove xl hõmes darmez Et celuy monſ Gef-
frey estoit pier a monſ Henꝛ Lescrop̄ qorest & dit auxi q̃ lez nouns
de Lescrop̄ ount este toutdys en possessioñ & continuez mesmez
lez armez & usez pʳ loʳ armez tout soñ temps & unq̃s nad oy dire
le contᵃrie de nuⱦ hõme demandez p qi il sciet q̃ lez ditz armez
dazure ove un bende dor sount appteignantz a lez nouns de Scrop̄
dit qil ad oy dire de cez auncesⱡs queux estoient devᵗnt luy quant
il estoit jeoſnes q̃ monſ Henꝛ Lescrop̄ fuist armez a la bataiⱦ de
Berwyk' en mesmez lez armez ove un labeⱦ & en cestez armez
prist lorder de chivaler a celle bataille & unq̃s ne vist p tout soñ
temps autre hõme user ne luy armer en cestez armez ne fair honoʳ
a soñ corps en lez ditz armes sinoun ceux de nouns de Lescrop̄s qar
cez auncesⱡs avoient usez lez toʳnamentz en loʳ temps q̃ fuist adõnt
lescole darmez et ou armez deussent estꝛ conuz mes en nuⱦ temps
ne oyast unq̃s pler dauⱡs hõmes q̃ portoiount lez ditz armez mes
de ceux de Lescrop̄s demandez sil ad oy dascun chalange ou inⱦ-
rupcioñ fait p monſ Roᵬt Grovenoʳ ou p ascun de cez auncesⱡs en
ascun temps au dit monſ Richard pʳ lez ditz armez dit q̃ noun
qare en soñ temps p toux lieux ou il ad este il ne oyast unq̃s pler
de soñ noun ne de cez auncesⱡs ⸴

iiij.   Monſ SAMPSON' DE STRAULEY dage du xl ans & pluis
armez p xxvj. ans ℘duct pʳ la ℘tie de monſ Richard Lescrop̄ jurez
& examinez demandez si lez armez dazure ove un bende dor app-
tiegnent du droit & de ħitage au dit monſ Richard Lescrop̄ dit q̃
oyl & q̃ il ad oy dire dez veux chⁱrs & esquiers q̃ lez auncesⱡs

du dit monſ Richard ount este usez & armez lez ditz armez du
temps outr̃ memoir de hõme & toutdys este en continuel & pesi-
ble possessioñ de lez ditz armez lez queux sount descẽduz au dit
monſ Richard p droit descent de lynee & de ħitage & unq̃s en
nulle temps ne oyast dire le cont⁺rie demandez sil ad oy dire q̃
fuist le prim̃ auncestrier du dit monſ Richard q̃ portaist prim̃ment
lez ditz armez dit q̃ noun qar lez auncesťs du dit monſ Richard
ount este de si long temps qil passe memoir̃ de hõme & lez aun-
cesťs du dit monſ Richard ount este usez lez av⁺ntditz armez dont
memoir ne court come il ad oy dire de cez auncesťs   Et dit qil ad
veu & conu le dit monſ Richard estre armez en mesmez lez armez
dazure ove un bende dor publikement en p̃sence du Roy Edward
q̃ mort est q̃ Dieu assoille & en p̃sence de touz lez ſ⁺s dev⁺nt Parys
Et monſ Henr̃ Lescrõp estr̃ armez en mesme lez armez ove un
labeħ blanc a mesme la viage demandez p qi il sciet q̃ lez ditz
armez sount a monſ Richard dit q̃ ensy ad oy dire dez plusoᷓs
chῑrs & esquiers queux ount veu le dit monſ Richard estre armez
en mesmez lez armez dazur̃ ove un bende dor p ans demandez
sil ad oy en ascun temps dascun chalange ou inſrupcioñ faite p
lez auncesťs du dit monſ Roħt Grovenoᷓ ou p luy mesmez ou p
ascun en soñ noun pᷓ lez ditz armez a dit monſ Richard dit
ɛteynement qil ne oyast unq̃s pler del dit monſ Roħt ne de cez
auncesťs tanq̍ cest debate cõmenceastȝ

Monſ Edmu'd Perpount dage de xl ans armez de xvij. ans
pduct pᷓ la ptye de monſ Richard Lescrõp jurez & examinez
demandez si lez armez dazure ove un bende dor appteignent ou
deyvent appteigñ de resoñ & de droit ħitage a monſ Richard Le-
scrõp dit q̃ oyl & qil ne oyast unq̃s dire en nuħ temps le cont⁺rie
demãdez p qi il sciet q̃ lez ditz armez sont de droit a dit monſ
Richard dit qil ad oy dev⁺nt la hour q̃ cez auncesťs estoient mortz
qils sount devenuz dez gentils hõmes de veille auncestrie dount
memoir̃ ne court & auxi il ad oy dire dez vieux chῑrs & esquiers q̃
ount este armez en lez veux guerrez q̃ lez auncesťs du dit monſ
Richard come cez uncles & cousyns ount este armez en un lieu ou
autr̃ durantz lez guerrez du temps du noble Roy Edward q̃ mo-
rust darrein q̃ Dieu assoille   Et auxi il ad veu & conu le dit monſ
Richard estre armez en mesme lez armez dazur̃ ove un bende dor
a Balyngh⁺mhiħ en p̃sence dc mõſᷓ de Lancastr̃ & ove mon dit ſᷓ

en sa p̃sence a soñ voiage en Caux & en Escoce deux foitz armez
en mesmez lez armez & a bañ & lez usez p^r lez soiens & estez
toutdys en continuel possession luy & cez p̃genito^rs outr̃ temps de
memoir̃ démandez sil ad oy del prim̃ auncestr̃ q̃ occupiast lez
av̈ntditz armez de monſ Richard dit q̃ neuil qar cez auncest̃s ount
este de si long temps & auncien qil passent le temps de memoir̃
demandez sil ad oy dascun chalange ou inſrupcioñ faite p monſ
Robt Groveno^r ou p ascun de cez auncest̃s ou p ascun en soñ noun
dit q̃ noun qar il ad oy dire dez pluis veux ſ̃s & chtrs qil nest
qils ne ount oy mye pler de luy ne de cez auncest̃s en nułł temps
tanq̨ ceste debate com̃eceast en Escoce al viage de ūre ſ̃r le Roy.̃

MONſ WILLIAM DE NEVYLL' DE PYKAILLE dage de xlviij.
ans armez p xvij ans p̃duct p la p̃tie de monſ Richard Lescrop̃
jurez & examinez demandez si lez armez dazure ove un bende
dor appteignent de droit & de h̃itage & deyvent appteign̈ au dit
monſ Richard Lescrop̃ dit q̃ oyl & dit qil ad veu le dit monſ
Richard estre armez dazure ove un bende dor a Balyngḧmhiłł &
al voiage en Caux ove monſ̃r de Lancastr̃ & publikement portez &
usez come lo^r droites armez & le dit monſ Richard armees en
mesmez lez armez p deux foitz en Escoce & a toux lez dieux
foitz soñ bañſe de mesmez lez armez portez ov̈tement en mesme le
voiage lez queux armez sount descenduz p droit lynee a dit monſ
Richard come il ad oy dire de cez auncest̃s & unq̃s en nułł temps
nad oy dire la conẗrie & q̃ le dit monſ Richard & cez auncest̃s
ount este toutdys en continuel & pesible possessioñ dez ditz armez
demandez p qi il sciet q̃ lez ditz armez dazure ove un bende dor
appteignent au dit monſ Richard dit q̃il sciet bien p oy dire de
cez auncest̃s & p auł̃s vieux chtrs & esquiers lez queux sount
mortz & ount dit q̃ lez armez dazur̃ ove un bende dor sount lez
droitz armez de Lescrop̃ & ount este toutdys du temps de Con-
quest & il ad veu 'q̃ lez auncestr̃s du dit monſ Richard Lescrop̃
sount ensevelys en mesmez lez armez en labbeye de Seint Agace en
le countee de Rychemond̃ & en labbeye de Coverḧm & lo^r armez
depeyntez en abbeys priorez esglisez cathedralez & prochiels en
chapelles en sales dez g̈undez ſ̃s & en meyntez auł̃s lieux dedeinz
le countee de Eſ̃wyk' & de Rychemond̃ & dehors & auxi en
Ꝑrurez en esglisez p mye lez ditz countez lez queux armez eu
Ꝑrues & en peyntures ascuns escochons de mesme lez armez ount
este faitz outre temps de memoir̃ demandez sil ad oy pler del

vj.

priṁ auncestre q̄ portast priṁ̄ment lez ditz armez de Scroꝑ dazuꝛ
ove un bende dor & quelle fuist soñ noun dit q̄ neuyl qar il ad oy
dire en sa paiis q̄ lez armez de Lescroꝑ sount de cy auncien & de
cy antique temps q̄ lo' auncestr̄s q̄ ount este dev°nt eux ne oyent
unq̄s de lo' priṁ auncestr̄ qar cez auncest̄s lez tenoient del Con-
quest demandez sil ad oy pler dascun chalange ou int̄rupcion fait
p monſ Roꝗt Grovenour ou p ascun de cez auncest̄s en ascun
temps au dit monſ Richard p' lez ditz armez dit q̄ nounpas qare
il ne oyast unq̄s pler de luy ne de cez auncest̄s dev°nt le darreyn
voiage en Escoce ove ñre ſ' le Roy ⸴

Et cest tesmoigne desouz escript fuist pris a Leycestre dev°nt
le dit comissaiꝛ le quart jour Doctobre lan suisdyt en la mañ̄e q̄
sensuit ⸴

MONſ RAUF DE FERRERS dage du lxxij ans armez p l. & iiij.
ans ꝓduct p' la ptie de monſ Richard Lescroꝑ jurez & examinez
demandez si lez armez dazure ov un bende dor appteignent ou
deyvent appteigñ de droit au dit monſ Richard Lescroꝑ dit q̄ oyl
qare lez ditz armez ount este toutdys devenuz dez gentils & daun-
cestrie & ount este toutdys nomez & appelles lez armez de Scroꝑ p
tout soñ temps & en temps de cez auncest̄s come il lez ad oy dire
en soñ jeofne temps Et dit qil ad oy dire de cez auncest̄s q̄ feurent
veilx q̄ lez armez dazure ove un bende dor ount este toutdys ap-
pellez & reputez lez armez de Scroꝑ & unq̄s en nuꝉ temps ne oyast
dire le cont°rie & q̄ lez ditz armes ount este descenduz linealment de
Conquest p noun de Lescroꝑs tanꝗ au dit monſ Richard demandez
en ꝑsence dez queux le dit monſ Richard ad usez lez ditz armez
& cez auncest̄s le dit monſ Rauf dit come il ad oy dire de cez aun-
cestr̄s q̄ lez auncest̄s du dit monſ Richard ount usez lez ditz armez
en auncien temps˙en to'namentez en ꝑsence dez Roys & dez noblez
ſ's del roialme en lez queux to'namentez lescole & conissance dez
armez y est & en cestez to'namentez come il ad oy dire de cez
auncest̄s lez auncest̄s du dit monſ Richard ount eu graund pris en
cestez to'namentez a Norhamptoñ a Gyldeford a Neumarket & a
Dunstaple Et depuis en soñ temps qil ad este armez en lez guerres
du Roy q̄ mort est al siege de Tourney la il vist monſ Geffrey
Lescroꝑ armeez en mesmez les armez dazure ove un bende dor ove
un labeꝉ blanc & le dit monſ Rauf dist q̄ custume ad este de
auncien temps q̄ a lez roiales viagez q̄ le Roy fait & en lieu ou le

Roy chalange ꝓrogative q̃ le Roy doit ꝑndre soñ chief justice de
Banc le Roy pʳ fair soñ office come auℓs officiers fount en lours
offices & la estoit monſ Geffrey Lescroꝑ chief justice du Roy & le
Roy fist luy le℣ barſe adount a mesme le siege & le dit monſ
Geffrey avoit adount de sa retenue a mesme la viage xl launcez
desouz sa barſ a quelle viage chescun liege & gentils avoient ascuns
de loʳ sanc ou affinite   Et depuis il ad veu monſ Geffrey soñ fitz
armeez en mesmez lez armez en Fraunce & auℓs de soñ lynage a
lez viagez du Roy & toutdys continuez lez ditz armez en ℣ray
possessioñ sanz contredire ou chalange de nully & auxi il ad veu le
dit monſ Richard estre armeez en mesmez lez armez entiers a la
bataille de Berewyk' en Escoce & en Fraunce devᵉnt Parys & auℓs
de soñ noun & lynage & toutdys continuez lour possessioñ drotu-
relement come hōmes darmez de auncien temps demandez sil ad oy
q̃ fuist le prim̃ auncestrie du dit monſ Richard q̃ portast prim̃ment
lez ditz armez dit q̃ noun qar cez auncesℓs ount este toutdys dez
gentils & dez noblez & devenuz lynialment dauncestrie en aun-
cestre issint qil passeint la memoir del dit monſ Rauf & de cez
auncesℓs auxi qare en lez jours queux sount meyntenant a vivere
il ſroit trōp a hōme de penser le temps du Conquest demandez sil
ad oy dascun chalange ou inſrupcioñ fait en ascun temps au dit
monſ Richard pʳ lez ditz armez p lez auncesℓs de monſ Roƀt
Grovenoʳ ou p le dit monſ Roƀt ou p ascun en soñ noun dit q̃
neuyl Mes dit qil ad este armez en Escoce en France outre la mere
en Irlond & aillours & il ne oyast unq̃s pler del dit monſ Roƀt ne
de cez auncestrez ne de nuℓℓ droit quelle il doit avoir a lez ditz
armez dazure ove un bende dor꞉

A ℓshonʳe & puissant ſʳ le duc de Gloucestre count Desseẍ &
de Bukyngh'm constable de Engliſre vostre comissaiꝛ Johñ de
Darwentwatre chivaler honoʳs ove touz manſs dez re℣encez   vos
honurables ſres enseales de seal de ℣re office a moy p Johōn de
Gundewardby ᵱcuroʳ et en noñ de ᵱcuroʳ de mon ſ Rieħard
Lescroꝑ chivaler ꝑsentez le xijᵐᵉ jour Doctobr lan du reigne le
Roy Richard second puis le Conquest Dengliſ disme en lesglise
de Seint Margaret a Westm' ay resceu ove re℣encez duez le tenoʳ
de quelez ſres en la ſtificatoiꝛ du re℣ent pier labbe del monstr' de
ñre dame De℣wyk' mon colℓege en celle ptie de la recepcioñ &
examinacioñ p luy & moy faitz en mesme la cause a E℣wyk'
pleinement est contenuz puis la ꝑsentacioñ de queles ſres & la

recepcion dycellez jestoie p̱ lavᵃntdit Joħn p̱curoʳ & en noñ de p̱curoʳ ove instance requis qal execucion des ditz ꝉres en mesme la bosoigne p̱cedere vorroi Et moy voillant a voz honoʳablez maundementez reṽentement obbeier & droit en touz poyntz garder comparant devᵃnt moy le dit monſ Richard Lescrop̄ & p̱testant q̃ p̱ sa apparisance ne entendust mye de revoicer ascune de sez p̱curoʳs ou lour poiar en ascun point Et monſ Robt Grovenoʳ duement a lez avᵃntditz jour & lieu & cest acte sōmone come a moy apparust & appiert p̱ voz ꝉres citatoirs & ĉtificatoirs ent faitz & p̱ Richard Gascoigne clerk de marshaƚƚ adonq̃s devᵃnt moy hues & lez ditz citatoirs & certificatoris luez pupblikement luy fesoye p̃conizer le quel ensy p̃conize comparust Henry Brytyƚƚ p̱curoʳ & en noñ de p̱curoʳ du dit monſ Robt p̱testant davoir lour excepciōns contre le garnisement a eux fait destre a ycelle jour & contre lez ditz et deposiĉōns des tesmoignes q̃ ŝroient illoq̃s p̱ducts & requerant q̃ ycelles tesmoignes ŝrount examinez p̱ lez inṽrogatoirs p̱ luy au dit reṽent pier labbe del monstre de ñre dame soutdit mon college a Eṽwyk' a moy ministrez lez queux ensy faitz le dit Joħn p̱curoʳ & en noñ de p̱curoʳ du dit monſ Richard en la dit cause p̱dust monſ Joħn Eyneford monſ Moris Broyn & monſ Esteven le Halys chivalers tesmoignes en mesme la cause lez queux ensy p̱ductz jay resceu & fait jurrer sur le seint Ewangelie p̱ eux touche & beise en fourme due & accustume qe pleyn & mere verite dirroient pʳ lez ambidieux ptiez en la dit cause & qe nulle fauxte tesmoigneront pur doñ ne pʳ p̱misse pʳ haiour ne pʳ favoir ne pʳ autre p̱fit qeconq̃ lez queux ensy faitz jeo continua mesme le busoigne en mesme lestate qadonq̃s estoit en touz pointz tanq̧ a la quinzisme joʳ du dit moys Doctobr̃ en la refretoʳ dez moignes del abbey de Westm' & lez ditz refreitoʳ & joʳ p̱ ĉteine cause resonablez ay limite & assigne pʳ pluis outre expediciōn dez busoignez suisditz Et ay assigne au dit Henr̃ p̱curoʳ & en noñ de p̱curoʳ du dit monſ Robt Grovenoʳ adonq̃s p̃sent le dit quinzisme joʳ pur veir & oier plus avᵃnt p̱cedere en mesme la bosoigne joust la qualite dyceƚƚ a quele quinzisme joʳ Doctobr̃ moy seant en jugement en le refreitoʳ suisdit en p̃sence de dit monſ Richard Lescrop̄ a sa instance jeo fesoie publikement demander le dit monſ Robt Grovenoʳ & son p̱curoʳ et eux en nulle maŝe apparantz lez recorday contumacez et en peyne de loʳ contumace en outre p̱cedant jay rescieu & admys monſ Edward Dalyngrige & autrez tesmoignez lez nōns dez queux en le rolle a y cestez annexe sount continuz p̱ le dit monſ Richard en mesme

la cause ꝓductz & eux fesoie jurer touchez p eux lez seintz
Evᵃngeliez & beisez q̃ pleine & mere Ѵite & droit dirrent en ceste
cause en fourme due & accustume lez queux ensy faitz jeo con-
tinua mesme la bosoigne en lestat en touz pointz qadonꝙs estoit
jesqs a le xixᵐᵉ joʳ de mesme le moys Doctobꝛ en le refreitoʳ
suisditz lez queux joʳ & lieu donoie publikement a lez ditz ptiez
Et le dit xixᵐᵉ joʳ Doctobꝛ moy seant com comissaiꝛ en due hour
en le dit refreitoʳ comparant devᵃnt moy le dit monꝫ Richard Le-
scroꝑ en ꝓpre psoñ & demandez & appellez solempnement le dit
monꝫ Roꝫt Grovenoʳ & son ꝑcuroʳ & en nulle mañ comparantz &
lez contumaciez dicellez recordez le dit monꝫ Richard ꝓduist
devᵃnt moy le ꝫ de Dacre & autrez tesmoignez en mesme la cause
lez nouns de queux en le rolle a yceste annexe sont continuez lez
queux ensy ꝓductz lez ay rescieu & admys & fait jurer touchèz p
eux lez seintz Evᵃngeliez & baisez qe pleyne & mere Ѵite dirroient
en mesme la cause a eux declare en fourme due & accustume Et
en aꝓs jeo continua mesme le boisoigne jesqs a le vintismetierce
joʳ de mesme le moys Doctobꝛ en le refreitoʳ suisdit en mesme
lestate qadonꝙ estoit lez queux joʳ & lieu jeo donoie publikement
a lez ditz ptiez a quele vintismetierce joʳ Doctobꝛ ne purroit
rien estre fait touchande cest cause pʳ diѵsez occupaciōns queux
lez ꝫ's & la coïalte avoient affaire pʳ lez bosoignes du roialme &
ensy seant en le dit refreitoʳ continua mesme la cause en lestate q̃
adonꝙs estoit tanꝙ le vintismesisme joʳ de mesme le moys Doctobꝛ
en le dit refreitoʳ & cestes joʳ & lieu donoie publikement a lez ptiez
suisditz A quele xxvjᵐᵉ jour Doctobꝛ rien ne pʳroit estre fait en
ycelle bosoigne pʳ lez causes suisditz & ensy moy seant en le dit lieu
com cōmissair continua mesme la boisoigne en lastat qadonꝙs estoit
tanꝙ le xxxᵐᵉ jour de mesme le moys Doctobꝛ en le dit refreitoʳ
donᵃnt publikement a lez ptiez mesmes lez joʳ & lieu a quel xxx
joʳ Doctobꝛ moy lavᵃntdit John seant en mesme le lieu en due hour
& lez ditz ptiez appellez solempnement le dit monꝫ Richard
comparoit en ꝓprie psone & le dit monꝫ Roꝫt ne comparoit my
luy mesmes ne p ꝑcuroʳ & la contumacie de luy recordez le dit
monꝫ Richard ꝓdust devᵃnt moy monꝫ Henꝛ de Percy & autres
tesmoignez en mesme la cause lez nōns dez queux en le rolle a
y cestes annexe sont continuz lez queux ꝓductz ay rescieu &
admys & fait jurer en le manoir avᵃndit Et en aꝓs continua
mesme la bosoigne tanꝙ le Lundy le quint joʳ de Novembꝛ en

mesme le refreito' & ycestez jour & lieu donay pemptoriment &
publikement a lez ptiez desuisditz   A quele quint jo' de Novembř
riens ne purroit estre fait p' lez ditz occupacions de f's & coïalte
et ensy seant en le dit refreito' en hour competent continua mesme
la bosoigne en lestate qadonꝗs estoit jesꝗs le xij^{me} jour de Novembř
adonꝗs ꝑchien ensuant quele jo' jeo donaie publikement a lez ditz
ptiez pur y estre en le dit lieu   A quele xij^{me} jour de Novembř
moy lav'ntdit John seant en le dit refreito' & lez ditz partiez
solempnement appellez comparoit dev'nt moy le dit monſ Richard,
et le dit monſ Roƀt ne soñ ꝑcurour ne comparoient mye & lour
contumacie recordez le dit monſ Richard ꝑdust dev'nt moy John
Charnels Esquier & autres tesmoignez lez nons dez queux en le
rolle a ycestez annexe sont continuz lez queux ay rescieu & admys
& fait jurer en la manře av'ntdit   Et enaꝑs continua mesme la
bosoigne en lestat qadonꝗs estoit tanꝗ le xvij^{me} jo' del dit moys de
Novembř en mesme le refreito' quels jo' & lieu donaye pub-
likement a lez ditz ptiez a quel xvij^{me} jo' de Novembř rien ne
p'roit estre fait en la dit cause p' lez occupaciõs dez f's & coï-
alte av'ntdit & ensy seant en le dit refreito' al instance del dit
monſ Richard continua y cest busoigne en mesme lestate qadonꝗs
estoit tanꝗ le Lundy le xixme jo' del dit moys de Novembř en
mesme le refreito' lez queux jo' & lieu donay a lez ptiez av'ntditz,
a quele xixme jour de Novembř comparoit dev'nt moy seant com
comissair le dit monſ Richard & le dit monſ Roƀt & soñ ꝑcuro'
publikement appellez ne comparoient mye & lour contumacie
recordez le dit monſ Richard ꝑdust dev'nt moy le cont de Nor-
thumbrelonđ & autres tesmoignez en cełł cause lez nouns dez
queux en le rolle a ycestez annexe sont continuz le dit cont exami-
nez p foy de chivalrie & lez auťs tesmoignez jurez sur lez seintz
Ev'ngeliez en la mañł av'ntdit lez queux ensy faitz continua
mesme cesty bosoigne en lestate qadonꝗs estoit tanꝗ le tierce jour
de Decembř en la blanc sale dedeinz le paleys de Wymonstre & y
cestez jo' & lieu donoie publikement a lez ptiez av'ntditz a quele
tierce jour de Decembř moy le dit John seant en la dit blanc sale
& lez ditz ptiez solempnemēt appełł comparoit dev'nt moy John
de Gundwardby ꝑcuro' del dit monſ Richard & le dit monſ Roƀt
ne soñ ꝑcuro' ne comparoient mye & lo' defaut & contumacie
recordez le dit John ꝑcuro' del dit monſ Richard ꝑdust dev'nt
moy monſ John de Gildesburgh tesmoigne en cest cause le quele

fesoie jurer de dire la Ṽite en lez foͬme & maṅe avᵃntditz   Et apͫ
le dit ꝑcuroͬ del dit monf Richard moy requirast qe jeo vodroie
continuer la dit cause en lestate qadonꝗs estoit tanꝗ le quint joͬ
del dit moys de Decembr̃ en la dit blank' sale lez queux faitz jeo
donoie publikement lez ditz jour & lieu a lez ptiez avᵃntditz,   A
quele quint joͬ de Decembr̃ seantz en la dit blank sale monſ de
Gloucestr̃ mesmes monf John de Multoñ & moy lavᵃntdit John de
Darwenwatre comissair en ꝑsence de monſ de Gloucestr̃ jeo fesoie
appeller monf Richard Lescroꝑ luy quel comparoit en sa ꝑpre
psoñ & puis appeller monf Roͫt Grovenoͬ ou son ꝑcuroͬ le quele
ne comparoit mye le quele tenuz pͬ contumace & sa contumacie
recordez le dit monf Richard ꝑdust devᵃnt monſ de Gloucestr̃ &
moy le dit cͦmissair le duk' Deṽwyk' & le count Darundeḻ tes-
moignez en ycelle cause lez queux admys & rescieuz en due
fourme furent examinez sur foye de chivalre de dire la Ṽite en la
cause avᵃntdit lez queux faitz le dit monf Richard moy requirast
de continuer mesmes lez causes & busoignez en lestate qadonꝗs
estoient ove continuacioñ & ꝓgacioñ dez joͬs & lieux tanꝗ al
xviijᵐᵉ jour de mesme le moys de Decembr̃ a Lancastre & sur ceo
donaie a lez ditz ptiez publikement mesme le xviijᵐᵉ jour de De-
cembr̃ destre a Lancastre pͬ faire resceiver & vier ceo qe la ley
demande en celle ptie   Et lez avᵃntditz tesmoignez touz & ches-
cun dyceux en ꝑsence de Richard Hereford ṽre clerc au ꝑsence
secrement & singulerment joust lez inͭrogatoirs del ptie adṽsarie
ay examine & lez deposicions des ditz tesmoignez p ṽre dit clerk'
en un rolle loialment ay fait escrivire & le dit rolle enclosere au
quele enclosure & a cest ͭre ꝑtificatoir ay mys mon seal en foy
& tesmoignance dez chosez avᵃntditz lez queux toutz & chescun
dyceux a vous mon ꝑshonoͬe & puissant ſͬ p le dit Richard Here-
ford envoie & ꝑtifie p y cestes Doñ a Westm' le sisme jour de De-
cembr̃ lan du regne le Roy Richard second puis le Conquest disme⸴́

Ces sont lez attestacions pris le duzisme jour Doctobr̃ lan du
regne le Roy Richard seconde puis le Conquest disme en lesglise de
Seint Margarete de Wymonstr̃ devᵃnt monf John de Derwentwater
ꝑductz pur la ptie de monf Richard Lescroꝑ en une cause darmez
cestassavoir dazure ove une bende dor p entr̃ le dit monf Richard
ptie actoͬ & monf Roͫt Grovenoͬ ptie defendant en la maṅe qe
sensuyt⸴́

MONſ MORYS DE BRUYN del age de lx ans & pluis armeez xlviij ans ꝑduct pur la ꝑtie de monſ Richard Lescroꝑ jurez & examinez demandez si lez armez dazure ove un bende dor appteignent oue devynt appteignꝰ du droit au dit monſ Richard Lescroꝑ dist qil ne oiast unꝗs dire le contrarie ne unꝗs ne oiast dautre hõme ꝗ lez ditz armez occupiast ne lez usast ꝑ soñ temps demandez ꝑ qi il sciet ꝗ lez ditz armez appteignent plus au dit monſ Richard ꝗ a nułł autr̃ dist unqore come il ad dist devᵃnt qil ne vist unꝗs autre hõme ꝑ tout son temps occupier ne estre en possessioñ dez ditz armes si noñ le dit monſ Richard cez auncesťs com soñ pier soñ uncle & cez cosyns & leisne frier du dit monſ Richard   Et si autres hõmes dautr̃ noñ eussent usez & continuez lez ditz armes autre ꝗ les Escroꝑs ou cez auncesťs ou cez cosyns ils eussent monstreez ꝑ ascun temps en Escoce en Fraunce en Gascoigne ou en Bretaigne ou en Normandi en Espaigne ou de outre le grande mere ou en Pruce ou en ascun autr̃ part lou lez guerrez eussent estee oꝰtez ꝑ monſ Roƀt Grovenoʳ ou ꝑ cez auncesťs ou ꝑ ascun braunche portant lez ditz armez et lour noñ ·en ascun de cestez lieux demandez sil oiast unꝗs parler ou sil avoit en conisance le prim̃ auncestre de dit monſ Richard ꝗ usast prim̃ment lez ditz armez dist ꝗ noñ qar il ne vist unꝗs autre devᵃnt mes le pier de monſ Richard quant estoit joefnes le quele nestoit point armeez Mes monſ Geffray Lescroꝑ soñ frier luncle au dit monſ Richard qorest fust armeez en mesmez lez armez dazur̃ ove une bende de ore ove un labełł blanc al cõmencement dez guerrez ꝑ entre le Roy Denglit̃re & le Roy de France com unqore autres chivalers & esquiers poent tesmoigner. demandez en quelles lieux il ad veu le dit monſ Richard estre armeez ou ascun autre de son lynage dist qen plusors lieux en Escoce al rescouz de Berwyk' en Fraunce al siege de Turney en bańe a Cressy a la bataille en bańe al siege de Caleys al siege de Fanes al voiage ꝗ le Roy Edwarde ꝗ Dieu assoile fist devᵃnt Parys & en autres lieux queux ne curront maynetenᵃnt en sa memoir & il lez vist useer armer & continuer possessioñ & fair grand honoʳ a lez ditz armez & nul auł ꝑ tout sa vie mez ceux portantz le noñ de Scroꝑ demandez si lez armez veignent ꝑ discent & droit lynie au dit monſ Richard dist ꝗ cõie & publike fame & vois est issint & il ne oiast unꝗs dire le contᵉrie demandez sil oiast unꝗs dascun chalange ou inťrupcioñ dez ditz armez fait ꝑ monſ Roƀt Grovenoʳ ou ꝑ cez auncesťs ou ꝑ ascun en

soñ noñ au dit monſ Richard ou a cez auncest̃s. dist q̃ noñ ne il ne
oiast unq̃s pler de dit monſ Roƀt ne de nul de cez auncest̃s tanq̃
cest debate comenceast ⸴

j. Monſ Joh'n Eynesford del age de lx ans & quatre ans
armeez primerment en Escoce quant le count de Cornwale y fuist
& quant le Roy q̃ mort est fuist devᵃnt la ville de Seint Jonestoñ &
il dem'rast adonq̃ en compaignie du Roy come il dist demandez si
lez armeez dazure ove un bende dor appteignent ou devynt ap-
pteigñ du droit au dit monſ Richard Lescroƥ dist q̃ oil qar unq̃s
en soñ temps ne oiast dire la contᵃrie mes q̃ lez ditz armez sount
devenuz au dit monſ Richard ƥ droit lynee & heritage qar en si
long temps come lez auncest̃s & cousyns du dit monſ Richard
ount porteez mesmez lez armez ƥ diṽsez viagez en compeignie de
ñre ſʳ le Roy & ailliours ascunz pole ou chalange eust este fait a
lez ditz viagez ƥ lez auncest̃s ou cousyns de monſ Roƀt Grovenoʳ
ou pentz ou ƥ sez amys quant ils veirent mesmez lez armez en
banñe & en cotearmur & dist qil ad m̃veiłł qils ne ploient unq̃s a
ceux q̃ porterent lez armez adount ⸴ demandez ƥ quele voie il sciet
lez ditz armez sont a dit monſ Richard dist qil vist a Burenfos le
prim̃ temps q̃ le Roy Denglit̃re se armast contr̃ lez Frauncoys monſ
Geffray Lescroƥ q̃ fuist armeez en lez armes de azure ove une
bende dor ove un label dargent & la le Roy Denglit̃re luy fist leṽ
banñe & dit auxi qil ad veu mesmez lez armes & lez entiers armez
auxi en Escoce en Fraunce & en Breitaigne & en plusoʳs lieux &
toutdys nomez & reputez ƥ tout soñ temps lez armez de Lescroƥ et
unq̃s ne oiast dire le contᵃrie ⸴ demandez sil oiast unq̃s q̃ fuist le
prim̃ auncestr̃ de monſ Richard Lescroƥ q̃ usast prim̃ment lez ditz
armeez dist q̃ noñ qar ils sount tenuz gentils hōmes dauncestrie
& il ne oiast unq̃s pler q̃ fuist soñ prim̃ auncestr̃ mes il dist qil ad
veu Lescroƥs toutdys en pesible possessioñ & lez avᵃntditz armez
usez & continuez ƥ tout soñ temps en touz lieux ou il ad este
armez en lez roials voiages du Roy ⸴ demandez si lez auncest̃s de
dit monſ Richard ount useez de droit lez ditz armees dist q̃ oil
qar en touz lieux ou il ad este armez cõe vois & publike fame ad
este ƥ tout son temps entre lez ſʳs chivalers & esquiers q̃ lez ditz
armez ount este a ceux portantz le noñ de Lescroƥs & a nulls
aułs ⸴ demandes sil ad oie dascun chalange ou inťrupcioñ fait ƥ
monſ Roƀt Grovenoʳ ou ƥ ascun de cez auncest̃s ou ƥ ascun de soñ

noñ au dit monſ Richard Lescroƥ pͬ mesmes lez armeez. dist q̃
noñ qar il ne oiast unꝙs pler de luy ne de cez auncesͬs tanꝗ
ceste debate comenceast ꞉

MONſ ESTEPHEN' DE HALES del age de cynquant ans &
pluis armeez priṁment a la bataille de Espanyols sur le meer
ꝓduct' pͬ la ꝑtie de monſ Richard Lescroƥ jurez & examinez.
demandez si lez armees dazure ove une bende dor appteignent ou
deyvent appteigneir de droit ou de heritage a dit monſ Richard
dist q̃ oil qar il ne oiast unꝙs dire la contrarie & auxi il ad veu le
dit monſ Richard estre armeez en lez ditz armez dazure ͺove un
bende dor devᵃnt Parys quant le Roy q̃ mort est y fuist & en
Espaigne al bataiꝰ de Nazar & auxi al viage de Roy devᵗnt Parys
monſ Henr̃ Lescroƥ a barꝰ ove une labeꝰ blanc & auꝰs de lour
sanc en auꝰs lieux armeez en mesmez lez armes ove differencez dez
queux lieux il ne record my maytenant & al darrein voiage monſ
Richard Lescroƥ en Escoce au barꝰ demandez p qi il sciet q̃ lez
ditz armez appteignent au dit monſ Richard ꞉ dit q̃ le dit monſ
Richard & cez auncesͬs & cosyns ount armeez & useez mesmes lez
armeez & pͬ lour armeez reputez & toutdys este en pesible pos-
sessioñ & continuez lez ditz armeez come il ad oy dire dez veux
gentils hõmes outre temps de memoir en grande honoͬ ꞉ demandez
sil ad oy dire quele estoit le priṁ auncestr̃ du dit monſ Richard qi
portaist cestez armez ꞉ dist qi noñ qar il ad oy dire de sez amys &
dez veux hõmes qils sount venuz dez noblez & grandez gentils
hõmes & com il oiast dire en sa juvent dune ancien hõme del
counte Deꝼwyk' q̃ lez auncesͬs de dit monſ Richard & de dit monſ
Henry estoient bones tourneours & lez plus fortes du paiis de
North ꞉ demandez sil ad oy pler p combien du temps le dit monſ
Richard ou cez auncesͬs ount usez lez avᵃntditz armeez ꞉ dist com
il ad oy dire dez veux chͬres & esquiers qe le dit monſ Richard &
cez auncesͬs ount usez & armes lez avᵃntditz armeez outre temps de
memoir de hõme come cõe & publike vois & fame labour p tout ꞉
et auxi dist q̃ p tout soñ temps le dit monſ Richard ad este
armeez en la compaignye de monſͬ le prynce en toux lieux ou il
fuist armeez quant il avoit en sa compaignie chivalers & esquiers
del counte de Cestr̃ & lez ad veux en lour armes armeez mez tout
le temps ne vist unꝙs hõme chivaler ne esquier armez en lez
armeez dazure ove un bende dor si noñ ceux de noñ de Lescroƥs

ne oiast pler de nułł autre tanq̃ le darrein viage en Escoce ⁌ de-
mandez sil ad oye dascune chalange ou inſrupcion̄ fait a dit monſ
Richard pͬ lez ditz armeez p monſ Roƀt Grovenoͬ ou p cez aun-
cesſs ou p ascun en son̄ noun. dist qil ne oiast unq̃s pler de luy ne
de cez auncesſs tanq̨ cest debate comenceast prim̄ment en Escoce
al darrein voiagͤ de n̄re ſͬ le Roy ⁌

Et ces attestacion̄s ensuantz furent pris devᵃnt le dit monſ
John de Darwentwatre le quinzisme joͬ del dit moys Doctoƀr en
le refreitour del abbeye de Wymonstre en le man̄e qe sensuit ⁌

iiij. MONſ EDWARD DALYNGRIGE del age de quarant ans ꝑduct
pur la ꝑtie de monſ Richard Lescroꝑ jurez & examinez demandez
si lez armez dazure ove un bende dor appteignent ou deyvent de
droit appteigner a dit monſ Richard ⁌ dist q̃ oil & q̃ lez ditz armez
sount devenuz p droit descent dauncestr̄ au dit monſ Richard com
il ad oye pler le count Darundełł q̃ mort est quᵃnt le dit monſ
Edward estoit ovesq̨ luy en sa juvente & auxi il ad viewe & conu
le dit monſ Richard estre armeez & plusoͬs de cez cousyns &
braunches en mesmes les armes ove differenncez en viages roialx
devᵃnt Parys ove le Roy q̃ mort est & auxi com il ad oy dire en
Espaigne & auxi a la viage q̃ monſͬ de Lancastre fist en Caus &
al graunde viage qi monſͬ de Lancastre fist outre la roialme de
Fraunce tanq̨ a Burdeux & en Bretaigne quant monſͬ le count de
Bukynghᵃm y estoit & en Escoce al darrein viage de Roy com
plusoͬs chivalers & esquiers plus veillez qil nest recordent p lour
bouche Et auxi le count Darundełł q̃ mort est recordast sovent
q̃ le dit monſ Richard & cez auncesſs estoient toutdys venus de
noble & gen̄ſouse sanc dez gentils hōmes & dc veille auncestrie &
q̃ avoient gardez toutdys lour nōns & lour estat toutdys en honoͬ
& honeste demandez p qi il sciet qe lez ditz armez sont de droit au
dit monſ Richard dit qil ad veu p tout son̄ temps qils ount toutdys
continuez en ᵽray possession̄ lez ditz armeez & lez useez armeez &
occupiez a lour plesaunce & unq̃s ne oiast dire la contͬrie ⁌ de-
mandez sil ad oy dire le quele estoit le prim̄ auncestr̄ du dit
monſ Richard q̃ usast lez ditz armez. dist q̃ non̄ qar sez auncesſs
ount este de si long temps & de temps doutre memoire de hōme
com cōe & publike vois & fame laboure ⁌ demandez si ascun
chalange ou inſrupcion̄ ad este fait dez ditz armez p monſ Roƀt

Grovenoᴿ ou p ascun de sez auncesᵗs ou p ascun en soñ noñ. dist
qil ne unꝗs oiast pler de nulle chalange ne de le dit monſ Roƀt ne
de cez auncesᵗs tanꝗ la cõmencement de cest debate ⁖

MONſ WILLIAM MOIGNE del age lx ans & plus armeez p
xl ans ꝓduct pʳ la ptie de monſ Richard Lescroꝑ jurrez & exa-
minez demandez sil ad en conisance lez armeez de monſ Richard
Lescroꝑ. dist ꝗ oil qar il ad veu le dit monſ Richard estre armeez
al bataiᵗᵗ en Espaigne en lez armeez dazure ove un bende dor. &
devᵃnt Parys ove le Roy qi mort est & un banꝺ de mesmes lez
armes ove une label blank' adont esteant en la ꝑsence de Roy &
en Escoce & auᵗs de cez braunches ove differencez ⁖ demandez si
lez ditz armez appteignent de droit & de ᕼitage al dit monſ
Richard dist ꝗ oil qar al siege de Caleys estoit un del noñ de Les-
croꝑs armeez en mesmez lez armez ove un label dermyn & la lez
Frauncoys voudroient avoir vitaillee la ville de Caleys p noet & la
cely ꝗ portoit le noñ de monſ William Lescroꝑ ꝗ fuist armeez en
mesmez lez armeez fist si bien sur la rescous dycestez vitailles &
de lez Fraunceys a le Waᶘgate de Caleys ꝗ chescun Engleys luy
plaist gᵃunt honoᴿⸯ & auxi il dist qil ad oy dire qils sount venuz
de gᵃundez gentils hõmes & dez noblez & armeez en mesmez lez
armez & continuez loᴿ possessioñ p tout soñ temps saunz destour-
bance dascune & come il ad oy dire dez veux chivalers & dez veux
gentils hõmes qils sount venuz de veille auncestrie de qey memoir
ne court com cõe & publike voys & fame laboure   Et celuy monſ
William Lescroꝑ fust ove monſʳ le prince depuis a la bataille de
Cressy en Fraunce & en Gascoigne & en Espaigne tanꝗ il mo-
risst ⁖ demandez si ascun chalange ou inᵗrupcioñ ad este fait pʳ lez
ditz armeez au dit monſ Richard p monſ Roƀt Grovenoᴿ ou p cez
auncesᵗs ou p ascun en soñ noñ dist qil ne oiast unꝗs de nuᵗᵗ ne de
le dit monſ Roƀt Grovenoᴿ tanꝗ le darreyn viage en Escoce ⁖

MONſ RICHARD WALDEGRAVE del age de xlviij. ans armeez
p xxv. anz ꝓduct pʳ la ptie de monſ Richard Lescroꝑ jurrez &
examinez demandez si lez armez dazure ove un bende dor app-
teignent de droit & de heritage au dit monſ Richard Lescroꝑ dist
qil ne oiast unꝗs dire la contrarie mes ꝗ lez ditz armeez ount este
toutdys comunement dit lez armeez de Lescroꝑs p tout soñ temps
& pʳ tiels reputez & de veille auncestrie com il ad oy dire en temps

q̃ le count de Northamptoñ estoit vivant demandez p qi il sciet q̃ lez ditz armez appteignent a dit monſ Richard dist q̃ deveᵃnt Parys il vist le dit monſ Richard armeez en mesmez lez armez & monſ Henr̃ Lescrop̄ a bañ a mesme le temps ove un labeƚƚ blanc' en la viage de Roy Edward q̃ mort est & auƚs de soñ lynage ove diffe- rencez Et auxi il vist outre la grᵘnde mere monſ William Le- scrop̄ armeez en mesmez lez armez ove un labeƚƚ en la company del count de Hereford en Turkye a Satillie a un trete qi fuist fait p entre le Roy de Cipre & le Takka Sire de Satellye mes adonc le Roy de Cipre fuist ſᵉ de Satellie & a Balynghᵃmhiƚƚ le bañ de monſ Henr̃ & en la viage du Caus quant monſ de Lancastr̃ estoit cheftayn monſ William Lescrop̄ le fitz a dit monſ Richard armez en lez ditz armez ove un labeƚƚ demandez sil oiast unq̃s dire quele fuist le prim̃ auncestr̃ de monſ Richard portantz lez armez꞉ dist q̃ noñ qar depuis q̃ cest debate fuist cõmence il ad oy dire q̃ lez aun- cesƚs de dit monſ Richard sount devenuz droit de Conquest Et deveᵃnt q̃ cest chalange estoit fait il oyast dire qils estoient venuz gentils hõmes dauncestr̃꞉ demandez sil ad oy dascune chalange ou inƚrupcioñ fait pur lez ditz armeez p monſ Roƀt Grovenoʳ ou p ascun de cez auncesƚs ou p ascun en soñ noñ au dit monſ Richard ou a cez auncesƚs꞉ dist Ɛteynement q̃ neuyle꞉

vij. Monſ Richard Adderbury del age de cynkant & cynk ans armeez p trent ans p̄duct pʳ la ptie de monſ Richard Lescrop̄ jurrez & examinez demandez si lez armeez dazure ove un bende dor appteignent ou deyvent appteigner de droit & de heritage au dit monſ Richard dit q̃ oil qar issint il ad oy dire p tout sa vie & unq̃s ne oiast dire le contrarie demandez p qi il sciet q̃ lez ditz armez appteignent au dit monſ Richard꞉ dist qil ad veu le dit monſ Richard & cez cousyns armeez en mesmez lez armes en diƲses viages en le temps du Roy q̃ mort est & auxi p tout la temps du Roy q̃ orest & le dit monſ Richard & cez cousyns tout- dys continuez lour possessioñ de mesmes lez armez en graunde honoʳ & pʳ loʳ armez tenuez & reputez come cõe & publike vois & fame laboure⸱ demandez sil ad oy del prim̃ auncestre du dit monſ Richard quele il fuist & coment il avoit a noun q̃ portast lez ditz armeez. dist q̃ noun qar il ad oy dire q̃ le dit monſ Richard & cez auncestres sount de auncien temps & outre temps de me- moir̃ de hõme꞉ demandez come long temps ils ount useez lez ditz

armez ⁘ dist qil ne sciet com long temps mes il sciet bien qils ount
useez lez ditz armeez p tout soñ temps saunz distourbance ou im-
pedimēt dascun & com il ad oy dire outre temps de memoiř &
unq̄s ne oiast dire p tout soñ temps dautre hōme q̄ occupiast lez
ditz armez mez ceux del noñ de Lescrops ⁘ demandez sil oiast q̄
ascun chalange ou inťrupcioñ ad este fait a dit monſ Richard pur
lez ditz armez p monſ Roƀt Grovenoʳ ou p ascun de cez aunces-
tres ou p ascun de soñ noun dist q̄ noñ ⁘

MONſ ROƀ'T CLAV'YNG' del age de cessant ans armeez p ⁘ viij.
trent & noef ans p̄duct pʳ la partie de monſ Richard Lescrop̄
jurez & examinez ⁘ demandez si lez armeez dazure ove un bende
dor appteignent ou deyvent de droit appteigner au dit monſ
Richard dist q̄ oil & q̄ unq̄s ne oiast dire la contᵃrie demandez p
qil sciet q̄ lez ditz armeez appteignent de droit au dit monſ
Richard dist qil ad veu & conu le dit monſ Richard estre armeez
& cez cousyns & braunches armeez en mesmes lez armes al sige du
Caleys & a Balynghᵃmhiłł & al chivache en Caux & devᵃnt Parys
quᵃnt le Roy Edward y fust & a lez deux viagez en Escoce ⁘ de-
mandez p quele droit le dit monſ Richard porte lez ditz armez
dist q̄ čteignement p droit descent de auncestrie & de lynee come
sez auncesťs ount dit & monstrez a luy en sa juvente⁄ et auxi le
dit monſ Richard ad este toutdys en continuel & pescble possessioñ
luy & cez auncesťs devᵃnt luy & useez & armeez en mesmes lez
armez sanz contredire de nully demandez sil ad oy pler del prīm
auncestř de dit monſ Richard le quele portoit priñment lez ditz
armez dist q̄ noun qar ils sount de veille auncestrie & dez nobles
& dez gᵃundz gentils hōmes devenuz du temps de Conquest come
sez auncesťs & vieux chivalers & esquiers ount dit & come cõe &
publike vois & fame laboure & ad laboure ⁘ demandez sil ad oy
dascun chalange ou inťrupcioñ fait p le dit monſ Roƀt ou p ascun
de cez auncestrez ou p ascun en soñ noñ dist qil nad oy de nule
chalange de p le dit monſ Roƀt ne de luy ne oiast pler devᵃnt le
cōmencement de ceste debate ⁘

MONſ JOH'N SEINT QUINTYNE del age de trent & noef ans. ix.
armes priñment en Escoce en la compaignie de monſʳ le count de
Northumbř a le graunde joʳ de Marche p̄duct pʳ la ptie de monſ
Richard Lescrop̄ jurez & examinez demandez si lez armez dazure

ove un bende dor appteignent ou deyvent appteigner al dit monſ
Richard dist q̃ oil qar il ne oiast unq̃s dire la contrarie   Et sovent
foitz il ad oy dez veux cħrs & esquiers de soñ paiis qils sount gen-
tils hõmes dauncien auncestrie dount memoir ne court & q̃ lour
nons ount este toutdys en le counte de Richemonđ & Deſwyk'
outre temps de memoiȓ demandez p qei il sciet q̃ lez ditz armez
dazure ove un bende dor appteignent au dit monſ Richard dist qil
ad veu monſ William Lescroꝑ armeez en mesmez lez armez ove
difference en Fraunce quant monſr de Lancastre chivacheast tout
outre Fraunce tanq̨ en Gascoigne & monſ John Lescroꝑ armeez en
lez armez ove difference en Breitaigne & monſ Richard Lescroꝑ
armeez en lez entires armez p deux foitz en Escoce lun foitz a la
viage de monſr de Lancastre & adount a baɴ & lautȓ foitz en
Escoce en ꝑsence du Roy & a baɴ Et auxi il ad veu monſ
Henȓ Lescroꝑ quant il estoit goſnor de Gynes armeez en mesmes
lez armeez & a baɴ ove un difference al viage en Caux ove monſr
de Lancastre∴ demandez sil ad oy quele estoit soñ prim̃ aunces-
trie & quele noñ il avoit q̃ usast prim̃ment lez ditz armez dist q̃
noun qar il ne oiast unq̃s pler qi estoit soñ prim̃ auncestre∴ de-
mandez com bien de temps il est qe lez auncesᵉs de dit monſ
Richard ount useez cest armez. dit q̃ de gᵃunde temps ils ount
useez & continuez lour possessioñ de loʳ ditz armez & com il ad oy
dire dez auncien hõmes outre temps de memoiȓ∴ demandez sil
oiast unq̃s pler de ascun chalange ou inſrupcioñ q̃ lez auncesᵉs de
monſ Roɓt Grovenoʳ ou le dit monſ Roɓt ou ascun en soñ noñ
duist avoir fait a lez auncesᵉs de dit monſ Richard ou a dit monſ
Richard pʳ lez ditz armes dist qil ne oiast unq̃s pler de lez aun-
cesᵉs de dit monſ Roɓt ne de luy tanq̨ la darrein viage en Escoce∴

x.   Monſ **Bertram Mountboucher** del age de xlix ans
armez prim̃ment a viage de noble Roy Edward le tierce q̃ Dieu
assoille quant il alast devᵃnt Parys ꝑduct pur la ptie de monſ
Richard Lescroꝑ jurez & examinez demandez si lez armez dazure
ove une bende dor appteignent ou deyvent appteigner de droit &
de heritage au dit monſ Richard Lescroꝑ∴ dist q̃ oil qar unq̃s en
nuɫt temps ne oiast dire autrement mes q̃ lez armez dazure ove un
bende dor estoient lez armes du Scroꝑ & pʳ loʳ armes reputez en
toux lieux ou il ad este∴ demandez p qei il sciet qils sount lour
armez dist qil vist al viage du Roy devᵃnt Parys monſ Richard

Lescrop̄ armeez en lez ditz armez dazure ove un bende dor le quele monſ Richard estoit adont de la retenue del count de Richemonđ qorest le duc de Lancastr̄ & Roy Despaigne & monſ Henr̄ Lescrop̄ qorest armeez en mesmes lez armes ove un labeřl blanc & estoit adount a barřl en mesme la viage en compaignie del count de Richemond   En tesmoignaunce de quele armez le noble Roy Edward le tierce qi Dieux assoille qavoit bone conisaunce de tout marřl de droit darmes monſ Geffray Lescrop̄ pier de monſ Henry Lescrop̄ qorest esteant de soñ retenue ove quarant hōmes darmes al viage de Burenfos & al siege de Tourney luy fist lever sus sa barřl de mesmes lez armez ove ceste labeřl blank' com lez auncesřls du dit monſ Bertram avoient dit dev*nt lour mort & lez ditz armes continuast en lez guerrez du Roy p tout sa vie & monſ Henr̄ Lescrop eisne frier au dit monſ Geffray qestoit le pier au dit monſ Richard qorest continuast mesmes lez armes entiers & lez occupiast en ces salez & en cez litez en vesselmentz & enseveliz en mesmes lez armez com unqore piert en cest jour & monſ Henry le Scrop̄ fitz a monſ Geffrey Lescrop̄ ad continuez mesmes lez armez en graunt honoͬ p tout sa vie & a barřl de souz quelle barřl le dit monſ Bertram ad este armeez :ꞌ demandez sil oiast dire unq̄s quelle estoit le prim̄ auncestr̄ du dit monſ Richard q̄ usast prim̄ment armer cest armez. dist q̄ noñ qar come il ad oy dire de cez auncesřls dev*nt luy lez ditz armez sount descenduz p droit lyne & de heritage au dit monſ Richard & au dit monſ Henry de ancien auncestrie & come lez auncesřls du dit monſ Bertram luy ount dit de temps de Conquest com appirt bien en lez abbeis & en lesglisez queux sount en la paiis dount le dit monſ Richard estoit neez dez sepulturez en ᵹrurez en peyntures en vestementz outre temps de memoir de hōme en chaſs en imunimentes ensealez de lour seales de lour armes en donisōns as abbeis de lour possessiōns en auncien temps demandez sil oiast unq̄s pler com bien de temps lez auncesřls du dit monſ Richard ount occupiez lez ditz armez. dit qil ad bien oy de cez auncesřls & de tiels qi unqore sōnt en vie q̄ lez auncesřls de dit monſ Richard ount occupies & ount este en possessioñ dez ditz armez depuis le Conquest :ꞌ demandez sil ad oy pler dascun droit q̄ monſ Robt Grovenoͬ doit aveir a mesmez lez armez. dist q̄ noun :ꞌ demandez sil ad oy dire dascun chalaunge ou inſrupcioñ fait p le dit monſ Robt ou p ascun de cez auncesřls a le dit monſ Richard ou a ascun

z

de cez auncesẗs pur lez ditz armez. dist q̃ noun ne qil ne oiast ꝑler du dit mons̄ Robt ne de cez auncesẗs tanq̧ cest debate comenceast en Escoce:'

xj. Mons̄ Rob't Marny del age de lij anz armeez primm̃ent al prim̃ rescous de Stryvelyn en Escoce en le temps de noble Roy Edward q̃ morust darreynement le dit mons̄ Robt esteant adount en la compaignie de mons̄ William de Bohun cosyn germayn al noble Roy le quele fuist fait aꝑs le count de Norhamptoñ ꝑduct pr la ptie de mons̄ Richard Lescrop̃ jurez & examinez demandez si lez armez dazure ove un bende dor appteignent ou deyvent appteigñ au dit mons̄ Richard p descent & droit lyne & de heritage. dist c̃teignement q̃ p tout son temps il ne oiast unq̃s ꝑler de nult auẗs possessioners ne dauẗs hõmes qavoient droit a lez ditz armez mes ceaux del noñ de Lescrop̃s Et quant le count de Derby alast primm̃ent en Gascoigne il avoit en sa compaignie un de Lescrop̃s q̃ fuist armeez dazure ove un bende dore ove un label dermyn mes de soñ noun il ne record mye meyntenant & auxi il dit qil ad veu un de lez Scrop̃s portant lez armez al siege de Turney dazure ove un bende dor & un blank' labelt mes soñ noñ il ne recorde mye. Et depuis il ad veu mons̄ Henr̃ Lescrop̃ estre armeez en mesmez lez armez & a bañ ove le count de Norhamptoñ en Fraunce & auxi le dit mons̄ Henry & mons̄ Richard armeez en lez armeez devant Parys en le compaignie del counte de Richemond le dit mons̄ Richard armeez en lez entiers armez & le dit mons̄ Henry armeez en mesmes lez armez & a bañ ove une labelt blanc':' demandez p qil sciet qils sount lez armez de Scrop̃ dist qil ad oy p tout soñ temps qe lez ditz armez ount este cõmunement ditz & clamez lez armez de Lescrop̃s & pr lour armez reputez com cõe & publike vois & fame laboure:' demandez sil oiast unq̃s ꝑler quele estoit le prim̃ auncestr̃ de dit mons̄ Richard qi portast primm̃ent lez ditz armez & q̃ fuist soñ noun dist qil ne oiast unq̃s ꝑler de soñ prim̃ auncestrie portant lez armez ne de soñ noun ne oiast il unq̃s demandez sil ad oye dire com bien de temps il est q̃ lez ditz armez ount este portez. dist q̃ noñ demandez sil oiast unq̃s ꝑler del droit de mons̄ Robt Grovenor quelle il doit aveir a lez ditz armez ou sil ad oy dascun chalaunge fait p le dit mons̄ Robt ou p cez auncesẗs ou p ascun en soñ noun. dist qi p tout le temps qil ad este armeez en Fraunce en Gascoigne ove mons̄r le

prince en Bretaigne & en Escoce il ne oiast unꝗs pler de monſ
Roƀt Grovenoᴿ ne de nuƚƚ de cez auncesƚs portantz soñ noun ꝯ

MONſ THOMAS SAKEVYLE del age de cynquant ans armeez xij.
xxxij ꝓduct pur la ptie de monſ Richard Lescroꝓ jurez & ex-
aminez demandez si lez armez dazure ove un bende dor appteig-
nent ou deyvent appteigñ du droit & de heritage al dit monſ
Richard dist ꝗ oil qar p tout le temps qil ad este armeez il ne vist
unꝗs armer autre hõme qi ceux qi portoient lez nouns de lez
Scroꝑs ꝯ demandez p qil sciet qe lez ditz armez appteignent plus
a monſ Richard Lescroꝓ ꝗ a monſ Roƀt Grovenoᴿ ꝯ dist qil ne
vist unqs le dit monſ Roƀt estre armeez en lez armez ne oiast
pler qe lez auncesƚs du dit monſ Roƀt ount este armeez en lez ditz
armez tanꝗ le darrein viage en Escocè & lez auncesƚs du dit monſ
Richard ount este armeez en mesmes lez armez & useez & con-
tinuez possessioñ com il ad oy dire de cez auncesƚs outre temps de
memoire ꝯ demandez sil oiast unꝗs pler del priꝳ auncesƚ de dit
monſ Richard ꝗ portoit lez ditz armez ꝯ dist ꝗ noun qar il ad oy
dire qe sez auncesƚs ount este venuz de gentils & ount demᴿrez
toutdys en possessioñ dez ditz armez come cõe & publike vois &
fame laboure toutdys ꝯ demandez en queles lieux il ad veu le dit
monſ Richard estre armeez ꝯ dist ꝗ en toutz lez guerres de Roy
Edward en lez guerrez de Fraunce & lez guerrez Descoce & en
ꝑsence du Roys demandez sil ad oy dire p combien de temps luy
ou cez auncesƚs ount useez lez ditz armeez. dist ꝗ noun. mes ils
ount useez & continuez toutdys en possessioñ outre temps de
memoir com il ad oy de cez auncesƚs ꝯ demandez si ascun cha-
lange ou inꝓrupcioñ eust este fait p lez auncesƚs du dit monſ Roƀt
ou p le dit monſ Roƀt ou p ascun en soñ noñ pᴿ lez ditz armeez a
dit monſ Richard ou a ascun de cez auncesƚs ꝯ dist ꝗ noun ne il
noiast unꝗs pler del dit monſ Roƀt ne de nuƚƚ de soñ noun tanꝗ
cest debate comenceast ꝯ

MONſ JOH'N GODARD' del age de xl. ans armeez pᴿ le faite xiij.
darmeez priꝳment a la bataiƚƚ de Spaigne ꝓduct pur la ptie de
monſ Richard Lescroꝓ jurez & examinez ꝯ demandez si lez armez
dazure ove un bende dor appteignent ou deyvent appteigñ du
droit au dit monſ Richard ꝯ dist ꝗ oil com il ad oy dire dez veux
chivalers & esquiers   Et auxi il ad veu & conu le dit monſ

Richard estre armez en mesmez lez armez en compaignie de monſʳ
de Lancastr̃ al bataille Despaigne & monſ William soñ fitz en
Pruce armeez en lez armez ove un labeɫɫ & auxi il ad veu le dit
monſ William outr̃ le gᵃnt meer armeez en lez armez   Et en
venant al hosteɫɫ le dit monſ Williã armeeʒ en lez armes dazure
ove un bende dor ove la labeɫɫ en les guerrez en la compaignie del
duk' de Duras outre Venize   Et auxi il ad veu le dit monſ Ri-
chard estre armeez p dieux foitz en Escoce lune en le compaignie
de monſ de Lancastr̃ & lautr̃ quᵃnt le Roy la estoit ꝯ demandez p
qi il sciet q̃ lez ditz armeez appteignent au dit monſ Richard ꝯ
dist q̃ p cõe plaunce & cõe fame q̃ hõme ple quᵃnt ils ount veu lez
ditz armez et com il ad oy dire devᵃnt q̃ lez auncesꝭs de dit monſ
Richard ount continuez lez ditz armez outre temps de memoire &
lez ditz armez toutdys reputez lez armeez de Lescroꝑ ꝯ demandez
sil oiast unq̃s pler quel estoit soñ prim̃ auncestr̃ & quele il estoit q̃
prim̃ment estoit armez en lez ditz armeez dist qil ne sciet ne il ne
oiast unq̃s pler ꝯ demandez sil ad oy pler dascune chalange ou inꝉ-
rupcioñ q̃ ad este fait p monſ Roƀt Grovenoʳ ou p ascun en soñ
noun dez ditz armeez ꝯ dist q̃ nounpas ne ne oiast unq̃s pler del dit
monſ Roƀt devᵃnt le darrein viage en Escoce ove ñre ſʳ le Roy ꝯ

xiiij.   MONſ WAUTRE ATTE LEE del age de xxxiij ans armeez p
xviij ans ꝓduct pʳ la ptie de monſ Richard Lescroꝑ jurez & exa-
minez demandez si lez armes dazure ove un bende dor appteig-
nent ou deyvent appteigner de droit & de heritage au dit monſ
Richard Lescroꝑ ꝯ dist q̃ oil com il ad oy dire dez aunciens chi-
valers & esquiers & unq̃s en nuɫɫ temps nad oy dire la contrarie
demandez p q̃ il sciet q̃ lez ditz armes appteignent au dit monſ
Richard. dit qil ad veu le dit monſ Richard estre armeez en mes-
mez lez armez al viage de Caux & monſ Henr̃ Lescroꝑ armeez en
mesmes lez armes ove difference & a barꝵ & en Escoce al viage de
monſʳ de Lancastre & al darreyn viage qe le Roy fist en Escoce &
com il ad oy dire sovent foitz de pluis veux qil nest continuez lour
armeez toutdys en ꝑsence dez roys du prince des ducs & countes
& des auꝭs gᵃunds ſˢ & acquis plusoʳs honoˢs en lour temps en
lour ditz armeez ꝯ demandez sil oiast unq̃s pler quele estoit le
prim̃ auncestr̃ du dit monſ Richard qi portast lez ditz armez.
dist q̃ noun ꝯ demandez sil oiast unq̃s pler combien de temps il est
q̃ lez armez estoient prim̃ment armeez p lez auncesꝭs du dit monſ

Richard dist qil ne oiast unq̄s pler de celuy qi se armast prim̄ment
en lez ditz armez demandez sil oiast unq̄s pler dascun chalange
ou int̄rupcion fait p mon∫ Rob̄t Groveno' dez ditz armez. dist
ēteignement q̄ neuyll ne ne oiast pler del dit mon∫ Rob̄t dev°nt
cest debate :'

MON∫ JAMES BERNERS del age de xxv ans armeez prim̄-   xv.
ment quant mon∫' de Gloucestr̄ alast p' rescoure Brest p̄duct p'
la ptie de mon∫ Richard Lescrop̄ jurez & examinez demandez si
lez armez dazure ove un bende dor appteignent ou deyvent app-
teignñ du droit & de h̄itage a mon∫ Richard Lescrop̄. dist q̄ oil qar
il ne oiast unq̄s dire la contrarie ne unq̄s ne oiast dire dautre hōme
qavoit occupiez lez ditz armez & fait hono' a lez ditz armez mes
le dit mon∫ Richard cez cosyns & cez braunches :' demandez p
q̄ il sciet q̄ lez ditz armez appteignent au dit mon∫ Richard dist
qil ad oy dire d̄e pluis veilles chivalers qil nest q̄ le dit mon∫
Richard ad este toutdys & cez auncest̄s dev°nt luy en continuel &
pessible possessioñ come cōe fame & publike vois laboure   Et dit
auxi qil ad veu lez braunchez del dit mon∫ Richard estre armeez
al viage de Seint Malowe & le dit mon∫ Richard armeez al viage
en Escoce quant mon∫' de Lancastr̄ y fuist, et depuis le dit mon∫
Richard armeez en mesmes lez armes en Escoce al viage du Roy :'
demandez sil oiast unq̄s pler quele fuist le prim̄ auncestre del dit
mon∫ Richard qi portast lez ditz armez dist q̄ noun. demaundez
sil ad oȳ p quele temps lez auncest̄s du dit mon∫ Richard ount
occupiez lez ditz armez dist qil ne oiast unq̄s pler de null hōme.
demandez en p̄sence dez queux f̄'s il ad veu lez ditz armez. dist q̄
en p̄sence de touz lez f̄'s qe ount este en mesmes lez viagez pub-
likement porteez & cōmunement dit lez armez du Scrop̄ & p' lour
armeez reputez demandez sil oiast unq̄s dire qe ascun chalange
estoit fait pur lez ditz armez au dit mon∫ Richard ou a cez aun-
cest̄s p mon∫ Rob̄t Groveno' ou p cez auncest̄s ou p autr̄ en lour
noñ dist q̄ noun. ne unq̄s dev°nt cest debate ne oiast pler del dit
mon∫ Rob̄t ne de cez auncest̄s :'

MON∫ WILLIAM DE WYNKEFELD' del age de lx ans armeez   xvj.
prim̄ment a la bataill de Espaignoils p̄duct p' la ptie de mon∫
Richard Lescrop̄ jurez & examinez demandez si lez armeez da-
zure ove un bende dor appteignent & deyvent appteigner de droit

au dit monſ Richard ⁖ dist q̄ oil qar com il ad oye dire dez veux
chivalers & esquiers lez ditz armez dazure ove une bende dor
sount droitement descenduz au dit monſ Richard p droit daun-
cestrie demandez p qei il sciet qils sount pluis au dit monſ
Richard q̄ a monſ Roƀt Grovenoʳ ⁖ dist qil ad veu & conu le dit
monſ Richard estre armeez en mesmes lez armez devᵗ Parys &
monſ Henr̄ Lescroꝑ auxi devᵗ Parys & a barꝰ de mesmes lez
armez ove un label blanc/ & dist qil ad oy q̄ lez auncesťs del dit
monſ Richard & de monſ Henry ount continuez lour possessioñ
toutdys & lez ditez armeez useez & lez ditz monſ Henry & monſ
Richard ount este p tout soñ temps en continuel possessioñ sanz
contredyr' de nully & toutdys pʳ lour armez reputeez com cõe
voys & publike fame laboure toutdys sanz cesser ⁖ demandez sil
ad oy quele estoit le prim̄ auncestr̄ du dit monſ Richard q̄ portast
prim̄ment lez ditz armez. dist q̄ noun ⁖ demandez sil ad oy com-
bien du temps il est q̄ lez auncesťs de dit monſ Richard ount por-
tez cestes armeez. dist q̄ noun/ & qil ne unq̄s oiast pler del temps.
demandez sil oiast unq̄s pļe de droit q̄ monſ Roƀt Grovenour dust
avoir a lez ditz armez dazure ove un bende dor dist c̄teignement q̄
noun ⁖ demandez sil ad oy en ascun temps dascun chalaunge ou
inťrupcioñ fait p le dit monſ Roƀt ou p cez auncesťs ou p ascun
en lour noun. dist q̄ noun ne q̄ il ne oiast unq̄s pler de luy ne de
cez auncesťs tanq̄ cest debate cõmenceast ⁖

xvij.   MONſ GILB'T TALBOT del age de xl ans armeez p xxv ans
ꝓduct pʳ la ꝑtie de monſ Richard Lescroꝑ jurez & examinez de-
mandez si lez armeez dazuere ov un bende dor appteignent où
deyvent appteigner de droit ƀitage au dit monſ Richard Lescroꝑ
dist qil ne oiast unq̄s dire la contrarie mes qils estoient venuz de
droit heritage al dit monſ Richard com il ad oy dire soventfoitz
en le temps du Roy qi mort est ⁖ demandez p qi il sciet q̄ lez ditz
armez sount al dit monſ Richard ⁖ dist qil ad veu le dit monſ
Richard Lescroꝑ estre armeez en mesme lez armez dazure ove un
bende dor en la compaignie de monſʳ de Lancastr̄ qestoit adount
le count de Richemoñd en la viage du Roy q̄ mort est devᵗ
Parys & monſ Henr̄ Lescroꝑ armeez en mesmes lez armez ove un
label blanc & a barꝰ en mesme la viage & al viage en Caux ove
monſʳ de Lancastre & en Escoce al viage de monſʳ de Lancastre &
al darrein viage q̄ le Roy fist & en aufs lieux & com il ad oy dire

dez vieux chivalers & dez aunciens esquiers le dit monſ Richard &
cez auncesẗs ount este toutdys & continuez loͬ possessioñ de mes-
mes lez armeez & ne oiast unꝗs dire dautre hõme ꝗ continuast lez
ditz armez ne fesoit honoͬ a lez ditz armeez mes ceux portantz le
noun de Lescroꝑ ⸝ demandez sil oiast unꝗs del priɱ auncestͬ du
dit monſ Richard portant lez ditz armeez dist ꝗ noun qar come il
ad oy dire ils sount dauncien auncestrie outre temps de memoir
demandez sil ad oy dire en ascun temps dascun chalange ou inͬrup-
cioñ fait dez ditz armez p monſ Roƀt Grovenoͬ ou p cez auncesẗs
ou p ascun autre en soñ noñ dist ꝭteignement ꝗ nounpas ⸝

MONſ GILBᵗ VAAꜱ del age de lviij ans armeez xxxviij. ans
ꝓduct pͬ la ꝑtie de monſ Richard Lescroꝑ jurez & examinez si
monſ Richard Lescroꝑ ad droit de porter & armer soñ corps en
lez armez dazure ove un bende dor ⸝ dist ꝗ oil qar de tout le
temps qil ad este armeez en Fraunce & en Escoce il ne vist unꝗs
autre hõme user armer ne continuer lez ditz armez en honoͬ mes
monſ Richard Lescroꝑ & cez fitz & cosyns & autres braunches de
cez armees ⸝ demandez p qei il sciet ꝗ lez ditz armez appteignent
al dit monſ Richard Lescroꝑ ⸝ dist ꝗ lez ad veu en banꝭ ove un
labeꝇ en Fraunce devᵃnt Parys en compaignie de Roy Et auxi il
ad veu le dit monſ Richard estre armeez en mesmez les armez a
Balynghamhiꝇ & en Caux & en Escoce & le dit monſ Richard a
banꝭ demandez sil ad oy del priɱ auncesẗ de monſ Richard Le-
scroꝑ qi portoit priɱment lez ditz armeez ⸝ dist ꝗ noun qar ils
sount de taunt veille auncestͬ qil passe memoir de hõme com il ad
oy dire dez veux ſͬs chͭrs & esquiers & ount este toutdys en pesi-
ble possessioñ des ditz armez sanz contͬdire de nully p toút soñ
temps ⸝ demandez sil ad oye p ascun temps dascune chalange ou
inͬrupcioñ fait p monſ Roƀt Grovenoͬ ou p ascun de cez auncesẗs
ou p ascun en soñ noun dez ditz armez. dist ꝗ noun qar devᵃnt
qe cest debate cõmenceast il ne oiast unꝗs pꝇer del dit monſ Roƀt
ne de cez auncesẗs ⸝

MONſ THOMAS WALSSH' del age de xl ans & pluis armeez
p xix ans ꝓduct pͬ la ꝑtie de monſ Richard Lescroꝑ jurez &
examinez. demandez si lez armez dazure ove un bende dor appteig-
nent du droit au dit monſ Richard dit ꝗ oil qar il ad bien oy dez
veux ſͬs & aunciens chͭrs qils de Lescroꝑs sount venuz de graunde

xviij.

xix.

auncestrie & dez veilx gentils hōmes demandez p̄ qei il sciet qe lez ditz armez appteignent al dit monſ Richard dist qar il lez ad veu estre armeez en mesmez lez armez & monſ Henr̄ Lescrop̄ armez en mesmez lez armez ove un label blanc a Balyngh͞mhiŧŧ & le dit monſ Henry a barſ & al chivache en Caux & auŀs de cez braunchez armeez en mesmez lez armes & ove difference en auŀs viagez en France & en Escoce demandez quele droit il ad de porter lez ditz armez dist qil ad oy dire sov̀ent foitz dez auncienz chīrs & esquiers qil porte lez ditz armez p̄ droit dauncestrie & dauncien title sanz contredire de nully demandez sil oiast unꝗs pler quele estoit soñ prim̄ auncestr̄ & quelle estoit soñ noun qi usast armer lez ditz armez ꝝ dist c̄teignement qils sount venuz de si veille auncestrie com il ad oy dire de son pier dev̀nt luy qil passast memoir adount de hōmes & coment del noun de soñ prim̄ auncestr̄ il ne oiast unꝗs pler ꝝ demandez sil oiast unꝗs pler combien du temps lez auncesŧs du dit monſ Richard ount occupiez lez ditz armez ꝝ dist qil nad oie de cest temps mes il ad oie dire ꝗ lez auncesŧs du dit monſ Richard ount este armeez en mesmes lez armez & lez useez & pur lour armeez reputez & toutdiz continuez lour possessioñ outre memoir com c̄oe vois & publike fame laboure & ad laboure p̄ tout le roialme Denglīŧre ꝝ demandez sil oiast unꝗs pler dascun chalange ou inŧrupcioñ fait p̄ monſ Roƀt Grovenoᵉ ou p̄ cez auncesŧs ou p̄ ascun en soñ noun au dit monſ Richard ou a cez auncesŧs pᵉ lez ditz armez dist ꝗ noun ne qil ne oiast unꝗs pler de luy ne de cez auncesŧs tanꝗ le darrein viage du Roy en Escoce ꝝ

MONſ WILLIAM FLAUMVILE del age de lx ans armeez prim̄ment al siege de Fanes en Breitaigne p̄duct pᵉ la p̄tie de monſ Richard Lescrop̄ jurez & examinez demandez si lez armez dazure ove un bende dor appteignent ou deyvent appteigner du droit & de heritage au dit monſ Richard dist ꝗ oil qar il ad veu monſ Henry Lescrop̄ estre armeez en Fraunce & en Bretaigne ove le count de Northamptoñ & a barſ armeez le chāmp dazure ove un bende dor ove un label dargent & monſ Richard Lescrop̄ armeez en lez entiers armes dev̀nt Parys & monſ Henr̄ Lescrop̄ auxi & auŀs de soñ lynage ove difference demandez p̄ qei il sciet ꝗ lez ditz armez sount au dit monſ Richard ꝝ dist qil ad veu le dit monſ Henry Lescrop̄ al darrein viage ꝗ le Roy ꝗ mort est fist en Escoce armeez en lez armez ove un blank labeŧŧ & a barſ & auxi

il dist qil vist al darrein viage q̃ le Roy fist ore darreinement en
Escoce monſ Richard Lescroꝑ armeez en lez entiers armeez & a
barꝰ & lez avᵃntditz monſ Henry & monſ Richard & auſs de lour
lynage useez lez ditz armeez & continuez loʳ possessioñ sanz con-
tredire de nully ꝑ tout soñ temps lez armes dazure ove un bende
dor & pʳ lour armez reputeez com cõe vois & publike fame laboure
& ad labouree outr̃ temps de memoir. demandez ſil oiast unꝗs pler
quele fuist le prim̃ auncestr̃ du dit monſ Richard q̃ portaist prim̃-
ment lez ditz armez & q̃ estoit soñ noun dist q̃ ꝑ tout soñ temps il
ne oiast unꝗs pler de cez auncesſs ne queux estoient loʳ nons mes
q̃ lez ditz armez sount descenduz au dit monſ Richard ꝑ droit
lyne dauncesſ com il ad oy de cez auncesſ & dez veilx chȓs &
esquiers en temps de sa juvente⸴ demandez ſil sciet ꝑ quelle
temps ils ount occupiez lez ditz armeez. dist q̃ noun mes com il ad
oy dire outr̃ temps de memoir⸴ demandez ſil oiast unꝗs pler del
droit quelle monſ Roƀt Grovenoʳ clayme a lez ditz armez. dist qil
ne oiast unꝗs pler del dit monſ Roƀt ne de nuꝇ de cez auncesſs ne
de nully portant la noun de Grovenoʳ tanꝗ ceste debate cõmenceast
en Escoce⸴

MONſ WAUTER TAILBOYS del age de xxxiij ans armeez   xxj.
xiiij ans ꝓduct pʳ la ꝑtie de monſ Richard Lescroꝑ jurez & exa-
minez demandez si lez armes dazure ove un bende dor appteig-
nent ou deyvent appteigñ du droit & de heritage au dit monſ
Richard Lescroꝑ. dist q̃ oil & qil ne oiast unꝗs dire la contrarie &
com il ad oy dire de cez auncesſs devᵃnt luy qils sount venuz dez
nobles & de gentils. demandez ꝑ qil sciet q̃ lez ditz armez appteig-
nent au dit monſ Richard dist qil ad oie de cez auncesſs & dez
veux chȓs & esquiers en soñ temps q̃ lez auncesſs du dit monſ
Richard ount continuez lez ditz armez dazure ove un bende dor
& lez useez & pʳ lour armez reputez & toutdys ount este en pesi-
ble possessioñ dez ditz armez & de noun depuis le Conquest⸴
demandez ſil oiast unꝗs pler del prim̃ auncesſ del dit monſ Ri-
chard le quele il estoit q̃ portast prim̃ment lez ditz armez dist q̃
noun ne qil ne oiast unꝗs pler de soñ prim̃ auncesſ qar hõme dit
q̃ ils sont de si veille auncestr̃ qil passe la memoire de hõme
demandez ꝑ quele temps lez auncesſs del dit monſ Richard
ount occupiez lez ditz armez dist qil ne sciet mie le temps ne ne

2 A

oiast unq̃s pler au℟ment del temps mes del temps de Conquest
com cõe & publike vois & fame laboure & ad laboure p tout
soñ temps. demandez sil oiast unq̃s pler dascun chalange ou in-
℟rupcioñ fait au dit monſ Richard p lez auncesͭs de monſ Roƀt
Grovenoʳ ou p luy mesmez ou p ascun en soñ noun dist q̃ devᵃnt
cest debate comenceast en Escoce il ne oiast unq̃s pler de monſ
Roƀt Grovenoʳ ne de cez auncesͭs ⸫

xxij.

GEFFRAY CHAUCERE ESQUIER del age de xl ans & plus
armeez p xxvij ans p̃duct pʳ la ptie de monſ Richard Lescrop̃
jurrez & examinez demandez si lez armeez dazure ove un bende
dor appteignent ou deyvent appteigner au dit monſ Richard du
droit & de heritage. dist q̃ oil qar il lez ad veu estre armeez en
Fraunce devᵃnt la ville de Retters & monſ Henry Lescrop̃ armez
en mesmes lez armeez ove un label blanc & a bañ & le dit monſ
Richard armeez en lez entiers armez dazure ove un bende dor &
issint il lez vist armer p tout le dit viage tanq, le dit Geffrey estoit
pris ⸫ demandez p qei il sciet q̃ lez ditz armez appteignent au dit
monſ Richard. dist q̃ p oy dire dez veux chͥrs & esquiers & qils
ount toutdys continuez loʳ possessioñ en lez ditz armez & p tout
soñ temps pʳ lour armeez reputeez com cõe fame & publike vois
laboure & ad labouree & auxi il dist q̃ quant il ad veu lez ditz
armes en bañs en ℣rures en. peyntures en vestementz cõement
appellez lez armez de Lescrop̃ ⸫ demandez sil oiast unq̃s pler
quele estoit le prim̃ auncestre du dit monſ Richard qi portast
prim̃ment lez ditz armez dist q̃ noun ne qil ne oiast unq̃s autre
mes qils estoient venuz de veille auncestre & de dez veulx gentils
hõmes & occupiez lez ditz armez ⸫ demandez sil oiast unq̃s pler
com long temps q̃ lez auncesͭs du dit monſ Richard ount usez lez
ditz armes. dist q̃ noun mes com il ad oy dire qil passe la memoir
de hõme ⸫ demandez sil oiast unq̃s dascun in℟rupcõn ou chalange
fait p monſ Roƀt Grovenoʳ ou p cez auncesͭs ou p ascun en soñ
noun al dit monſ Richard ou a ascun de cez auncesͭs dist q̃ noun
mes il dist qil estoit une foitz en Fridaystrete en Loundres com il
alast en la rewe il vist pendant hors un noveℓ signe fait dez ditz
armez & demandast quele herƀ́gie ceo estoit q̃ avoit pendu hors
cestez armes du Scrop̃ & un au℟ luy respondist & dit neuyl ſ ils
ne sount mye penduz hors pʳ lez armez de Scrop̃ ne depeyntez la
pʳ cez armeez mes ils sount depeyntez & mys la pʳ une chͥr del

counte de **Chestre** q̃ hõme appelle monſ Roƀt Grovenoʳ & ceo fuist le prim̃ foitz q̃ oonq̃s il oiast pler de monſ Roƀt Grovenoʳ ou de cez auncesťs ou de ascun autre portant le noñ de Groveṇour ⁘

Et ces attestacions ensuantz furent pris devᵗnt le dit monſ John de Derwenwater en le dit refreitour le xixᵐᵉ joʳ del dit moys Doctobr̃ en la maner q̃ sensuit ⁘

LE SIRE DE DACRE del age de xxvij ans armeez p iiij. ans ꝑduct pʳ la ptie de monſ Richard Lescroꝑ jurez & examinez demandez si lez armes dazure ove un bende dor appteignent & deyvent appteigner de droit & de h̃itage a dit monſʳ Richard dist q̃ oil qar il vist monſ Richard lever suz soñ bañ de cestez armez dazure ove un bende dor & dist qil estoit fait chivaler desouz soñ bañ a Dounfrese demandez p qei il sciet q̃ lez armez appteignent au dit monſ Richard. dist qil ad este en deux voiage ou le dit monſ Richard ad este armeez a Dounfrese un & autre en Escoce al viage du Roy   Et en la priorie de Landercost sont cez armez trovez de veux auncestrie en Ⅎrurez des fenestrez du dit esglise com lez chanõns de mesme le lieu dient q̃ lez ditz armez ount este la depuis la prim̃ fesaunce de loʳ esglise & lez ditz arm̃es sount en loʳ vestementz dancien temps outre temps de memoir & en peynturez cõement appellez lez armez du Scroꝑ & pʳ loʳ armez reputez demandez sil oiast unq̃s quele estoit le prim̃ auncestrie du dit monſ Richard q̃ portast prim̃ment lez armez dist q̃ noñ mes il ad oye dire de cez auncesťs queux sont a Dieu comande qils sõnt venuz de veux auncestr̃ & dez noblez demandez sil ad oye p quele temps ils ount porteez loʳ armez dist q̃ noun mes il dist com il ad oy dire q̃ outre temps de memoir ⁘ demandez sil ad oie dascun chalange ou inſrupcioñ fait p monſ Roƀt Grovenoʳ ou p ascun de cez auncesťs ou p ascun en soñ noun pʳ lez ditz armez en ascun temps al dit monſ Richard ⁘ dist qil ne oiast unq̃s pler de monſ Roƀt Grovenoʳ ne de cez auncestrez tanq̣ la darrein viage en Escoce ⁘

MONſ THOMAS TRYVET del age de xxxvj ans & plus armeez depuis la siege de Bechereꝉ ꝑduct pʳ la ptie de monſ Richard Lescroꝑ jurez & examinez demandez si lez armeez dazure ove un bende dor appteignent du droit & deyvent appteigner au dit monſ Richard Lescroꝑ dist q̃ oil qar il ne oiast unq̃s pler dautr̃

xxiij.

xxiiij.

qi portast lez ditz armez mes ceux de noun de Lescrop̄ Et il dist qil ne oiast unq̃s dire de nuƚƚ destourbance pur qei ils ne deyvent porter tanq̃ cest debate en Escoce demandez p qi il sciet q̃ lez ditz armes sount au dit mons̄ Richard dist qil ad veu en un place & en autr̃ depuis qil ad este armez les braunchez de mons̄ Henr̃ ou lez braunchez de mons̄ Richard estr̃ armeez en mesmes lez armez ove differencez & p tout soñ temps ꝯtinuez lez ditz armeez & en chescun lieu ou il ad este pr lor armez reputez sanz savoir en soñ temps de contrarie demandez sil oiast unq̃s dire le quele estoit le prim̃ auncestr̃ du dit mons̄ Richard q̃ portast prim̃ment lez ditz armez: dist q̃ noun. demandez sil oiast unq̃s dire combien de temps ils ount portez lez ditz armez dist qil ne sciet ne ne oiast unq̃s com long temps ils ount portez, demandez sil oiast unq̃s dascun chalange ou interrupcioñ fait p mons̄ Robt Grovenor ou p ascun de cez auncestres ou p ascun en soñ noun au dit mons̄ Richard ou a ascun autre de cez auncestres pr lez ditz armeez dist q̃ noun & q̃ devant cest debate il ne oiast unq̃s pler du dit mons̄ Robt ne de nuƚƚ de soñ lynage qil sciet.

Mons̄ Bernerd Brokes del age de xl ans armeez prim̃ment al ryvaille de Hogges pduct pr la ptie de mons̄ Richard Lescrop̄ jurez & examinez demandez si lez armez dazure ove un bende dor appteignent & deyvent appteign̄ du droit & de heritage a mons̄ Richard Lescrop̄ dist q̃ oil come il ad oy dire dez veilx chlrs & esquiers & le dit mons̄ Bernard dist qil ad veu mons̄ Henr̃ Lescrop̄ estre armez en mesmez lez armez ove difference & mons̄ Richard Lescrop̄ en lez entiers armez & ses cosyns armez en lez armez ove differencez en diversez viagez en Fraunce en Escoce en Gascoigne en Breitaigne & en Espaigne en presence dez roys dez princes ducs counts barons & autres graundz srs chivalers & esquiers esteantz en mesmez lez viagez p quarant ans demandez p qei il sciet q̃ lez armez appteignent au dit mons̄ Richard: dist q̃ p graunde ꝯtinuance & long armer en lez ditz armez com il ad oy dire des veilx chivalers & qil ad veu le dit mons̄ Richard & cez cosyns estre armeez en lez ditz armez & continuez lor possessioñ de voiage en viage et toutdys en presence dez graundez srs & toutdys en meyntez lieux ou il ad este armez trovez lour corps armez en lor armez & lor banrs de lor armez & pr lor armez reputeez & unq̃s ne oiast dire le contrarie demandez sil ad oie quelle estoit le prim̃ aun-

cestr̃ du dit monſ Richard q̃ ceo armast prim̃ement lez armez
dazure ove un bende dor dist q̃ noñ mes il dist qil ad oie dire qils
sount venuz dez nobles & gentils hõmez & de long temps conti-
nuez lour armez come cõe fame & publik vois ad laboure et tout-
dys laboure ꞏ demandez sil ad oie p quele temps & com long'
temps il est depuis qils ount useez prim̃ment lez ditz armez ꞏ dist
qil ne sciet mie com long' temps mes il ad oy pler qils ount useez
de long' temps lour armez outre temps de memoĩr ꞏ demandez sil ad
oie pler dascun chalange ou intrupcioñ fait p monſ Roƀt Grovenoᵣ
ou p cez aunces̃ſs ou p ascun en soñ noun al dit monſ Richard p
cause de mesmes lez armes dit q̃ noun ne q̃ en nuƚƚ lieu ou il ad
este armeez devᵘnt le darrein viage en Escoce ove ñre ſᵣ le Roy ne
avoit conissaunce del dit monſ Roƀt ne de nuƚƚ portant le noun de
Grovenoᵣ ne lez armeez dazure ove un bende dor auſs q̃ ceux de
noñ de Lescroꝑs ꞏ

Monſᵣ de Roos de Hamelak' del age de xxj. ans armez p ˄xxvj.
iij. ans ꝓduct pᵣ la ptie de monſ Richard Lescroꝑ jurez & exami-
nez demandez si lez armez de azure ove un bende dor appteig-
nent & deyvent de droit appteigner au dit monſ Richard dist q̃ oil
& q̃ unq̃s ne oiast dire la contrairie ne unq̃s ne oiast dire de auſs
possessours des ditz armes mes ceux del noun de Lescroꝑs qar
deux foitz il ad veu le dit monſ Richard estre armez & a barſ en
Escoce un ove monſᵣ de Lancastr̃ & un autrefoitz quant le Roy
chivacheast darreynement en Escoce ꞏ demandez p qi il sciet q̃ lez
ditz armez appteignent au dit monſ Richard ꞏ dist qe p oy dire dez
pluz veillez hõmes chivalers & esquiers qil nest & auxi p cõe fame
demandez siƚ oiast unq̃s quele estoit le prim̃ auncestre du dit monſ
Richard q̃ se armast prim̃ment en lez ditz armez dist q̃ noun mes
com il ad oy dire outre temps de memoir de hõme. demandez sil
oiast unq̃s pler q̃ monſ Roƀt Grovenoᵣ ou ascun de cez aunces̃ſs
ou ascun pᵣ luy chalangea le dit monſ Richard ou ascun autre de
soñ lynage portantz lez ditz armez dist qil ne oiast unq̃s pler du
dit monſ Roƀt ne de nuƚƚ de soñ noñ tanqₕ le darrein viage en
Escoce ove ñre ſᵣ le Roy ꞏ

Joh'n Thirlewall' del age de liiij ans armeez xxxij ans ˄xxvij.
& plus ꝓduct pur la ptie de monſᵣ Richard Lescroꝑ jurez & exa-
minez demandez si lez armez dazure ove un bende dor appteig-

nent de droit & deyvent appteignñ a monſ Richard Lescroṗ⸝ dist q̃
oil ℰteignement & ceo il monstrera bien p evidence qar lail du dit
monſ Richard qavoit a noñ William Lescroṗ estoit fait chivaler a
Faukyrk' en Escoce desouz la banñ de bon Roy Edward ove lez
longes jaumbes com soñ pier luy disoit & monstrat devᵃnt sa mort
qar soñ pier gisoit pʳ veileisce en soñ lit & ne poet aler devᵃnt sa
mort et coment il gisoit il oiast dire q̃ ascun gentz disoient q̃ le
pier de monſ Richard nestoit my gentil hōme pʳ cause qil fuist
justice de Roy & soñ pier appelloit devᵃnt luy cez fitz & le dit
John qestoit le pluis joefne de touz cez friers & disoit Mes fitz jeo
oy dire q̃ hōme dist q̃ monſ Henř Lescroṗ nest point gᵃunde gentil
hōme pʳ cause qil est un hōme de la ley & jeo vous dye ℰteigne-
ment q̃ son pier estoit fait chivaler a Faukyrke en cez armez
dazure ove un bende dor & sount venuz dez gᵃundez gentils
hōmes & dez noblez Et si ascun dit autrement de eux tesmoignez
cest moñ dit pʳ ℱite sur foy & lealte & si jeo fuisse joefnes je le
ᵱnderoye & meynteigneroy mon dit tanꝙ a la mort Et soñ pier
estoit qᵃnt il morust del age de $\overset{xx}{vij}$. ans & v. & fuist quant il morust
le pluis veille esquier de tout le Norṫ & estoit armez en soñ
temps lxix ans & depuis qil morust est des ans quarant & iiij⸝
demandez p qei il sciet q̃ lez armez sount au dit monſ Richard
dist q̃ en soñ temps il ad oie pler plusours chivalers & esquiers de
soñ paiis & unꝙs ne oiast pler en nuṫ ptie en Engliṫre ne aillo's
ou il ad este mes q̃ lez armez dazure ove un bende dor estoient
toutdys a ceux q̃ porteint lez nouns de lez Escroṗs & a nuṫ autᵉ
dedeinz la roialme Dengliṫre & toutdys pʳ lour armez reputez &
toutdys este en continuel possessioñ & le dit monſ Richard cez
braunchez & cez cousyns en Fraunce a Balyngh'mhiṫ en Caus
devᵃnt Parys a la voiage du Roy q̃ mort est en Gascoigne ove
monſʳ le prince en Breitaigne ove le duc de Lancasṫ qi mort est &
com il ad oy dire qil ad este un mort en Pruce en lez armez q̃ por-
toit le noun de Lescroṗs & un autre en la compaignie del count de
Herforḋ outre la gᵃund meř q̃ portoit le noñ de Lescroṗs & com
hōme dit en la paiis de Norṫ q̃ lez Escroṗs ount demo'rez tout-
dys de noun & de lour armez dazure ove un bende dor depuis le
Conquest demandez sil oiast unꝙs dire dascūn hōme q̃ monſ Roḃt
Groveno' ou ascun autř de soñ lynage ou de cez auncesﬅs ou ascun
en soñ noñ se doit avoiꝛ fait ascun chalange au dit monſ Richard
ou a cez auncesﬅs en ascun temps pʳ lez ditz armez dist q̃ noñ qṫ

ne oiast unꝗs pler de dit monſ Roƀt ne de nuƚƚ de cez auncesƚ's tanꝗ le darrein viage en Escoce ove n̄re ſʳ le Roy ꞏ⸝

Monſ Lowes de Clyfford' del age de l. ans & pluis armeez priṁment al bataƚƚ de Seint George ꝑduct pʳ la ptie de monſ Richard Lescroꝑ jurrez et examinez. demandez si lez armeez dazure ove un bende dor appteignent & deyvent appteigner a monſ Richard Lescroꝑ dit qil ne oiast unꝗs dire auƚ'ment p tout sa vie ne unꝗs ne oiast appeller lez armez dautre hōme mes lez armez de Lescroꝑs demandez p qil sciet qils appteignent au dit monſ Richard dist q̄ sanz pluis demandez dez enꞇrogatoirs il respondera brifement q̄ p tout sa vie il ad bien oy pler & veu mesmes monſ Henr̄ & cez friers & cez fitz armer lez ditz armez ove differencez & monſ Richard armeez & auƚ's de soñ lynage en diⱱsez voiagez du Roy en Fraunce en Espaigne & en Escoce & ne vist unꝗs auƚ's hōmes armer lez ditz armeez ne lez occupier ne lez continuer en possessioñ ne lez honurer p tout soñ temps mez ceux portantz lez nouns de Lescroꝑs ne de monſ Roƀt Grovenoʳ ne oiast unꝗs pler ne de nuƚƚ de cez auncesƚ's tanꝗ le cōmencement du cest ꝑsente debate en Escoce ꞏ⸝

xxviij.

Joh'n Schakel Esquier del age de xlv. ans armez priṁment en mesme lan quant le bataiƚƚ de Morlees fuist ꞏ⸝ ꝑduct pʳ la ptie de monſ Richard Lescroꝑ jurez & examinez demandez si lez armes dazure ove un bende dor appteignent & deyvent appteigner du droit & de heritage au dit monſ Richard dist q̄ oil qar il ne oiast unꝗs dautre hōme q̄ avoit si graund droit de porter lez ditz armez com ad le dit monſ Richard cez fitz cez cosyns & auƚ's de soñ lynage lez queux portent lez ditz armez ove differencez demandez p qei il sciet q̄ lez ditz armez sount au dit monſ Richard dist q̄ p oie dire dez aunciens hōmes chivalers & esquiers & auxi p continuel possessioñ de luy de cez auncesƚ's de cez uncles de cez cosyns com cōe fame & publike vois laboure & ad laboure p tout soñ temps & unꝗs en nuƚƚ temps devꞏnt cest debate en Escoce ne oiast dire dautre possessour dez ditz armez mes de dit monſ Richard & de soñ lynage ꞏ⸝ demandez sil oiast unꝗs quele estoit le priṁ auncesƚ du dit monſ Richard q̄ portast priṁment lez ditz armez dist q̄ noun ne qil ne oiast unꝗs pler de soñ priṁ auncestr̄ demandez sil sciet ou ad oy com long' il est de temps depuis qils

xxix.

ount armeez lez ditz armez dist q̃ noun demandez sil oiast unq̃s de
chalange ou interupcioñ fait p monſ Roƀt Grovenoʳ ou p cez aun-
cesℓs ou p ascun en soñ noun pur lez ditz armez a dit monſ
Richard ou a ascun de cez auncesℓs dist q̃ noun mes ore en Escoce
al darrein viage il oiast bien q̃ monſ Richard Lescroꝑ chalangea
un monſ Roƀt Grovenoʳ q̃ portoit lez armez du dit monſ Richard
a tort en quelez armez il ad veu lez braunchez de monſ Richard
estř armez en diᵛsez viages en temps du Roy q̃ mort est devᵃnt
Parys en Fraunce ove monſʳ le prince en Gascoigne en Espaigne
& en Escoce ꝰ

xxx.   JAMES DU PECHᴬM ESQUIER del age de lx ans armeez p
xxviij ans ꝓduct' pʳ la ptie de monſ Richard Lescroꝑ jurez &
examinez demandez si lez armez dazure ove un bende dor appteig-
nent et deyvent appteigner du droit & de ħitage a dit monſ
Richard dist q̃ oil qar il ne oiast unqs dire auℓment en nulle temps
mes q̃ le dit monſ Richard & cez braunchez ount portez lez ditz
armez toutdys p tout soñ temps & lez usez & pʳ lour armez repu-
tez & clamez & lour possession dez ditz armez toutdys continuez ꝰ
demandez p qei il sciet qe lez ditz armez appteignent au dit monſ
Richard dist qil ad veu monſ Henry Lescroꝑ armeez al voiage de
noble Roy q̃ mort est devᵃnt Parys en mesme lez armez ove un
label blanc' & soñ baníℓ de mesmes lez armez & le dit monſ Richard
armez en lez entiers armez & si ascun autř ħome eust ewe ascun
droit a lez armez du Scroꝑ ħome la eust bien scieu ou p oy dire
dez veillez ħomes ou p braunchez dez ditz armez ou p collaℓals en
si gᵃund temps. demandez sil oiast unq̃s pler quele noñ il portoit qi
estoit le prim̃ auncestř du dit monſ Richard qi portoit prim̃ment
lez ditz armez. dist q̃ noñ ne qil ne oiast unq̃s pler. demandez sil
oiast unq̃s com long il est q̃ lez auncesℓs du dit monſ Richard ount
portez lez ditz armez dist q̃ noñ ne qil ne oiast unq̃s pler ꝰ deman-
dez sil oiast unq̃s pler de chalange ou interupcioñ fait p monſ Roƀt
Grovenoʳ ou p cez auncesℓs al dit monſ Richard pʳ lez ditz armez
dist q̃ noun & q̃ ne oiast unq̃s pler de dit monſ Roƀt tanq̨ ceste
debate en Escoce al viage du Roy ꝰ

xxxj.   MONſ JOHᴺ CLANVOWE del age de xxxv. ans armeez p xx
ans & plus ꝓduct pʳ la ptie de monſ Richard Lescroꝑ jurez &
examinez demandez si lez armez dazure ove une bende dor app-

teignent & deyvent appteigner du droit & de heritage au dit monſ
Richard ꝯ dist q̃ oil qar il ne oiast unq̃s dire la contrarie ꝯ demandez p q̃ il sciet ꝯ dist q̃ si un hõme luy demande touz lez inᵗrogatoirs du mond il luy respondera a un foitz pʳ tout & dist ℓteignement q̃ p touz lez foitz ou il ad este armez en lez guerrez du Roy il ne vist unq̃s hõme porter lez ditz armez ne lez armer ne user ne lez continuer mes ceux de noũ de Lescroꝑs ne ne ad oye pler devᵉnt ceste debate riens dez Grovenoᵗs ne de lour auncestrie ꝯ

MONſ THOMAS PEYTEVYN del age de lx ans & plus armez
priñ͞ment a la bataiℓ de Berwyk' q̃ samonte dez ans cynquant &
cynk' ꝑduct pʳ la ptie de monſ Richard Lescroꝑ jurez & examinez.
demandez si lez armez dazure ove un bende dor appteignent &
deyvent appteigñ du droit & de ƕitage a monſ Richard Lescroꝑ ꝯ
dist q̃ oil qar autᵗment ne oiast unq̃s dire qar il ad veu le frier de
monſ Henry Lescroꝑ estre armeez al bataiℓ de Berwyk' al siege
de Caleys & al bataiℓ de Cressy en le compaignie de monſᵗ le
prince en Gyene & toutdys armez en lez armez dazure ove un
bende dor ove un labeℓ dargent et si ascun autᵗ hõme eust ewe
ascun droit a lez ditz armez q̃ eust este en la compaignie de monſᵗ
le prince il eust trovez le dit monſ William Lescroꝑ aptement en
la compaignie de monſᵗ le prince toutdys armeez en lez ditz armez
q̃ eust tantost plez pʳ lez ditz armez & aꝑs le dit monſ William
fuist ove monſᵗ le prince en Espaigne & la morust en la Vaal de
Zorie ꝯ demandez p qei il sciet q̃ lez armez appteignent au dit monſ
Richard dist qil ad oy dire issint dez plusoᵗs noblez vaillantz chivalers & esquiers en temps de sa juvente & q̃ lez ditz armez sount
descenduz au dit monſ Richard p droit descent & droit lynee de
auncestrie demandez sil oiast unq̃s pler quele estoit son priñ auncestᵗ ou quele dez auncestres de dit monſ Richard portoit priñ͞ment lez ditz armez & dist q̃ noun qil ne oiast unq̃s pler quelle
estoit soñ priñ auncestᵗ q̃ se armast priñ͞ment en lez ditz armeez
demandez p combien du temps lez auncestᵗs du dit monſ Richard
ount continuez lour armez. dist qil ne poet penser le temps ne nuℓ
autᵗ hõme qar il ad oie dire soventfoitz qils sount dauncien temps
& de veille auncestrie & ount toutdys demoᵗrez noblez & gentils &
q̃ lez armez dazure ove un bende dor ount toutdys demoᵗrez lour
armez & pʳ loᵗ armez reputez outᵗ temps de memoir ꝯ demandez sil
oiast unq̃s dascun chalange ou inᵗrupcion fait p monſ Roʙt Gro-

2 B

venoͬ ou p cez auncestͤs ou p ascun en soñ noun pͬ lez ditz armez
al dit monſ Richard ou a cez auncestͤs dist q̃ devᵉnt cest debate
en Escoce il ne oiast unq̃s pler du dit monſ Roꝫt ne de nuꝉ de
soñ lynage ⸴

xxxiij. RICHARD DE BEAULIEU ESQUIER del age de lv. ans armez
xxxvij. ans ꝓduct pͬ la ptie de monſ Richard Lescroꝑ jurez &
examinez demandez si lez armez dazure ove un bende dor app-
teignent & deyvent appteigꝯ du droit & de heritage au dit monſ
Richard dist q̃ oil qar il ad veu monſ Henr̃ Lescroꝑ & cez fitz
armeez en lez armez dazure ove un bende dor ove un label blanc
& cez fitz armez ove differencez monſ Henry esteant au banͤ p
tout soñ temps en la roialme de Fraunce en le roialme Descoce p
diꝟsez foitz veu le dit monſ Henr̃ armeez & monſ Richard auxi a
lez voiagez du Roy q̃ mort est en Fraunce devᵉnt Parys le dit
monſ Richard esteant en compaignie adount de monſͬ le count de
Richemond le dit monſ Richard armez en lez entiers armez &
monſ Henry auxi armez én mesme le compaignie & le dit monſ
Richard armeez en Escoce & a banͤ al arsure de Dounfrese & de-
puis al viage de monſͬ de Lancastr̃ en Escoce & un autr̃foitz en la
darrein voiage de Roy qorest le dit monſ Richard fuist en Escoce
& toutdys p tout soñ temps lez ditz armez occupiez sanz contr̃dire
ou chalange de nully ⸴ demandez p qey il sciet q̃ lez ditz armez
appteignent au dit monſ Richard dist q̃ p oye dire de cez auncestͤs
& de cez ꝓgenitoͬs devᵉnt luy q̃ ount dit en lour temps q̃ ceux q̃
portent lez nõns dez Escroꝑs ount este en loͬ temps toutdys conti-
nuelment armez en lez ditz armez dazure ove un bende dor com
apirte bien en lesglise de Wetherhale dune portant le noun dez
Escroꝑs qest ensevelitz en lez ditz armez du Scroꝑ & auxi com
apiert en la priorie de Landercost en ꝟrure de dit esglise de-
mandez si lez armez dazure ove un bende dor sount mys en la
dit esglise pͬ monſ Richard Lescroꝑ ou pͬ monſ Roꝫt Grovenoͬ
dist q̃ noñ & qil sciet bien qils sount mys la pͬ lez armez de Le-
scroꝑs qar le priour & lez chanõns du dit priorie teignent le dit
monſ Richard & sez auncestͤs devᵉnt luy com loͬ foundours du dit
priorie Et pͬ ceo sount lez armez Descroꝑs mys en fenestr̃s du
dite esglise du dit priorie enbrouderiez dez vestementz en peyn-
turez com loͬ foundoͬs & la lez ditz armez ount demoͬrez en ꝟrure
depuis q̃ le dit priorie estoit prim̃ment fait q̃ passe la memoire dez

hōmes. demandez sil oiast unq̃s pler quele estoit le prim̃ auncestr̃ du dit monſ Richard qi portoit prim̃ment lez ditz armez dist q̃ noun qil ne oiast unq̃s qar en la paiis du North hōme dist cōmunement q̃ lez auncesſs du dit monſ Richard estoient venuz dez noblez & dez g⁰undez gentils hōmes & toutdys ount portez & continuez lour possessioñ dez ditz armez & de noun outr̃ temps de memoïr come cōe fame & publike vois laboure & ad laboure p tout la paiis du North p tout soñ temps demandez p quelle temps le dit monſ Richard & cez auncesſs ount porteez lez ditz armez dist qil ad oy dire de cez auncesſs dev⁰nt luy & dez gentils hōme chivalers & esquiers aunciens qe le dit monſ Richard & cez auncesſs sont descenduz p droit lynee de noun & darmez del Conquest & unq̃s en nuıt̃ temps ne oiast dire la contrarie en la paiis du North tanqh cest debate comenceast p entre le dit monſ Richard & monſ Roƀt Grovenoͬ. demandez sil oiast unq̃s qe le dit monſ Roƀt ou ascun de cez auncesſs ou ascun en soñ noun fist ascun chalange ou inſrupcioñ pͬ lez ditz armez a monſ Richard Lescrop̃ ou a cez auncesſs dist qil ne oiast unq̃s pler du dit monſ Roƀt ne de nuıt̃ de cez auncesſs tanqh ceste debate comenceast en Escoce ⸝⸝

Monſ WILLIAM NEVYLL' del age de xxxvj. ans armeez depuis q̃ monſͬ le prince alast darreynement outre la meer pͬ p̃ndre seisine en la ſre de Gascoigne p̃duct pͬ la ptie de monſ Richard Lescrop̃ jurez & examinez demandez si lez armez dazure ove un bende dor appteignent & deyvent appteigñ au dit monſ Richard Lescrop̃ de droit & de ħitage dist q̃ oil qar il dist qil ne oiast unq̃s dire autrement. demandez p qey il sciet qils sount au dit monſ Richard dist qil ne oiast unq̃s pler p tout soñ temps dautres possessours dez ditz armez mes ceux de noun de Lescrop̃s qar ceux de noun de Lescrop̃s il ad veu porter lez ditz armez ascuns entiers ascun ove differencez en diᵛsez viagez p tout soñ temps & estre en possessioñ dez ditz armez & toutdys pͬ lour armez reputez & claymez demandez sil oiast unq̃s pler del auncestr̃ du dit monſ Richard q̃ se armast prim̃ment en lez ditz armez dist q̃ noun il ne oiast unq̃s pler ⸝ demandez sil oiast unq̃s p quele temps lez auncesſs du dit monſ Richard ount occupiez lez ditz armez dist qil ad oy pler qils sount venuz dez gentils hōmes & q̃ ils & loͬ auncesſs ount occupiez lez ditz armez outre temps de memoire demandez sil oiast unq̃s q̃ ascun chalange ou inſrupcioñ estoit fait

p^r lez ditz armez a dit monſ Richard ou a cez auncestˢ p monſ
Roᵬt Grovenoʳ ou p cez auncestˢ ou p ascun en soñ noun dist qil
navoit mye conyssance de dit monſ Roᵬt dev°nt cest debate en
Escoce ne de nuᵗᵗ autr̃ portant soñ noñ ne ne oiast pler ꝉ

Monſ Henr' de Ferrers del age xlvj ans armez p xxx
ans ꝓduct p^r la ptie de monſ Richard Lescroꝑ jurez & examinez
demandez si lez armez dazure ove un bende dor appteignent &
deyvent appteigñ au dit monſ Richard Lescroꝑ du droit & de
ħitage & p droit descent de lyne. dist q̃ oil qar il ne oiast unq̃s pler
dautr̃ hõme qad si bone droit a lez ditz armez com le dit monſ
Richard & lez autˢ braunchez du dit monſ Richard ꝉ demandez p
qi il sciet dist qil vist monſ Geffray Lescroꝑ le fitz de monſ Henr̃
Lescroꝑ armez en mesmez lez armez en Breitaigne Iᵗm le dit monſ
Geffrey armeez en Pruce en mesmes lez armez & de dela en
Lettowe dev°nt un chasteᵗᵗ q̃ hõme appellast Piskre & la morust
& de dela estoit son corps reportez a rere en Pruce & estoit en-
sevelys en mesmes lez armez en le dom a Conygsburgħ & cez
armes sount mys en un table en memorail dev°nt lautre Et le dit
monſ Henr̃ Ferrers vist monſ Henr̃ Lescroꝑ dev°nt Parys ove son
barñ & soñ corps armez en mesmes lez armez ove un labeᵗᵗ blanc'
& monſ Richard Lescroꝑ armeez en lez entiers armez Et le dit
monſ Geffray Lescroꝑ adount armeez en la compaignie de monſ
de Lancastre q̃ mort est dev°nt Paris & dev°nt le temps qil alast
en Pruce & toutdys continuez lour possessioñ p tout soñ temps en
graunde chivalrie & honoʳ & loʳ armez useez en lez roialx guerrez
& voiages du Roy & de lez ſˢ & p^r lour armez reputez toutdys
com cõe vois & fame laboure & ad labouree ꝉ demandez sil oiast
unq̃s pler quele estoit soñ priᵐ auncestr̃ & coment il avoit a noun ꝉ
dist qil ne oiast unqs pler quelle estoit soñ priᵐ auncestr̃ qar il dist
qil ad bien oy dire de cez auncestˢ q̃ lez auncestˢ du dit monſ
Richard sont droit del Conquest & loʳ armez venoient ove le Con-
quest demandez sil ad oy dire p combien du temps ils ount useez
lez ditz armez dist unqore com dev°nt del temps du Conquest ꝉ
demandez si ascun chalange ou inᵗrupcioñ fuist fait au dit monſ
Richard ou a ascun de son lynage p^r lez ditz armez p monſ Roᵬt
Grovenoʳ ou ꝑ ascun en soñ noun ou p cez auncestˢ sil oiast unq̃s
pler dist qil ne oiast unq̃s de nuᵗᵗ & qil ne oiast unq̃s pler de le dit
monſ Roᵬt ne de cez auncestˢ tanq̃ cest voiage en Escoce ꝉ

MONſ JOH'N BURCIER del age de l. ans armez priſm̃ment al xxxvj.
siege de Caleys ꝑduct p͏r la ꝑtie de monſ Richard Lescroꝓ jurez &
examinez demandez si lez armez dazure ove un bende dor appteig-
nent ou deyvent appteigñ du resoñ au dit monſ Richard dist q̃ oil
& q̃ lez ditz armes sount venuz au dit monſ Richard p droit
dauncestrie & unq̃s ne oiast dire la cont'rie demandez p qi il sciet
q̃ lez armez dazure ove une bende dor sount plus au dit monſ
Richard q̃ a monſ Roꝰt Groveno͏r dist qil ad veu le dit monſ Ri-
chard estre armeez en mesmes lez armez quant le Roy Edward
fuist dev͏ant Parys & la estoit monſ Henr̃ Lescroꝓ au bañ & armez
en mesmes lez armez ove un label blank' & monſ Geffrey Lescroꝓ
fitz a monſ Henr̃ armez en mesmez lez armez ove un label dermyn
& lez ditz monſ Henr̃ & monſ Richard & lours fitz armeez en
pluso͏rs auꝉs lieux des queux lieux il ne record mye ore au ꝑsent
& le dit monſ Richard & cez cosyns & lo͏r braunchez ount este
toutdys en continuel possessioñ com il ad veu mesmes p tout son
temps sanz contredire dascun hõme & com il ad oy dyre dez veux
chĩrs & esquiers qils ont useez & armeez lez ditz armez p tout
lour temps & p͏r lo͏r armez reputeez com cõe vois & publike fame
laboure p tout demandez sil oiast unq̃s le quele fuist le priſm̃
auncestr̃ del noñ de Lescroꝓ q̃ portoit priſm̃ment lez ditz armez
dist q̃ noñ qar le dit monſ Richard & cez aunces꞉s ont useez lez
ditz armez & continuez outre temps de memoir de hõme⸝ demandez
sil ad oy en ascun temps q̃ ascun chalang ou in꞉rupcioñ ad este fait
p monſ Roꝰt Grovenor ou p ascun de cez aunces꞉s ou p asçum en
soñ noñ al dit monſ Richard p͏r lez ditz armez . dist qil nad oy pler
de dit monſ Roꝰt ne de cez aunces꞉s en nuꝉ temps tanq̃ la co-
mencement de cest debate en Escoce al darrein viage du Roy
qorest꞉

MONſ RICHARD LE SOUCHE del age de lxvij ans armeez xxxvij.
quant il estoit de xv. ans ꝑduct p͏r la ꝑtie de monſ Richard Lescroꝓ
jurez & examinez demandez si lez armeez dazure ove un bende
dor appteignent ou deyvent appteigñ du droit a monſ Richard
Lescroꝓ p droit lynee & de heritage dist q̃ oil qar p tout son temps
en toutz lieux ou la conisaunce darmeez se doit estre fait ꞏlez
armez dazure ove un bende dor ount este clameez & reputez lez
armez du Scroꝓ & nemy a nuꝉ autr̃ demandez p qei il sciet qils
sount lez armez du Scroꝓ dist qil ad oye dire de soñ aiel le ꞏsire le

Souche q̃ lez armez dazure ove un bende dor sont lez armez du
Scroꝑ & lour droites armez & qils sount venuz de veille auncestrie
& dez veilx gentils hõmes   Et le dit monſ Richard le Souche lez
ad veu estr̃ armez en Escoce en Fraunce en Breitaigne en Gascoigne
& monſ Henr̃ Lescroꝑ a barñ ove le count de Norhamptoñ al ba-
taiŧ dez Espaignoils sur la meer al bataille de Cressy al siege du
Caleys & quant le noble Roy Edward le tierce fesoit soñ viage
dev⁑nt Parys adount estoit le dit monſ Richard Lescroꝑ armeez
en mesmez lez armes entiers en la compaignie del count de Ryche-
mond̃ qorest duc de Lancastr̃ & la estoit monſ Henr̃ Lescroꝑ a
barñ & armez en cez armez dazure ove un bende dor ove un labeŧ
blank' & auꝭs de loʳ lynage armeez en mesmes lez armez ove differ-
ence quelez armez lez ditz Escroꝑs ount useez & armeez p tout
soñ temps & continuez lour possessioñ honestement & joustement
come hõmes darmez sanz contredire de nully come cõe & publike
vois & fame est & ad este p tout soñ temps demandez sil oiast
unq̃s dire quele estoit lour prim̃ auncestr̃ ou quelle noun il avoit.
dist q̃ ɛteignement il ad oy dire de soñ aile qils sont devenuz de
veux auncestrie ne unq̃s ne oiast quele estoit soñ prim̃ auncestr̃ qar
il dist q̃ dev⁑nt qe le pier du dit monſ Richard la Souche estoit
neez lez armeez dazure ove un bende dor ount este appellez lez
armez du Scroꝑ qar ils sount tant aunciens & de si veille auncestr̃
qil ne cez auncesꝭs dev⁑nt luy ne savoient mye lour auncesꝭs ne
loʳ nouns⸴ demandez p quelle temps & combien du temps ils ount
occupiez lez ditz armez dist unqore com il oiast pler son ail dev⁑nt
sa mort outre temps de memoire qar ils sount devenuz dez noblez
& gentilx genſousez hõmes & de veille auncestrie demandez sil ad
oy dascun droit q̃ monſ Roƀt Grovenoʳ doit avoir a lez ditz armez⸴
dist q̃ noñ demandez sil oiast unq̃s dascun chalange ou inꝭrupcioñ
fait p le dit monſ Roƀt pur lez ditz armez dist qil ne oiast unq̃s
pler de luy ne de cez auncesꝭs tanꝗ ceste debate comenceast⸴

xxxviij.   MONſ JOH'N LOVELL' del age de xl. ans armez xxviij ans
ꝓduct pʳ la ꝑtie de monſ Richard Lescroꝑ jurez & examinez de-
mandez si lez armeez dazure ove un bende dor appteignent ou
deyvent appteigñ du droit & de heritage al dit monſ Richard dist
q̃ oil qar il ne oiast unq̃s dire la contrarie ne unq̃s navoit conis-
sance en nuŧ temps dautrez possessours dez ditz armez dazure ove
un bende dor mes ceux q̃ portent & ont porte lez nõns de Lescroꝑs

ascuns ov difference & une saunz difference ỏ demandez p q̃ il sciet
q̃ lez ditz armez appteignent au dit monſ Richard dist qil ad oy
dire dez veux chĩrs & esquiers q̃ lez ditz armez sount lez armez
du Scroꝑs & ount demorez lour armez toutdys outᴦ temps de me-
moiᴦ & le dit monſ John lez ad veu armez en mesmez lez armes
le dit monſ Richard & cez braunches en Fraunce & en Escoce &
toutdys continuez loͬ possessioñ de loͬ armeez com gentz darmez
& pͬ lour armez reputez com le cõe & publike vois dist & daustre
possessour unq̃s ne oiast pler tanꝗ cest debate cõmenceast en
Escoce demandez sil oiast unq̃s pler quele estoit le priñ auncestᴦ
du dit monſ Richard & quele estoit soñ noun dist q̃ noun qar il
nest mye de si graunde age com il quide de penser soñ priñ
auncestᴦ ne unq̃s ne oiast pler quele il estoit ne quele noñ il avoit ỏ
demandez sil oiast unq̃s pler combien du temps il est depuis q̃ le
dit monſ Richard ou cez auncesſs ount useez cestz armez dist qil
ne sciet le temps ne unq̃s oiast pler com long temps ils ount portez.
demandez sil ad conisaunce du droit de monſ Robt Grovenoͬ ou
sil oiast unq̃s pler qe ascun chalange ou inᴦrupcioñ estoit fait p le
dit monſ Robt ou p cez auncesſs ou p ascun en soñ noun au dit
monſ Richard ou a cez auncesſs pur lez ditz armez dist q̃ unq̃s ne
oiast pler du droit de dit monſ Robt tanꝗ la darrein viage en
Escoce & coment du chalange ou inᴦrupcioñ fait il ne oiast unq̃s
pler ỏ

RICHARD DE HAMPTON' del age de lx ans & plus armeez   xxx
xliij ans & plus ꝓduct pͬ la ptie de monſ Richard Lescroꝑ jurez
& examinez demandez si lez armez dazure ove un bende dor
appteignent & deyvent appteigñ du droit & de heritage a monſ
Richard Lescroꝑ ỏ dist q̃ oil & qil ad oy dire q̃ soñ pier estoit justice
& lez usast en cez salez chaumbrez & en vesseux dargent & cez
unclez lez userent & lez armerent tout loͬ temps ove differencez en
ꝓsence du Roy & dez gͧundez fͬs & as gͧunds batails en Fraunce
en Escoce p tout soñ temps ou le dit Richard Hamptoñ ad este
armez & unqs en nuᵵ temps p tout le temps qil ad este armeez nẹ
vist auᵵs occupier lez ditz armez mes lez braunchez ove differencez
du dit monſ Richard demandez p qi il sciet qe lez ditz armez
sount au dit monſ Richard dist qil sciet bien p continuel possessioñ
qil ad veu p entᴦ lez unclez p entᴦ lez cosyns du dit monſ Richard
qount toutdys usez & armeez léz armez sanz inᴦrupcioñ de nuᵵ

autre p tout soñ temps & en chescun lieu ou il ad este & q̃ lez
armez ount este sur lez chaumps en banſe en esglise en ꝰrurez en
peynturez cõement appellez lez armez du Scroꝓ com cõe fame &
publike vois laboure & ad laboure p tout soñ temps. demandez ſil
ad oy del priñſ auncestr̃ du dit monſ Richard q̃ portaist priñſment
cestez armeez & quele estoit soñ noun. dist. q̃ noun ne qil ne sciet
my soñ priñſ auncesť ne soñ noun mes il dist qil ad veu monſ
Richard Lescroꝓ estre armez en mesmez lez armez al bataiꝉ du
Spaigne Et en Escoce al darrein viage de ñre ſ le Roy. demandez
p combien du temps ils ount useez lez ditz armez dist qil ne sciet
combien du temps ne com longᵉ mes ils ount useez pur loᵗ armez
reputez p tout soñ temps ne lez nouns de soñ auncestrie ne poet il
penser⸝ demandez ſil ad oye en ascun temps du droit q̃ monſ Roꝫt
Grovenoᵗ doit avoir a cestez armez ou dascun chalange ou inſrup-
cion fait p le dit monſ Roꝫt. ou p cez auncesťs ou p ascun en soñ
noun dist q̃ devᵃnt le darrein viage en Escoce il ne oiast unq̃s pler
du droit de monſ Roꝫt Grovenoᵗ ne de chalange fait p luy ne pᵗ
luy en nuꝉ pt⸝

xl. **Monſ Gerard de Braybrok'** le pier del age de liiij. ans
armez depuis & a la temps qᵘᵃnt monſᵗ le prince passa priñſment
en Gascoigne ꝓduct pᵗ la ꝑtie de monſ Richard Lescroꝓ jurez &
examinez demandez si lez armez dazure ove une bende dor appteig-
nent & deyvent appteigñ du droit & de ħitage a monſ Richard
Lescroꝓ⸝ dist. q̃ oil cõ il ad oy dire dez plus veux chῖrs & dauncien
hõmes en soñ temps qil nest demandez p qey il sciet⸝ dist qil vist
un monſ William Lescroꝓ armeez en la compaignie de monſᵗ le
prince en mesmes lez armes ove un label dermyn devᵃnt Parys en
Fraunce al viage du noble Roy Edward q̃ mort est & en Gascoigne
p tout & al bataiꝉ du Spaigne ove monſᵗ le prince saunz chalange
de nuꝉ hõme ou contredire & unq̃s p tout soñ temps ne conust autr̃
hõme estre en possessioñ dez ditz armez ne unq̃s ne oiast pler
dautr̃ hõme q̃ droit doit avoir a mesmez lez armez mes ceux
portantz le noun dez Scroꝓs. demandez ſil oiast unq̃s pler del priñſ
auncestr̃ du dit monſ Richard & quele il fuist & coment il avoit a
noun dist q̃ noñ qar ceo ne poet il penser ne ne oiast unq̃s pler
demandez ſil oiast unq̃s pler combien du temps ils ount portez lez
ditz armez dist q̃ non ne ne oiast unq̃s pler demandez ſil oiast unq̃s
pler si lez auncesťs du monſ Roꝫt Grovenoᵗ ou le dit monſ Roꝫt

ou ascun en soñ noun fesoit ascun chalange ou inŕrupcion au dit
monſ Richard ou a ascun de cez auncesʈs pᵣ lez ditz armez dist
qil ne oiast unꝗs pler de nuſɫ dez auncesʈs du Grovenoᵣ ne de
monſ Roƀt tanꝗ le darrein viage en Escoce ؟

MONſ HUGH' BURNELL' qest LE SIRE DE BURNELL' del age   ᵡˡʲ·
de xl. ans armeez p xxvj. ans ꝓduct pᵣ la ptie de monſ Richard
Lescrop̄ jurez & examinez demandez si lez armez dazure ove un
bende dor appteignent ou deyvent appteigñ du droit & de heri-
tage au monſ Richard Lescrop̄ dist ꝗ oil qar p tout le temps qil
ad este armeez il ad veu le dit monſ Richard estre armeez en
mesmez lez armez & auʈs de cez braunches ove difference & le dit
monſ Richard continuez soñ possessioñ & cez braunches dez ditz
armez & lez usez toutdys p tout soñ temps en la temps du Roy
Edward le noble roy ꝗ Dieu assoil devⁿt Parys & a Balyngh*m-
hiſɫ & en la voiage de monſʳ de Lancastŕ en Caus quant monſʳ
Henŕ du Scroꝑ estoit goᵛnoᵣ de Gynes & al gᵘund viage ꝗ monſʳ
de Lancastŕ fit tout outŕ Fraunce & en Gascoigne il vist monſ
William Lescroꝑ fitz au dit monſ Richard armeez en mesmes lez
armez ove difference   Et en Escoce p deux foitz il vist le dit
monſ Richard estre armeez en mesmes lez armez & auʈs de cez
braunchez ove differencez quant monſʳ de Lancastŕ fist son viage
& al darrein viage du Roy & le dit monſ Richard a barꝱ؟ deman-
dez p ꝗ il sciet ꝗ lez ditz armez sont au dit monſ Richard dist com
il ad oy dire dez gentils hōmes plus aunciens qil nest ꝗ le dit monſ
Richard ad cōtinuez & este toutdys en pesible possessioñ sanz
contredire de nully & lez ditz armez useez en cote & en barꝱ p
tout soñ temps & lez ditz armez reputez en toux lieux pᵣ lez armez
du monſ Richard Lescroꝑ & de cez braunchez com cōe & publik'
vois & fame laboure & ad laboure p tout؟ demandez sil oiast unꝗs
pler quele estoit soñ priñ auncestŕ. dist ꝗ noñ؟ demandez sil oiast
unꝗs pler combien du temps il est ꝗ lez auncesʈs du dit monſ
Richard ont portez mesmez lez armez dist qil ne oiast unꝗs pler
demandez sil oiast unꝗs pler du droit de monſ Roƀt Grovenoᵣ ou
de ascun chalange ou inŕrupcioñ fait p le dit monſ Roƀt au dit
monſ Richard pᵣ lez ditz armez؟ dist qil ne oiast unꝗs pler de
monſ Roƀt ne de cez auncesʈs ne de soñ noun tanꝗ la voiage en
Escoce ove le Roy؟

xlij.   LE SIRE DE DARCY del age de xxxij ans armeez primment
a la voiage de monf de Lancastr̃ en Caus pduct pᵣ la ptie de monf
Richard Lescrop̃ jurez & examinez demandez si lez armez dazure
ove un bende dor appteignent ou deyvent appteignñ du droit & de
h̃itage a monf Richard Lescrop̃ dist q̃ oil qar il ne oiast unq̃s dire
autr̃ment mes q̃ le dit monf Richard est droit heriteer a cestez
armez & sont descenduz a luy p droit lynee demãdez p qey il sciet
dist q̃ p usaunce continuel en diṽsez voiagez & le dit monf Richard
armeez en mesmez lez armez & auſs de soñ lynage armeez en mes-
mez lez armez ove difference en Caus a Balyngh᷄mhiłł al graunde
voiage de monfᵣ de Lancastre al viage en Breitaigne ove monfᵣ de
Glouceſł en Escoce a deux voiagez lun voiage ove monfᵣ de Lan-
castr̃ lautr̃ ove le Roy al darrein voiage q̃ le Roy fist & la useez loᵣ
armeez en lour corps & en bañ & ount toutdys este en continuel
& en pesible possessioñ p tout soñ temps & toutdys pᵣ loᵣ armeez
reputeez & clamez com cõe fame & publike vois labouŕ demandez
sil oiast unq̃s pler quele hõme estoit soñ prim̃ auncestr̃ & coment il
avoit a noun dist qil ne oiast unq̃s pler de soñ prim̃ auncestrie mes
il ad oie bien dire qils sount venuz dez graundez gentils hõmes &
de veille auncestrie quelle auncestrie passe le memoir de hõme &
del noñ de soñ prim̃ auncestr̃ il nad poynt oie dire. demandez sil
ad oie dire p quel temps ils ount useez lour armez dist com il ad
oy dire de cez auncesſ dev᷄nt luy outre temps de memoire deman-
dez sil oiast unq̃s dascune chalange ou inťrupcioñ fait p monf
Robťt Grovenoᵣ ou p cez auncesťs ou p ascun autr̃ en soñ noñ pᵣ lez
ditz armez al dit monf Richard ou a cez auncesťs dist qil ne oiast
unq̃s pler de dit monf Robťt ne de cez auncesťs tanq̃ le darrein
viage ovesq̃ le Roy en Escoce.

xliij.   MONf MAHEU REDEMAN del age de lvj ans armez xxxix ans
pduct' pᵣ la ptie de monf Richard Lescrop̃ jurez & examinez de-
mandez si lez armez dazure ove un bende dor appteignent & dey-
vent appteignñ du droit & de heritage au dit monf Richard dist q̃
oil & q̃ unq̃s en nulle lieu ou il ad este dev᷄nt le debate en Escoce
al derrein viage q̃ fuist p entre le dit monf Richard & monf Robťt
Grovenoᵣ ne oiast dire autr̃ment qar il dist qil ad este armez p trent
& noef anz en Fraunce en lez veillez guerrez p touz lez paiis en
Escoce & en Espaigne & unq̃s en nułł temps ne vist autr̃ hõme
Denglitťre porter lez ditz armez dazure ove un bende dor mes ceux

de noñ de Lescroṗs lez queux ount portez mesmez lez armez ove
difference com affiert as cez braunchez de lez porter p tout soñ
temps & p oye dire dez vaillantz & noblez chivalers & esquiers
queux sount mortz & de cez auncesťs devᵃnt luy qils ont bone
droit de lez porter qar ils sount descenduz au dit monſ Richard p
droit descent & lyne de noun & daunĉesťr demandez p q̄ il sciet
qils appteignent au dit monſ Richard dist com il ad dist devᵃnt p
oie dire de cez auncesťs & dez chivalers & esquiers de tout le paiis
de North & p continuel possessioñ en quele possessioñ le dit monſ
Richard & cez auncesťs devᵃnt luy ount demᵉrez pesiblement sanz
contredire de nully outṙ temps de memoire & en temps de cez
auncesťs & p tout son temps pᵉ lez armes du Scroṗ appellez &
reputez come cõe fame & publike vois laboure & ad laboure p
tout soñ temps demandez sil oiast unq̄s quele estoit le priñ̄ aun-
cesťr du dit monſ Richard qi portoit priñ̄ment lez ditz armez dist
q̄ neuyle qil ne oiast unqz quele estoit son priñ̄ aunceſ q̄ portast
priñ̄ment cestz armes qar en la paiis del North il est tenuz pᵉ
hõme de veille & noble auncestrie·⁄ demandez com long temps il
est depuis qils ount armeez priñ̄ment lez armez dist unqore com
il ay oy dire de cez auncesťs devᵃnt luy outṙ temps de memoire·⁄
demandez sil oiast unq̄s dascun inťrupcioñ ou de chalange fait pᵉ
lez ditz armez a dit monſ Richard ou a ascun autre de cez aun-
cesťs p monſ Roƀt Grovenoᵉ ou p cez auncesťs ou p ascun en soñ
noun dist q̄ le priñ̄ foitz qil oiast pler du dit monſ Roƀt estoit
qᵃnt hõme ploit qil doit espouser la dame de Pulford mes du cha-
lange darmez p le dit monſ Roƀt ou p ascun autre en soñ noñ ne
oiast il unq̄s·⁄

Monſ **Piers de Boketon'** del age de xxxvj. ans armeez   ^{xliiij.}
priñ̄ment al graund joᵉ de la marche sᵉ la marche Descoĉe p̄duct
pᵉ la p̄tie de monſ Richard Lescroṗ jurez & examinez & demandez
si lez armez dazure ove un bende dor appteignent & deyvent app-
teigñ du droit & de ḣitage au dit monſ Richard Lescroṗ dist q̄
oil com il ad oye dire des aunciens hõmes en soñ paiis qar il ad
veu monſ Henṙ Lescroṗ armeez en lez armez ov une label blanc
en lisle de Caux & a bañ et monſ Estepheñ Lescroṗ al viage de
monſᵉ de Lancasťr Et monſ John Lescroṗ al viage de monſᵉ de
Gloucestre en Fraunce & en Escoce armeez en lez armez ove dif-
ference & lour piers devᵃnt eux continuez loᵉ possessioñ dez ditz

armez demandez p qei il sciet q̄ lez ditz armes sont a dit monſ
Richard dist com il ad oy dire dez aunciens hōmes q̄ lez ditz
armez sont descendus au dit monſ Richard p heritage & p droit
lyne & discent come lez gentz dient cōement en la paiis du North
& cez auncesťs devᵃnt luy ount occupiez lez ditz armez & con-
tinuez lour possession en lez ditz armez & toutdys pʳ loʳ armez
reputez demandez sil oiast unq̄s quele estoit le prim̄ auncestr̃ du
dit monſ Richard q̄ portast prim̄ment lez ditz armez dist q̄ noun
qar il ne oiast unq̄s pler de soñ prim̄ auncestr̃ mes qils sont venuz
dez nobles & graundz gentils hōmes demandez sil oiast unq̄s com
long temps il est depuis qils se armerent prim̄ment en lez armez
dist qil ad oy devᵃnt cez hourez dez veillez hōmes chȳrs & esquiers
en la paiis de North queux sōnt mortz qils sount venuz del Con-
quest⸵ demandez sil oiast unq̄s dascuñ chalange ou inťrupcioñ fait
al dit monſ Richard p monſ Roƀt Grovenoʳ ou p cez auncesť ou p
ascun en soñ noun pur lez ditz armez dist q̄ noun nemy devᵃnt la
viage en Escoce darreynement⸵

xlv.   Monſ Roƀ'ᴛ Grenacre del age de l. ans & pluis armez
prim̄ment en Gascoigne al bataiɫ de Lymelenge quᵃnt monſ
Thomas Cok' estoit lieutenant & le batail estoit p̃s Lysneau en
Peytou ꝑduc pʳ la ꝑtie de monſ Richard Lescroꝑ jurez & exami-
nez demandez si lez armez dazure ove un bende dor appteignent
& deyvent appteigñ au dit monſ Richard Lescroꝑ p droit descent
& de heritage dist q̄ oil qar il ne oiast unq̄s pler p tout soun temps
dautr̃ hōme q̄ occupiast lez distz armeez mes ceux q̄ portoient lez
nōns de Lescroꝑs qar p toux lez lieux ou il ad este armeez en
Fraunce en Normandy en Breitaigne en Gascoigne en Espaigne &
en Escoce il ad veu p di∀sez foitz ou monſ William Lescroꝑ eisne
frier au dit monſ Richard ou monſ Henry armeez & a bañ ou
monſ Richard ou un dez fitz de monſ Henr̃ ou lez fitz de monſ
Richard ou le frier de monſ Henr̃ armeez en lez armez ov diffe-
rencez & honoʳablement continuez lour possessioñ de lour armes en
la compaignie de ñre ſʳ le Roy qi mort est & en la compaignie de
monſʳ le prince en la compaignie del duc de Lancastr̃ q̄ mort est
en la compaignie del count de Norhamptoñ & dez plusoʳs auťs ſ's⸵
demandez p qey il sciet q̄ lez ditz armes sount au dit monſ Ri-
chard & qils luy appteignent du droit dist q̄ p possessioñ conti-
nuel qil lez ad veu sovent estre armeez en lez ditz armes & p tout

soñ temps ne vist unq̃s auℓs hōmes user lez ditz armez q̃ ceux q̃
portoient lez nouns de Lescroр̄s & toutdys pur lour armez reputez
& ditz p tout soñ temps come cōe fame & publike vois laboure &
ad laboure ⁒ demandez sil oiast unq̃s pler com long temps il est
depuis q̃ lez auncesℓs du dit monℓ Richard ont occupiez priṁment
lez ditz armez dist q̃ noun mes il dist come il ad oye dire q̃ ouutre
temps de memoire ⁒ demandez sil oiast unq̃s quele estoit le priṁ
auncesℓ du dit monℓ Richard q̃ portast priṁment lez ditz armez
dist q̃ noun qil ne oiast unq̃s pler mes qils estoient venuz dez no-
blez gentz & dez gᵃuntz gentils hōmes ⁒ demandez sil oiast unqs
dascun chalange ou inℓrupcioñ fait au dit monℓ Richard ou a cez
auncesℓs pur lez ditz armez p monℓ Roƀt Groveno' ou p ascun de
cez auncesℓs ou p ascun en soñ noñ dist q̃ noun il ne oiast unq̃s
pler du chalange tanq̃ cest debate comenceast en Escoce ⁒

MONℓ DE CLYFFORD neez a la bataiłł de Berwyk' armeez
quᵃnt Jacob Vanartfeld morust р̱duct pur la р̱tie de monℓ Richard
Lescroр̄ jurez & examinez demandez si lez armes dazure ove une
bende dor appteignent & deyvent appteigner du droit & de ℓitage
au dit monℓ Richard dist q̃ oil qar tiel est la fame en la paiis de
North & toutdys ad este outre temps de memoir demandez p qey
il sciet qils appteignent au dit monℓ Richard dist q̃ p oye dire de
cez auncesℓs devᵃnt luy & p dit dez loiaux chℓrs & esquiers qi
dient cōement en tout la paiis de North q̃ lez auncesℓs du dit
monℓ Richard ount este toutdys en possession dez ditz armez
outre temps de memoire saunz contℓdire ou inℓrupcioñ dascun
Et dist auxi q̃ en tout soñ temps il ad veu monℓ Henry Lescroр̄
armeez en mesmez lez armez & a barꞵ ove difference cez fitz cez
cosyns monℓ Richard a penoñ en la paiis du North & depuis a barꞵ
& cez fitz armez en mesme la maꞵe ove difference demandez sil ad
oy le quele estoit le priṁ auncestℓ de Lescroр̄s qi portaist priṁment
lez ditz armez dist qil nad poynt oye quele hōme soun auncestℓ
estoit qi portoit priṁment lavᵃntditz armez qar com il ad oy dire
ils sount de veille auncestrie & du temps du Conquest de noñ &
dez armez demandez p quele temps ils ount este en possessioñ dez
ditz armez dist com il ad oy dire outre temps de memoire ⁒ de-
mandez sil ad oye dascun hōme en ascun temps qad fait ascun
chalange ou inℓrupcion au dit monℓ Richard ou a ascun autre de
cez auncesℓs p monℓ Roƀt Groveno' ou p sez auncesℓs ou p ascun

xlvj.

autre en soñ noun dist qil ne oiast unq̄s pler du dit monſ Roƀt
ne de cez auncestres tanq̄ ceste debate comenceast en Escoce al
darrein voiage du Roy ⸴⁄

xlvij.　　　Monſ Thomas de Beauchamp' del age de lxv ans armez
prim̃ment a Andwarp̄ quant le Roy & madame la Roigne y estoient
& tost ap̄'s estoit la bataiɫɫ de Lescluse p̄duct p' la p̄tie de monſ
Richard Lescrop̄ jurez & examinez demandez si lez armeez da-
zure ove un bende dor appteignent ou dyvent appteigñ du droit &
de ɧitage a dit monſ Richard Lescrop̄ dist q̄ oil qar a la saute de
Morlez il vist monſ William Lescrop̄ eisne frier du monſ Richard
armez en lez entiers armeez dazure ove un bende dor & la estoit
il blessez desouz la bañ del count de Northᵃmtoñ & auxi il ad veu
monſ Henr̄ Lescrop̄ armeez en mesmez lez armez ove un label
blanc & a bañ & auꝭs de soñ lynage armez en mesmez lez armez
ov differencez p tout soñ temps & unq̄s ne vist nuɫɫ autre en soñ
temps armez en lez ditz armez mes ceux de noun de Lescrop̄s
demandez p q̄ il sciet q̄ lez ditz armez appteignent au dit monſ
Richard dist q̄ p continuel possessioñ toutdys en lour armeez &
unq̄s en nuɫɫ temps oiast de contrarie tanq̄ le darrein voiage du
ñre ꝭr le Roy en Escoce　Et en meȳtez lieux ou il ad este armez
en Fraunce & ailloꝰs il ad veu as diꝟsez journez autrez portantz
lez nõns de Lescrop̄s armez en lez armez ove differencez & p tout
son temps p' loꝰ armeez reputez & ditz com cõe fame & publik
vois laboure & ad laboure p tout soñ temps sanz contredire ⸴⁄ de-
mandez sil oiast unq̄s pler quele estoit le prim̃ auncestr̄ du dit
monſ Richard q̄ portoit prim̃ment lez ditz armez dist q̄ noñ ne
qil ne oiast unq̄s pler de soñ prim̃ auncesꝉ demandez p quele
temps lez auncesꝉs du dit monſ Richard ount occupiez lez ditz
armez ⸴⁄ dist qil ne sciet ne ne oiast unq̄s pler. demandez sil oiast
unq̄s de ascun chalange ou inꝉrupcioñ ſait p monſ Roƀt Grovenoꝛ
ou p cez auncesꝉs ou p ascun autre en soñ noñ al dit monſ
Richard ou a cez auncesꝉs p' lez ditz armez dist q̄ noñ qil ne oiast
unq̄s pler du dit monſ Roƀt ne de cez auncesꝉs devᵃnt q̄ cest
debate comenceast en Escoce ⸴⁄

xlviij.　　　Monſ Richard Tempest del age de xxx ans armez p xv
ans p̄duct p' la p̄tie de monſ Richard Lescrop̄ jurez & examinez
demandez si lez armez dazure ove une bende dor appteignent

& deyvent appteigner du droit & de ħitage au dit monſ Richard Lescroᵽ dist qi oil qar il fuist en Gascoigne en la compaignie de monſʳ de Nevyħ a la rescous de Morteyn & la il vist monſ William Lescroᵽ armez en lez armez de soñ pier ove un label & auxi il ad veu monſ Richard armez en Escoce ᵽ deux foitz une foitz en la compaignie de monſʳ de Lancastre une autre foitz quant ñre ſʳ le Roy chivacheast darreynement en Escoce & a toutz deux foitz le dit monſ Richard armez en lez entiers armeez & a bañ & auſˢ de soñ lynage armees en lez armez ove differencez. demandez ᵽ qi il sciet q̃ lez ditz armez appteignent au dit monſ Richard Lescroᵽ dist qil ad oye dire dez aunciens cħrs & esquiers du paiis de North q̃ monſ Richard Lescroᵽ & cez auncesfˢ devᵃnt luy ount continuez possessioñ de loʳ armez toutdys sanz chalange ou inſrupcioñ dascuny outre temps de memoire com aunciens ħomes ount dyt devᵃnt cest temps & toutdys pʳ lour armes dites & reputez en quele lieu qils sount trovez⸴ demandez sil oiast unq̃s pler quele estoit le prim̃ auncestrie du dit monſ Richard q̃ portaist prim̃ment lez ditz armez dist q̃ noun qar il ad oye dire devᵃnt cez houres q̃ soñ auncestrie ad demʳrez si longement qil passe le memoire de ħome⸴ demandez com long temps il est q̃ lez auncesfˢ du dit monſ Richard Lescroᵽ ont occupiez lez ditz armez. dist unqore com il ad dit devᵃnt q̃ le temps de loʳ occupacioñ passe memoire de ħome demandez sil oiast unq̃s pler dascun inſrupcioñ ou chalange fait pʳ lez ditz armez au dit monſ Richard Lescroᵽ ou a ascun de soñ auncestrie en ascun temps ᵽ monſ Roƀt Grovenoʳ ou ascun de cez auncesfˢ ou ᵽ ascun en soñ noun dist q̃ devᵃnt cest debate al darrein viage en Escoce il ne oiast unq̃s pler de nulle chalange pur lez armez ne de le dit mõſ Roƀt ne de nuħ de soñ auncestrie.

Et cez attestacions ensuantz furent pris devᵃnt le dit monſ Joħn de Deruentwatere en le dit refreittorie le xxxᵐᵉ jour del dit moys Doctobr̃ en la mañe q̃ sensuit⸴

Monſ HENRʼ DE PERCY del age de vynt ans armez prim̃ment quant le chasteħ de Berwykʼ estoit pris ᵽ lez Escoces & qᵃnt le rescous fuist fait ᵱduct pʳ la ᵱtie de monſ Richard Lescroᵽ jurez & examinez demandez si lez armez dazure ove un bende dor appteignent ou deyvent appteigner au dit monſ   xlix.

Richard de droit & de ħitage dit q̃ oyl come il ad oy dire dez
aunciens hōmes en la paiis del North & il ne oyast unq̃s dire
autrement p tout le temps qil ad este armez ne il ne oiast unq̃s
dire mes qils estoient venuz dez noblez & gᵃundez gentils hōmes
& ount este toutdys possessionſs dez ditz armez dazuꝛ ove un
bende dor & come il ad oy dire dez aunciens hōmes chĩrs &
esquiers del paiis du North demandez p qi il sciet qils app-
teignent au dit monſ Richard dit q̃ unqore coment il est jeoſ-
nes il ad veu le dit monſ Richard estre armeez en lez ditz armez
entiers en Escoce & ad veu cez enfantz estre armez en mesmez
'lez armez ove differencez & lez enfantz de monſ Henꝛ Lescroꝑ
armez ove differencez en diſsez viagez & unq̃s p nuħ temps ad
oy dire autrement mes q̃ le dit monſ Richard & ceux de soñ lynage
ount gᵃunt droit de lez porter come John Rither disoit a soñ ſʳ &
pier quant il oiast priṁment de la debate q̃ fuist p entꝛ le dit
monſ Richard & monſ Roƀt Grovenoʳ Et le dit John disoit qil
ad este armez p cynquant ans & pluis en lez guerrez du Roy en
Escoce en Fraunce & en estraungez guerrez & il ad veu lez armez
du Scroꝑ portez & armez ascuns armeez ove differencez & ascuns
armez sanz differencez & unq̃s en tout sa vie ne oiast dire q̃ autꝛ
hōme avoit droit a lez ditz armez mes ceaux portantz lez nouns
de Lescroꝑs & sount venuz dauncestrie de droit deſcent & de lynee
as ditz armez & dit q̃ le dit John disoit adount a soñ ſʳ & pier q̃
ceo q̃ il avoit dit fuist ƀite p soñ alme & sil fuist jeoſnez ceo vou-
droit il meyntener tanq̖ a la mort demandez sil oyast unq̃s dire
quele estoit le priṁ auncestꝛ del dit monſ Richard q̃ portast priṁ-
ment lez ditz armez dit q̃ noun ne qil ne oiast unq̃s pler de soñ
priṁ auncestrie. demandez sil oyast unq̃s come long temps il est
depuis qils se armerent pᵐmerment lez ditz armez dist q̃ noun mes
il dist com il ad oy dire devᵉnt qils ount armez lez ditz armez
outꝛ temps de memoire demandez sil oyast unq̃s dascun droit q̃
monſ Roƀt Grovenoʳ doit avoir a lez ditz armez ou q̃ ascun
chalange ou inſrupcioñ ad este fait pʳ lez ditz armez au dit monſ
Richard p le dit monſ Roƀt ou p cez auncesƚs ou p ascun en soñ
noun dist q̃ noun ne q̃ en la paiis du North hōme nad poynt
conissance de luy ne de soñ droit ne de cez auncesƚs ne le dit John
Rither ne oiast unq̃s pler de luy ne de cez auncesƚs en nuħ temps
tanq̖ cest debate comenceast p entꝛ le dit monſ Richard & le dit
monſ Roƀt Grovenour ꞏ

Monſ Thomas Blenkensop' del age de .l. ans armeez p xxx
ans ꝓduct pʳ la ptie de monſ Richard Lescroꝓ jurez & examinez
demandez si lez armez dazure ove un bende dor appteignent &
deyvent appteigner du droit & de ħitage au dit monſ Richard
Lescroꝓ dit q̃ oil qar il ne oiast unꝗs dire autrement & lez ditz
armez de Lescroꝑs ount este armeez sʳ lez marchez Descoce p tout
soñ temps & auxi en lez temps de cez auncesſs come ils ount dyt
devᵃnt lour mort demande p q̃ il sciet q̃ lez ditz armez apptieg-
nent au dit monſ Richard pluis q̃ a monſ Roƀt Grovenoʳ dit q̃ cez
auncesſs devᵃnt luy ont eu conissance en la marche de Escoce de
lez auncesſs du dit monſ Richard armeez & portantz toutdys lez
ditz armez & p tout soñ temps le dit monſ Richard continuez lez
ditz armez & lez occupiez come droit demande & de monſ Roƀt
Grovenoʳ il ne oiast unꝗs pler tanꝗ cest debate comenceast꞉ de-
mandez sil oiast unꝗs pler quele estoit le prim̃ auncestr̃ du dit
monſ Richard q̃ portast prim̃ment lez ditz armez dist qil ne oiast
unꝗs pler quele estoit le prim̃ portant lez ditz armez mes il ad
bien oy dire en sa juvent dez gᵃundez ſʳs del North qil sount
venuz dez noblez & gᵃundez gentils ħomes & armeez toutdys en
lour armez sur la marche de Escoce & continuz toutdys possessioñ
de lour armez & pʳ lour armez clamez & reputez p tout le païis
du North outr̃ temps de memoir, come cõe fame & publike voys
labour p tout le païis del North demandez sil oyast unꝗs de ascun
chalange ou inr̃rupcioñ fait p le dit monſ Roƀt ou p cez auncestr̃s
ou p ascun en soñ noun pur lez ditz armez dist q̃ en boñ ſoy il ne
oyast unꝗs pler de luy ne de cez auncesſs tanꝗ cest debate co-
menceast en Escoce꞉

Monſ Richard de Sutton' del age de lx ans armez prim̃-
ment a la bataiħ de Cressy ꝓduct pʳ la ptie de monſ Richard Le-
scroꝓ jurez & examinez demandez si lez armez dazure ove un
bende dor appteignent de droit & de ħitage au dit monſ Ri-
chard dit q̃ oil qar il nad poynt oy dautr̃ ħome q̃ ad useez lez
ditz armez pʳ lez soens mes ceux q̃ portent lez nouns Descroꝑs p
tout soñ temps demandez p qi il sciet q̃ lez ditz armez appteig-
nent plus au dit monſ Richard q̃ a monſ Roƀt Grovenoʳ dit q̃ a
la bataiħ du Crescy il vist un monſ William Lescroꝓ qestoit frier
a monſ Henr̃ Lescroꝓ portant lez ditz armez ove difference le
quelle estoit adount en la compaigne de monſʳ le prince & il ad

bien oy q̃ tost ap̃s la bataiłł du Cressy fuist la bataille de Berwyk'
a quelle bataiłł estoit monſ Henr̄ Lescroꝓ come il ad oy dire ar-
meez en lez armez dazure ove un bende dor ove la labełł blanc
& a baꝶ & la estoit monſ Richard Lescroꝓ come il ay oy dire
armeez en lez entiers armez dazure ove un bende dor & p oy dire
le dit monſ Richard estoit fait chivaler a mesme la bataiłł & auxi
il ad veu le dit monſ Henr̄ armeez en lez armes ove la labełł ałł
viage du Roy q̃ mort est dev⁰nt Parys & la estoit le dit monſ Henr̄
a baꝶe & la estoit monſ Richard Lescroꝓ ove monſ͘ le counte
de Rychemonđ armeez en lez entiers armes publikement & le dit
monſ Richard & cez fitz & cez cousyns continuez lez ditz armes &
estr̄ en possessioñ come il ad oy dire dev⁰nt cest temps dez vieux
chȋrs & esquiers le dit monſ Richard cez cousyns & auters de soñ
lynage & cez auncesťs dev⁰nt luy com cōmune fame & publike
vois labour p tout la paiis   Et dit qil vist monſ Henr̄ Lescroꝓ
a Balyngh⁰mhill & soñ baꝶe & p tout la viage de monſ͘ de Lan-
castre en Caux demandez sil oiast unq̃s del prim̄ auncestr̄ du dit
monſ Richard q̃ portast prim̄ment lez ditz armez & quele estoit
soñ noun dit q̃ noun qil ne oiast unq̃s pler de soñ auncestr̄ quele
se armast prim̄ment ne quele estoit soñ noun mes il ad bien oy
dire q̃ lez Scroꝓs sount descenduz de auncestrie & de gentilesce
& darmes & unq̃s ne oyast dire la contrarie demandez p quelle
temps ils ount continuz lez ditz armez dit qil ne oiast unq̃s dire
autr̄ment mes qils ount continuez longement lo͛ armez mes com
long' il ne sciet poynt demandez sil ad oy dascun chalange ou
inťrupcioñ dez ditz armez fait au dit monſ Richard ou a ascun de
cez auncesťs p le dit monſ Roꝶt ou p cez auncesťs ou p autre en
lo͛ noun dit qil ne oyast unq̃s pler dev⁰nt cest debate del dit monſ
Roꝶt ne de nully portant soñ noun ⁊

ij.   Monſ Joh'n Lyllɛburn' del age de xxxij. ans armeez prim̄-
ment a Balyngh⁰mhill ꝓduct p͛ la ꝑtie de monſ Richard Lescroꝓ
jurez & examinez demandez si lez armes dazure ov un bende dor
apptiegnent du droit au monſ Richard Lescroꝓ dist q̃ oyļ qare il
ne oiast unq̃s dautr̄ hōme qad useez lez ditz armez ne lez occu-
piez si noñ ceux portantz lez nouns Descroꝓs demandez p qi il
sciet q̃ lez ditz armez appteignent au dit monſ Richard dist qil ad
oy dire des pluis veillez qil nest chȋrs & esquiers q̃ lez ditz armez
sont descenduz au dit monſ Richard p droit & ħitage de cez

auncesłs & unꝗs dev⁰nt cest hour ne ne oiast pler dautř hõme ꝗ
avoit droit a lez ditz armez aułs ꝗ ceux portantz lez nouns de
Lescroꝑs Et dist auxi qil lez ad veu estre portez en la roialme
de Fraunce lez armez dazuř ove un bende dor ove un labełł blanc
en le compaigne de monꝶʳ de Lancastre al chivache en Caux & lez
ditz armez estoient adount a banꟄ demandez sil oiast unꝗs quelle
estoit le priɱ auncestř du monꝶ Richard ꝗ se armast priɱment
en lez ditz armez dit qil ne oiast unꝗs pler de celuy ꝗ se armast
priɱment en lez ditz armez demandez p quelle temps ils ount
occupez lez ditz armez dist qil ad bien oy pler en soñ paiis dez
vieux chïrs & esquiers qils ount armeez lez ditz armez outř temps
de memoir demandez sil oiast unꝗs pler dascun chalange ou
inꜰrupcioñ fait p monꝶ Roɓt Grovenoʳ ou p cez auncesłs ou p
ascun en soñ noun pʳ lez ditz armez au dit monꝶ Richard dist ꝗ
noñ ꝗ dev⁰nt cest debate il ne oiast unꝗs pler del dit monꝶ Roɓt
ne de nułł portant soñ noun ꞏ⫶

MONꝶ ROB'T DE SWYLYNGTON' del age de lx ans armez xlv.　liij.
ans ꝓduct pʳ la ptye de monꝶ Richard Lescroꝑ jurrez & examinez
demandez si lez armez dazuř ove un bende dor appteignent ou
deyvent apptiegnꟄ du droit & de ħitage au dit monꝶ Richard Le-
scroꝑ dit ꝗ oyl qar p tout soñ temps il ne oiast unꝗs autre dire &
qils ount este toutdys en possessioñ de loʳ armez dazure ove un
bende dor p tout soñ temps sanz contřdire de nully & lez occupiez
pur loʳ armez demandez p qil sciet qils sõnt loʳ armes dit ꝗ p lour
continuel usance qar il vist monꝶ William Lescroꝑ ałł rescous de
Strivelyn en Escoce armez en mesmez lez armez ove un labełł
Et puis aꝑs a Meurose q⁰nt le Roy Edward le noble tenoit la soñ
Ńoel Puis aꝑs monꝶ Henř Lescroꝑ al siege de Fanes & puis aꝑs
le dit monꝶ Henř ałł batałł du Cressy ałł siege de Caleys & auxi
en le temps ꝗ le Roy alast a Lescluse aꝑs qu⁰nt Jacob Vanartfeld
estoit mort puis aꝑs al rescous de Caleys quant monꝶ Geffrey de
Charny estoit pris Et a Blaunge & aꝑs al rescous de Berwyk'
Puis aꝑs devant Paris quant le Roy Edward le tierce ꝗ mort est la
estoit puis aꝑs a Balyngh⁰mhill puis aꝑs al viage en Caux & p
toutes cestes voiagez lez ditz armez usez & continuez ou p cestuy
monꝶ William Lescroꝑ ou p monꝶ Henř Lescroꝑ ou p aułs de soñ
lynage ove aułs differencez demandez sil oiast unꝗs quele fuist le
priɱ auncestř du dit monꝶ Richard & coment il avoist a noun ꝗ

usast armer priṁment ycestez armez dit q̃ noun qar come le dit
monſ Roᵬt ad oy dire de cez auncesťs qils sount de si veille aun-
cestrie qil passast adount memoir de hōme & comēt de loʳ nouns il
ne oiast unq̃s pler demandez sil oiast unq̃s pler combien du temps
il est q̃ lez ditz armez estoient priṁment armeez dit qil ne oyast
unq̃s pler del temps qils ount este priṁment armez qar ils ount
este usez de auncien temps & p tout soñ temps & p tout le temps
de cez auncesťs pur loʳ armez reputez come cõe faıne & publike
vois laboure & ad laboure p tout. demandez sil oiast unq̃s pler du
droit q̃ monſ Roᵬt Grovenoʳ doit avoir a mesmes lez armez dit q̃
noun demandez sil oiast unq̃s pler dascun chalange ou inťrupcion
fait p le dit monſ Roᵬt ou p cez auncesťs ou p ascun en soñ noun
al dit monſ Richard ou a ascun de cez auncesťs pur lez ditz armez
dit q̃ noun qar il ne oiast unq̃s pler de luy ne de cez auncesťs
tanq̨ ceste debate cōmenceast.

liiij.   Monſʳ ᴅᴇ Nᴇᴠʏʟʟ' del age de lvij ans armez p xl anz p̨duct
pʳ la p̃tie de monſ Richard Lescrop̃ jurrez & examinez demandez
si lez armez dazū ove un bende dor appteignent du droit au dit
monſ Richard dit qil navoit unq̃s oie dautre q̃ ad si bone droit de
porť lez ditz armez com il ad oy dire de cez auncesťs & dez veux
gentilx hōme demandez p q̃ il sciet q̃ lez ditz armez appteignent
au dit monſ Richard dit q̃ p continuel possessioñ qil ad veu le dit
monſ Richard estre armeez en mesmez lez armez & auťs de soñ
lynage armez en mesmez lez armez ove differencez qar al bataiłł
de Cressy estoit monſ William Lescrop̃ frier a monſ Henᵲ Lescrop̃
q̃ fuist armeez en mesmez lez armes ove differencez & de dela il
estoit al bataiłł de Duresme & la estoit monſ Henᵲ Lescrop̃ armeez
en mesmez lez armez & a barŝ ove un blanc labełł & la estoit monſ
Richard Lescrop̃ armez en lez armez dazū ove un bende dor &
la a cełł bataiłł le dit monſ Richard estoit fait chivaler   Et auxi
il dist qil vist monſ Richard estᵲ armez en mesmez lez armez en
Espaigne ove monſʳ de Lancastᵲ & le dit monſ Henᵲ estoit devᵉnt
Parys armez en mesmez lez armez ove un blanc labełł en la com-
paignie de monſʳ de Lancastᵲ qestoit adount le count de Ryche-
monᵭ & monſ Richard le Scrop̃ qorest estoit armeez en lez entiers
armez en la compaignie del dit count de Richemonᵭ al viage de
noble Roy Edward le tierce q̃ Dieu assoille et auťs de soñ lynage
ove differencez demandez sil ad oy dire quele estoit le priṁ aun-

cestř del dit monſ Richard & coment il avoit a noun qi portast
prim̅ment lez ditz armez dit qil ne oiast unꝗs pler quele estoit soñ
prim̅ auncestř ne de soñ noun qar p tout soñ temps il ad veu &
conu le dit monſ Richard & ceux de soñ lynage armeez en lez ditz
armez & p tout soñ temps usez & reputez lour armes come cõe
fame & publike voys laboure en touz lez paiis ou il ad este en lez
guerres & en Englitře auxi. demandez sil ad oy dire come long
temps il est depuis ꝗ lez auncesťs du dit monſ Richard ount occu-
piez prim̅ment lez ditz armez dist come il ad oy dire de cez aun-
cesťs qils ount occupeez lez ditz armez outř temps de memoir de
hõme demandez sil oiast unꝗs ꝗ monſ Roƀt Grovenoʳ deust avoir
ascun droit as ditz armez dit qil ne oiast unꝗs pler de monſ Roƀt
Grovenoʳ ne de nułł de cez auncesťs tanꝗ la derreyn voiage en
Escoce ove ñre ſʳ le Roy.⁒

Monſ Joh’n de Bromwych’ del age de lv. ans armez p ⟨lv.⟩
xliiij ans ꝓduct pʳ la ptie de monſ Richard Lescroꝑ jurrez & exa-
minez demandez si lez armez dazure ove un bende dor appteig-
nent ou deyvent appteigncr du droit & de hitage au dit monſ
Richard Lescroꝑ dit ꝗ oyl qar il ne oyast unꝗs dire le contrarie
mez en touz lieux ou il ad oy pler ch̍rs & esquiers dez armez il
ne oiast unꝗs dire autrement mes qils estoient lez armes du Scroꝑ
& pʳ lour armez ditez & reputez cõmunement come cõmen fame
& publik vois labouř & ad laboure. demandez p qi il sciet ꝗ lez
ditz armez appteignent au dit monſ Richard dit qil ad veu sovent
foitz ceux del noun de Lescroꝑs estre armeez en mesmez lez
armez ascun en lez armez entiers & ascuns en les armes ove
differencez & estre en possessioñ dez ditz armez p tout soñ temps
sanz distourbance ou chalange dascun hõme qar il vist monſ
Henř Lescroꝑ en compaigne del counte de North°mptoñ al chi-
vache de Hedeyñ & al chivache du Roy ꝗ mort est dev°nt Parys
en compaigne del count de Richemond̍ & monſ Richard Lescroꝑ
armeez en lez entiers armez en mesme la compaigne du dit count
de Richemond̍ en mesme la voiage   Et p dieux foitz en Escoce un
foitz al viage de monſ ſʳ de Lancastř & la estoit le dit monſ Richard
armez en lez entirs armez & a bañ a lautrefoitz q°nt le Roy estoit
la le dit monſ Richard estoit armez en ꝑsence du Roy en lez
entiers armez & a bañ. demandez sil oiast unꝗs dire come long·
temps lez auncesťs du dit monſ Richard ount occupiez lez ditz

armez dit ƀteignement q̃ noun qar il dist com il ad oy dire q̃ lez
auncesƚs du dit monſ Richard ount occupiez lez ditz armez longe-
ment outȓ temps de memoir demandez sil oiast unq̃s pler de le
priɱ auncestȓ du dit monſ Richard q̃ ce armast priɱment en lez
ditz armez dit q̃ noun qil ne oiast unq̃s pler du tiel auncestȓ du
dit monſ Richard· demandez sil oiast unq̃s dascun inƚrupcioñ ou
chalange fait p monſ Roƀt Grovenoʳ ou p ascun de cez auncestȓs
ou p ascun en soñ noun pʳ lez ditz armez au dit monſ Richard dit
q̃ noun qar devᵗnt le darrein viage en Escoce il ne oiast unq̃s pler
de monſ Roƀt Grovenoʳ ne de cez auncesters ꞏ/

lvj.   Monſ Simond de Burley del age de l. ans armeez priɱ-
ment al bataiłł des Espaignoils sur le meer ꝓduct pʳ la ꝑtie de
monſ Richard Lescroꝑ jurrez & examinez demandez si lez armez
dazure ove un bende dor appteignent ou deyvent appteigner du
droit & de heritage au dit monſ Richard Lescroꝑ dit q̃ ƀteigne-
ment il nad my oy dautȓ hōme p tout soñ temps qad occupiez ne
usez lez ditz armez mes ceaux dez Scroꝑs portantz lez nouns du
Scroꝑ & le dit monſ Simond ne voudroit plus attendre pʳ respon-
dre a lez inƚrogatoirs disoit autrement qil avoit veu le dit monſ
Richard Lescroꝑ & sez braunches estre armeez en mesmez lez
armez entiers & ove differencez en Fraunce en Espaigne & en
Escoce & monſ Roƀt Grovenoʳ ne vist il unq̃s ne ne oiast pler de
luy ne de cez auncesƚs tanꝗ la darrein viage en Escoce ꞏ/

lvij.   Le Sire de Basset del age de lj. anz armeez p xxxij anz
ꝓduct pʳ la ꝑtie de monſ Richard Lescroꝑ jurrez & examinez de-
mandez si lez armez dazure ove un bende dor appteignent ou dey-
vent appteigner du droit a monſ Richard Lescroꝑ dit q̃ oyl qare
il ad veu & conu p tout soñ temps lez armez du Scroꝑ en diѵsez
voiagez la ou il ad este ou p monſ Henȓ Lescroꝑ ou p cez enfantez
ovesꝗ differencez ou p monſ Richard Lescroꝑ armeez en mesme
lez armez entiers ou cez enfantz ove differencez en lez guerrez du
Fraunce & en Escoce & unq̃s en tout sa vie ne conust autȓ ne oyast
pler dautȓ portant mesmez lez armez mes ceux del noun du Scroꝑ
demandez p qi il sciet q̃ lez ditz armez appteignent au dit monſ
Richard dit q̃ p cōe plaunce entȓ lez ſʳs & entȓ chivalers & esquiers
qad este tiel toutdys & pur lez armez du dit monſ Richard &
cez cousyns reputez & clemez & unq̃s ne oiast dire la contrarie ꞏ/

demãdez sil oiast unq̃s ꝑler del p'm̃ auncestr̃ du dit mon⨍ Richard & qil fuist q̃ usast arm̃ prim̃ment cestez armez dazur̃ ove un bende dor. dist q̃ noun qar il quide q̃ le temps de soñ prim̃ auncestr̃ nulle hõme poet penser & passe le temps de memoir̃. demandez combien du temps il est q̃ cez auncesters estoient prim̃ment armez & quel estoit lour noun dist qil nest mye unqore du tiel age de penser soñ auncestr̃ la quelle estoit prim̃ment armeez en lez armez du Lescrop̃ ne soñ noun unq̃s ne oiast ꝑler quel noun il avoit demandez sil oiast unq̃s dascun chalange ou int̃rupcioñ fait p mon⨍ Rob̃t Grovenor ou p ascun de cez auncest̃s ou p ascun en soñ noun au dit mon⨍ Richard pur lez ditz armez dist qil ne oiast unq̃s ꝑler del dit mon⨍ Rob̃t ne de null̃ autre de soñ lynage portant soñ noun tanq le debate cõmenceast en Escoce.

LE SIRE DE GREY DE RUTHYN del age de lxvij. ans & pluis armeez prim̃ment quant le Roy q̃ mort est gisoit malades a Botheville en Escoce quant le duc de Cornewale venoit de la siege de Seint Jonestoñ ꝓduct pr la ꝑtie de mon⨍ Richard Lescrop̃ jurrez & examinez demandez si lez armez dazure ove un bende dor appteignent du droit al dit mon⨍ Richard Lescrop̃. dit q̃ oil qare il lez ad veu armeez en meyntez roialx voiagez p tout soñ temps & en lieux de grand honor en Fraunce en la meer & en Escoce & dist q̃ autres frounturez il nad point serchez ne usez. demandez p qi il sciet q̃ lez ditz armes appteignent au dit mon⨍ Richard plus q̃ a mon⨍ Rob̃t Grovenor dist q̃ en touz lez voiagez lou il ad este armeez il ad veu le dit mon⨍ Richard ou ascun de sez braunchez portant le noun de Lescrop̃ armez ove differencez en mesmez lez armez & le dit mon⨍ Richard continuez mesmes les armes & lez usez come lez soens & toutdys este en possessioñ p tout soñ temps & come il ad oy dire dez veux & aunciens hõmes lez auncestres du dit mon⨍ Richard ount este en possessioñ dez ditz armes outre memoir de hõme & del contrarie nad point oye mez lez armez dazur̃ ove un bende dor toutdys reputez & ditz lez armeez du Scrop̃ come cõe & publike voys & fame labour p tout. demandez sil oiast unq̃s ꝑler quele estoit le p'mer auncestr̃ du dit mon⨍ Richard q̃ portast prim̃ment lez ditz armez dit q̃ noun, mes il ad oy dire qils ount portez lez ditz armez outr̃ temps de memoir. demandez sil oiast unq̃s ꝑler combien du temps lez auncest̃s du dit mon⨍ Richard ount portez lez ditz armes dist q̃ noun, & come il ad oy dire null̃ lviij.

hõme ne poet penser le temps ne ne oiast unq̃s pler. demandez sil oiast unq̃s dascun chalange ou inⱦrupcioñ fait p lez auncestr̃ du monſ Roƀt Grovenoʳ ou p luy mesmes ou p ascun autr̃ en lour noun pʳ lez ditz armes au dit monſ Richard dist q̃ noun, & qil navoit unq̃s conissance del dit monſ Roƀt ne ne oiast pler de luy mes il avoit en conissance un Emme Grovenoʳ de quelle Emme il achatast une foitz une noire chivaƚƚ pʳ xxij. liℓs & plus dez Gro-venoʳs ne conust il unq̃s.

lix.   MONſ Roʙ'ᴛ Tʏʟʏoʟʟ' del age de xxx ans armeez p vij. ans ℗duct pʳ la ptie de monſ Richard Lescrop̃ jurrez & examinez demandez si lez armez dazure ove un bende dor appteignent & deyvent apptiegner du droit & de ħitage au dit monſ Richard Lescrop̃ dist q̃ oil qare hõme dist en le paiis du North qil nad hõme en Engliⱦre q̃ ad si gʳund droit come ount Lescrop̃s a lez armez dazure ove un bende dor demandez p qi il sciet q̃ lez ditz armez appteignent plus al dit monſ Richard q̃ a monſ Roƀt Grovenoʳ dist qil ad oy dire dez veillez & dez aunciens chivalers & esquiers du paiis del North q̃ p tout loʳ temps ils ne oieret unq̃s dautres possessoʳs dez ditz armez mes ceux del noun Descrop̃s Et auxi il ad veu le dit monſ Richard estre armez en lez entiers armes en Escoce & a banℓ & cez cousyns armez ove differencez en mesmez lez armez & ad oy dire qils ount continuez lour possessioñ dez ditz armez outr̃ temps du memoir & lour auncestr̃s dev·nt eux & toutdys pur lour armez reputez & clamez come cõe fame & publik vois labour p tout la paiis del North. demandez sil oyast unq̃s quel estoit le priɱ auncestr̃ du dit monſ Richard qi portast priɱement lez ditz armez & quele estoit soñ noun dist qil ne oiast unqs quelle estoit soñ priɱ auncestr̃ ne de soñ noun q̃ portast priɱment lez ditz armez qar il ad oy dire dez aunciens hõme chivalers & esquiers depuis q̃ ceste debate comenceast q̃ le dit monſ Richard est venuz & descenduz dauncestrie de noñ & darmes de temps de Conquest. demandez sil oiast unqs q̃ ascun chalange ou inⱦrupcioñ estoit fait pur lez ditz armez a le dit monſ Richard p le dit monſ Roƀt ou p cez auncesⱦs ou p ascun autr̃ en soñ noun dist qil ne oiast unq̃s pler de luy ne de cez auncesters dev·nt q̃ cest debate comenceast en Escoce ؛

lx.   MONſ Joʜ'ɴ Lᴀᴋʏɴɢʜᴇᴛʜ' del age de l. ans armeez depuis la bataiƚƚ de Maweroñ ℗duct pʳ la ptie de monſ Richard Lescrop̃

jurrez & examiniez demandez si lez armez dazure ove un bende
dor appteignent ou deyvent apptigner du droit a monſ Richard
Lescroꝑ dist q̃ oyl qar p tout le temps qil ad este armez en
Fraunce en Bretaigne en Gascoigne il ne oiast unꝗs dire la con-
trarie mes p tout soñ temps il ad veu monſ Henr̃ Lescroꝑ armez
en lez armez dazur̃ ove une bende dor ove une label blanc & auſs
de soñ lynage armez en mesmez lez armez ove differencez & dist q̃
p tout soñ temps ne oiast dire q̃ ascun austre hõme eust ascune
droit a lez armez dazur̃ ove une bende dor mes ceux q̃ portent le
noñ des Escroꝑs demandez p qi il sciet q̃ lez ditz armes appteig-
nent plus au dit monſ Richard q̃ a monſ Roɓt Grovenour dist q̃ p
tout soñ temps ou il ad este armeez il ne vist unꝗs hõme continuer
possessioñ dez ditz armez ne lez user ne lez honurer mes ceux
portantz lez nouns de Lescroꝑs ne ne oiast unꝗs ꝑler dautre hõme
q̃ avoit droit a lez ditz armez mes ceux del noun de Lescroꝑs tanꝗ
la debate cõmeceast en Escoce al darrein voiage du Roy demandez
sil ad oye p quele temps ils ount occupiez & armeez lez ditz armes
dist qil sciet bien⸗ qils ont occupiez & armeez lez ditz armez p
tout soñ temps & com vielx chivalers & esquiers ount dit de lour
paiis outre temps de memoire demandez sil ad oye dascun chalange
ou inſrupcioñ fait p le dit monſ Roɓt Grovenoꝛ ou p cez auncesꝑs
ou p ascun en soñ noun pur lez ditz armez al dit monſ Richard
ou a ascun de cez auncesꝑs dit qil ad este en lez guerrez du Roy
armeez bien ꝑs trent ans ou plus & unꝗs ne oiast ꝑler de monſ
Roɓt Grovenoꝛ ne de nuɫ de cez auncestr̃s devⁿnt q̃ cest debate
cõmenceast en Escoce⸓

Thomas Tyrwyth' Esquier del age de l. ans armeez p xxx   lxj.
ans & plus ꝑduct pur la ꝑtie de monſ Richard Lescroꝑ jurrez &
examinez. demandez si les armes dazur̃ ove un bende dor appteig-
nent & deyvent appteigner du droit & de ħitage a monſ Richard
Lescroꝑ dist q̃ oil qar il nad mye conissance dautre hõme qi ad si
bone droit com il ad & p tout son temps il ad veu monſ Henr̃
Lescroꝑ armez en lez ditz armez ove difference & a bañ & cez fitz
ove differencez & monſ Richard Lescroꝑ armeez en lez entiers
armes en Fraunce a Balyngh°mhill & le dit monſ Richard armeez
en lez entiers armez al chivache ove monſʳ de Lancastr̃ en Caux
en Normandye & al voiage q̃ monſʳ de Lancastr̃ chivacheast tout
outr̃ Fraunce il vist lez armez portez en mesme la voiage p monſ

Estepheñ Lescroꝑ le fitz de monſ Henr̃ & ꝑ monſ William Le-
scroꝑ fitz de monſ Richard. demãdez ꝑ q̃ il sciet q̃ lez ditz armez
appteignent plus al dit monſ Richard q̃ a monſ Roƀt Grovenoʳ
dist qil ad veu & ad oy pler auxi q̃ ceux de Lescroꝑs ount este en
possessioñ dez ditz armez come lour droit & armez lez ditz armez
& lez continuez en ꝟray possessioñ & lez honoʳz & ꝑ tout soñ temps
unq̃s ne oiast dire la contrarie & toutdys pur lour armes reputeez
& clamez come cõe fame & publike vois laboure & ad laboure ou-
tre temps de memoir demandez sil oiast unq̃s pler quele estoit le
prim̃ auncestre du dit monſ Richard qi portast & usast prim̃ment
lez ditz armez dit q̃ noun demandez sil ad oy pler come long
temps lez Escroꝑs ount usez lez ditz armez dit qil ad bien oy dez
aunciens hõmes qils ount usez & portez lez ditz armez outre temps
de memoir demandez sil ad oy dascun chalange ou inꝼrupcioñ fait
au dit monſ Richard ou a cez auncestres pʳ lez ditz armez ꝑ le dit
monſ Roƀt Grovenoʳ ou ꝑ cez auncesꝭs ou ꝑ ascun en soñ noun
dist q̃ nouyl qil ne oiast unq̃s pler del dit monſ Roƀt ne de nuꝉ
de cez auncestrez tanq̃ cest debate cõmenceast ⁞

lxij. Waut' Boys Esquier del age de lx ans & plus armez prim̃-
ment al bataiꝉ du Crescy ꝑduct pʳ la ꝑtie de monſ Richard
Lescroꝑ jurrez & examinez demandez si lez armes dazur̃ ove un
bende dor appteignent ou deyvent appteigner du droit & de ħitage
au dit monſ Richard Lescroꝑ dist q̃ oil qare ce est saunz esperance
qare a mesme la bataille de Cressy estoit armeez un monſ William
Lescroꝑ frier a monſ Henr̃ Lescroꝑ armez en lez ditz armez du
Scroꝑ ove un labeꝉ gobounee & auꝭs de soñ lynage estoient armeez
la en lez ditz armez ove differences mes il ne recorde point loʳ
nouns & depuis lez ad veu estr̃ armeez en diꝟsez viages en Fraunce
monſ Henr̃ Lescroꝑ & a bañ & monſ Richard Lescroꝑ deꝟnt Pa-
rys qu•nt le Roy q̃ mort est y estoit & depuis ad veu le dit monſ
Richard estre armez en lez ditz armez en Espaigne al bataille de
Nazair & unq̃s ꝑ tout soñ temps ne oiast dire q̃ ascun autr̃ eust
ascun droit a lez armez dazur̃ ove un bende dor mes ceux del noun
de Lescroꝑ demandez ꝑ qi il sciet q̃ Lescroꝑs ount si bone droit a
lez ditz armes dit q̃ ꝑ continuel possessioñ dez ditz armeez & unq̃s
en nulle temps ne oiast dire la cont•rie mes q̃ lez ditz armez dazur̃
ove un bende dor ꝑ tout soñ temps ount este reputez & clamez lez
armez Descroꝑ come cõe fame & publike vois labour̃ & ad labour̃ ꝑ

tout soñ temps: demandez sil oiast unꝗs pler quele estoit le prim̃ auncestr̃ du dit monſ Richard qi portast prim̃ment lez ditz armez dist ꝗ noun qil ne oiast unꝗs pler de soñ auncestrie ꝗ ce armast prim̃ment demandez sil oiast come long' temps il est ꝗ lez auncest's du dit monſ Richard ount occupiez lez ditz armez dist ꝗ noun qar tant nest veux hōme ꝗ poet penser ne ne oiast unꝗs dire come long temps il est depuis ꝗ lez auncestres du dit monſ Richard ount lo' ditz armez occupiez demandez sil ad oie dascune chalange ou de inſrupcioñ fait p monſ Roƀt Grovenoᵣ ou p cez auncest's ou p ascun en soñ noun au dit monſ Richard ou a ascun de cez auncest's pᵣ lez ditz armez dist ꝗ noun ne qil ne oiast unꝗs pleᵣ del dit monſ Roƀt Grovenoᵣ ne de nuꝲ de soñ noun tanꝗ cest debate comenceast :

Et ces attestacions ensuantz furent pris dev°nt le dit monſ Joħn de Darwentwatr̃ en le dit refretour le xijᵐᵉ jour de Novembr̃ lan suisdit en la maner̃ ꝗ sensuit.

Joħ'n Charnels Esquier del age de l. ans armeez ꝑ xxxv. ans ꝓduct pᵣ la ptie de monſ Richard Lescroꝓ jurrez & examinez demandez si lez armez dazure ove un bende dor appteignent & deyvent appteigner du droit & de ħitage au dit monſ Richard Lescroꝓ dist ꝗ oil com il ad oye dire dev°nt cest temps & qil ne oiast unꝗs pler dautre hōme ꝗ ad droit a lez ditz armez mes ceux del noun de Lescroꝓs queles armes ils ount occupiez usez & armez toutdys p tout soñ temps come lo' ꝑpres armez & unꝗs ne oiast pler del cont°raire & p tout soñ temps pᵣ lour armez ditez clamez & reputez come cõe fame & publike vois laboure & ad toutdys labourre demandez p ꝗ il sciet ꝗ lez ditz armez appteignent au dit monſ Richard: dist qil luy semble qils appteignent au dit monſ Richard pᵣ cause qil ne oiast unꝗs dire le cont°rie en nuꝲ lieu ou il ad este armez Et le dit Joħn dist qil estoit en garnysoñ en lez veillez guerrez en un chasteꝲ ꝗ hōme appelloit Quarranteau & luy & cez quarantz compaignons chivacherent tanꝗ le chasteꝲ de Tymbreys en Fraunce en pluis haut paiis pur avoir pris ascun autr̃ chasteꝲ en lo' chymyn ou pᵣ fair lour ꝑfit enchimenant la paiis & estoit un chivaler eñ lour compaignie qavoit a noun monſ Williã Lescroꝓ & fuist frier a monſ Henry Lescroꝓ come il quide & troverent eñ lour chemyn le garnysoñ de Genevile dehors &

lxiij.

desaraiez, & le dit John & cez compaignons virent lez Fraucez
desaraiez corrurent sur eux & estoient pris dez Fraucez entour
lx entre queux le dit John Charnels prist un chivaler pur son pri-
soñ q̃ avoit a noun monſ Philiꝑ de la Moustr̃ qestoit armez droite-
ment en lez armez du dit monſ William Lescroꝑ & p̓ cause q̃
le dit chivaler Frauncoys estoit armez droitement en cez armez
le dit monſ William luy voudroit avoir tuez & fist soñ prisoner
ouster cez armez ou autrement il luy voudroit avoir tuez. Et
auxi le dit John dist qil ad veu monſ Henr̃ Lescroꝑ armeez en
cez armez dazure ove un bende dor ove un labeħ blanc & a banſ
& monſ Richard auxi en lez entiers armez & ascuns en Fraunce
ascuns en Espaigne & ascun en Escoce armez en lez ditz armez
ove differencez & p tout soñ temps ne vist unq̃s autr̃ dautr̃ noun
porter lez ditz armez q̃ fuist Englys mes ceux del noun de Le-
scroꝑs demandez sil oiast unq̃s ꝑler quele estoit le prim̃ auncestrie
del dit monſ Richard q̃ portast prim̃ment lez ditz armez dist q̃ il
ne oiast unq̃s ꝑler del prim̃ hõme q̃ ce armast prim̃ment en lez ditz
armez demandez sil ad oye come long' temps il est depuis qils lez
armeront prim̃ment lez ditz armez dist q̃ noun ne qil ne oiast ꝑler
com long' temps ils ount usez lour armez mes il ad oy ꝑler meynt-
foitz qils ount este en pesible possessioñ de lo̓ armez outr̃ temps de
memoir꞉ demandez sil ad oie de ascun chalange ou intrupcioñ fait
au dit monſ Richard ou a ascun de cez auncest̥s p̓ lez ditz armez
ꝑ monſ Roƀt Grovenor ou ꝑ ascun de cez auncest̥s ou ꝑ ascun en
soñ noun dit q̃ neuyl ne qil ne oiast unq̃s ꝑler du soñ droit ne de
soñ noun tanq̃ cest debate comenceast en Escoce꞉

lxiiij. Monſ William de Wauton' del age de lx ans & plus
armez prim̃ment al bataiħ du Crescy ꝓduct p̓ la ꝑtye de monſ
Richard Lescroꝑ jurrez & examinez demandez si lez armez dazure
ove un bende dor appteignent & deyvent appteigner du droit & de
ħitate au dit monſ Richard Lescroꝑ dist q̃ oyl et ceo est soñ
affiaunce & dist qil ad veu & conu lez braunchez del dit monſ
Richard estr̃ armez p tout soñ temps en Bretaigne monſ Henr̃
Lescroꝑ q̃ fuist armeez en le compaignie del count de North-
amptoñ & a banſe & monſ William Lescroꝑ q̃ fuist eisne frier a
dit monſ Richard q̃ fuist armeez adount en lez entiers armez le
quelle monſ William estoit blessez aħ bataille du Morlees de
quelle blessure il languisa & morist aꝑs꞉ demandez p q̃ il sciet

q̃ lez armez dazure ove un bende dor appteignent au dit monſ
Richard dist q̃ p tout le temps qil ad este armeez il ne oiast unq̃s
pler en nuħ temps dautrez hōmes possessours dez ditz armez mes
ceux portantz le nouns de Lescroꝑs & si ascunz autres eussent este
en le temps qil ad este armez p tout soñ temps ove le count de
Northamptoñ q̃ eust ewe ascun droit a lez ditz armez il eust oye
en ascun temps de luy & de soñ droit Et depuis il ad veu le dit
monſ Richard & monſ Henr̃ armeez en le voiage du Roy q̃ mort
est dev⁰nt Parys, & toutez cestez deux de une noun & darmez a
un foitz en la compaignie del counte de Rychemond & auxi dist
qil lez ad veu armeez en Escoce al darrein voiage q̃ le Roy q̃
mort est fist en Escoce monſ Henr̃ & monſ Richard estoient la
armeez en lor ditz armez & unq̃s ne oiast dire p tout soñ temps
q̃ autr̃ hōme ad continuez possession dez ditz armez mez ceux de
Lescroꝑs & lez uscz & occupez pr lour armez & p oy dire dez
aunciens chivalers & esquiers en companie ou il ad este armeez q̃
lez ditz armeez sount descenduz al dit monſ Richard de auncestrie en auncestrie depuis le Conquest⸴ demandez sil ad oy quele
estoit le prim̃ auncestr̃ del dit monſ Richard q̃ ce armast prim̃-
ment en lez ditz armez dist q̃ noun ne qil ne oiast unq̃s pler de
soñ prim̃ auncestr̃. demandez sil oiast unq̃s p quele temps ils ont
occupiez lez ditz armez dit q̃ noun mez p oye dire dez aunciens
hōmes dev⁰nt luy del temps de Conquest⸴ demandez sil ad oy
dascun chalange ou inťrupcioñ fait au dit monſ Richard pr lez
ditz armez p monſ Roħt Grovenor ou p ascun de cez auncesťs
ou p ascun autre en soñ noun dist q̃ neuyl ne qil navoit unq̃s
conissance de nully portant le noun de Grovenor ne ne oiast pler
dev⁰nt cest debate⸴

Joħ'n Topclyffe Esquier del age de lx ans & plus armeez   lxv
prim̃ment al sige de Dunbarre en Escoce ꝓduct pr la ptic de monſ
Richard Lescroꝑ jurrez & examinez demandez si lez armez dazure
ove un bende dor appteignent & deyvent appteigner du droit al
dit monſ Richard Lescroꝑ dist q̃ oil & qil ne oiast unq̃es autre
dire del conťrie qar il ad veu monſ William Lescroꝑ armeez en
lez armez dazur̃ ove un bende dor en ꝑsence du Roy q̃ mort est &
de touz cez ſ's a Burenfos Et il ad veu monſ Henr̃ Lescroꝑ q̃
unqore vist armeez en lez ditz armez ove une labeħ al dit siege de
Dunbarre en Escoce & a bañ & unq̃s en tout sa vie ne oiast pler

dautre hõme q̃ avoit droit a lez ditz armez mais a la darrein
voiage du Roy q̃ mort est un dez Carmynave de Cornewale cha-
langeast le dit monſ Richard & estoient acordez p le count de
Norhamptoñ adont conestable & p le count de Warwyk' adounc
marsshaͱ & le duc de Lancastř q̃ mort est q̃ pͬ cause q̃ lun estoit
de Cornewale & lautre estoit trovez adont del Conquest q̃ le dit
monſ Richard se doit porter lez ditz armez come il avoit porte
devᵃnt & lautř Carmynave lez doit porter pur ceo q̃ Cornwale
estoit un grosse řre & jadys portant le noun dune roialme & issint
estoit la corde ⁚ demandez p q̃ il sciet q̃ lez ditz armez appteignͣt
au dit monſ Richard dit q̃ il sciet bien p cest cause q̃ si le dit
monſ Richard ne eust ew nuͱ droit adount a cestez armez lez ſ's
queux estoient la eussent done p accorde q̃ le dit monſ Richard
dust avoir porte plus avᵃnt lez ditz armez ou si ascun rumour ou
esclandre eust este adount en le host devᵃnt Parys q̃ monſ Roƀt
Grovenoͬ ou ascun autre portant le noun de Grovenoͬ eust eu ascun
droit a lez ditz armez coment q̃ soñ ſͬ le prince avoit adont ove
luy chivalers & esquiers & vaalets destate ils eussent plez & p la
ſͥie de monſͬ le prince lez destourbez de porter lez ditz armez mes
unq̃s en nuͱ temps ou il ad este armez ne ne oiast pͱer ne sonner
mote de nuͱ droit qil avoit a lez ditz armez mes le dit monſͬ
Henř & monſ Richard lez ad occupiez & lour auncestřs devᵃnt eux
come cõe fame & publike voys labouͬ & ad laboure p tout soñ
temps ⁚ demandez sil oiast unq̃s pͱer quele estoit priṁ auncestre
del dit monſ Richard q̃ priṁment se armast lez ditz armez. dist q̃
noun ⁚ demandez sil oiast unq̃s come long temps il est depuis qils
se armerent priṁment en lez ditz armez dit q̃ noun ne qil ne oiast
unq̃s autrement pͱer de eux mes q̃ lour auncesťs ount usez lez ditz
armez & lez continuez outre temps de memoir ⁚ demandez sil ad
oy pͱer q̃ ascun chalange ou inťrupcion ad este fait a monſ Richard
Lescroƥ ou a ascun de soñ lynage oue de cez auncesťs pͬ lez ditz
armez p monſ Roƀt Grovenour ou p cez auncesťs ou p autre en
lour noun. dist qil ne oiast unq̃s de nuͱ ne nad oy pͱer de dit
monſ Roƀt ne de cez auncesťs tanq̨ cest debate fuist comence ⁚

Et ces attestaciouns ensuantz furent pris devᵃnt le dit monſ
Joħn de Darwentwater en le refretoͬ le xixᵐᵉ jour del dit moys de
Novembř en la maṅe q̃ sensuit ⁚

Le Count de Northumbreland' del age de xlv ans armez   lxvj.
de xxx ans ꝓduct pᵣ la ptie de monſ Richard Lescroꝑ examinez
& demandez si lez armez dazuꝛ ove un bende dor appteignent &
deyvent appteigner de droit & de ħitage al dit monſ Richard Le-
scroꝑ dist q̃ oil & qil entende issint qar en lavantgarde al bataille
de Durisme estoient trois banſs le banſ del sire du Percy le ban
de monſſᵣ de Neuvyħ & un banſ dazure ove un bende dor ove un
labeħ dargent queux armez estoient adonc & sount unqore a monſ
Henry Lescroꝑ a quelle bataiħ estoit monſ Richard Lescroꝑ ar-
mez en les entiers armez sanz labeħ demandez p q̃ il sciet q̃ lez
armez dazuꝛ ove un bende dor appteignent au dit monſ Richard
dist q̃ soñ ſᵣ son pier qestoit sire du Percy devᵃnt luy p tout soñ
temps ne oiast dire unq̃s en nuħ temps q̃ ascun autꝛ avoit droit a
lez armez dazure ove un bende dor mez ceux portantz lez nouns
de Lescroꝑs & come ħōme dit cōement p tout le paiis del North p
entꝛ lez vielx chᵣrs & esquiers & lez gentils q̃ lez armez dazure ove
un bende dor sount lez droit armez de Lescroꝑs outre temps de
memoir & p tout soñ temps lour armez ditz & tenuz clemez &
reputez com cōe fame & publike vois laboure p tout   Et auxi il
dist q̃ en la viage du Roy q̃ mort est devᵃnt Parys le dit monſ
Richard estoit la armeez en lez entiers armez dazure ove un bende
dor & monſ Henꝛ Lescroꝑ armez en mesmez lez armez & a banſ
ove un blanc label   Et auxi le dit monſ Richard estoit armeez en
mesmez lez armez entiers al bataiħ Despaigñ & auxi a lez deux
voiagez en Escoce soñ corps armeez en cez ditz armez & a banſ &
p tout le temps qil ad este armeez il ne vist unq̃s autre ħōme estre
en possessioñ dez ditz armez ne lez faire honour mez ceux del noun
de Lescroꝑs ne soñ ſᵣ son pier qestoit sire du Percy devᵃnt luy ne
vist unq̃s autꝛ ħōme estre en possessioñ ne porꞇ lez ditz armez mes
ceux de Lescroꝑs demandez sil oiast unq̃s quele estoit le priṁ
auncestrie del noun dez Escroꝑs q̃ portast prim̃ment lez ditz
armez. dist q̃ noun qil ne oiast unq̃s ꝑler quele estoit le priṁ
auncestꝛ q̃ portast priṁment lez ditz armez qar ħōme dist en la
paiis du North qils sount venuz de veille auncestrie & continuez
lour possessioñ de lour ditz armez outre temps de memoir du
ħōme. demandez sil oiast unq̃s ꝑler dascun chalange ou enꞇrupcioñ
fait pur lez ditz armez au dit monſ Richard ou a cez auncesters p
monſ Roꝫt Grovenoᵣ ou p cez auncesꞇs ou p ascun en soñ noun
dist q̃ nounpas ne qil ne oiast unq̃s ꝑler de luy ne de cez auncesꞇs
tanꝙ cest debate en Escoce ⁘

lxvij.　Nicholas de Reymes Esquier del age de l. ans armeez p
xxx ans & plus ꝓduct pᵣ la ptie de monſ Richard Lescroꝓ jurrez
& examinez demandez si lez armeez dazure ove un bende dor app-
teignent & deyvent appteigner du droit & de ɦitage au dit monſ
Richard Lescroꝓ dist q̃ oil qar quant le Roy q̃ mort est alast a
Blaunge adount estoit monſ Richard Lescroꝓ de la retenue del
count de Norhamptoñ armeez en lez entiers armez dazure ove une
bende dor　Et depuis celle temps il ad veu le dit monſ Richard
toutdys luy & cez braunchez continuez lour possessioñ dez ditz
armez & lez armez usez clamez & p tout soñ temps pᵣ loᵣ armez
ditz & reputez come come fame & publik voys laboure & ad la-
bouree p tout son temps⸴ demandez p qi il sciet q̃ lez ditz armez
appteignent au dit monſ Richard dist q̃ le dit monſ Richard estoit
en compaignye de monſ Gerard de Wythirhyngtoñ & de monſ
Edward de Letham al rescous de Barwyk' armez en lez entiers
armez dazure ove un bende dor　Auxi il dist qil vist monſ Henᵣ
Lescroꝓ a baňſe a soñ corps armeez en lez ditz armez devᵃnt Parys
ove un labett blanc en la viage du Roy q̃ mort est & le dit monſ
Richard a mesme la viage armeez en lez entiers armez dazure ove
un bende dor as queux armez lez Escroꝓs ount bone droit come
il ad oie dire p tout soñ temps dez veilx chȋrs & esquiers & veilx
gentils hōmes qi dient p tout la paiis de Richemonð & Deꝼwyk' &
Northumbrelonð & de Westm̃ilanð Cumbrelanð & del counte de
Cardoitt & unq̃s p nutt temps ne oiast dire la contrarie demandez
sil oiast unq̃s pler quele estoit le prim̃ auncestre del dit monſ
Richard q̃ se armast prim̃ment en lez ditz armez & come long
temps il lez ount usez & porteez. dist q̃ noun qar en la paiis du
North & p tout Englȋtre le dit monſ Richard est tenuz pur un
hōme de veille auncestrie & de auncien temps & longement ad con-
tinuez cez armez en gᵃunde honoure come hōme darmez doit &
autrez de soñ lynage ove differencez & cez auncestres devᵃnt luy
come lez auncestˢs del dit Nicholas luy ount dit devᵃnt lour mort⸴
demandez sil ad oie dascune chalange fait pur lez ditz armez au
dit monſ Richard ou a ascun de cez auncestres p monſ Roƀt Gro-
venoᵣ ou p cez auncestˢs ou p autre en lour noun dist a fyn qil ne
oiast unq̃s pler del dit monſ Roƀt ne de cez auncestˢs tanq̃ cest
debate en Escoce⸴

lxviij.　Joh'n de Faryngdon' Esquier & S'geant darmez du
Roy del age de lviij ans armeez al siege du Caleys prim̃ment

la ptie de monſ Richard Lescroꝑ jurrez & examinez demandez
si lez armez dazure ove un bende dor appteignent du droit al dit
monſ Richard Lescroꝑ dist q̃ oil & qil ne oiast unq̃s ꝑler dautre p
tout soñ temps & toutdys ad il este armeez p le pluis gᵃunde ptie
de sa vie en compaignie de monſʳ le prince & unq̃s ne oiast ꝑler
dautre hõme q̃ avoit droit a lez ditz armez mes ceux del noun
de Lescroꝑs. demandez p qi il sciet q̃ lez ditz armez appteignent
au dit monſ Richard dist qil ad veu en compaignie de monſʳ le
prince un monſ William Lescroꝑ qestoit armez dazure ove un
bende dor ove un labeℓℓ dermyn⸝ & estoit ove monſʳ le prince al
batail de Peyters devᵃnt Carkasoñ & Nerboñ & devᵃnt Parys ove
monſʳ le prince auxi armez en mesmez lez armez & auxi le dit
monſ William estoit armeez en lez ditz armez al bataile de Spaigne
ove monſʳ le prince et le dit monſ Richard auxi a mesme la ba-
taiℓℓ armeez en lez entiers armez ove monſʳ de Lancastre & unq̃s
p tout le temps q̃ le dit John ad este armez dist q̃ en nuℓℓ temps
ne ne oiast dire q̃ autre hõme avoit droit a lez ditz armez mez
ceux del noun de Lescroꝑs & p tout la compaignie ou il ad este
toutdys armeez pʳ lez armez du Lescroꝑ clamez & reputez sanz
contredyre de nully⸝ demandez sil oiast unq̃s dire quele estoit le
prim̃ auncestr̃ du dit monſ Richard q̃ ce armast prim̃ment en lez
ditz armez & come long temps ils lez ount usez dist qil ne oiast
unq̃s ꝑler quele estoit soñ prim̃ auncestr̃ q̃ ce armast prim̃ment ne
com long temps ils lez ount usez demandez sil ad oy dire dascun
chalange ou inꞇrupcioñ dez ditz armez fait au dit monſ Richard
ou a cez auncesꞇs p monſ Roꞓt Grovenoʳ ou p cez auncesꞇs ou p
ascun autre en soñ noun dist q̃ nouyl ne qil navoit unq̃s conissance
del dit monſ Roꞓt ne de nuℓℓ de soñ noun tanꝗ ceste debate en
Escoce.

Et cest attestacion ensuant fuist pris devᵃnt le dit monſ John
de Darwentwater en la blanc sale dedeins le paleys de Westm' le
tierce joʳ de Decembr̃ lan suisdit en la manere q̃ sensuit⸝

Monſ Joh'n Gyldesburgh' del age de lv. ans armeez prim̃-   lxix.
ment al batail du Crescy ꝓduct pʳ la ptie de monſ Richard Le-
scroꝑ jurrez & examinez demandez si lez armez dazure ove un
bende dor appteignent & deyvent appteigñ au dit monſ Richard
du droit & de ꜧitage⸝ dist q̃ oiℓℓ come il ad oy dire dez plus aun-

ciens hōmes chivalers & esquiers en son temps & il ad veu sovent
foitz Lescroꝓ estre armeez un monſ William Lescroꝓ q̄ fuist ove
monſʳ le prince & estoit armez al batail du Peyters le champ
dazure ove un bende dor & un label darmyn   Et il ad veu monſ
Henr̄ Lescroꝓ armez en lez armez dazure ove un bende dor & un
blanc labełł & a bañ en diꝟsez viages Et auxi a la voiage q̄ le Roy
q̄ mort est fist devᵃnt Parys il vist le dit monſ Henr̄ la armeez en
mesmes lez armez ove la labełł blanc & monſ Richard Lescroꝓ
armez en compaignie del count de Richemond dazure ove un bende
dor & autrez de lour sanc & lynage armeez en lez armez ove diffe-
rencez p diꝟsez foitz & en Escoce al viage de monſʳ de Lancastre &
le dit monſ Richard armez en lez entiers armez & a bañ p tout
cele viage sanz contredire de nully demandez p q̄ il sciet qils sount
lez armez de Scroꝓ plus q̄ lez armez du monſ Roƀt Grovenoʳ dit
qil lez ad veu toutdys p tout soñ temps Lescroꝓs estre armeez en
mesmez lez armez ascuns ove differencez ascun entiers & de monſ
Roƀt Grovenoʳ ne de nułł de soñ sanc & lynage il nad oy riens de
lour armez ne faite darmes en nułł temps tanq̇ cest debate cōme-
ceast & coment de Lescroꝓ il lez ad veu armer & continuer peise-
blement sanz destourber lour ditz armez & estre en possessioñ p
tout soñ temps & p oy dire dez veilx hōmes chivalers & esquiers
lez ditz armez dazure ove un bende dor ont toutdys este reputez
dist & clamez lez armez de Lescroꝓ & de lour auncestres outre
temps de memoir come cōe fame & publike vois laboure & ad la-
boure p tout son temps⸵ demandez sil oiast unꝗs ꝑler quele estoit
le prim̄ auncestre du dit monſ Richard q̄ portast prim̄ment lez
ditz armez & come long temps il est depuis qils ount usez lez ditz
armes dist qil ne oiast unꝗ ꝑler quele estoit soñ prim̄ auncestr̄ q̄ ce
armast prim̄ment en lez ditz armez ne come long temps ils ount
usez mes quant il estoit jeefnez de xij. ans & alast a Oxenford a
lescole il vist la un cōmencement dun clerk' portant le noun de Le-
scroꝓ & la estoient trumpeoʳs portantz sur lour tromps penounsels
dez ditz armez & lez clercz demanderent quellez armez cellez
estoient queux ils porterent sur lour troumps & il estoit dist
adount qils estoient lez armez de Lescroꝓ demandez sil ad oye
dascun chalange ou enꝓrupcioñ fait pur lez ditz armez au dit monſ
Richard ou a cez auncesƀs p le dit monſ Roƀt ou p cez auncesƀs
ou p ascun en soñ noun dist q̄ en soñ temps il ne oiast unꝗs
ꝑler del dit monſ Roƀt ne de nułł autre de soñ noun tanq̇ cest
chalange.

Et cestz deux attestacions furent pris dev'nt monſʳ de Glou-
cestre monſ John de Multoñ & le dit monſ John de Darwentwater
en la dit blanc sale le quint jour del dit moys de Decembr̃ en la
manſe q̃ sensuit ꞉⸝

LE DUC DEV'WYK' del age de xliiij. ans armeez p xxx ans   lxx
ꝓduct pʳ la ptie de monſ Richard Lescroꝑ examinez & demandez
ȝi lez armez dazure ove un bende dor appteignent & deyvent app-
teignſ du droit & de h̃itage a monſ Richard Lescroꝑ. dist q̃ oil & q̃
il quide issint & ensy ad oye dire dez aunciens chivalers & esquiers
en soñ temps & il ne oiast unq̃s dire la contrarie ꞉⸝ demandez p q̃ il
sciet q̃ lez ditz armez appteignent au dit monſ Richard dist q̃ p
continuance q̃ luy & cez auncesꝭs dev'nt luy ount fait en loʳ temps
en lez ditz armez & p tout soñ temps lez armez usez & esteez en
poussessioñ⸝ & al viage du Blaunge il vist le dit monſ Richard
armeez en lez armeez dazure ove un bende dor & puis en cea en
toux lieux ou il ad estee armeez il ad veu le dit monſ Richard ou
monſ Henr̃ Lescroꝑ ou auꞇs de lour lynage & noun armeez en lez
ditz armez ove differencez demandez sil ad oy dire quele estoit le
prim̃ auncestr̃ du dit monſ Richard q̃ portast prim̃ment lez ditz
armez dist q̃ noun qar p tout soñ temps il ne oiast unq̃s ꝑler quele
estoit son prim̃ auncestr̃ mes q̃ lez Scroꝑs ount toutdys useez cestz
armez & continuez lour possessioñ & sont droit ſ's dez ditz armeez,
qar il ad oy dire soventfoitz dez bonez & noblez de soñ paiis &
dez auꞇs auxi qil est venuz del Conquest ꞉⸝ demandez come long'
temps il est depuis qils ount usez lez ditz armez dist unqore come
il dist dev'nt qil ad oy dire du temps del Conquest. demandez sil
oiast unq̃s de ascun chalange ou de inꞇrupcioñ fait p monſ Roꞓt
Grovenoʳ pur lez ditz armez a monſ Richard Lescroꝑ ou a cez
auncesꞇs dist qil ne oiast unq̃s ꝑler de monſ Roꞓt Grovenoʳ ne
de nuꞇt de cez auncesꞇs dev'nt la darrein viage en Escoce ove ñre
ſʳ le Roy ꞉⸝

LE COUNT DARUNDELL' del age de xxxviij ans armeez p   lxxj.
xviij. ans ꝓduct pʳ la ptie de monſ Richard Lescroꝑ examinez &
demandez si lez armez dazure ove un bende dor appteignent &
deyvent appteigner du droit & de h̃itage au dit monſ Richard
Lescroꝑ dist q̃ oil come il quide & come il ad oy dire de soñ
ſʳ soñ pier qest mort ꞉⸝ demandez p q̃il sciet lez ditz armez app-

teignent al dit monſ Richard pluis q̃ a monſ Roƀt Grovenoͬ
dist qil ad conu le dit monſ Richard estre armeez en la viage
de Caux en mesmes lez armez dazure ove un bende dor & monſ
Henͬ Lescroꝑ armeez en mesmez lez armez ove un labeƚƚ blanc
a mesme la viage Et auxi il lez ad veu ore darreynement en
Escoce monſ Richard armez en mesmez lez armez & a barſ &
auƚs de soñ lynage come sez cousyns armez en lez ditz armez ove
differencez & unq̃s p tout soñ temps ne oiast dire dautͬ possessour
de lez armez dazure ove un bende dor q̃ monſ Richard Lescroꝑ &
cez cousyns & auƚs de soñ lynage꙳ demandez sil oiast unq̃s dire
quele estoit le priɱ auncestͬ del dit monſ Richard q̃ se usast
priɱment darmer lez armez dazure ove une bende dor & com long
temps il est depuis q̃ se armerent priɱment en lez ditz armez dist
qil ne oiast unq̃s pler de cez auncesƚs quelles ils estoient q̃ se
armerent priɱment en lez ditz armez ne come long' temps il est
de loͬ armer mes il ad oye dire devᵃnt cest temps qils sount venuz
dez noblez de auncestrie & q̃ le dit monſ Richard & cez auncesƚs
ont occupeez useez & cõtinuez lez ditz armez & pͬ lour armeez
ditz clamez & reputez come cõe fame & publik' vois laboure &
ad labouree & unq̃s p toũ soñ temps ne oiast dire le contraire꙳
demandez sil oiast unq̃s dire q̃ ascun chalange ou enƚrupcioñ estoit
fait p monſ Roƀt Grovenoͬ ou p cez auncesƚs ou p ascun en soñ
noun al dit monſ Richard ou a cez auncesƚs pur lez ditz armez꙳
dist q̃ noun qil ne oiast unq̃s pler de nuƚƚ chalange du dit monſ
Roƀt ne ne oiast unq̃s pler de luy ne de nuƚƚ de cez auncesƚs tanq̃
le darreyn viage en Escoce ove nͬe ſͬ le Roy꙳

Uniᵛſ sancte matris eccƚie filiis ad quos ꝑsentes ȶe pveñint
Wiƚƚɱs de Irby inceptor in decretis rector eccƚie pocħ de Mede-
burñ Lincolñ dioċ veñſabiƚ viri ꝺni Joħnis de Waltħᵃm arcħi
Richm' iꝑo in remotꞇ agente vicari⁹ in sꝑualibჳ gñalis saƚtm in
scinceris amplexibჳ dexƚe Salvatoris Injuncte noƀ solicitudinis
officiũ pie & ɱitorie exequi reputamꝰ dum ᵛitatem indubiũ re-
vocatam & ꝑſꝑtim in exƚis ptibჳ minus notam in lucem deducimꝰ
patulã atq̃ claram ut p hanc resecatis erroribჳ dubitantibჳ hesitandi
maƚia subtrahaȶ Sane nup ascendente clamore valido auribჳ ñris
est deductũ qꝺ licet in archidiaconatu Richem' & locis circum-
vicinis nuƚƚa sit nec unq̃ᵃ fuit ambiguitas de qua noƀ constabat
quin arma de azura cum uno bende de auro ad nobilem virũ dñm

Riĉm le Scroꝓ militem jure hereditario ꝑtineant & ꝑtineꝛ debeant
ac ad iꝓius ꝺni Riĉi antecessores & ꝑgenitores oṁes & singulos
notorie ptinuerūt ꝓfatiꝗ dūs Riĉus & añcessores sui in qᵃmpꞇribȝ
exꞓcitibȝ dignis laboribȝ & viagiis illustrissimoꝵ & metuendissimoꝵ
dominoꝵ regum principū ducū comitū baronū ꝑcerum & alioꝵ
nobiliū Angꞎ qui ꝑ ı̄pe fuꞎant in Francia Hispania Scocia & alibi
ꝓfatis armis usi fuerūt & ea honorifice portarunt palam puᶜᵉ notoꝛ
paᶜᵉ & quiete a ı̄pe & ꝑ tꝓs cuj⁹ conᵃrij memoria hoı̄m nō existit
ꝓut fama puᶜᵃ & cōmuni voci ꝓꝓli referente ac facti notorietate
intellexim⁹ liculenꞎ quidā tñ forte ab ħuj⁹ venꞏandis viagiis & la-
boribȝ voluntariis se obstinētes in ꝑtibȝ remotis quiecius degendo
a tramite ꝟitatis deviantes ꝓmissa oṁi ꝟitate irradiata ausu teṁa-
rio ut accepim⁹ indubiū revocarunt   Nos igitʳ ex justicie zelo ħuj⁹
hesitanciū circa ꝓmissa in semitis ꝟitatis & rectitudinis cupientes
diriꝛe gressus & actus ad majorem ꝟitatem in ea ꝑte pleni⁹ osten-
dendā & planius declarandam uniꝟsitati ꝟre innotescim⁹ & pate-
facim⁹ ꝑ ꝓsentes qꝺ nōnulla monasꞇia eccꞇias capellas hospitalia &
oratoria ac loca alia in & infra archīatum Richem' situat' in cedula
ꝓsentibȝ annexa plene specificata ꝑ armis ꝓdĉis pscrutati sumus
inspexim⁹ pscrutari & inspici fecim⁹ diligenꞎ In quibȝ monasꞇiis
eccꞇiis & locis nōnulla scuta sive arma de azura cū uno bend de
auro in vestimēt' verrura pictura sculptura & alia fĉura vidimus
una cū aliis viris fidedignis senioribȝ dĉi archīatus & compim⁹
manifeste plurima de etate & ı̄pe cujus conᵃrij memoria hoı̄m non
existit aliqua de centū & viginti quedam de centū. aliqua de octo-
ginta. alia de septuaginta plura de sexaginta reliqua de quinqua-
ginta quadraginta viginti annis elapsis & citᵃ ꝓut in dĉa cedula
continetʳ In quibȝ quidē locis oṁibȝ & singulis & aliis convicinis
dĉa arma de azura cū uno bende de auro a tempore cujus contᵃij
memoria hoı̄m non existit fuerūt & adhuc sunt ħita reputata
noīata & descripta palam puᶜᵉ & distincte arma dĉi ꝺni Riĉi &
añcessoꝵ suoꝵ & ꝑ armis dĉi ꝺni Riĉi antecessoꝵ & ꝑgenitoꝵ suoꝵ
solūmodo et in eoꝵ digne recolendam memoriā ꝑpetuā reꝟenciā &
honorē in dĉis locis fuerant & sunt facta depicta notorie sive
sculpta ꝓut hec oṁia & singꞎa ꝑ cronicas antiquas scripturas inde
fĉas dĉa & deposiꝏes seniū viroꝵ & fidedignoꝵ de archīatu ꝓdĉo
de ꝟitate dicenda in ea ꝑte juratoꝵ quibȝ plenā fidem adhibuim⁹
compim⁹ & accepim⁹ evidenꞎ In quoꝵ testiōiū ad ōem juꝛ effĉm qui
inde sequi poꞇit aut de jure debebit ut in ꝑtibȝ longinquis sup

ꝑmiss' oīibȝ & sinḡlis uniꝰſ Xp̄i fidelibȝ & ꝑcipue sup hiis dubi-
tantibȝ ꝯitas elucescat sigillū vicariatus dc̄i d̄ni arc̄hiaconi ꝑsen-
tibȝ apposuim⁹ Dat' apud Richem' xij die menſ Januarij anno
D̄ñi miłłmo CCCᵐᵒ lxxxvj' ꝰ

Arma nobilis viri d̄ni Ric̄i le Scroꝑ militis videlicet de azura
cum uno bende de auro continentur & sunt depicta sculpta & facta
in locis infrascriptis ꝰ

In primis in monasꞇio Sc̄e Agathe juxᵃ Richem' jacet corpus
d̄ni Henr̄ le Scroꝑ p̄ris dc̄i d̄ni Ric̄i humatū & sup īp̄ius tumulū in
sui memoriā est quedā ymago sculpta & depicta in dc̄is armis cum
scuto de dc̄is armis circa collū suū qui quid̄m d̄ñs Henricus ibidem
sepultus fuit viij idus Septembr̄ anno D̄ñi miłłmo CCCᵐᵒ tricesimo
sexto circa cuj⁹ tumulū dc̄a arma sunt solempniꝉ sculpta & patenꝉ
depicta in viginti locis ꝰ

Iꞇm in cancello & verrura ejusd̄m moñ in quatuor aliis locis
sunt dc̄a arma depicta quedam de etate quinquaginta annoꝉ &
aliqua de viginti.

Iꞇm in corpore ecc̄lie sunt dc̄a arma in verrura in sex locis
de etate viginti annoꝉ & ultra.

Iꞇm in una tabła a ꞇp̄e cuj⁹ conᵃrij memoria hoīm non est
fuerūt & sunt dicta arma depicta.

Iꞇm in ala dc̄e ecc̄lie in quadā tabula sunt dc̄a arma de tempe
cujus conᵃrij memoria hoīm non existit.

Iꞇm in refectorio dc̄i moñ in duobȝ locis in quadā fenestra
vitrea de tempore cujus inicij memoria hoīm non existit.

Iꞇm in quadam aula in dc̄a abbathia sunt dc̄a arma in verrura
in quatuor locis de etate triginta annoꝉ.

Iꞇm in ecc̄lia p̄oc̄h de Eseby in una fenestra vitrea de etate &
ꞇp̄e cujus inicij memoria hoīm non existit.

Iꞇm in quodā hostio dc̄e abbathie ꝑpe claustrū de etate quin-
quaginta annoꝉ dc̄a arma sunt depicta.

Iꞇm in amita cujusdam vestīm̄ti donati ad dc̄m moñ p magīm
Joħem Romain quōdā arc̄hm Richm' qui obiit centū & quadra-
ginta annis elapsis.

Iꞇm in quadam capella Sc̄i Thome infra dc̄m moñ in fenestra
vitrea de etate & ꞇp̄e cuj⁹ conᵃrij memoria hoīm non existit.

Iꞇm in ecc̄lia p̄oc̄h de Richem' sunt dc̄a arma in verrura & in
pictura in diꝰſ fenestris vitreis & alibi in sex locis ꝰ

Item in ecclia Frm Minoᴪ Richm' in quatuor fenestris vitreis in vestiblo sunt dc̃a arma depicta in fenestris fac̃ centũ annis elapsis:′

Item in quadam capa in eaᴅm ecclia existente de etate & t̃pe cujus inicij memoᵃ hoĩm non existit sunt dc̃a arma facta in duobȝ locis que quidem capa fuit donata p Petrũ de Sabaudia quondam comitem Richm':′

Item in duabȝ fenestris vitreis ad utrumqᵤ finem dc̃e ecclie etatis quinquaginta annoᴪ :′

Item in eaᴅm ecclia picta sunt dc̃a arma in quadã tabula antiqua & fuerũt a tempore cuj⁹ memoᵃ hoĩm non existit :′

Item in quadã alia tabla depicta sunt dc̃a arma de etate centũ annoᴪ :′

Item in eaᴅm ecclia in quadã alia tabla depicta sunt arma ꝓdc̃a etatis centũ annoᴪ :′

Item in domo hospicij dc̃oᴪ Frm sunt dc̃a arma de etate quinq̃ginta annoᴪ.

Item in hospitali Sc̃i Nicħi juxᵃ Richm' sunt dc̃a arma fc̃a in quodã frontali de serico in quatuor locis ejusᴅm de etate & t̃pe cuj⁹ inicij memoᵃ hoĩm nõ existit.

Item in hospitali eoᴅm in quadã amita de serico de etate & t̃pe cuj⁹ inicij memoᵃ hoĩm non existit.

Item in eoᴅm hospitali in quadam camĩa sunt dc̃a arma noviꝑ depicta.

Item in capella Anachorite de Richem' sunt dc̃a arma depicta de etate viginti annoᴪ.

Item in ecclia pocħ de Aynduby cum campanili sunt dicta arma depicta in quadã tabla ad sũmũ altare in uno loco de etate & t̃pe cujus inicij memoria hoĩm non existit :′

Item in eaᴅm ecclia in duabȝ fenestris vitreis sunt duo scuta de dictꝑ armis cuj⁹ inicij memoria hoĩm nou existit:′

Item in ecclia pocħ de Wyclif est unũ scutũ de dc̃is armis in quadã fenestra vitrea ex ꝑte orientali dc̃e ecclie & fuit a t̃pe cuj⁹ inicij memoᵃ hoĩm nõ existit.

Item in ecclia Sc̃i Rumaldi ex ꝑte boriali dc̃e ecclie est unũ scutũ de dc̃is armis sex annis elapsis factum.

Item in capella de Boltoñ sup Swale in quadã fenestra vitrea ex ꝑte boriali dc̃e capelle est unũ scutũ fac̃tũ l. annis elapsis.

Item in eadem capella & capella ꝫe Marie Virginis est unũ scutũ fac̃tũ decem annis elapsis.

Item in eadem capella est unū vestimētū in quo sunt plura scuta de dčis armis fčt' viginti annis elapsis.

Item in ecclia de Bernyngh*m in quadā tabla veři sunt dča arma depicta centū annis elapsis.

Item in ecclia de Wenselowe sunt tria scuta in verura de dčis armis fča quadraginta annis elapsis & ampli⁹.

Item in capella de Redm' sunt duo scuta de dčis armis in verura fča quad*ginta annis elapsis.

Item in capella de Boltoñ in Wenselowdale sunt tria scuta in verura de dčis armis de etate septuaginta anno₄.

Item in ecclia pocħ de Spenythorñ est unū scutū in verura de dčis armis de etate septuaginta anno₄.

Item in ecclia de Watlowes sunt duo scuta de dictĺ armis in verura facta añ temp⁹ cuj⁹ inicij memoria hoïm non existit.

Item in capella de Cliftoñ sunt tria scuta de dčis armis in verura fča añ temp⁹ cuj⁹ inicij memo* hoïm non existit.

Item in ecclia de Weřř dča arma sunt in verura in quatuor locis & fuřūt p temp⁹ cuj⁹ con*rij memo* hoïm non existit.

Item in ecclia pocħ de Kirkebywysk' est unū scutū de dčis armis in verrura facĺ diu ante bellum de Mitoñ.

Item in ecclia de Fyngale est unū scutū de dčis armis facĺ septuaginĺ annis elapsis.

Item in ecclia pocħ de CoƲham sunt duo scuta de dčis armis in verura facĺ lxx annis elapš & ultra.

Item in moñ de CoƲham sunt quatuor scuta in verura de dčis armis quo₄ inicij memo* hoïm non existit.

Item in capella de Westwyttoñ est unū scutū de dčis armis facĺ xl. annis elapš.⸝

Item in ecclia de Aykescartħ est unū scutū de armis ꝑdcis facĺ añ tp̄s cujus inicij memo* hoïm non existit.

Item in ecclia de Tanfeld est unū scutū de armis ꝑdčis fčm añ tp̄s cuj⁹ inicij memo* hoïm non existit.

Item in capella de Snape est unū scutū de dčis armis fčm a ĩpe & p temp⁹ cuj⁹ con*rij memo* hoïm non existit.

Item in ecclia de Patrikbrompton sunt duo scuta de dčis armis facta a ĩpe & p tp̄s cujus con*rij memo* hoïm non existit.

Item in capella de Nunmonketoñ est unū scutū de dčis armis duodecim annis elapsis factū.

Item in capella situata infra castrū de Hornby est unū scutū de dc̃is armis factū p temp⁹ cuj⁹ con^rij memo^ hoīm nō existit.

Item in capella de Bowes sunt dc̃a arma depicta in quadam tabla de etate & ĩpe cuj⁹ con^rij memo^ hoīm nō existit.

Item in capella Sc̃e Trinitatis Richemond sunt dc̃a arma in quinq̃ locꝭ vidĩt in verura & pictura quoꝗ duo scuta de dc̃is armis sunt de etate cuj⁹ con^rij memo^ hoīm non existit & tria de etate viginti annoꝗ.

Item in capella cantarie infra castrū Richem' sunt dc̃a arma in quadā fenestra vitrea facĩ añ temp⁹ cuj⁹ con^rij memo^ hoīm non existit.

Item in ead̃m capella sunt dc̃a arma cū un labełł de argento de etate p̃x sup^dc̃a ꞏ/

Item in eccłia pocħ de Sturuetoñ sunt dc̃a arma in verrura de etate & ĩpe cuj⁹ con^rij memo^ hoīm non existit ꞏ/

Item in capella de Ravenswath sunt dc̃a arma depicta de etate.

Item quia dc̃us dñs Ric̃us est unus fundatoꝗ Fr̃m Minoꝗ Richem' dc̃i fr̃es fecerūt dc̃a arma solempniꝯ fieri & poni sup^ portam eorund̃m extiorem vidĩt dc̃a arma ex una pte & arma dñi de Nevyłł ex alia parte Que quidẽ arma ibid̃m fuꞵant & sunt a tempore fundac̃ois dc̃e domus Que quid̃m dom⁹ fuꞵat fundata in tempore dñi Petri de Sebaudia quondam comitꝯ Richemondie vidĩt anno Dñi miłłmo CC^mo quinquagesimo octavo p̃ut in cronicis dc̃e dom⁹ vidimus plenius contineri.

Item quia añcessores dc̃i dñi Ric̃i ac dñi de Neviłł fuerūt ut p̃mittit^r fundatores dc̃e domus dc̃i fr̃es in memoriam añcessoꝗ dc̃i dñi Ric̃i fec̃ant dc̃a arma fieri sculpta in eoꝗ sigillo cõi ex pte una & arma dñi de Neviłł ex pte alia dc̃i sigilli.

Item dc̃a arma dc̃i dñi Ric̃i sunt fc̃a in quadā fenestra vitrea dc̃e domus in quadam domo ubi fr̃es dc̃e domus cõiꝯ se lavant cum ad eandem domū veñꞵint fessi sive lassi que quid̃m fenestra fuꞵat fc̃a in pr^ma fundac̃õe dc̃e domus sup^scripĩ ꞏ/

Item in ead̃m domo in quadā domo vocata lez studies jux^ dormitoriū sunt dc̃a arma in verrura duaꝗ fenestraꝗ fc̃aꝗ in prima fundac̃õe dom⁹ sup^dicĩ.

Item in refectorio dc̃e domus continẽt^r dc̃a arma in duobȝ locis facta statim post primā fundac̃õem dom⁹ sup^dc̃e ꞏ/

Item in quadam domo dc̄oᵤ f̄m vocata le plour dc̄a arma con-
tinēt͛ in verrura antiquiore om̄i verrura ut estimat͛ Ϝisimiliꝯ f̄ca
in dc̄a domo.

Item in eccl̄ia f̄rm p̄dc̄oᵤ dc̄a arma sunt depicta in septem locis
p̄ꝯ loca supius exp̄ssata aliqua f̄ca centū & viginti quedā centū alia
nonniginta & reliqua septuaginta annis elapsis ⸴

Item in p̄fata eccl̄ia ac in sing̃lis monasꝫiis eccl̄iis pochialibᴣ
& locis aliis supᵃsc˹ptꝯ arma p̄dc̄a cū uno label de argento modo
ptinēcia ad nobilem virū dn̄m Henꝛ le Scroꝑ cognatū sive nepotem
dc̄i dn̄i Ric̄i fuerūt & sunt depicta sculpta & f̄ca aliqua de etate
cuj⁹ inicij memoᵃ hoīm non existit quedam de centū quedā de
nonaginta quedā de lxxxᵗᵃ quedā de lxxᵗᵃ quedā de sexaginta qin-
qᵃginta quadraginta triginta & viginti annis elapsis.

Item in pluribᴣ locis supᵃsc˹ptꝯ sunt dc̄a arma cum uno labell
de ermyns depicta & f̄ca.

Item in pluribᴣ eciā eccl̄iis locis supᵃsc˹ptꝯ sunt dc̄a arma cū
uno labell gobone de argent & goules.

Item in qᵃmpluribᴣ eccl̄iis & locis supᵃsc˹ptꝯ continent͛ dc̄a
arma cū uno labell de goulez.

In archīatu vero Richm' dc̄a arma de azura cum uno bende
dauro fuerūt h̄ita & ad huc sunt reputata noīata & desc˹pta arma
dc̄i dn̄i Ric̄i le Scroꝑ & anc̄essoᵤ & p̄genitoᵤ suoᵤ p īpa supᵃsc˹pta
dc̄a vero arma cū differenciis supᵃsc˹ptꝯ a īpe supᵃdc̄o fuerūt ha-
bita reputata & noīata arma f̄rm nepotū avūc̄oᵤ & consangui-
neoᵤ & filioᵤ dc̄i dn̄i Ric̄i & antecessoᵤ suoᵤ cognoīe le Scroꝑ
nūcupatoᵤ ⸴

Excellentissimo & metuendissimo dn̄o dn̄o Thome filio Regis
duci Gloucestꝛ comiti Esseẍ & Bukynghᵃm constabulaꝛ Angl v̄ro
ve locumtenēti cuicū� vesꝉ humiꝉ & devotus Ric̄us de Wynwyk'
canonicus eccl̄ie cathedraꝉ Lincolñ om̄iodas reϜencias & honores
tanto dn̄o debitas & devotas⸴ venꝉabilis v̄re cōmissionis l̄ras p v̄ram
dominacōem michi ac aliis meis in ea pte collegis directas ex pte
dn̄i Ric̄i le Scroꝑ militis p̄sentatas cum ea qua decuit reϜencia
recepi tenorem qui sequit͛ continētes⫽ Thomas fitz au Roy duc de
Gloucestre count de Esseẍ & de Bukynghᵃm conestable Dengliꝛꝛe⸴
as reϜentz piers en Dieu lercevesꝗ DeϜwyk' levesꝗ de Duresme
levesꝗ de Nichol levesꝗ de Cardolle & reϜentz & cꝝs en Dieu
labbe de labbey de n̄re dame DeϜwyk' le priour de Duresme le

priour de Cardoille le priour de Seint Kaƒine de Nichoƚƚ & as noȝ
ƚscħs & ƀn amez monƒ Roƀt sire de Wylughby mestre Richard
Wynwyk monƒ Roǥ Heroñ monƒ Nichol de Haryngtoñ monƒ
Richard de Hoghtoñ monƒ James de Pykeryng' monƒ John de
Darwentwater monƒ John de Multoñ & monƒ William Flaumvile
salus Come nous solonc droit ꝓcedantz en une cause mue &
pendant en ũre court entɍ monƒ Richard Lescroꝑ ptie actour
dune pt et monƒ Roƀt Grovenoʳ ptie defendant dautre pte p cause
darmes cest assavoir dazure ove un bende dor quelez armez
mesme celuy monƒ Richard disoit & dit q̃ a luy devoient apptiñ
& apptenount et q̃ ycellez armez le dit monƒ Roƀt couñtre droit
porta come en lez actes du dit cause est continuez et aꝑs le respons
fait p le dit monƒ Roƀt al entencioñ du dit monƒ Richard en
mesme la cause & auxi declare fuist & done pur decree q̃ lez ditz
monƒ Richard & monƒ Roƀt p sufficeantz ꝓevez duissent ꝓever
lour entent en eschuant la bataille. Et pʳ ceo qil ƒroit g⸳nd
travaille & chargeantz despencez damesner p dev⸳nt nous touz
lours ꝓevez & tesmoignez & auƚs evidencez Avons g⸳nte comissions
a lune ptie & a lautre de ꝓdure & exhibicion faire dev⸳nt vous de
touz lez ꝓeves evidencez cħres immunimentz & auƚs ꝓeivez &
evidencez q̃conq̃s en q̃conq̃ paiis q̃ lour plerra en Engliƚre &
ailloʳs Pur quoy nous confiantz en ũre grande discrecioñ & loialte
vous avons cõmis & cõmettons de resceyꝟ & examiñ de & sur la
maƚe av⸳ntdit touz lez ꝓeves & tesmoignez & auƚs evidencez q̃conq̃s
lez queux le dit monƒ Richard entent a ꝓdure & ꝓdurera solonk
la fourme del acte de mesme la maƚe esteant en ũre court la copie
de quele nous vous mandons ove y cestez penci q̃ touz lez tesmoig-
nez soient jurrez dev⸳nt voꝰ exceptez meȝ ƚshonurez friers le Roy
Despaigne & le duc Deꟾwyk' mon neveu le count de Derby & touz
lez auƚs countz Dengliƚre donant a vous joynetement & seꟾalment
pleyn poiar de resceyꝟ admitƚ & dexamiñ lez ditz tesmoignez &
lez deposiciõns & ditz de mesme lez tesmoignez oier & de resceyꝟ
touz auƚs evidencez pʳ la ptie le dit monƒ Richard et si mestre soit
eux compeller a tesmoigñ la ꟾitee en celle ptie & touz auƚs chosez
& chescuns user qal office de noz cõmissairs & examinoʳs en celle
cas appteignount ou pʳrount appteigñ ove ꝓogacion & cõtinuacion
dez jours & lieux q̃ vous semblera meux en celle cas ꟾtifiantz a
nous ou a noz lieutenantz a Westm' le vynt & priɱ jour de Januer
ꝓchein venant toute ceo q̃ vous ferrez ou aꟾez fait touchant la dite

maɫe p voz ɛtificatoirs enseals dez voz sealx ove lez tesmoignancez & evidencez q̃conq̃s dev•nt vous heues en cel ptie closez & a nuɫ dez ditz ptiez demonstrez Et pʳ ceo q̃ nous avons assigne mestre Richard Pittez ñre clerk au p̃sent doier & mettre en escript lez attestacions deposicõns & auɫs evidencez suisditz Si volons & vous mandons q̃ vous nous envoiez p le dit mestre Richard ceo q̃ vous aɣez fait enclose come desuis as jour & lieu suisditz   done soutⱨ le seal de ñre office a Westm' le prim̃ joʳ de Decembr̃ lan du reigne ñre ẝʳ le Roy Richard secund̃ puis le Conquest Denglit̃re disme, Quibȝ quidem ɫris v̄ris corã me in eccⱨia cathedrali Lincolñ xvjᵐᵉ die menẝ Januar̃ anno regni Regis Riči secundi post Conquestũ decimo p tribunali sedente publice ꝑlectis comparuit Joⱨes de Tibbay ꝓcurator dči dni Riči cuj⁹ ꝓcuratoriũ exhibuit tunc ibidem & peciit dčas ɫras juxᵃ ea⁊ tenorem p me exequi cũ effču Et quia p acta p dñm Joⱨem de Darwentwater collegam meũ michi transmissa constabat p̃fatos diem & locũ p̃fato dno Roᵬto Grovenoʳ ad inɫessendũ in ꝓductõe & admissione testiũ p ptem p̃dči dni Riči ꝓducend̃ fore p̃fixos & limitatos iꝑm dũm Roᵬtũ p̃conizari feci quem p̃conizatũ diu expectatũ nullo modo compentè reputavi cõtumacem & in penã contumacij sui ⱨuj⁹ dnos Thomã de Weltoñ priorem monasɫij de Bardenay Joⱨem Woxebrigg' monachũ dči monasɫij & Joⱨem Lydegat de Lincolñ testes p ptem dči dni Riči ꝓductos admisi recepi iꝑos q̇ in forma juris jurare feci eos q̇ secrete & singillatim in p̃sencia magr̃i Riči Pittes v̄ri in ea pte cⱨici jurati diligenɫ examinavi iꝑo⁊q̇ dča & deposicões p dčm magr̃m Ričm in scriptɫ redegi & fideliɫ scribi feci p̃faɫq̇ diem & locũ usq̇ in diem crastinũ in eccⱨia pocⱨ de Laxtoñ continuavi & progavi pti q̇ dči dni Riči diem & locũ px̃ supᵃscⁱpt' ad ulɫius ꝓcedēd̃ pti vero dči dni Roᵬti ad inɫessendũ si sua videret expedire coram me aut alio de collegis meis supᵃscⁱpɫ palam & puᶜᵉ p̃fixi & limitavi p̃faɫq̇ dicɫ & deposicões clauɫ & neutri pciũ p̃dčar' ostenɫ p̃senɫ ɫris meis ɛtificatoʳ annexa v̄re excellenɫ p dčm magr̃m Ričm tᵃnsmitto sigillo meo dilucide sigillaɫ Et sic v̄ras ven' ɫras in om̃ibȝ sum execuɫ in quo⁊ testiõm hiis ɫris ɛtificatoriis sigillũ meũ apposui Daɫ Lincolñ xvjᵐᵉ die menẝ Januar̃ anno regni Regis Riči sčdi post Conquestũ decimoː

Examinacio testiũ ꝓducto⁊ p ptem dni Riči le Scroꝑ militis in causa armo⁊ videlicet de azura cũ uno bende de auro que movetʳ

coram metuendissio đno đno Thoma filio Regis duce Gloucestř
comite Esseẍ & Bukyngh^am ac constabulař Angł in curia sua
milicie inł đčm đñm Riĉm ptem actricē ex pte una & đñm Roƀtum
Groveno^r ptem defendentem ex pte alia facta p me Riĉm Wynwyk'
canõicũ eccłie Lincolñ in ecčia cathedrali Lincolñ p̄đča xvj die
menſ Januař anno regni Regis Riĉi sčdi post Conquestũ Angł
decimo cõmissariũ đči đni constabularii in ea pte deputatum⸝

THOMAS DE WELTON' PRIOR DE BERDENAY etatis lxvj.
anno₄ admissus jurat⁹ & examinat⁹ & deligenſ requisit⁹ an unquā
audivit de añcessorib₃ đni Riĉi le Scroꝑ militis dicit qđ abbas &
conventus de Berdenay ħent quendā librũ antiquũ & de antiqua
manu scriptũ & factũ de gestis cronicis sive historiis Anglo₄ quem
quiđm librũ dčus juratus corā me exhibuit In quo quiđm canet^r
qđ in t̄pe Edwardi filij Egelredi quondā Regſ Angł fuſat discordia
inſ ip̄m Regem & comitem Godewidum orta & postea pax plene
reformata post quā quidem concordiā dict⁹ Rex cũ suo consilio
om̄es Normannos qui leges iniquas adinvenſant & injusta judicia
judicaſant relegavit paucos tñ vidłt Riĉm Scroby filiũ & alios in
đča cronica noïaſ quos dčus Rex plus ceſis dilexſat qui sibi & om̄i
p̄p̄lo fideles exisſant in Angł remanere pmisit subsequenſ in tem-
pore Wiłłi Conquestoris in principio coronačõis đči Wiłłi contigit
ꝓut in đčo libro cronica₄ canet^r qđ dčus Wiłłs vidłt anno Dñi
miłłmo lxvij. t̄nsivit Normanniã ducens secũ ſtos archiep̄os comi-
tes & alios in đča cronica noïaſ & relinquebat Odonē Baioceñ ep̄m
f̄rem suũ & Wiłłm filiũ Osberni comitē Herford Angł custodes eo
q₃ tempore quidā Edricus noïe & cognoïe Silvaticus insurrexit con^a
Regem & magnates Angł & dedignabat^r subiče se Regi p̄p̄ſ qđ
Herfordeñ castellani & Riĉus filius Scrob ſram đči Edrici frequenſ
vastaſunt Quem quiđm Riĉm filiũ Scrob sup^ađčm dčus jurat⁹ se
dicit credere fore añcessorem đni Riĉi le Scroꝑ & ita credunt &
reputant abbas confͬes & cõmonachi sui dče abbathie & alij Dicit
eciā qđ audivit dici a senioribɜ suis qđ đča arma ptinuerũt ad
añcessores đči đni Riĉi & ad eund̄m đñm Riĉm ptinere debeant
Inſrogat⁹ an vidit đča arma in pictura sive verrura dicit qđ sic
Inſrogat⁹ ubi dicit qđ in moñ ƀe Marie Lincolñ in pluribɜ locis
ejusđm Inſrogat⁹ an novit de aliquo jure qđ đñs Roƀt⁹ Groveno^r
ħeat vel ħere debeat ad đča arma dicit qđ non nec ip̄m nec añ-
cessores suos novit⸝

ij.   JOH'NES WOXEBRIGG' MONACHUS MON' DE BERDENAY
etatᵲ xxxij annoʒ admissus juratꝰ examinatꝰ & diligenᵵ requisitꝰ
an unqᵃm audivit de añcessoribʒ ḋni Riči Lescroꝓ militis dicit qđ
abbas & conventꝰ de Berdenay ħent quendam librū antiquū & de
antiqua manu scriptū & factū de gestis cronicis sive historiis Ang-
loʒ quē quiđm librū dčus juratꝰ corā me exhibuit In quo quidem
canetʳ qđ in t͞pe Edwardi filij Egelredi quondā Regis Angł fuᶴat
discordia inᵵ i͞pm Regem & comitē Godewidū orta & postea pax
plene reformata post quā quiđm concordiā dčus Rex cū suo consilio
o͞mes Normannos qui leges iniquas adinveñant & injusta judicia
judicaᶴant religavit paucos tñ vidłt Ričm Scrobi filiū & alios in
dča cronica noïaᵵ quos dčus Rex plus cełis dilexłat qui sibi & o͞mi
p͞plo fideles extiłant in Angł remanere pmisit Subseqᵵ in t͞pe Witłi
Conquestoris in principio coronačõis dči Witłi contigit ꝓut in dčo
libro cronicaʒ canetʳ qđ dčus Witłs vidłt anno Dñi miłłmo lxvij.
transivit Normanniā ducens secū certos archiep͞os comites & alios
in dča cronica noïaᵵ & relinquebat Odonem Baioceñ ep͞m f͞rem
suū & Witłm filiū Osberni comitē Herforđ Angł custodes Eoʒ
tempore quidam Edricus cognoïe Silvaticus insurrexit conᵃ Regē
& magnates Angł & dedignabatʳ subiče se Regi ꝓpł qđ Herfordeñ
castellani & Ričus filius Scrob łram dči Edrici frequenᵵ vastaᶴunt
Quē quiđm Ričum filiū Scrob supᵃdčm dčus juratꝰ se dicit cre-
dere fore añcessorem ḋni Riči le Scroꝓ & ita credunt & reputāt
abᵬes confřes & cõmonachi sui dče abbathie & alij Dicit eciā qđ
audivit dici a senioribʒ suis qđ dča arma ptinuerūt ad añcessores
dči ḋni Riči & ad eundm dñm Ričm ptinere debeāt Inłrogatꝰ an
vidit dča arma in pictura sive verrura dicit qđ sic Inłrogatꝰ ubi
dicit qđ moñ ᵬte Marie Lincolñ in płribʒ locis ejusđm Inłro-
gatꝰ an novit de aliquo jure qđ dñs Roᵬtꝰ Grovenoʳ ħeat vel ħere
debeat ad dča arma. dicit qđ non nec i͞pm nec añcessores suos
novit ꝫ

iij.   JOH'ES LYDGATE DE LINCOLNIA GEN'OSUS etatis lx annoʒ
admissus juratus examinatꝰ & deligenᵵ requisitus an arma de
azura cū uno bende de auro ptineant ad dñm Ričm le Scroꝓ mili-
tem dicit qđ sic ꝓut audivit a senioribʒ suis Inłrogatus an vidit
dčm dñm Ričm armatū dicit qđ non Inłrogatꝰ an vidit dča arma
in verrura sive pictura dicit qđ sic Inłrogatus ubi vidit dča
arma dicit qđ dča arma sunt depicta in moñ ᵬte Marie Lincolñ in

q̃ pluribȝ locis ejusđm moñ Dicit eciā qđ dc̃a arma iƀm ut p̃mit-
titᵣ depicta fuerūt & sunt h̃ita reputata & descᶦpta arma dc̃i đni
Rič̃i & añcessoꝗ suoꝗ Dicit eciā qđ nescit nec de aliquo sibi con-
stat qui scit quando aliqua scuta de armis p̃dc̃is de quibȝ supius
deposuit fuꝰant fc̃a sive fc̃a depicta Inꞔrogatᵍ an novit de aliquo
jure quod dñs Roƀtus Grovenoᵣ h̃eat vel h̃ere debeat ad dc̃a arma
dicit qđ non nec iƥm nec añcessores suos novit ꞏ/

Excellentissimo & metuendissimo đno đno Thome filio Regis
duci Gloucestř comiti Esseẍ & Bukynghᵃm constabulario Angł v̄ro
ve locūteñti cuicūqᷓ vesł h̃m̃ī & devotᵍ Johes de Darwentwał miles
om̃imodas rev̄encias & honores tanto đno debitas & devotas venꝰa-
biles v̄re comissiõis łras nuꝑ recepi tenorem qui sequitᵣ continêtes ꞏ/
Thomas fitz au Roy duc de Gloucestř count Desseẍ & Bukyngh-
hᵃm constable Dengliꝑre as rev̄entz piers en Dieu lercevesqᷓ Dev̄-
wyk' levesqᷓ de Duresme levesqᷓ de Nichole levesqᷓ de Cardoille
& rev̄entz & c̃hs en Dieu labbe de labbey de ñre dame Dev̄wyk'
le priour de Duresme le priour de Cardoille le priour de Seint
Kaꝉine de Nichole & as noz ꝑsc̃ns & beñ amiez monꝸ Roƀt ꝸ de
Velughby mestre Richard Wynwyk' monꝸ Roger Heroñ monꝸ
Nichole de Haryngtoñ monꝸ Richard de Hoghtoñ monꝸ James de
Pykeryng' monꝸ John de Darwentwatir monꝸ John de Multoñ &
monꝸ William Flaumvile saluz ꞏ/ Come nous selonc droit ꝑcedantz
en une cause mue & pendant en ñre courte entre monꝸ Richard
Lescroꝑ ꝑtie actour dune ꝑtie & monꝸ Roƀt Grovenoᵣ ꝑtie defend-
dant dautre ꝑte ꝑ cause darmes ceste assavoir dazure ove une
bende dor queles armes mesme celly monꝸ Richard disoit & dit q̃
a luy devoient appteiñ & apptenont et q̃ y celles armes le dit monꝸ
Roƀt contre droit porte come en lez actes du dit cause est conti-
nuez Et aƥs la responꝸ fait ꝑ le dit monꝸ Roƀt al entencioñ du
dit monꝸ Richard en mesme la cause & auxi declare fuist & done
ꝑᵣ decree q̃ lez ditz monꝸ Richard & monꝸ Roƀt ꝑ sufficeant ꝑeves
deussent ꝑever lour entent en eschuant la bataille Et ꝑᵣ ceo qil
ꝸroit grande travaille & chargantz despencez damesner ꝑ devᵃnt
nous touz lours ꝑeves & tesmoignez & auꝉs evidences Avons gᵃnte
cõmissions a lune ꝑte & a lautre de ꝑdure & exhibicioñ faire de-
vᵃnt vous de touz lez proeves evidencez c̃hrs imunimentz & auꝉs
ꝑeves & evidencez q̃conqs en q̃conq̃ paiis q̃ lour plerra en Engliꝑe
& aillours Pur quoy nous confiantz en v̄re gᵃunde descrecion &

loialte vous avons cõmis & cõmittõns de resceiѵ & examiner de &
sur la maѱe avᵃntdit touz lez ꝑeves & tesmoignez & auѱs evidencez
q̃conq̃s lez queux le dit monſ Richard entente a ꝓdure & ꝓdurera
solonc la fourme del acte de mesme la maѱe esteante en ñre courte
la copie de quele nous vous mandons ove ycestes p ensy q̃ touz lez
tesmoignez soient jurrez devᵃnt vous exceptz mes ѱshonurez freres
le Roy Despaigne le duc Deѵwyk' mon neveu le count de Derby
& touz lez auѱs countes de Engliѱre donant a vous joyntement &
seѵalment plein poiar de resceyvir admitѱ & dexaminñ lez ditz tes-
moignes & lez deposicõns & ditz de mesme lez tesmoignes oyer &
de resceyver touz auѱs evidences pʳ la ptie le dit monſ Richard et
si mester soit eux compeller a testmoigner la ѵite en celle ptie &
touz auѱs chosez & chescun user qal office de noz comissairs &
examinors en celle cause appteignont ou pʳront appteignñ ove pro-
rogacioñ & continuacioñ des jours & lieus q̃ vous semblera meux
en celle cas ѱtifiantz a nous ou a nous lieutenantz a Westm' le
vint & priñ jour de Januer tout ceo q̃ vous ferres ou aѵez fait
touchant la dit maѱe p vos ѱtificatoirs enselez de voz sealx ove lez
tesmoignancez & evidencez q̃conq̃s devᵃnt vous heues en celle ptie
closez & a nulle dez ditz ptiez demonstrez   Et pʳ ceo q̃ nous avons
assigne meistre Richard Pittes ñre clerc a ꝑsent doier et metter
en escript lez attestacions deposicõn & auѱs evidencez suisditz Si
volons & vous mandons q̃ vous no⁹ envoiez p le dit mestͬ Richard
ceo q̃ vous aѵez fait enclosez come desuis as jour & lieu suisditz.
Done souz le seal de ñre office a Vestm' le priñ jour de Decembͬ
lan du reigne ñre ſͬ le Roy Richard second puis le Conquest
Dengliѱre disme,   Quaꝗ aucᵃte & vigore ḣraꝗ ѵraꝗ reѵendaꝗ non-
nullos testes p ptem dc̃i nobilis viri d̃ni Ric̃i Lescroꝑ ad ꝓband
intenõõem suã in dc̃a cã deductã coram me ꝓductos quoꝗ noĩa &
cognoĩa in cedula ꝑsentibƷ annexa contineťͬ diebƷ & locis in eadͫ
cedula specificatis de quibƷ ps dc̃i d̃ni Roḃti Grovenoͬ ad inѱessend
si sua viderit expedire ḣime fuѱat ꝑmuniť⁹ de ѵitate dicenda in
causa ꝓdc̃a inͱ ptes ꝓdc̃as mota tactis p eosdͫ sacroscĩs Dei Evᵃn-
geliis corpoͬ jurare feci eos qₕ recepi admissi ac ꝑsente mag̃ro Ric̃o
Pittes cͱico p ѵram d̃naõõem in ea pͱe deputato & jurato in forma
michi p ѵram d̃naõõem demandata secrete & singillatim examinavi
iꝑoꝗꝗ dc̃a deposicõões & attestacõões p eundͫ mag̃m Ric̃m in scͥp-
tis redigi feci & fideliѱ tᵃnscribi/   Quas quidͫ deposicõões & attes-
tacõões ut ꝑmittiťͬ fideliѱ scͥptas bñ custoditas clausas & neutri

pciū p̄dc̄aӡ ostensas una cū actis corā me ꞀꞀitis p̄ut v̄ra veꞁꞁabiꞇ d̄nac̄o͞ decrev̄it in hac p̄te p̄ dc̄m mag͞ꞃm Ric̄m v̄re d̄nac̄o͞i excel- lentissime tᵃnsmitto p̄sentibӡ meis Ꞇris c̄tificatoriis annexas sigillo meo dilucide consignatas Et sic metuende v̄re d̄nac̄o͞is Ꞇras hono- rabiles in om͞ibӡ & p̄ om͞ia diligen꞊ sum executus Que om͞ia & sin͞gla v̄re excellencie c̄tifico p̄ p̄sentes sigilli mei appensione robo- ratas Datᵗ Londo͞n xx die menſ Januaꞃ̄ anno regni Regis supᵃdc̄o꞉⸓

Acta coram nobis Johanne de Darwentwatre milite excellentis- simi & metuendissimi d̄ni d̄ni Thome filij Regis ducis Glouces͞tꞃ comitis Esse͞x & Bukyngh⸰m ac constabulaꞃ̄ Angꞁ c̄omissaꞃ̄ ad infrascripta sufficien꞊ deputato sedente p̄ tribunali die Martis p͞x post festū Sc̄e Lucie vidꞇ decimo octavo die menſ Decemb͞ꞃ anno regni Regis Ric̄i sc̄di post Conquestū Angꞁ decimo in ecclꞇa poc̄Ꞁ de Lancas͞tꞃ in causa armoꞃ vidꞇ de azura cū uno bende de auro que movetʳ in curia constablarie Angꞁ in꞊ nobiles viros d̄nos Ric̄m le Scrop̄ militem p̄tem actricem ex p̄te una & Robꞇum Grovenoʳ militem defendent͞e ex p̄te alꞁa Cum constaret nobis p̄ acta a dc̄a curia noꞇ tᵃnsmissa p̄fatos diem & locū p̄ti dc̄i d̄ni Ric̄i ad p̄ducēd̄ testes & perte dc̄i d̄ni Robꞇi ad in꞊essend̄ si sua viderit expedire fuisse & esse in dc̄a curia p̄fixos & limitatos p̄ti dc̄i d̄ni Ric̄i p̄ JoꞀem Gunvardby p̄cuᵃrem suū Ꞇime constitutū p̄te vero dc̄i d̄ni Robꞇi nullo modo compentibӡ de consensu p̄tis actricis continu- amᵍ & progamᵍ istum diem usqꞁ in diem Jovis p͞x post festū Circū- cisionis D͞ni p͞x futuꞃ̄ loco quo supᵃ et p̄figimᵍ p̄ti actrici p̄dc̄e ad p̄ducend̄ testes dc̄is die & loco p̄ti vero defendenti ad in꞊essend̄ si sua viderit in꞊esse Quibӡ die & loco advenientibӡ corā noꞇ p̄ tribunali sedentibus plecta c̄omissione n̄ra noꞇ in hac p̄te directa p̄tes p̄dc̄as fecimᵍ p̄conizari p̄te actrice ut prius p̄ JoꞀem Gun- vardby p̄cuᵃrem suū p̄te vero defendente nullo modo compentibӡ p̄ductꞁq̄ꞁ p̄ dc̄m p̄cuᵃrem nonuꞁꞁ testibӡ vidꞇ d̄nis Ric̄o de Kyrke- by & Ric̄o de Hoghto͞n militibӡ Petro Bolro͞n Thoma de Hornby Roǥo de Culwe͞n Matheo de Caunsefelꞷ & Ric̄o de Croft armiꞡis quibӡ admisꞩ juratis & diligen꞊ examinatis progamus & conti- nuamᵍ dictos diem & locū usqꞁ ad xvj diem men꞊ Januarij in ecclꞇa catꞀ Lincol͞n & p̄figimᵍ dc̄e p̄ti actrici eosꝺm diem & locū ad ulꞇius procedend̄ p̄ducend̄, p̄ti vero ree ad in꞊essend̄ ibiꝺm si sua viderit expedire corā noꞇ aut aliquo de collegis n̄ris in ea p̄te deputat꞊⸓

2 H

Examinacio vero testium p̃dc̃o�34 ut p̃mittit͛ admisso�34 & jurato�34 sequit͛ sub hac forma ⸴

j.   DOMIN⁹ RIC'US DE KYRKBY MILES etatis xxxviij anno�34 & amplius armatus p̃ xx annos p̃ductus p̃ ptem d̃ni Ric̃i le Scroꝓ admissus juratus examinat⁹ et diligent̃ requisitus an arma de azura cū uno bende de auro ptineant & ptin̄ſe debeant ad dc̃m d̃m Ric̃m dicit qd̃ credit qd̃ sic quia dicit qd̃ audivit d̃m Joh̃em de Kyrkeby militem p̃rem suū in etate octoginta anno�34 ad tunc constitutū & alios seniores suos quibȝ fidem adhibuit dic̃e sepius qd̃ dc̃a arma ptinuerūt ad illos de noïe de Scroꝓ & nūqᵘ̇ audivit conᵃ⸱riū ab aliquibȝ Dicit eciā qd̃ audivit p̃rem suū p̃dc̃m dic̃e & referre qd̃ vidit dc̃m d̃m Ric̃m le Scroꝓ armatū in dc̃is armis ad bellū de Dorem dicit eciā qd̃ ip̃emet jurat⁹ & vidit dc̃m d̃m Ric̃m le Scroꝓ uti publice dc̃is armis in Scocia in viagiis d̃ni ducis Lancastrie & d̃ni Regis Anglie ultimis ibid̃m factis & eisd̃m viagiis de visu & noticia suis dc̃us d̃ns Ric̃us le Scroꝓ publice & manifeste continuavit possessionē suā in dc̃is armis h̃itam Int̃rogatus quo jure dc̃us d̃ns Ric̃us le Scroꝓ portavit dc̃a arma dicit qd̃ jure hereditario ut credit & ꝓut audivit a senioribȝ suis p̃dc̃is Int̃rogat⁹ p̃ quantū temp⁹ dc̃us d̃ns Ric̃us le Scroꝓ portavit dc̃a arma dicit qd̃ ip̃e d̃ns Ric̃us & ꝓgenitores sui portaverūt dc̃a arma a tempore Conquestus Angl̃ ꝓut audivit dc̃m d̃m Joh̃em p̃rem suū & alios añcessores suos & seniores suos ita referre Int̃rogat⁹ quis fuit prim⁹ de añcessoribȝ dc̃i d̃ni Ric̃i le Scroꝓ qui portavit dc̃a arma dicit qd̃ nescit quia añcessores sui fuerūt ita senes & de tanta antiquitate qd̃ null⁹ potest recolere de suo primo añcessore qui primo portavit dc̃a arma Int̃rogatus an unqᵘ̇m audivit vel scivit de aliquo jure quod d̃ns Roꞗtus Groveno͛ debeat h̃uisse vel h̃ere ad dc̃a arma de azur̃ cum uno bende de auro dicit qd̃ non nec unqᵘ̇ vidit dc̃m d̃m Roꞗtū nec aliquos añcessores suos armatos nec ip̃os noïari añ litē in hac pte motā Int̃rogat⁹ an vidit dc̃a arma in verrura sive pictura dicit qd̃ sic & sepius in comitatibȝ Ebo�34 & Carleolen̄ & dicit qd̃ añcessores p̃dc̃i noïarūt & discripſunt & h̃ebant ip̃e qᵘ juratus a tempore discrec̃ois sue noïavit discripsit & reputavit dc̃a arma arma de Scroꝓ & sic h̃ent͛ & reputant͛ c̃oïl̃ in ptibȝ p̃dc̃is ⸴

ij.   DOMINUS RIC'US DE HOGHTON' MILES etatis xliiij anno�34 & amplius armatus p̃ xxviij annos admissus juratus examinatus

& diligenͭ requisitus an arma de azura cum uno bende de auro
ptineant ad dñm Ric̃m le Scroꝑ dicit qđ audivit p̃rem suũ vidͭt
dñm Adam de Hoghtoñ militem in etate octoginta annoꝝ & am-
plius ad tunc ꝯstitutũ dic̃e qđ dc̃a arma ptinuerũt ad añcessores
dc̃i đni Ric̃i le Scroꝑ audivit eciã p̃rem suũ ꝓdc̃m dic̃e qđ vidit
dc̃m dñm Ric̃m le Scroꝑ armatũ in dc̃is armis & similiͭ dñm Henꝝ
le Scroꝑ uti dc̃is armis cũ uno labeⷧ in tempore & in exͤcitu đni
Regis Edwardi ͭcij quadragesies videⷧt apud obcessũ Caleš añ
Parisiũ iꝑm qͧ dñm Ric̃m le Scroꝑ ad bellũ de Dorem & dc̃m dñm
Henꝝ apud Cressy & in aliis diͮsis locis Dicit eciã qđ audivit dici
sepius a senioribȝ suis militibȝ & armiǵis quibȝ bñ credidit qđ
dc̃a arma ptinuerũt a tempore cuj⁹ con°rij memorᵃ hoĩm non existit
ad añcessores dc̃i đni Ric̃i le Scroꝑ & qđ añcessores sui pacifice
continuarũt poss̃°ᷓ de dc̃is armis a ͭpe supͣdc̃o & nũqͧᵃ audivit
con°riũ Dicit eciã iste jurat⁹ qđ vidit dc̃m dñm Ric̃m le Scroꝑ uti
dc̃is armis puͨ in viagiis fc̃is in Scocia ꝑ dñm ducem Lancastꝝ et
subsequenͭ ꝑ dñm Regem modernũ Inͭrogat⁹ quo jure dc̃us dñs
Ric̃us le Scroꝑ portat dc̃a arma & arma ꝓdc̃a ad eũ debeant
ptinere dicit jure hereditario ut credit Inͭrogat⁹ quis de añcesso-
ribȝ ꝓdc̃i đni Ric̃i primo portavit dc̃a arma dicit qđ nescit quia
fuit ita senex qđ nullus de eo potest recolere & arma iꝑa sunt ita
antiqua qđ nullus scit quis primo de añcessoribȝ dc̃i đni Ric̃i ea
portavit Inͭrogat⁹ an scivit vͭ audivit de aliquo jure quod dñs
Robͭus Grovenoᵣ debeat ħere ad dc̃a arma dicit qđ non Inͭro-
gatus an novit de aliquibȝ calumpnia sive inͭrupc̃õe ꝑ dñm Robͭũ
Grovenoᵣ vel añcessores suos factͭ de dc̃is armis dicit qđ non nisi
tantũmodo in viagiis đnoꝝ Regis & ducis Lancastꝝ ultimis fc̃is in
Scocia Inͭrogatus an vidit dc̃a arma in pictura sive verrura dicit
sic in pluribȝ locis in quibȝ om̃ibȝ dc̃a arma discribunͭᵣ noĩantᵣ
reputantᵣ & ħentᵣ ꝑ armis dicti đni Ric̃i le Scroꝑ & sic fuerũt ħita
a tempore discrec̃õnis sue ut dicitˑ

PᴇᴛRᴜs ᴅᴇ Bᴏʟʀᴏɴ' Aʀᴍɪɢ' etatis liij. annoꝝ armatus ꝑ xxx
annos & ultra admissus juratus examinat⁹ & diligenͭ requisit⁹ an
arma de azura cũ uno bende de auro ptineant & ptinere debeant
ad dñm Ric̃m Lescroꝑ militẽ dicit qđ sic Inͭrogatus ꝑ quid scit
dicit quia sic audivit dici de antiquis militibȝ & armiǵis quibȝ
fidem adhibuit qđ dc̃a arma ptinuerũt ad añcessores dc̃i đni Ric̃i
& qđ iꝑi añcessores sui dc̃is armis usi fuerũt & ea portaverũt paͨ
& quiete a ͭpe cuj⁹ con°rii memorᵃ. hoĩm non existit absqͧ con°dic-

iij.

c̃õe quacūq̃ Inͤrogat⁹ an vidit dc̃m dñm Ric̃m le Scroꝑ portare
dc̃a arma dicit qᵈ sic Inͤrogat⁹ ubi dicit qᵈ vidit eū armatū in
dc̃is armis ad bellū de Nazar in Hispania & apud Balyngh·mhiłł
& diᵹsis aliis locis publice uti dc̃is armis sine con·dicõõe sive
calumpnia quibuscūq̃ Et dicit qᵈ vidit consanguineos dc̃i ᵈni
Ric̃i portare dc̃a arma cū differenciis in diᵹsis locꝉ vidͭt dñm Gal-
fridū filiū ᵈni Henr̃ le Scroꝑ apud obcessum de Reynes Et dicit
qᵈ vidit dc̃m dñm Henr̃ le Scroꝑ portare dc̃a arma cū uno labełł
de argento apud Balyngh·mhiłł Inͤrogat⁹ quo jure dc̃us dñs
Ric̃us le Scroꝑ portat dc̃a arma et dc̃a arma ad eū ptinent &
ptinere debent dicit qᵈ jure hereditario ut credit Inͤrogat⁹ quis
primo de añcessoribȝ dc̃i ᵈni Ric̃i portavit dc̃a arma dicit qᵈ nescit
quia prim⁹ añcessor fuit de tanta antiquitate qᵈ null⁹ de eo recolit
ut credit Inͤrogat⁹ an novit vel audivit de aliquo jure quod dñs
Roᵬtus Grovenoꝛ debeat ħere ad dc̃a arma dicit qᵈ non Inͤro-
gat⁹ an novit de aliquibȝ calumpnia sive inͤrupc̃õe factꝉ ꝑ dc̃m
dñm Roᵬtū Grovenoꝛ vel añcessores suos seu alios noͥe suo de dc̃is
armis dicit qᵈ non nec vidit dc̃m dñm Roᵬtū nec añcessores suos
armatos nec iꝑm novit set de iꝑo multociens audivit⸝

iiij.   THOMAS DE HORNBY ARMIG' etatis lx annoꝗ armatus ꝑ xlij
annos admissus juratus examinatus & diligenꞇ requisit⁹ an dc̃a
arma ptineant & ptinꝼe debeant ad dñm Ric̃m le Scroꝑ dicit qᵈ a
tempore discrec̃õis sue continue audivit a militibȝ & hõibȝ armoꝗ
cõıꝉ dici & referri qᵈ dc̃a arma ptinuerūt ad añcessores dc̃i ᵈni
Ric̃i & ptinent & ptinꝼe debent ad dc̃m dñm Ric̃m le Scroꝑ & suc-
cessores suos et dicit qᵈ audivit añcessores & seniores suos dıꝼe
qᵈ a ıꝑe cuj⁹ conͭrii memoꝛ hoīm non existit dc̃a arma ptinuerūt
ad añcessores & progenitores dc̃i ᵈni Ric̃i & nūq̃· audivit conͭriū
ꝑ añcessores suos nec aliquꝼ aliū Inͤrogat⁹ an vidit dc̃m dñm
Ric̃m le Scroꝑ aut aliquos alios de añcessoribȝ vel ꝺsanguineis suis
uti vꝉ portare dc̃a arma dicit qᵈ vidit ᶁc̃m dñm Ric̃m armatū &
portare dc̃a arma de azura cū uno bende de auro cū ᵈno Rege
Edwardo ꝉcio ꝑ totū viagiū qū dc̃us dñs Rex fuit in Francia & ante
Parisiū Et subsequenꞇ vidit dc̃m dñm Ric̃m armari & portare
dc̃a arma ad bellū in Hispania Dicit eciā qᵈ vidit eunᶁm dñm
Ric̃m portare dc̃a arma in ꝑsencia ᵈni Regis Edwardi ꝉcij apud
Berwyk' Dicit eciā qᵈ vidit dc̃m dñm Ric̃m levare vexillū suū
de dc̃is armis apud Dounffrees in Scocia & ibi fuit dc̃us dñs Ric̃us

unus de capitaneis & tunc temporis fuit villa de Dounfrees cremata Postea vidit dc̄m dn̄m Ric̄m armari in dc̄is armis in Scocia
quando dn̄s dux Lancastr̄ fuit apud Edenburgh̄ In viagio eciā
dn̄i Regis Ric̄i moderni in Scocia vidit dc̄m dn̄m Ric̄m portare dc̄a
arma⸝ dicit eciā qd̄ vidit dn̄m Witt̄m le Scrop̄ portare dc̄a arma cū
differencia in mari con⸱ Hispanos Vidit eciā dn̄m Henricū le Scrop̄
& Steph̄m le Scrop̄ portare dc̄a arma cum suis differenciis cū dn̄o
Rege Edwardo in Francia quando dc̄us dn̄s Rex cū suo exc̄citu
fuit ante Parisiū Dicit eciā qd̄ vidit dn̄m Galfridū le Scrop̄ creari
in militem in dc̄is armis cū differencia dicit eciā qd̄ vidit dn̄m
Witt̄m filiū dicti dn̄i Ric̄i portare dc̄a arma cū differencia Dicit
eciā qd̄ dc̄us dn̄s Ric̄us & alij consanguinei sui p̄dc̄i portarūt dc̄a
arma & usi fuerūt dc̄is armis in locis sup⸱dc̄is apte palam publice
& notor̄ in locis & t̄pib3 supius exp̄ssatis absq̄ calumpnia seu
con⸱dicōōe quib3cūq̄ de quib3 sibi constabat Int̄rogatus quo jure
dc̄us dn̄s Ric̄us portavit dc̄a arma dicit qd̄ jure hereditario ⸁put
credit & sic audivit referri. Int̄rogat⁹ quis de an̄cessorib3 dc̄i dn̄i
Ric̄i primo portavit dc̄a arma dicit qd̄ nescit quia p⸱m⁹ an̄cessor
dc̄i dn̄i Ric̄i fuit ita senex qd̄ nemo potest de eo recolere Int̄rogat⁹ an novit de aliquo jure quod dn̄s Rob̄t⁹ Groveno⸳ h̄eat vt̄ h̄ere
debeat ad dc̄a arma dic⸀ qd̄ nō Int̄rogat⁹ an novit de aliquib3
calumpnia vt̄ int̄rupcōōe fc̄is de dc̄is armis p dn̄m Rob̄tū Groveno⸳
vel an̄cessores suos aut alios noīe suo dicit qd̄ non nec⸳ unq̄⸱ vidit
īpm n° aliquē an̄cessorē suū armat̄ dicit eciā qd̄ sepius vidit dc̄a
arma in pictura & verrura & ubicūq̄ ea audivit desc⸱pta seu noīata
fuß ant desc⸱pta & noīata & reputata arma dc̄i dn̄i Ric̄i a t̄pe discreōōis sue⸙

Rog'us de Culwyn Armig⸀ etatis lxviij. anno4 armat⁹ p xxx.
annos admissus jurat⁹ & examinat⁹ & diligent̄ requisitus an arma
de azura cū uno bende de auro ptineant & ptinere debeant ad dc̄m
dn̄m Ric̄m le Scrop̄ militem dicit qd̄ sic int̄rogat⁹ p quid scit
dicit qd̄ sepius & multiplicat⸝ vicib3 audivit dici & ōōit̄ referri a
senioribz suis militib3 hōib3 armo4 & credencie quib3 fidem plenā
adhibuit qd̄ dc̄a arma ptinuerūt ad an̄cessores & ⸁pgenitores dc̄i dn̄i
Ric̄i a t̄pe cuj⁹ con⸱rii memo⸱ hoīm non existit Audivit eciā ab
eisd̄m senioribz suis qd̄ dc̄a arma ptinent & ptinere debent ad dc̄m
dn̄m Ric̄m Int̄rogat⁹ an vid⸀ dc̄m dn̄m Ric̄m armatū in dc̄is
armis dicit qd̄ vidit īpm armatū in dc̄is armis apud Wynchelsee

detent' cū d̄no comite de Norhamptoñ quando Rex Edwardus ja-
cuit tam diu sup̄ mare Inɫrogatus quo jure portavit d̄ca arma dicit
qđ jure hereditario ut credit Inɫrogat⁹ quis de añcessorib̃ d̄ci
d̄ni Riči primo portavit d̄ca arma dicit qđ nescit quia d̄ca arma
sunt ita antiqua qđ nescitͬ quis primo ea portavit Inɫrogatus an
novit de aliquo jure quod d̄ñs Roƀtus Grovenoͬ h̄et vel debeat h̄ere
ad d̄ca arma dicit qđ non Inɫrogat⁹ an novit de aliquib̃ calūpnia
sive inɫrupc̄ōe de d̄cis armis fc̄is p̄ d̄cm d̄ñm Roƀtū añcessores
suos seu aliū noïe suo dicit qđ non quia non vidit d̄cm d̄ñm Roƀtū
nec aliquos añcessores suos de quib̃ recolit nec unq̣ᷓ audivit eos
nec aliquē eoꝗ noïari ante litem in hac p̄te motam ꞎ

vj. MATHEUS DE CAUNCEFELDE ARMIG' etatis xl annoꝗ arma-
tus p̄ xx annos admissus jurat⁹ examinat⁹ & diligenɫ requisit⁹ an
arma de azura cū uno bende de auro ptineant & ptiñſe debeant
ad d̄ñm Ričm le Scrop̄ militem dicit qđ sic Inɫrogat⁹ p̄ quid
scit dicit quia sic audivit dici & cōiɫ referri a seniorib̃ suis Dicit
eciā qđ audivit seniores suos dič̄e qđ a ɫpe cuj⁹ conͬᵉrii memoria
hoïm non existit d̄ca arma ptinuerūt ad añcessores d̄ci d̄ni Riči
Inɫrogat⁹ an vidit d̄cm d̄ñm Ričm vɫ alios de g̃sanguinitate sua
portare d̄ca arma dicit qđ vidit d̄nos Wiɫɫm & Stephm filios
d̄ci d̄ni Riči milites portare d̄ca arma cū differenciis in viagio
Regis Edwardi ɫcii sup̄ mare Subsequenɫ vidit eosđm Wiɫɫm &
Stephm portare d̄ca arma cū differenciis in Francia in grandi
viagio fc̄o p̄ d̄ñm ducem Lancastͬ Subsequenɫ vidit iste jurat⁹
d̄cm d̄ñm Ričm levare vexillū suū de d̄cis armis in Scocia apud
Dounffrees & iƀm d̄cus d̄ñs Ričus fuit unus de capitaneis et tunc
temporis villa de Dounffres cremabatͬ p̄ Anglicos postea vidit d̄cm
d̄ñm Ričm portare d̄ca arma in Scocia in duob̃ viagiis vidɫt d̄ñoꝗ
Regis Riči moderni & ducis Lancastͬ et in eisđm viagiis vidit d̄cm
d̄ñm Ričm & filios suos p̄d̄cos uti d̄cis armis palam & publice
absq̣ cont'dicc̄ōe quacūq̣ de qua sibi constabat Inɫrogatus quo
jure d̄cus d̄ñs Ričus portat d̄ca arma dicit qđ jure h̄editario ut
credit Inɫrogat⁹ quis de añcessorib̃ d̄ci d̄ni Riči primo portavit
d̄ca arma dicit qđ nescit Inɫrogat⁹ an novit de aliquo jure qđ
d̄ñs Roƀtus Grovenoͬ h̄eat vel debeat h̄ere ad d̄ca arma dicit qđ non
Inɫrogatus an novit de aliquib̃ calūpnia sive inɫrupc̄ōe de d̄cis
armis factɫ p̄ d̄cm d̄ñm Roƀtū aut añcessores suos aut alios noïe
suo dicit qđ non nec iꝑm d̄ñm Roƀtū nec añcessores suos vidit nec

de eis audivit ante litem motā. Dicit eciā iste jurat⁹ qđ vidit dc̄a
arma in pictura in p̄tribȝ locis & in om̄ibȝ locis in quibȝ ea vidit
sunt ħita & reputata arma dc̄i đni Rič̄i le Scroꝓ & sic fuerūt &
sunt ħita & reputata a ı̄pe discrec̄ōis sue ut dicit p̄ juramentū suū⸴

RIC'US DE CROFT ARMIG' etatis xxx annoᷓ & amplius   vij.
armatus p̄ xvj annos admissus juratus examinat⁹ & diligenł re-
quisit⁹ an arma de azura cum uno bende de auro p̄tineant &
p̄tinere debeant ad dc̄m Rič̄m le Scroꝓ militem dicit qđ sic Inł-
rogat⁹ p̄ quid scit dicit quia audivit seniores suos viros in grandi
etate constitutos quibȝ credencia fuᷓat adhibenda qđ a ı̄pe cujus
con̄ᵗrii memoᶜ hoīm non existit dc̄a arma p̄tinuerūt ad añcessores
đni Rič̄i le Scroꝓ ac a ı̄pe discrec̄ōis sue ut dicit dc̄a arma fuerūt
& sunt reputata & noīata arma đni Rič̄i le Scroꝓ & nūq̄ᵗ audivit
con̄ᵗriū. Inłrogat⁹ an vidit dc̄m dn̄m Rič̄m portare dc̄a arma
dicit qđ sic in Scocia apud Dounfrees & ib̄m vidit eū levare
vexillū suū de dc̄is armis & fuit unus de capitaneis & tunc ı̄pis
fuit villa de Dounfrees cremata. Subsequenł vidit dc̄m dn̄m Rič̄m
armatū in dc̄is armis in Scocia in duobȝ viagiis vidı̄t in viagio
ducis Lancastr̄ & đni Regis Angł moderni Inłrogat⁹ quo jure
dc̄us dn̄s Rič̄us portat dc̄a arma dicit qđ jure hereditario ut credit
Inłrogat⁹ quis de añcessoribȝ dc̄i đni Rič̄i primo portavit dc̄a
arma dicit qđ nescit Inłrogat⁹ an novit de aliquo jure qđ dn̄s
Rob̄tus Grovenoᴿ ħeat vel ħere debeat ad dc̄a arma dicit qđ non
Inłrogat⁹ an novit de aliquibȝ calūpnia sive inłrupc̄ōe de dc̄is
armis fc̄is p̄ dc̄m dn̄m Rob̄tū vł añcessores suos aut alios seu aliū
noīe suo dicit qđ non nec unq̄ᵗm audivit de ip̄o đno Rob̄to nec
añcessoribȝ suis Dicit eciā qđ vidit đnos Wiłłm le Scroꝓ &
Steph̄m le Scroꝓ armari in dc̄is armis cum differenciis in Scocia
Francia & alibi⸴

Acta coram nob̄ c̄omissario supᵃsc̄ᵗpto in ecc̄łia prochiali de
Laxtoñ xvij die menſ Januarii anno Dn̄i supᵗdc̄o in causa armoᷓ
supᵗdc̄a Cum constaret nobis p̄ retroacta in dc̄a causa p̄ magr̄m
Rič̄m Wynwyk' nr̄m in hac p̄te collegam nob̄ tᵗnsmissa dc̄os diem
& locū fuisse p̄fixos vidı̄t p̄ti đni Rič̄i le Scroꝓ ad ulťius p̄ducenđ'
p̄ti vero đni Rob̄ti Grovenoᴿ ad inłessenđ' p̄te dc̄i đni Rič̄i ut prius
p̄te dc̄i đni Rob̄ti nullo modo ꝯpenť' ideo ip̄m dn̄m Rob̄tm repu-
tam⁹ c̄otumac̄e & in pena ꝯtumacie sue dn̄m Adam de EℲynghᵗm

militem testem p ptem dc̄i d̄ni Ric̄i ꝓductū admissim⁹ & jurare
fecim⁹ de Ꝯitate dicenda in causa ꝓdc̄a inꞇ ptes ꝓdc̄as mota iꝑm q̄
testem diligenꞇ examinavim⁹ dc̄os q̄ diem & locū usq̄ in xviij. diē
dc̄i menſ in eccꞇia proch de Stoke ꝓgavim⁹ & continuavim⁹ Et
ꝓfixim⁹ dc̄e pti actrici eosd̄m diem & locū ad ulꞇius ꝓducend̄ dc̄e
vero pti defendenti ad inꞇessend̄ si sua viderit expedire Quibȝ
quid̄m die & loco advenientibȝ ꝓfata pte actrice ut prius pte de-
fendente nullo modo ꝯpent' in pena ꝯtumacie sue d̄n̄m Johem de
Rocheford̄ militem p dc̄am ptem actricē ꝓductū in testem ad-
misim⁹ ac de Ꝯitate dicenda in causa ꝓdc̄a & inꞇ ptes ꝓdc̄as mota
jurare fecim⁹ in forma juris dc̄os q̄ diē & locū ꝓgavim⁹ & con-
tinuavim⁹ usq̄ post horā nonā ejusd̄m diei in cam̄a d̄ni Andree
Lutrieꞁꞁ militis ubi infra manſiū suū de Irenh°m jacet notorie
infirmitate detent⁹ & ꝓfixim⁹ dc̄os horā & locū dc̄e pti actrici ad
ꝓducend̄ dc̄m d̄n̄m Andream pti vero ree ꝓdc̄e ad inꞇessend̄ &
faciend̄ qd̄ est juris quibȝ hora & loco advenientibȝ dc̄a pte actrice
ut prius ꝓfata vero pte defendente nullo m° compentibȝ d̄n̄m
Andream Lutrieꞁꞁ militem testem p ptem dc̄i d̄ni Ric̄i ꝓducꞇ in
pena contumacie dc̄e ptis defendentꞇ admisim⁹ & in forma jurꞇ de
Ꝯitate dicenda in cā ꝓdc̄a jurare fecim⁹ ꝓfatos q̄ testes in locis
admissionū suaꝗ supᵃscꞁptꞇ diligenꞇ & secrete examinavim⁹ Tenor
vero attestac̄onū & deposic̄onū dc̄oꝗ triū testiū supius admissoꝗ
singillatim sequitʳ sub hac forma ꝫ

D'N'S ADAM DE EVERYNGH°M MILES etatis lxxix annoꝗ ar-
matus p lx annos admissus juratus examinat⁹ & diligenꞇ requisit⁹
an arma de azura cū uno bende de auro ptineant & ptineꝶ de-
beant ad d̄n̄m Ric̄m le Scroꝑ dicit qd̄ audivit a ꝓre suo & aliis
militibȝ senioribȝ suis cōiꞇ dici & referri qd̄ dc̄a arma ptinuerūt ad
antecessores dc̄i d̄ni Ric̄i & qd̄ ptinent & ptinere debent ad iꝑm
d̄n̄m Ric̄m & successores suos Et sic ad ꝓgenitores dc̄i d̄ni
Ric̄i p tempᵍ cujᵍ conᵗrii memo°. hoīm non existit & nūq̄ᵃ audivit
conᵗriū Inꞇrogat⁹ an vidit dc̄m d̄n̄m Ric̄m aut aliū vꞇ alios de
iꝑius ꝯsanguinitate armari in dc̄is armis dicit qd̄ vidit d̄n̄m Henꝛ
le Scroꝑ nepotē dc̄i d̄ni Ric̄i recipe ordinē militis in dc̄is armis cū
uno labeꞁꞁ de argento & goules gobone ad obcessū de Berwyk' in
ꝓsencia d̄ni Edwardi Regis Angꞁ ꞁcij Et postea vidit dc̄m d̄n̄m
Henꝛ armari in dc̄is armis cū differencia ꝓdc̄a ad bellū de Haly-
donhiꞁꞁ in Scocia Et dicit qd̄ vidit d̄n̄m Galfridū le Scroꝑ ꝓrem

dĉi dni Henr̄ armari in dĉis armis cū uno labeℓℓ de argento ac eundm dn̄m Henr̄ in armis p̄dĉis cū sua differēcia sup͛ dĉa in p̄sencia dĉi dni Regis apud Andewarp̄   Et subsequenℓ vidit p̄fatos dnos Galfridū & Henricū armari in dĉis armis cū differenciis p̄dĉis in p̄sencia dni Regis p̄dĉi apud obcessū de Turnay Et dicit q̄d vidit dn̄m Wiℓℓm le Scrop̄ filiū dĉi dni Galfridi armari in dĉis armis cū uno label de ermyns in p̄sencia dni Regis p̄dĉi ad bellū de Scluses Subsequenℓ vidit ut dicit dĉos dn̄m Riĉm le Scrop̄ in dĉis armis integris vidℓt de azura cū uno bende de auro & Henr̄ in eisdm armis cū uno label de argento armari in grandi viagio quando dĉus dn̄s Rex cū suo exĉitu fuit ante Pariseū & ibm dĉus dn̄s Henric⁹ fuℓat ad vexillū Et dicit q̄d vidit dĉos dn̄m Riĉm & Henricū armari in armis p̄dĉis in p̄sencia dĉi dn̄i Regis quando Edwardus Baylzolf tradidit dĉo dno Regi possessionē juris sue quod ℓuit ad regnū Scocie ad villā dĉam Seint Johanneston̄ in Scocia. Dicit eciā q̄d vidit dĉm dn̄m Henr̄ & alios de noie de Scrop̄ armari in dĉis armis saltim cum differenciis supius exp̄ssatis in div̄sis tornamentis Dicit eciā q̄d psone sup͛scripte in locis sup͛scriptℓ dictℓ armis absq̄ con͛dicĉõe seu calumpnia quibuscūq̄ honorifice palam & pu͛͛ use fuerūt ac dĉa arma ad illos de noie deℓ Scrop̄ solomodo ptinēcia fuℓant ℓita & reputata Inℓrogat⁹ quo jure dĉa arma ad dĉm dn̄m Riĉm modo ptineant dicit q̄d jure hereditario ₚut audivit a p̄re suo qui fuit etatℓ centū annoᵴ tunc temporis & aliis senioribᴣ suis ita referri Inℓrogat⁹ quis de añcessoribᴣ dĉi dn̄i Riĉi primo portavit dĉa arma dicit q̄d nescit quia fuℓut & sunt de tāta antiquitate q̄d nullus recolit de primo añcessore dĉi dni Riĉi qui arma primo detulit andĉa Inℓrogat⁹ an sciat de aliquo jure quod dn̄s Roℓtus Grovenour ℓeat vℓ ℓere debeat ad dĉa arma dicit q̄d non. Inℓrogat⁹ an unqᴬ audivit vel scivit de aliqua inℓrupĉõe sive calūpnia factis de dĉis armis p dĉm dn̄m Roℓtū vel añcessores suos dicit q̄d non nec de ip̄o dno Roℓto nec antecessoribᴣ suis unqᴬ audivit aliquid bonℓ vel mali sᴣ q̄d a tempore cuj⁹ con͛rii memoria hoīm non existit dĉa arma ad illos de noie de Scrop̄ solomodo ptinuerūt ⸌

D'ɴ's Jᴏʜ'ʀs Rɪᴄʜᴇꜰᴏʀᴅ' Mɪʟᴇs etatℓ lx annoᴜ armatus a ĩpe quo bellū fuℓat apud Scluℓ admissus jurat⁹ exaīat⁹ & diligenℓ requisit⁹ an arma de azura cū uno bende de auro ad dn̄m Riĉm le Scrop̄ militem ptineant & ptinere debeant dicit q̄d sic Inℓrogat⁹

ix.

ꝑ quid scit dicit qđ audivit p̃rem suū qui fuit vir etatis lxxx^ta annoꝝ & alios seniores suos milites & armiĝos diĉe qđ dc̄a arma ptinuerūt ad ꝓgenitores dc̄i đni Ric̄i a tempore cuj⁹ con^trii memo^a hoīm non existit Et quia dc̄us dn̄s Ric̄us succedit suis ꝓgenitoribꝫ in t̃ris & possessiōibꝫ eoꝝđm dc̄a arma ad dc̄m dn̄m Ric̄m ptinēt & ptinere debēt Int̃rogat⁹ an vidit dc̄m dn̄m Ric̄m ꝓgenitores aut consanguineos suos armari in dc̄is armis dicit qđ ad bellū suꝑ Sclus in p̄sencia đni Reg̃ Edwardi t̃cii vidit dn̄m Wiłłm le Scrop̄ armari in dc̄is armis cū uno labelł de ermyns Item dicit qđ vidit dc̄m dn̄m Ric̄m le Scrop̄ armari in dc̄is armis in p̄sencia dc̄i đni Regis ad bellū suꝑ mare con^a Hispanos dicit eciā qđ vidit eunđm dn̄m Ric̄m armari in dc̄is armis quando villa de Barwyk' fuіat reddita dc̄o đno Regi ultimo. Subsequent̃ vidit eunđm dn̄m Ric̄m & alios de noīe de Scrop̄ armari in dc̄is armis in p̄sencia dc̄i đni Regis in Scocia quando villa de Hadyngtoñ fuіat cremata Item dicit qđ vidit dc̄m dn̄m Ric̄m honorifice portare dc̄a arma in grandi viagio dc̄i đni Regis in Francia quando dc̄us dn̄s Rex fuіat ante Parisiū & ibm dicit se vidisse quinqꝫ alios de noīe de Scrop̄ vidłt đnos Henricū Wiłłm & Galfridū milites ac Stepħm & Henricū armiĝos portare dc̄a arma cū suis differenciis div̄s dicit eciā qđ vidit dc̄m dn̄m Ric̄m armari in dc̄is armis ad bellū de Naser in Hispania & ibm fuіant armati in eisđm armis cū div̄sis differenciis đni Wiłłs le Scrop̄ & Stepħs le Scrop̄ milites consanguinei dc̄i đni Ric̄i Dicit eciā qđ vidit dc̄os đnos Ric̄m & Henr̃ armatos dc̄is armis in viagio đni ducis Lancastr̃ in insula de Cause Item dicit qđ vidit dc̄m dn̄m Ric̄m armari in dc̄is armis in duobꝫ ultimis viagiis fact̃ in Scocia in tempore đni Ric̄i Regis Angł moderni Int̃rogatus quo jure dc̄us dn̄s Ric̄us portat dc̄a arma dicit qđ jure hereditario Int̃rogat⁹ quis de antecessoribꝫ dc̄i đni Ric̄i primo portavit dc̄a arma dicit se nescire Int̃rogat⁹ an sciat de aliquo jure qđ dn̄s Rob̄tus Groveno^r ħeat vel ħere debeat ad dc̄a arma dicit qđ non Int̃rogat⁹ an unqꝫ^a audivit vł scivit de aliq^a int̃rupc̄o̅e sive calūpnia fc̄is de dc̄is armis ꝑ dc̄m dn̄m Rob̄tū vł añcessores suos dicit qđ non nec de ip̄o đno Rob̄to nec de añcessoribꝫ suis unqꝫ^a audivit aliquid boni vel mali set qđ a t̄pe cuj⁹ con^trii memo^a hoīm non existit dc̄a arma ad illos de noīe de Scrop̄ solomodo ptinuerūt usqꝫ ad ultimū viagiū đni Regis in Scocia :/

D'n's Andreas Lutriell' senior Miles etatis lxxᵗᵃ annoꝶ x.
armatus p l. annos admissus juratus & diligenť examinatᵍ an arma
de azura cū uno bende de auro ad dn̄m Riĉm le Scroꝓ militē
ptineant & ptiñſe debeant dicit qđ sic Inťrogatus p quid scit dicit
qđ audivit p̄rem suū qui fuit vir centū annoꝶ & alios seniores
suos milites & armiǵos diĉe qđ dĉa arma ptinuerūt ad ꝓgenitores
dĉi dn̄i Riĉi a t̄pe Conquestus Anglie Et quia dĉus dn̄s Riĉus
succedit suis ꝓgenitorib₃ in ťris & possessionib₃ dĉoꝶ ꝓgenitoꝶ
suoꝶ dĉa arma eidm dn̄o Riĉo succedūt & ptinent jure hereditario
Inťrogatᵍ an vidit ꝓgenitores dĉi dn̄i Riĉi aut ipm̄ dn̄m Riĉm vł
ꝯsanguineos suos uti dĉis armis dicit qđ ad obcessū de Turnay
vidit dn̄os Galfridū le Scroꝓ Henꝶ le Scroꝓ cū ĉtis differenciis ac
dn̄m Wiłłm le Scroꝓ f̄rem dĉi dn̄i Riĉi seniorem portare dĉa arma
integra vidiᵗ de azura cū uno bende de auro Dicit eciā qđ in
grandi viagio dn̄i Edwardi Regis Angł ťcii quando idm̄ dn̄s Rex
fuit ante Pariseū in Franĉ vidit dĉm dn̄m Riĉm le Scroꝓ portare
dĉa arma integra mortuo tunc temporis dĉo dn̄o Wiłłmo f̄re
suo seniore & ad idem viagiū dicit se vidisse dĉm dn̄m Henꝶ
le Scroꝓ armari in dĉis armis cū uno label de argento & fuit
tunc temporis ad vexillū Dicit eciā qđ quando dn̄s dux Lancasťr
fuſłat in insula de Cause vidit dĉm dn̄m Riĉm le Scroꝓ uti dĉis
armis pacifice & quiete absq̳ contᵃdicĉõe seu calūpnia a quibus-
cūq̳ & dicit qđ a tempore discreĉõis sue dĉa arma fuſłant ħita &
reputata arma dĉi dn̄i Riĉi & añcessoꝶ suoꝶ solomodo & nūq̳ᵃ
audivit conᵃriū Inťrogatᵍ quo jure dĉus dn̄s Riĉus portat dĉa
arma dicit qđ jure hereditario. Inťrogatᵍ quis de añcessorib₃ dĉi
dn̄i Riĉi primo portavit dĉa arma dicit se nescire. Inťrogatᵍ an
sciat de aliquo jure quod dn̄s Roḃtus Grovenoꝛ miles ħeat vł ħere
debeat ad dĉa arma dicit qđ non Inťrogatᵍ an unq̳ᵃ audivit vł
scivit de aliqua inťrupĉõe sive calūpnia fĉis de dĉis armis p dĉm
dn̄m Roḃtū vł añcessores suos dicit qđ non nec de ipo dn̄o Roḃto
nec de añcessorib₃ suis unq̳ᵃ audivit aliquid boni vł mali set qđ a
t̄pe cujᵍ conᵃrij memoᵃ hoīm non existit dĉa arma ad illos de noīe
de Scroꝓ solomodo ptinuerūt.

Lightning Source UK Ltd.
Milton Keynes UK
UKOW04f2256311016

286578UK00009B/542/P